U0142043

二十世紀中國文學史

上　冊

朱棟霖　丁帆　朱曉進　主編

劉祥安　徐德明　方忠　副主編

張堂錡　審訂

文史哲出版社印行

國家圖書館出版品預行編目資料

二十世紀中國文學史 / 朱棟霖,丁帆,朱曉進主
　編. --初版. --臺北市 :文史哲,民 89
　　冊： 公分.--（現代文學研究叢刊；5,6）
　ISBN 957-549-323-0(上冊 : 平裝). -- ISBN
957-549-324-9(下冊 : 平裝)

1.中國文學 - 歷史 - 現代（1900 -　　　　）

820.908　　　　　　　　　　　89014238

現代文學研究叢刊

二十世紀中國文學史 上冊

主編者：朱棟霖‧丁帆‧朱曉進
副主編：劉祥安‧徐德明‧方忠
審訂者：張　　　　堂　　　　錡
出版者：文　史　哲　出　版　社
登記證字號：行政院新聞局版臺業字五三三七號
發行人：彭　　　　正　　　　雄
發行所：文　史　哲　出　版　社
印刷者：文　史　哲　出　版　社
　　　臺北市羅斯福路一段七十二巷四號
　　　郵政劃撥帳號：一六一八〇一七五
　　　電話 886-2-23511028‧傳眞 886-2-23965656

上冊售價新臺幣五〇〇元

中華民國八十九年九月初版

二十世紀中國文學史

目　次

上　冊

思　潮　卷

小　說　卷

二十世紀中國文學史

目 次

下 冊

新 詩 卷

思　潮　卷

第一章　中國文學現代化的發生

　　中國現代文學，是中國文學在20世紀持續獲得現代性的長期、複雜的過程中形成的。在這個過程中，文學本體以外的各種文化的、政治的，世界的、本土的，現實的、歷史的力量都對文學的現代化發生著影響，這些外因影響著它的萌生、興起，影響著文學運動、文藝論爭、文學創作，形成中國現代文學種種迅速、紛紜的變化，構成一部能折射歷史的方方面面、多姿多彩的中國現代文學史。自19世紀末到20世紀1917年的大張旗鼓的文學革命興起前的近20年，是中國文學現代化的發生期；有了這個現代化發生期的基礎，才有了五四後30年文學在現代化道路上的迅速發展。

　　20世紀初年，由於滿清王朝的覆滅和民國初年政治上激烈動盪，我國沒有實現文化的根本革命，但自戊戌變法至辛亥革命後，已受到來自西方的現代文化的激烈撞擊，社會發生了巨大的震盪，中華民族被震驚而奮起，開始了現代化的蛻變。現代文化機制逐步建立，具有現代思想的知識分子成了推動社會進步的一支重要力量，並由維新走向了革命。文學的政治改良與變革的工具化意識，或者說保持獨立審美價值的意識，前所未有地進入了知識分子的價值體系。西方文學作品進入了普通人的閱讀視野，各種文體的革命使中國文學獲得了現代化的出發點，「人」的觀念的發

現，文學觀念的更新，文學創作在傳統基礎上進行著重大的改良
與革新。

第一節　中國文學現代化的起點

　　19世紀、20世紀之交，中國文學已開始了民族存亡背景上
的外部與內部雙重的現代化努力，許多觀念性的變革在1898年
前後發生①。

　　甲午戰爭失敗後，知識分子中的民族危機感日益強化，這種
危機感對民族文化產生了巨大的影響。嚴復翻譯的幾部西書將西
方19世紀主要思潮的一部分介紹到中國來，《天演論》（赫胥黎
原著《進化論與倫理學》）把進化論思想帶進中國。中國知識分
子開始以近代科學的觀念來思考民族命運，從人類世界的發展歷
史中看到了古老的中華民族正面臨被淘汰的民族危機，於是有了
強烈變革的要求。有了追隨日本明治維新的想法，有了學習西方
工業化國家的自覺，有了對自身的深深的不足感。梁啟超在
1922年寫的《五十年中國進化概論》中指出：「近五十年來，
中國人漸漸知道自己的不足了。……第一期，先從器物上感覺不
足。……第二期，是從制度上感覺不足。……第三期，便是從文
化根本上感覺不足」②。他所說的第二期的時間「從甲午戰役到
民國六、七年間」，與中國文學的現代化的發生期基本一致，逐
步導致了五四文化上的根本變革。

　　這一歷史階段從社會的組織結構上尋求變革，必然要觸動文
化，帶來文化機制的變化。從而影響到文學。其影響體現在：第
一，法律對從事文學活動者和報刊繁榮的基本保障。雖然慈禧把
持下的清王朝在新政措施上左右搖擺，但在1908年的《欽定憲

法大綱》中還是在表面上規定了給予臣民言論、著作、出版等的自由。辛亥革命後的《臨時約法》也規定著：「人民有言論著作刊行之自由」。維新時期發生過作用的報刊傳媒，在清末的十年裡有了相當的規模，在民國更是大步地前進。梁啟超在1901年就稱，「自報章興，吾國之文體，為之一變……」，到了1921年的20年裡，報刊、雜誌增加了十倍左右，文學的現代化發展具備了更充足的外部條件。1902年～1917年間，以「小說」命名的雜誌就創辦過27種（含報紙一種）③。報刊編輯在欄目、體裁、題材、主題上都追求對普通民眾的影響力，以保證其銷暢，刺激文學的發展。報刊繁榮與政治的封建色彩退減及文學的現代化同步進行著。第二，與報刊同時發展著的是現代出版事業，從1904年起，出版重心已經轉移到民營出版業④。與官辦和教會出版事業不同的是，民營出版業向產業化方向發展，受制於「市場」這隻看不見的手，它與大眾的需求保持著聯繫，決定著現代出版業的大眾性與平民化的民主特性。它給那些以具有現代思想的知識分子為主的進行文學創作的個人提供了理性交往的空間，保證了文學的現代性實現的機會。這種出版狀況一直延續到1949年，保持了50年一貫的機制。第三，現代社會分工在文學創作隊伍方面率先實現。1905年廢科舉的新政措施，將一批讀書人拋到了自由知識分子的境地，另有一批知識分子從官場退出也轉入了自由撰稿人的行列，上海、天津等現代都市形成的過程為自由撰稿的知識分子提供著活動空間，一些接受新式教育的人與上述兩種知識分子一起活躍在文學領域。晚清四大小說雜誌的編輯者和主要撰稿人梁啟超、李伯元、曾樸、徐念慈、黃摩西和周樹人兄弟即是代表。

　　在報刊傳媒繁榮、出版業平民化和自由的文學撰稿人隊伍出

現的基礎上，文學的接受機制也發生了變化。朝廷的策論變爲報刊上的自由論述，小說由聽說書人敘述表演的欣賞變成了閱讀的理解。文學接受者的隊伍隨著維新、立憲和革命的進展而日益擴大，同時伴隨著社會思潮的迅速更新，市場機制的調節，文學接受者也唯新是鶩，推動著文學自身的變更。

第二節　文學觀念變革

從晚清開始的中國文學現代化發生期的觀念變革，首功歸諸梁啓超。梁啓超（1873～1929），字卓如，一字任甫，號任公，筆名有飲冰室主人等，廣東新會人，政治家、思想家、文學家、學者。他中過舉人，拜康有爲爲師學習經世致用之學，協助發動「公車上書」，投身變法維新活動，他主編、創辦過《中外紀聞》、《時務報》、《清議報》、《新民叢報》、《新小說》，創「新文體」，廣泛介紹西方近代文化思潮，宣傳思想啓蒙，郭沫若在《文學革命之回顧》中說：「文學革命的濫觴應該追溯到滿清末年資產階級意識覺醒的時候。這個濫觴期的代表，我們當推梁任公」。「詩界革命」、「文界革命」、「小說界革命」等變革觀念都是由梁啓超提出的。和他同時的一批有識之士又提倡言文合一，爲五四白話文運動打下了基礎。他的文學觀念都服從於「新民」的目的，而王國維則說文學「超然於利害之外」，強調「文學自己之價值」。相對完整的現代文學觀念，也在這時由周樹人兄弟提出。

中國文學發展到清代，以詩文爲正統，以古人約束今人爲特點。晚清文學的革命就是要打破這種格局。「詩界革命」的口號由梁啓超提出，他在寫於1899年的《夏威夷遊記》中說：「…

…支那非有詩界革命，則詩運殆將絕。……今日者革命之機漸熟，而哥倫布瑪賽郎之出世必不遠矣！」而當得哥倫布資格的詩人，「能為詩人之詩而銳意欲造新國者，莫如黃公度。」他評價譚嗣同：「其詩獨闢新界而淵含古聲」，還說：「吾嘗推公度、穗卿、觀雲為近世詩家三傑，此言其理想之深邃閎遠也。」⑤詩界革命要達到三個標準：「第一要新意境，第二要新語句，而又須以古人之風格入之，然後成其為詩。」⑥他所說的新意境，就是「理想之深邃閎遠」；新語句則是指來自歐洲、表現新思潮的名詞術語；以古人之風格入之，說明他的詩界革命是革其精神而不一定革其形式，是譚嗣同那樣的「獨闢新界而淵含古聲」。梁啓超揭示「詩界革命」的旗幟，是以詩評家的身份出現的，其保留詩歌舊形式的革命終不徹底。真正以詩人面目倡言詩界革命的是黃遵憲，在1868年的《雜感》中，他就有「我手寫我口，古豈能拘牽？即今流俗語，我若登簡編；五千年後人，驚為古斑斕」的詩句，這幾句直接用了俗白的文字。朱自清在《中國新文學大系‧詩集‧導言》總結「詩界革命」：「清末夏曾佑譚嗣同諸人已經有『詩界革命』的志願，他們所作『新詩』，卻不過檢些新名詞以自表異。只有黃遵憲走得遠些，他一面主張用俗話作詩——所謂『我手寫我口』——，一面用新思想和新材料——所謂『古人未有之物，未闢之境』——入詩。這回『革命』雖然失敗了，但對民七（1918）的新詩運動，在觀念上，不在方法上，卻給予很大影響。」

　　「文界革命」在中國文學現代化發生期內最有成就，然而在觀念上的揭示則不多。梁啓超在1897年《與嚴又陵書》中，曾以輿論與文界的「陳勝吳廣」自命。梁啓超稱自己亡命日本時的文字為「新文體」，這些政論文章具有空前的開拓創造精神，思

想新穎，文字介於文言白話之間，「平易暢達，時雜以俚語韻語及外國語法」，「條理明晰」，「筆鋒常帶情感」⑦，有很強的鼓動力。「文界革命」的口號是他在1899年提出並一貫力行的，借鑑了日本和「歐西」的思想內容與語言形式，才蛻變出他的「新文體」⑧。他在遊記《汗漫錄》中評價日本著名政論家德富蘇峰：「其文雄放雋快，善以歐西文思入日本文，實為文界別開一生面者，余甚愛之。中國若有文界革命，當亦不可不起點於是也。」梁啟超的為文風格也可以稱作「雄放雋快」。他要引進的「歐西文思」，除了這有利於思想言論的自由發揮外，還有意用於破桐城古文義法。他後來在《清代學術概論》中談到新文體時說：「超夙不喜桐城古文」⑨，他幼年作文就不走唐宋的路子，而喜歡晚漢魏晉。他像德富蘇峰輩日本政論家那樣，吸納西方希臘羅馬的雄辯體與英法近代隨筆體，結合魏晉文章的曠放，把古文從「義理、考據、詞章」中解放出來，以西方近代思潮替代聖賢經典章句的義理，以豐富的世界進化維新的史實突破拘謹的考據，以俗語、外來語入文以豐富文章的表達方法，就是梁啟超「文界革命」的具體內容。他在錢玄同攻擊「桐城謬種」以前，就以實際創作突破了桐城古文的藩籬。

　　「小說界革命」聲譽最著。中國小說觀念的變化始自1897年天津《國聞報》所刊載的《本館附印說部緣起》，執筆者嚴復、夏曾佑稱「夫說部之興，其入人之深，行世之遠，幾幾出於經史之上，而天下之人心風俗，遂不免為說部所持」，並說「且聞歐、美、東瀛，其開化之時，往往得小說之助。」鑑於歷來小說在「四部」中只能附於子、史，他們從小說營構人心的角度強調「小說為正史之根」，一改歷來小說評點家的攀附經史的做法，將小說凌駕於經史之上。梁啟超更是充滿激情地誇示小說的社會功能，

把自古爲小道的卑賤文體提到「不可思議」的高度，他在《論小說與群治之關係》（1902年）一文中說：「欲新一國之民，不可不先新一國之小說。故欲新道德，必新小說；欲新宗教，必新小說；欲新政治，必新小說；欲新風俗，必新小說；欲新學藝，必新小說；乃至欲新人心、欲新人格，必新小說。何以故？小說有不可思議之力支配人道故。」梁啓超看重的全在小說啓蒙、新民的工具作用。

　　小說觀念在無限提升其社會功能的「革命」以後，又有其自發的矯正。 1908年徐念慈在《小說林》發表《余之小說觀》，指出：「昔多烘頭腦，恆以鳩毒霉菌視小說，而不許讀書子弟一嘗其鼎，是不免失之過嚴；今近譯籍稗販，所謂風俗改良，國民進化，咸惟小說是賴，又不免譽之失當。」可貴的是，他還指出「小說與人生，不能溝而分之」⑩。這是五四文學研究會作家提出爲人生文學的主張的濫觴。徐念慈更強調小說的審美價值，他的小說觀念介於梁啓超的社會功用與王國維獨立價值之間。西方小說的翻譯對中國小說觀念也有影響。林紓沒有像徐念慈那樣的小說美學觀念，也沒有梁啓超式的啓蒙主義觀念，他甚至還錯將狄更斯小說與我國歷史中的《史記》、《漢書》相比附。但他依賴自己的體悟也說出了狄更斯小說寫實主義的成功經驗，在許多譯序中總結概括出一些西方小說的藝術經驗。

　　提倡戲劇觀念更新的代表有陳獨秀。1905年他在《開辦安徽俗話報的緣故》一文中提出「戲館子是衆人的大學堂，戲子是衆人大教師」的觀點，看戲不再只是遊戲，演員也不再低人一等。他還指出戲劇改良有小說、報館不及的方便，不識字的人也可以由看戲而開通風氣。這一年，後來爲南社領導人的陳去病、柳亞子創辦了我國最早的戲劇雜誌《二十世紀大舞台》。1906年，

李叔同、曾孝谷在日本東京發起成立了春柳社，不久歐陽予倩、陸鏡若也參加活動，宗旨是「研究新舊戲曲，翼爲吾國藝界改良之先導」⑪。他們首先推出的劇目是《茶花女》（第三幕）、《黑奴籲天錄》。新劇家王鐘聲在上海發起成立春陽社，演出《黑奴籲天錄》。1908年，他又在從日本回來的任天知的幫助下，以通鑑學校的名義演出根據楊紫麟、包天笑翻譯的英國小說《迦因小傳》改編的同名戲劇，該劇擺脫了京劇樣的戲曲特徵，標誌著國內新興話劇的萌芽。而據記載，1899年，上海聖約翰書院已有學生自編之時事新戲《官場醜史》演出⑫。

　　文體觀念革命有著相應的語言觀念改變的背景。提倡「俗語」（白話），不像梁啓超獨力標舉各種文體的革命那樣，而是許多先進知識分子的共識，幾乎形成了一個白話文運動。最早提出「言文合一」主張的是黃遵憲，出使歐美、日本諸國的經驗告訴他，「言文合一」使各國文化普及，科技發達，社會進步；中國的言文乖離致使科技文化落後。他在《日本國志‧學術志二‧文學》中論述各國及中國言文之間的關係，指出並希望：「……若小說家言，更有直用方言以筆之於書者，則語言文字幾幾復合矣。余又焉知夫他日不更變一文體適用於今，通行於俗者乎？」⑬裘廷梁1897年旗幟鮮明地在《蘇報》上倡言《論白話爲維新之本》，他詳細論述了白話有「省力」、「免枉讀」、「便幼學」、「煉心力」、「便貧民」等八項益處，說文言誤了中國歷史兩千年。「文言之美，非眞美也。漢以前書曰群經，曰諸子，曰傳記，其爲言也，必先有所以爲言者存。今雖以白話代之，質幹具存，不損其美。漢以後說理記事之書，去其膚淺，刪其繁複，可存者百不一二。」他的結論是：「文言興而後實學廢，白話行而後實學興。實學不興，是爲無民。」⑭維新志士之一的陳榮袞撰文《論

報章宜改用淺說》，主張報紙改用白話。用文言，全民如處黑暗；改白話，人民嬉遊於不夜。在中國文學現代化發生期內，全國白話報刊有170多種。他們提倡白話，幾乎都是從維新的社會用途著眼，是爲經世致用的「實學」打算，並非專從文學角度考慮。從文學出發論白話的還是梁啓超，他在《小說叢話》中指出：「文學之進化有一大關鍵，即由古語之文學變爲俗語之文學是也。各國文學史之開展，靡不循此軌道。……苟欲思想之普及，則此體非徒小說家當採用而已，凡百文章，莫不有然」⑮。他的主張後來被胡適更爲徹底的以白話文取代文言文主張的光芒所掩蓋，正體現了先導者與主導者的必然關係。

　　眞正體現出現代意義上的文學觀的，是王國維。王國維（1877～1927）字靜安，號觀堂，浙江海寧人，學者，他沒有梁啓超提倡革命的煽動力，卻具有實實在在的文學新品質。他引入叔本華和康德的哲學思想進入文學的精神世界，較之同時代人由進化論哲學進入文學，更迫近文學本體。他從叔本華的「意志」（欲）說出發，作《〈紅樓夢〉評論》，認爲現實生活中的「『欲』與『生活』與『苦痛』，三者一而已」，要想超然於意志欲望不能滿足而造成的痛苦，只有「美術」（藝術）最合適，「藝術之美所以優於自然之美，全存於使人易忘物我之關係」。《紅樓夢》的厭世解說精神是「哲學的也，宇宙的也，文學的也」，是悲劇之最上乘者，是「悲劇中的悲劇」。他的《人間詞話》借詞這一研究對象來表達他的美學理論，他以「境界」作爲詩論的中心概念，以分類的邏輯思維方式，將境界分爲兩類：「有造境，有寫境，此理想與現實二派之所由分」。他進一步作出了境界與主觀世界的關係分析，有「有我之境」和「無我之境」的區分。《宋元戲曲考》推許元雜劇爲「一代之絕作」，是「中國最自然

之文學」。他的研究在學術史上的影響，要比在實際創作中發生
的影響大得多。在文學觀念上，他將文學從「文以載道」的奴婢
的位置上解放出來，成爲獨立的存在，則具有極爲重大的意義。

　　在中國文學現代化發生期提出現代性文學觀念的，還有以後
領導中國現代文學潮流的周樹人、周作人。他們在1908年的《
摩羅詩力說》與《論文章之意義暨其使命因及中國近時論文之失》
等文章裡，既強調文學的社會功用，又認同文學自身內部規律。
他們提出「文章者，國民精神之所寄也」，「國民精神進於美大，
此未來之翼也」，不贊同「謂著作極致在怡悅讀者，令得興趣，
有美感也」的「純藝派」和「謂文章絕端在於自由」的文學觀念。
他們還提出：「文章中有不可缺者三：具神思、能感興、有美致
也」，文學的作用在「涵養人的神思」，並且須通過「意象、感
情、風味三事」爲中介才能「妙奪人意」。文學有「遠功」而「
非實用」，文學通過對民族精神、國民靈魂的潛移默化的薰陶、
影響來達到振興民族的功利目的。這其中已蘊含了後來中國現代
文學「重鑄民族靈魂」的思想。但周氏兄弟的文學主張在當時影
響並不大。

第三節　文學創作實績

　　在中國文學現代化發生期的20年裡，各類文體的成績厚薄不
均。在文學史上對現代化具有實際意義的是政論散文和小說（含
翻譯）。

　　觀念的變革並未能在每一文體上直接轉換成文學的實績，「
詩界革命」以後，詩人們仍持續創作採用新思想、新材料的詩歌。
1909年成立的南社是這一時期影響最大的詩歌社團，以反清爲

主要特色，主要人物中的高旭、馬君武原來就與梁啓超等同是「詩界革命」中人。但南社詩人除了政治態度比維新派激進外，對詩歌藝術的創新卻沒有什麼進展。南社內部甚至曾爲宗盛唐之音、還是傾向江西詩派（有如同光體詩人）有過爭執。從黃遵憲「我手寫我口」到胡適的白話詩「嘗試」，中間沒有多少實質性現代化成就。

「戲劇改良」走了兩條不同的探索道路：一是曾得到過梁啓超讚許的、汪笑儂式的舊劇改良，將時代政治熱情與外來的審美要素注入京劇，對程式講究的戲曲進行改良；一是春柳社在日本演出的新派劇和上海春陽社等以話劇中滲透戲曲因素的表演，稱爲「文明戲」。春柳社演出《茶花女》、《黑奴籲天錄》，在表演上有嚴肅的藝術追求。其成員陸續回國後，在上海設春柳劇場，繼續嚴肅的戲劇表演形式，但劇本常常採用「幕表制」。春陽社的劇目革命政治色彩濃烈。1901年任天知在上海組織成立第一個職業劇團「進化團」，成員有汪優游、陳大悲等，劇目也多是配合政治鬥爭的。文明戲的特點是「言論老生」類角色往往脫離情節去評議政治，戲的分幕按傳奇的傳統，在換布景時常常演些幕外戲。幕表只是一種粗糙的演出提綱，貼在演員上場處。劇本不健全，文學性得不到保證，文明戲重表演、輕劇本的傾向產生了一定的消極影響，在演員失去藝術追求的自覺性和演出市場化的時候，藝術品位無可奈何地流於庸俗。

晚清「文界革命」是一場眞正的文體革命，儘管維新派文人的文章中仍保留著一些古文中的雅言，他們還沒有全盤採用俗語的勇氣，但成績是客觀的。從王韜、鄭觀應的報章文體到梁啓超「新文體」崛起，加之後來的革命派文人鍛鍊的諸文體，中國散文走過了相當長的一段路。五四後第一個十年的文學成就以小品

為最大，溯其原因，離不開發生期內政論諸文體的鋪墊作用。這一時期的散文廣泛地涉及到政治思想文化領域的方方面面，文章反映出新一代知識分子強烈的憂患意識、變革意識和批判意識，也反映著那一時期初步的科學民主的啟蒙思想的興起，以及在啟蒙和種族革命主題下的種種觀念的更新。

　　梁啟超是本時期最重要的散文家，他的「新文體」的成就足以囊括一時代、立一界碑。我們不因為他的成就，抹殺先前的報章文體鼓吹變法圖強對他和康有為、譚嗣同等的重要啟發，他的「新文體」中包括有前人和同輩的努力乃至後人成功的追隨。他的政論成就與報刊密不可分，沒有大眾傳媒的發達，就沒有梁啟超。他在《時務報》、《清議報》、《新民報》上發表了數量可觀的時事政論、社會評論、思想評論、文化學術評論，曾有過深入的思想啟蒙和廣泛的宣傳鼓動作用。他的「新文體」是改造中國國民性（「新民」）、重造「中國魂」的「覺世之文」，是「煙士批里純」（「歐西文思」的靈感）的產物而非死守「義法」者，是「筆鋒常帶感情」的「魔力」文字，是「讀萬國書」而後成者。他的著名的《新民說》的中心思想就是啟蒙，就是提出批判改造中國的國民性、「製造中國魂」的問題。他不以「傳世之文」而以「覺世之文」自期，《與嚴又陵書》中說：「覺世之文，則辭達而已矣！當以條理細備，詞筆銳達為上，不必求工」。在《清議報第一百冊並論報館之責任及本館之經歷》中談及他對報章文字的要求：「一曰宗旨定而高，二曰思想新而正，三曰材料富而當，四曰報事確而速」。他反對桐城義法中的定規（法），在《自由書·煙士批里純》一文中指出，古文大家並非作文都有定規，只是「其氣充於中而溢於其貌，動乎其言而見乎其文，而不自知也，曰『煙士批里純』之故」。他欽服日本論過同樣題目

的德蘇富峰善於以歐西文思入日本文，而歐西文思的美學內核就是自由的靈感。他的感情是憂患、變革、愛國的情理交融，如《少年中國說》、《新民說》、《說希望》、《過渡時代論》等一大批論說都是富有魔力的情理文字。他的「新文體」之所以能汪洋恣肆，得力於他從日文、中文譯本廣泛接觸西方學術文化思想，他的文化學術評論文章論及柏拉圖、亞里士多德到達爾文、馬克思等古今思想家，真正做到了「讀萬國書」以通一國書。

　　章太炎等的革命派散文，與「新文體」一樣依賴現代傳播媒介來宣傳自己的主張。變法維新的說服對象起初主要是朝廷與當政者，後來的啓蒙宣傳也在一般的讀書人；革命則要鼓動整個民族，要更爲淺俗直接地向民衆宣傳。孫中山在革命成功以後作文《革命成功全賴宣傳主義》指出：「革命成功極快的方法，宣傳要用九成，武力只可用一成」。這種看法雖未免有些偏頗，卻肯定了革命派一百多種報刊上文章的宣傳效果。革命派的許多論說文章受到梁啓超的文風影響，報紙也與維新派一樣設有論說專欄，諸如：「社論」、「論說」、「時論」、「譯論」、「專論」等。在這些欄目的長篇論文外，還有種種短論和專欄作家，如于右任在《民立報》上以「騷心」的筆名主持「天聲人語」欄。新文化運動的發難者們利用《新青年》等刊物抨擊封建文化，其做法與之一貫，30年代的革命文學家甚至認爲一切文學都是宣傳。

　　革命派散文的革命性、鬥爭性、鼓動性與通俗性相統一，除章太炎的文風有古奧特點外，其他一般都能深入普通民衆。鄒容的《革命軍》以「淺近直接」的文字寫成，揭露控訴幾千年來的封建專制統治，「中國之所謂二十四朝史，實一部大奴隸史也」，號召以民族民主革命去除奴隸根性，恢復天賦人權，實現獨立、自由、民主、平等、幸福的「中華共和國」。陳天華的《警世鐘》

以反帝愛國思想爲主要特色，寫法帶說唱氣息，這是知識分子主動採用民間手法向大衆靠攏的濫觴。秋瑾是卓越的民主革命戰士，也是中國婦女解放運動的先驅。她創辦過兩個婦女報刊，把婦女解放與民族前途聯繫起來。她的文章有新文體類型的，也有用精純的白話寫就。《敬告中國二萬萬女同胞》、《敬告姊妹們》等文推心置腹，新鮮活潑，深入淺出，明白曉暢有談話風。她難能可貴地率先眞正做到了言文合一，讓人驚訝在白話文運動以前竟有這樣爐火純靑、歷久彌新的白話文章。

　　章炳麟（1869～1936）字枚叔，號太炎，浙江餘杭人，民主革命家、學者。章太炎國學造詣精深，是「有學問的革命家」，文章「所向披靡，令人神往」⑯。其文章的突出主題是鼓吹排滿、反淸的民族民主革命。《序〈革命軍〉》、《駁康有爲論革命書》最爲著名。前者與鄒容《革命軍》一並風行天下，後者是革命派與改良派論戰的代表作。康有爲1902年6月發表《答南北美洲諸華商論中國只可行立憲不可行革命書》，文章以保皇立憲爲目的，抹殺漢滿民族的區別，稱光緒皇帝聖仁英武，散布革命恐怖論調。章太炎以進化論駁斥其混淆「歷史民族」與「天然民族」的無知，斥責光緒爲「未辨菽麥」的小丑，又以史實證明「革命」流血不可避免。「立憲」流血也不可避免。其學理、事實的辯駁力量有無堅不摧的氣勢，文章成了一面鏡子，鮮明映照出立憲君臣的昏庸無知。章太炎的文章在本時期內最爲動人心魄，字裡行間活躍著他嫉惡如仇的個性。他的行文尖銳大膽，富於創造性和挑戰性，淵深的學養與奇倔的個性渾成一體。從他的文章中，我們可以淸楚地發現魯迅文章的部分淵源。章太炎雖然在《國學概論》中講古代「語言文字，出於一本」，但在現實寫作中卻不願言文一致，用「雅言」而貶低俗語，常常故爲古奧，他習慣的深邃思路，很

耗讀者的腦筋。

　　辛亥革命以後，散文卓然成家的有章士釗。革命派散文時期，他就爲鄒容的《革命軍》初版題簽，又自作《孫逸仙》，以孫逸仙作爲革命的共名，歌頌革命。辛亥以後，他被邀爲于右任創辦的《民立報》主筆，大力提倡邏輯，他作的社論文章也被名以「邏輯文」，以精闢嚴謹著稱。1914年二次革命後，他流亡日本，創辦《甲寅》雜誌，寫政論文反對袁世凱復辟。人稱他「文體簡潔有法，鏗鏘有力，句斟字酌，語無虛說，文無落空……」⑰。他對現代中國散文的貢獻，就是以西方的邏輯思路組織思想材料。他對李大釗的文章也很有影響，1917年在北京辦的《甲寅日刊》曾交給李大釗主編。本時期20年的散文，可以看作是直線進化到新文化運動前，五四是在此基礎上徹底、激進的語言文化的根本變革。革命派散文在文體上的貢獻非但不在打倒之列，而且是被繼承發展的。

　　本時期的小說的道路則是曲折的、多元線索的，形式上總體是漸漸改良，內容是嚴肅與遊戲並存。創作上可以大致分爲清末與民初兩個時期。前期的傾向以理想與譴責並存，後期傾向以消遣遊戲爲主。前期的刊物陣地以四大小說雜誌爲主，後期以改革前的《小說月報》與《禮拜六》等雜誌爲主。這一時期的翻譯小說也帶動了創作。

　　在清末階段，梁啓超的「小說界革命」並沒有帶來純文學的小說觀念，只是理想化地提出了一些小說難以承擔的社會使命。基於這樣的觀念，小說界也出現過一批主題先行、理想化、概念化的作品：梁啓超的政治小說《新中國未來記》圖解他的政治理想，還讓小說中人物口頭完成他的政論；陳天華的《獅子吼》（未完）中的主人公狄（諧敵）必攘文武全才，興辦學校、提倡科

學，進行種族革命，是理想人物；婦女題材小說《黃繡球》也塑造黃繡球那樣「理想的維新的完人」，理想人物還有如《女子權》中的「中國女斯賓塞」貞娘等。當時《新小說》（1902年創刊）雜誌慣於以思想概念給小說中人物命名，如：自由、平權等等。這類小說沒有留下什麼有藝術價值的東西，卻是中國現代文學史上最早的以宣傳為使命的文學。這一時期還是中國問題小說的濫觴期，諸如婦女纏足、掃除迷信、立憲、華工、反帝國主義等問題在小說中都有表現。

　　清末小說的另一方面是譴責小說盛行。這類小說興起於1903年，李伯元於這一年主編《繡像小說》，刊載自己的《文明小史》、《活地獄》和劉鶚（洪都百煉生）的《老殘遊記》。此前他已在《繁華報》上連載《官場現形記》，《新小說》上連載著吳趼人（我佛山人）的《二十年目睹之怪現狀》。這些小說不顧溫柔敦厚的詩教傳統，極力醜詆官府，進行筆無藏鋒的諷刺。其產生原因與表現，正如魯迅所說：「群乃知政府不足與圖治，頓有撟撃之意矣。其在小說，則揭發伏藏，顯其弊惡，而於時政，嚴加糾彈；或更擴充，並及風俗」⑱。《老殘遊記》在譴責之外稍稍顯出一些作者的信心，作品的一些抒情成分比李伯元、吳趼人的峻切刻薄多幾分藝術美感。曾樸的《孽海花》當時最為暢銷，於譴責之外，有歷史與政治小說的特點，寫得也不像《二十年目睹之怪現狀》那樣草率。典型的譴責小說，寫法上的最大特點是「毫無節制」，小說相當程度是借事實發洩作者無望而浮躁的情緒，其諷刺也不像《儒林外史》傳統的「婉而多諷」，而是連諷刺帶謾罵。這種不知節制的特點也體現在小說的結構上，由於吳趼人這樣的作家與新聞的密切關係，他們常常將未經加工的素材編輯成文應付連載，所以譴責小說中難以發現相對完善的結構形

式。這樣的任情揭發、擴充的心態與結構經驗影響了民初小說家們，他們熱中於將一些「話柄」組織到小說中去，堆砌成了社會黑幕。「小說界革命」後，小說顯示出前所未有的活力，但這一文體與報刊市場結合，小說家成為以此謀生的專業化人員，從依附大眾的一般趣味到媚俗，進而粗製濫造，又會形成小說的危機。這很快地在民初小說中得到了印證。

　　自從清末開始翻譯外國小說，就開始了中國現代小說中、西兩個傳統並存的局面：章回小說、筆記小說繼續發展，章回小說從口頭演說的評書評話體向書面閱讀的接受形式轉移，筆記體開始了向短篇嬗變的端倪；西方小說翻譯介紹進來，雖然譯本不都是西方一流的小說，但其敘說方式也對小說創作發生著影響。清末小說的四大雜誌中的《新小說》、《繡像小說》到1906年上半年就停刊了，同年創刊的《月月小說》和1907年創刊的《小說林》就明顯地帶上了濃厚的中、西兩種色彩。譴責小說家吳趼人，比李伯元往前多走了兩步。他不僅停留在章回小說傳統上，而且學習翻譯作品創作短篇小說，以他為主要撰述人的《月月小說》就發表過他的《慶祝立憲》和其他人的短篇小說；為矯正譴責小說內在的犬儒傾向，他又給小說增添了道德因素，但他的價值取向常常是向後看的；同時，他又攜帶著西方小說的技術影響漸漸地向中國小說的言情傳統回歸，從而開啟了鴛鴦蝴蝶派文學。《小說林》以刊載翻譯小說為主，在它誕生前兩年，曾樸、徐念慈等就已經出版了四五十種譯著小說。有統計表示，1906～1910年是清末小說的高峰期，1907年則是翻譯小說的高峰，與創作的繁榮持同步發展水平⑲。

　　清末翻譯小說雖然在林紓以外有周樹人兄弟的《域外小說集》和徐念慈、包天笑等的譯著，但林紓翻譯的影響無與倫比。林紓

（1852～1924）字琴南，號畏廬，冷紅生，福建閩侯（今福州）人，文學家，翻譯家。他一生譯歐美小說180多種，1200多萬字，譯作著名的有《巴黎茶花女遺事》（1899年在福州印行）、《迦因小傳》（另有楊、包在此前所譯半部）譯筆哀感頑艷，《黑奴籲天錄》、《塊肉餘生述》、《撒克遜劫後英雄略》譯筆質樸古勁。其翻譯作品都是與精通外語者合作，但譯筆傳神還是靠他。《巴黎茶花女遺事》的哀感頑艷與中國的才子佳人小說一脈相通，歐洲小說又描寫細膩真切，所以能風靡一時並且深深地影響了民初及以後的言情小說。他將《黑奴籲天錄》（美國斯土活夫人著）與在美華工受虐聯繫，發出「黃種之將亡」的警告，深入人心。除了對西方寫實方法的肯定，林紓的文學觀念仍是中國的，他將狄更斯比附司馬遷、班固。他創作的小說筆記體接近唐段成式，長篇的文字表達採用桐城筆法、情調近才子佳人，並對民初的姚鵷雛等鴛鴦蝴蝶派作家有較深影響。林紓還譯有大批通俗傾向的作品，並在出版市場上風行，英國作家哈葛德的作品他譯得最多，科南道爾的偵探小說也由他翻譯過來。

民初小說以鴛鴦蝴蝶的言情結合休閒通俗的《禮拜六》風格為主流，小說品種有社會、言情、歷史、武俠、偵探諸種，創作量比清末時期大，雜誌上也不再靠翻譯撐持了，統稱鴛鴦蝴蝶派。此外，還有一些嚴肅作家的作品，如魯迅的《懷舊》，葉聖陶的《窮愁》等十數篇文言、白話短篇，李劼人《強盜真詮》等，這些作品為他們參與文學革命打下了基礎。蘇曼殊的「自哀」與「流浪」雙重主題的言情小說中充滿著異質文化的因素，與鴛鴦蝴蝶有很大的情感表達的一致，卻又是五四身邊小說的先兆。鴛鴦蝴蝶派小說，言情小說中有婚姻戀愛的社會問題，社會小說中也有辛亥革命的廣闊歷史圖景，歷史小說將當時社會政治生活中的

事作野史式的記錄（關於袁世凱稱帝的尤多），社會與歷史小說中「話柄」的連綴多數有黑幕的特點，這些作品雖不乏不成系統的意義，但大多淹沒在通俗遊戲的趣味中。小說到1915年左右，幾乎已經嗅出不出梁啓超「小說界革命」的新民意味了，於是他在《告小說家》中以道德口吻申斥當時小說：「其什九則誨淫與誨盜而已，或則尖酸輕薄毫無取義之遊戲文也……」。民初鴛鴦蝴蝶派小說的語言，從駢儷、文言、擬話本式舊白話到有時代氣息的白話，是有所發展的，文學革命對小說而言，主要是內容與價值觀上的革命，不像新詩的語言革命那麼尖銳。

民初言情小說的代表作是徐枕亞的《玉梨魂》，這部用駢文寫成的小說連載在《民權報》副刊上，1913年由「民權素出版部」排印成單行本，成為民初最著名的暢銷小說。小說敘述受新式教育的善感才子何夢霞在無錫一鄉村作小學教師，與寓居遠親人家的年輕寡婦白梨娘悅戀，卻難以擺脫名教束縛。梨娘荐小姑代嫁，自己情鬱而亡；小姑也自怨自艾地死了；夢霞投軍，捐軀戰場，各各以不同方式殉了情。《玉梨魂》有自敘傳色彩，運用詩化語言抒情，充分地渲染圍繞著情產生的每一細微的心理變化，有現代小說的細膩，卻又有古代詩賦語言的典雅，是中西古今文化激盪出來的帶有病態特徵的藝術產品。小說的感傷情調不僅在同時的《孽冤鏡》、《玉田恨史》等作品中蔚然成風，而且對此後的鴛鴦蝴蝶派有長期的影響，甚至也籠罩過早期的新文學部分作品。小說主人公先戀愛，後革命，以革命作為苦戀的解脫，成為本世紀處理此類糾葛的作品的先驅。這一類「淫啼浪哭」[20]小說的氾濫，以眼淚鼻涕淹沒了民初小說界，沖淡了葉楚傖的武俠小說的影響。

鴛鴦蝴蝶派作家中最有影響的人物是被譽為「五虎將」的徐

枕亞、李涵秋、包天笑、周瘦鵑、張恨水，除張恨水的影響在20年代、30年代，其他四人都在民初有過大影響。其作品「四大說部」（即《玉梨魂》、《廣陵潮》、《江湖奇俠傳》、《啼笑因緣》）的前兩部也是產生在民初。除民前創刊的《小說月報》、《小說時報》外，民初影響大的小說刊物還有包天笑創辦主編的《小說大觀》、《小說畫報》，刊物收羅了當時第一流的小說，作品不像《民權素》上一概是鴛鴦蝴蝶風格。包天笑自己的創作貫串晚清、民初、直到40年代，《滄州道中》、《煙蓬》的寫法是現代的，他與畢倚虹等，筆下常常有人道主義的精神。周瘦鵑繼王鈍根主編過《禮拜六》，這份雜誌標榜其休閒、趣味的風格：「晴曦照窗，花香入坐，一編在手，萬慮都忘，勞瘁一周，安閒此日，不亦快哉！」[21]但他們將小說與覓醉、買笑、聽曲相比較，則是完全的遊戲態度。《禮拜六》上發表的作品其實並不都是遊戲的，也間有暴露專制黑暗的和翻譯西方名家的作品。周瘦鵑自己的作品以哀情風格的短篇為主，曾創辦個人雜誌《紫羅蘭片》專寫一己哀情。他還是民初出色的小說翻譯家，他翻譯的《歐美名家短篇小說叢刻》曾得到魯迅的讚許。李涵秋的《廣陵潮》寫辛亥革命前後的社會歷史，以古城揚州為核心向外輻射，由民間到朝廷、政府，沿江上下的流動歷程，隨時展示不同階層在歷史變遷中的人生百態。作者的社會描寫不離豐富細膩的世俗人生，又有把握歷史大局的氣魄。他影響了此後的以傳統寫法為主的社會小說的創作，形成以「潮」字為標誌的一系列作品：《歇浦潮》、《人海潮》等。李涵秋的小說雖不能全部丟棄譴責口吻，但寫實的成就要高於譴責小說，比黑幕小說保存了更多的歷史社會真實，具有認識那一段歷史的特別意義。李涵秋等的社會小說，其社會學與歷史圖畫的價值要超出文學。

　　從晚清到民初的小說良莠不齊，走著曲折的道路。本時期的小說不像散文那樣一直有精神價值作支撐，散文是精英知識分子的產物，主導小說趨向的是平民化的市場，而那時未獲啟蒙的中國大眾的需求是難免低俗的。長期關注社會的政治緊張的反作用力，把大眾推回了私人情感與世俗趣味中，由讀者和作者共同製造作品，是現代化社會中小說的應有之義。作家主體的點點滴滴的改良不能保證小說步入新的境界，嚴肅而有獨特價值的作品必須等待精英知識分子發動一場新的文學革命來迎接它們的問世。

【注　釋】

① 范伯群、朱棟霖：《1898－1949中外文學比較史》，上冊，第4－23頁，江蘇教育出版社1993年版。

② 梁啟超：《五十年中國進化概論》，載《最近之五十年——〈申報〉館五十周年紀念》，1922年版。

③ 據陳平原《中國小說敘事模式的轉變》，第273頁，上海人民出版社1988年版。

④ 張靜廬輯注：《中國現代出版史料》丁編，下冊，第384頁，中華書局1959年出版。

⑤ 梁啟超：《飲冰室詩話》「之二」、「之三十九」，人民文學出版社1959年版。「公度」為黃遵憲，「穗卿」為夏曾佑，「觀雲」為蔣智由。

⑥ 梁啟超：《夏威夷遊記》，《飲冰室合集·專集》卷22。

⑦ 梁啟超：《清代學術概論》，第77頁，東方出版社1996年版。

⑧ 參見范伯群、朱棟霖：《1898～1949中外文學比較史》，上冊，第124-136頁，江蘇教育出版社1993年版。

⑨ 梁啟超：《清代學術概論》，第77頁，東方出版社1996年版。

⑩　徐念慈（覺我）：《余之小說觀》，《小說林》第9期，1908年。

⑪　轉引自歐陽予倩《回憶春柳》，載《中國話劇運動五十年史料集》第1輯，中國戲劇出版社1958年版。

⑫　據朱雙雲：《新劇史》；參見《1898—1949中外文學比較史》（范伯群、朱棟霖主編），上冊，第24頁。

⑬　黃遵憲：《日本國志》，第33卷，光緒富文齋刊本（1895年）。

⑭　裘廷梁：《論白話為維新之本》，載《清議報全編》第26卷。

⑮　梁啓超：《小說叢話》，《新小說》第1卷（1903年）。

⑯　魯迅：《關於太炎先生二三事》，《魯迅全集》第6卷，第546頁，人民文學出版社1981年版。

⑰　張申府：《我所認識的章行嚴先生》，《張申府散文》第521頁，中國廣播電視出版社1993年版。

⑱　魯迅：《中國小說史略》，《魯迅全集》第9卷，第282頁，人民文學出版社1987年版。

⑲　參見樽本照雄：《阿英說〈翻譯は創作より多い〉事實か》，《清末小說から》第49期，日本清末小說研究會1998年版。

⑳　鄭逸梅：《民國舊派名家小說小史》，《鴛鴦蝴蝶派研究資料》上卷，第580頁，上海文藝出版社1984年版。

㉑　王鈍根：《〈禮拜六〉出版贅言》，《鴛鴦蝴蝶派研究資料》上卷，第183頁，上海文藝出版社1984年版。

第二章 「五四」文學革命的興起與發展

　　中國文學在經歷了清末民初的現代化發生期以後，由五四文學革命起進入1917～1949年的30年迅速發展期。這一時期，發生期內的鴛鴦蝴蝶派文學繼續存在，但不再佔據主導地位，而且隨著文學的現代化進程逐漸地被揚棄、整合。這一時期，大致可以十年爲期劃分出三個明顯的階段：一、1917～1927年以五四爲代表的20年代文學；二、1928～1937年左翼革命文學、人文主義文學並存的30年代文學；三、1937～1949年以全民族的抗戰文學開端以及承繼、發展的多地域、多元化、大衆化的40年代文學。

第一節　文學革命的興起與發展

　　中國現代文學，以五四文學革命爲標誌全面步入文學現代化歷程。發生於 1917年的文學革命，既是清末民初20年來中國文學現代化的歷史準備的必然，也是外來文學思潮影響的結果。五四文學革命承繼了梁啓超、黃遵憲等人提倡的「新民」、「救國」的近代文學改良精神，有著「詩界革命」、「小說界革命」與「白話文運動」的基礎。加上大量譯介西方文學，如林譯小說，已客觀上培養了人們對西方新的文學形式的接受心理。

　　五四文學革命的直接背景和動力是五四新文化運動。辛亥革命推翻了清朝政府，但並未能根除封建主義社會基礎，內憂外患使國家和民族陷於垂危之中。袁世凱陰謀復辟封建帝制，社會上繼續推行尊孔讀經，舊文化思想仍嚴重阻礙著民族意識的覺醒。受西方新思潮影響的進步知識分子在歷史反思的基礎上，深感思想啓蒙的迫切需要。他們利用晚清以來留學生譯介的大量的西方文學、哲學、社會學著作，作爲五四新文化運動的寶貴的思想資料和世界文化交流的參照系，向民眾宣揚灌輸民主主義思想，抨擊封建主義思想文化，進行比晚清維新派、民族民主革命派更廣泛的思想啓蒙，由此而發展成爲五四新文化運動。這時的國際、國內形勢正有利於新文化的生長，西方列強正忙於歐戰，中國民族工商業有了明顯發展，新興階級與進步思想同步壯大。

　　五四時期，陳獨秀主編的《新青年》（第一卷原名《青年雜誌》，1915年在上海創刊，1916年9月第二卷改名《新青年》，後移址北京）爲主要陣地，興起了「民主」與「科學」的新文化思想啓蒙運動。陳獨秀在《青年雜誌》發刊辭《敬告青年》中提出「民主」與「科學」的口號，又於1919年1月聲言《新青年》同人「擁護德謨克拉西（democracy, 民主）和賽恩斯（science, 科學）兩位先生」①。《新青年》反對舊道德、提倡新道德，陳獨秀、吳虞、李大釗、魯迅等各自著文批判封建專制主義與「三綱五常」等傳統倫理道德觀念，胡適、周作人提出要「重新估定一切價值」。《新青年》大力介紹自由平等學說、個性解放思想、社會進化論，給人們提供思想武器，也給文學以精神核心。這個反封建的文化運動在俄國十月革命的影響和五四愛國浪潮的推動下，不僅壯大了聲勢，而且逐漸轉換著自身的思想性質，其左翼成爲傳播馬克思主義的中堅，並演化爲下一個十年的無產階級革

命文學。

　　五四文學革命是新文化運動的一個組成部分，對封建主義的批判必然地會轉向對封建主義文學的攻擊，反對文言，提倡白話，反對舊文學，提倡新文學成了一場文學革命運動。1917年1月，《新青年》（2卷5號）刊出胡適的《文學改良雛議》。它從「八事」入手，即：須言之有物，不摹仿古人，須講求文法，不作無病之呻吟，務去濫調套語，不用典，不講對仗，不避俗字俗句。胡適集中指責舊文學的流弊，初步接觸到了文學內容與形式，文學的社會功能、眞實性與時代性等一系列「文學上根本問題」。他正面主張書面語與口頭語接近，要求以白話文學爲「正宗」，是五四文學革命的「一個『發難』的信號」，也是這場革命的第一篇宣言。2月的《新青年》（2卷6號）上發表了陳獨秀的《文學革命論》，他明確提出「三大主義」，對整個封建舊文學宣戰：「曰推倒雕琢的阿諛的貴族文學，建設平易的抒情的國民文學；曰推倒陳腐的鋪張的古典文學，建設新鮮的立誠的寫實文學；曰推倒迂晦的艱澀的山林文學，建設明瞭的通俗的社會文學。」他對國風、楚辭直到元曲、明清小說的充分肯定，表明「推倒陳腐的鋪張的古典文學」的實際意義並非全盤否定古典文學，鋒芒指向「明之前後七子」及桐城派的仿古主義。他把文學革命當作「開發文明」、改變「國民性」並藉以「革新政治」的「利器」；同時，又認爲「文學之爲物」有「其自身獨立存在之價値」（答曾毅信），這是對梁啓超將文學作爲政治改良的「工具論」傾向的反撥。陳獨秀把晚清以來的文學改革運動推向了高潮。

　　胡適、陳獨秀的「文學革命」的主張得到了劉半農、錢玄同等人的響應。劉半農發表《我之文學改良觀》提出改革韻文、散文和使用標點符號等建設性意見。錢玄同在致《新青年》的信中，

從語言進化的角度說明白話取代文言的歷史必然性，並激烈地指斥舊文學為「選學妖孽，桐城謬種」。他們倆見文學革命一時不能在思想禁錮的社會中產生廣泛反響，便在《新青年》上發表了「雙簧信」，以引起社會的重視。錢玄同化名王敬軒，仿照舊文人的口吻，匯集其反對新文學與白話文的種種觀點與言論，寫成一封致《新青年》的信，劉半農根據王敬軒的信，逐一辯斥。此舉引起了廣泛的社會注意，擴大了新文學的影響，擺出了與舊文學對峙的主戰姿態。

　　1918年1月，《新青年》編輯部擴大，四卷一期起改由陳獨秀、錢玄同、胡適、李大釗、沈尹默等輪流主編，陳獨秀又辦了《每周評論》雜誌，1919年1月，北京大學學生傅斯年、羅家倫等辦了《新潮》月刊，一起提倡白話文，一批知識分子形成了新文學的統一戰線。新文學陣線內積極開展如何建設新文學的討論，胡適發表了《建設的文學革命論》（《新青年》4卷4號），提出「國語的文學，文學的國語」，以此為文學革命的宗旨，把白話文運動和國語運動結合起來，其意義超出了文學領域。周作人發表《人的文學》（《新青年》 5卷6號），從人性、人道主義的角度來要求新文學的內容，倡導新文學內容要從「肉」與「靈」的統一中去表現「人」，「用人道主義為本，對於人生諸問題，加以記錄研究的文學」；在另一篇文章《平民文學》（《每周評論》5號，1919年1月）中進而提出「為人生的文學」的口號，又提出「以真為主，美即在其中」的創作準則。李大釗發表《什麼是新文學》（《星期日》第26號　1920年1月4日），提出「我們所要求的新文學，是為社會寫實的文學，不是為個人造名的文學」，這樣的文學要以「宏深的思想、學理，堅信的主義，優美的文藝，博愛的精神」作為「土壤根基」。一年裡，新文學的理

論主張有了長足的進展。

　　對於怎樣建設新詩、新小說、新戲劇，文學革命的先驅們也進行了探討。關於新詩的理論文章有胡適的《談新詩》，俞平伯的《白話詩的三大條件》、《社會上對於新詩的各種心理觀》，康白情的《新詩的我見》、周無的《詩的將來》；關於小說，有胡適的《論短篇小說》，周作人的《日本近三十年小說之發達》；此外，有劉半農的《詩與小說精神上的革新》，周作人的《美文》等。這些文章注重借鑑外國文學的創作經驗，結合新文學的初步實踐，對各種文體的建設提出建設性的意見，展望前途，促進著新文學創作的發展。

　　文學革命的實績最主要的還是在於創作。1918年5月，魯迅發表了他的第一篇短篇小說《狂人日記》（《新青年》4卷5號）。它把矛頭指向幾千年的封建制度，包含了巨大的思想革命的現代性內容，形式上的現代性體現則是運用了現代小說的格式與手法。接著《新青年》、《新潮》、《時事新報》等刊物上又陸續出現了一批新文學作品，小說有魯迅的《孔乙己》、《藥》，葉聖陶的《這也是一個人》；詩歌有劉半農的《相隔一層紙》，郭沫若的《鳳凰涅槃》、《匪徒頌》。這些作品中以普通人的形象、反對封建專制、爭取個性解放等新的主題，鮮明地區別於舊文學。胡適、沈尹默、劉半農進行了第一批白話新詩的嘗試（《新青年》第4卷第1號），有《鴿子》、《月夜》、《相隔一層紙》等。1918年5月的《新青年》第4卷第5號正式完全改用了白話。這一時期顯示新文學創作實績的報刊還有《每周評論》、《新潮》、《星期評論》、《少年中國》與京滬四大報紙副刊：北京的《晨報》副刊、《京報》副刊，上海的《時事新報》副刊《學燈》、《民國日報》副刊《覺悟》。

　　文學革命帶來文學觀念、內容、語言載體、形式各方面全面的革新與解放。文學觀念上，文以載道、文筆不分、遊戲消遣的傳統觀念被破除了，借鑑於西方的嚴格意義上的文學觀念得到了確立。新文學的理論倡導者和實踐者對封建思想文化體系的徹底否定，改變了文學仿古的風氣，表現人生的求眞精神得到發揚，文學從審美內容到語言形式大大接近生活和人民。文學負有改良人生的使命，有它的社會責任，同時又具有自身的獨立性。僵化的文言被摒除，白話由俚俗的邊緣進據文人創作的中心，成爲文學正宗。外國多樣化的文學樣式、手法豐富著新文學的創作，新詩的創立、小說的革新、話劇的傳入、美文的倡導，使文體得到了大解放與大豐富。

　　1919年下半年起，全國白話文報刊風起雲湧，達400種之多。到1920年，在白話取代僵化了的文言已成事實的情況下，北洋政府教育部終於承認白話爲「國語」，通令國民學校採用。白話文運動取得勝利。

　　五四文學革命開闢了中國文學史上文學現代化的新時代。

第二節　外來文藝思潮的影響

　　中國文學現代化的歷史，就文藝思想與外國的關係而言，是與外來文藝思潮的影響分不開的。沒有中國的社會變革的內因就不會有文學革命；同樣，沒有外來的文藝思潮的影響的外因，也不會有文學革命。「近代以來，中國文化之所以迫切地取西方文化爲參照系，正是因爲歷時兩千餘載的中國傳統文化迫切地需要改造自我，審時度勢地改變自我形象，以嶄新的文化面貌回應新世紀的召喚。正是由於近代中國社會自身的經濟與政治條件變化

的原因，才導致民族文化與民族心理的變化。」「正是中國文化機體自身需變、思變，才引來西方文化爲參照系，在中西文化的碰撞、衝突、對話中尋求自我的文化出路。」②

文學革命的發難者們就是從西方文藝思潮中汲取理論源泉，提倡文學革命的。胡適1916年在美國就注意歐美詩壇上的意象主義運動，認同其形式上追求具體性、運用口語等主張，正是在「意象派」的啓發下，他寫了《文學改良芻議》，提出了「文章八事」。胡適從「意象派」詩人龐德關於詩歌要靠具體意象的主張，提出寫「具體性」、「能引起鮮明撲人的影像」的「新詩」，倡導白話新詩運動③。陳獨秀的《文學革命論》也是號召學習歐洲文藝復興以來的文學運動，發動中國的文學革命。他的「三大主義」中所要建設的「國民文學」、「寫實文學」、「社會文學」，即脫胎於歐洲19世紀現實主義文學。

胡適、陳獨秀的文學史觀也是來自於西方的社會進化思想。文學歷史進化論，是他們的文學革命理論的基礎。他們強調「一時代有一時代之文學……因時進化，不能自止」④，堅定著他們認爲新文學必定取代舊文學的見解，儘管這種見地難免膚淺。他們急於用這樣的觀點表明舊文學是如何地不合時代要求，「與其時之社會文明進化無絲毫關係」⑤。正是在社會進化的歷史觀念指引下，人們認識到新舊文學的交替是歷史的必然，新文學陣營對舊文學的進攻才獲得了文化界的全面認同與支持。

如何建設中國的新文學？文學革命的發動者們主要也是借鑑著外國文藝運動與創作的經驗。他們描述西方文學進化史，是經歷了古典主義→浪漫主義→寫實主義和自然主義→新浪漫主義，而認爲中國文藝「今後當趨向寫實主義」⑥。文學應反映怎樣的內容？周作人的回答是反對「非人的文學」，提倡「人的文學」。

他在《人的文學》一文中著力介紹歐洲文藝復興運動怎樣「發現了人」，人道主義怎樣主張「靈肉一致」的人生，西方和俄國的人道主義作家的反映社會人生的嚴肅作品又是如何區別於我國古代一些「非人的文學」⑦。他的這種關於「人」的論述，來自於西方人道主義思想。其直接來源，則是當時日本文壇上興起的「白樺派」人道主義文學理論。李大釗傾向於用歷史唯物論來解釋《什麼是新文學》，這明顯地是受了馬克思主義理論和俄國現實主義文學觀點的影響。他們思路的延伸，形成了在下一個十年裡無產階級革命文學與人文主義文學思潮的並存。

在新文學的文體與創作的討論中，大家都有意識地直接、間接運用著外國的文藝理論與文學創作的經驗。由外國文藝思潮啟發而展開的新文學建設的理論探討，在逐步深化的過程中形成了對它的更大需求，反過來促進了更大範圍的外國文藝理論與思潮的介紹與吸收。

與文藝思潮介紹相伴而行的是外國文學作品的翻譯介紹，這些作品影響著新文學作家的創作，形成了中國文壇由封閉向開放、由本土向世界努力的真正起點。大規模翻譯先進的外國文學作品實際上是文學革命重要與有機的構成部分。《新青年》從第一卷開始就先後譯介了屠格涅夫、王爾德、契訶夫、易卜生這些俄國、法國、北歐的外國作家的作品。在新文學實績還比較貧弱的文學革命初期，新文學的作品在量上不足以與當時文壇上舊派言情、黑幕小說相較，翻譯介紹的這些嚴肅的外國文學作品客觀上有力地與傳統勢力對峙，並在質量上顯示著優勢。1918年，《新青年》第4卷第6號推出《易卜生專號》，主旨在反傳統、反專制、提倡個性自由、婦女解放的作品《娜拉》、《國民公敵》，恰好和五四精神相吻合，形成了巨大影響。報刊上都在談論易卜生，

受新意識薰陶的人沒有不喜愛他的思想（易卜生主義）與作品的。新文學的作者也都經歷過仿效易卜生的創作階段，一批問題小說、問題劇產生了，並由此而轉向關注與反映社會現實人生的創作。

　　文學革命的所有發起者與參加者幾乎都作過翻譯介紹外國文學的工作，新文學期刊都大量刊載翻譯文學作品，影響、造成了翻譯潮流。胡適、劉半農、魯迅、周作人、沈雁冰、鄭振鐸、耿濟之、田漢、瞿秋白等人都是極爲活躍的譯介者。《新潮》、《少年中國》、《小說月報》、《文學周報》等許多刊物都大量刊載翻譯作品。《小說月報》是20年代小說界第一刊物。自從沈雁冰1920年11月受命全面改革《小說月報》（自十二卷始），他與繼任者鄭振鐸專闢《小說新潮》、《海外文壇消息》諸欄，每一期都發表外國文學的翻譯作品，報導西方文藝思潮和文壇動態，介紹外國著名作家傳略及其創作。鄭振鐸還倡導「文學統一觀」融合中西，貫通古今，對文學作整體的考察。在他們的影響下，當時一般的報刊出版界（包括一些舊派刊物）也對外國文學取「趨時」、改良的態度，以爲凡外國的都是「新派」的，以此投合時代潮流。

　　在五四以後的短短幾年裡，西方文藝復興以來的各種文學思潮和左右著它們的哲學思潮都先後湧入中國。文學思潮如：現實主義、自然主義、浪漫主義、唯美主義、象徵主義、印象主義、心理分析派、意象派、立體派、未來派等等；哲學思潮如：人道主義、進化論、實證哲學、尼采超人哲學、叔本華悲觀哲學、弗洛依德主義、托爾斯泰主義、基爾特社會主義、無政府主義、國家主義、馬克思主義等等。它們與中國的固有文化與傳統文學發生著撞擊，比晚清改良主義輸入的思潮更具有衝擊力，經先進知識分子的選擇，在不同程度上被揚棄、吸納、消化，對中國文學

的現代化發生著多方面的深遠影響。

　　這些思潮與創作方法，經一批文學革命的先驅們的實踐被移植到中國的土地上。在創作實踐中，他們從中國社會與時代的需求出發，對外來的思潮進行選擇，將其中國化。新文學的創造者們運用各種文學樣式和創作方法，傾吐自己內心的苦悶和願望，表現五四時代的叛逆、自由、創造的精神，成爲第一代帶有鮮明印記的「現代」作家。魯迅小說集《吶喊》中的作品，就是在現實主義的基本精神與手法之外，汲取象徵主義、浪漫主義等多種手法，寫出了一批中國現代小說的奠基作品。郭若沫的《女神》也受到泰戈爾、歌德、惠特曼、雪萊和斯賓諾莎等外國作家、思想家的多元影響，形成了浪漫主義的風貌。郁達夫的「自敘傳」抒情小說則是兼取19世紀歐洲浪漫主義與日本「私小說」的產物。此外，易卜生與問題小說、問題劇，泰戈爾詩歌、日本俳句與「小詩」，英國隨筆與雜感之間的關係，都證明著外來思潮的影響作用和中國作家的本土化的努力。

第三節　新文學社團

　　受各種文藝思潮與藝術方法影響的作家們，顯示出不同的創作傾向，相近者聚集成文學社團，創辦體現自己追求的文藝刊物。1921年到1923年，全國有大小文藝社團40多個，文藝刊物50多種。至1925年，文學社團與相應的刊物已有100多個。眾多文學社團與期刊標誌著新文學已由少數先驅的提倡轉爲群力建設。各文藝團體中，影響最大、最有代表性的是文學研究會和創造社。

　　文學研究會，1921年1月在北京成立。發起人有周作人、朱希祖、蔣百里、鄭振鐸、耿濟之、瞿世英、郭紹虞、孫伏園、沈

雁冰、葉紹鈞、許地山、王統照12人。文學研究會宣稱要「研究介紹世界文學，整理中國舊文學，創造新文學」⑧，「將文藝當做高興時的遊戲或失意時的消遣的時候，現在已經過去了。」⑨「……文學應當反映社會的現象，表現並且討論人生的一般問題」⑩。人們習慣稱文學研究會的創作爲「人生派」或「爲人生」的文學。在創作方法上，文學研究會強調寫實主義，一些會員，包括茅盾，也沒有嚴格地區分現實主義與自然主義的界限。當時沈雁冰已經接編、革新《小說月報》，所以未曾另設會刊。《小說月報》（從十二卷第一期起）的革新體現了文學研究會的文學「爲人生」的宗旨，給當時文壇流行的鴛鴦蝴蝶派文學以打擊，包括林紓譯文在內的幾十萬字的存稿被全部廢止。「爲人生」的文學主張是作爲針對、破除鴛鴦蝴蝶的舊派文學的娛樂、消遣作用而嚴肅地提出來的，在20、30年代持續地與之鬥爭並佔據了優勢。此後整個現代文學都著眼於嚴肅的社會現實而相當程度地忽略了娛樂作用。這種態度不僅一直貫穿新文學作家的創作中，也限定了現代文學的研究領域，通俗文學的創作的研究被輕忽了。

　　創造社與文學研究會都鮮明地受歐洲文學思潮的影響，文學研究會較多受俄國和歐洲現實主義文學思潮的影響，創造社則主要傾向於歐洲浪漫主義文學思潮。創造社1921年7月成立於日本東京。最初成員是郭沫若、張資平、郁達夫、成仿吾、田壽昌、穆木天、張鳳舉、徐祖正、陶晶孫、何畏等人，都是當時在日本的留學生。他們創辦《創造》季刊、《創造周報》、《創造日》、《洪水》等刊物。初期主張「爲藝術而藝術」，強調文學必須忠實地表現作者自己「內心的要求」。講求文學的「全」與「美」，推崇文學創造的「直覺」與「靈感」，比較重視文學的美感作用。創造社成員的作品大都側重自我表現，帶濃厚抒情色彩，直抒胸

臆和病態的心理描寫往往成爲他們表達內心矛盾和對現實反抗情緒的主要形式，顯示出與文研會迥然不同的創作風貌。創造社的文學活動以1925年五卅爲界，分爲前後兩期。後期創造社增加了李初梨、馮乃超、彭康、朱鏡我、李一氓、陽翰笙等，出版《創造月刊》、《文化批判》、《流沙》等雜誌，提倡「表同情於無產階級」的革命文學，思想明顯「左」傾，1929年2月創造社被當局查封。

　　稍後的文學社團與文學研究會傾向相近的有語絲社、未名社等；與創造社傾向相近的有南國社、彌洒社、淺草——沉鐘社。《語絲》周刊創辦於1924年11月，多發表針砭時弊的雜感小品，以倡導這種幽默潑辣的「語絲文體」而獲「語絲派」的稱號。魯迅被稱爲語絲派主將，語絲社成員有：周作人、林語堂、章川島、孫伏園等。莽原社、未名社是20年代中期，成立於北京、得到魯迅扶持的青年作家社團，辦有《莽原》、《未名》，未名社有同人團體的性質，出書二三十種。主要人物有高長虹、尙鉞、臺靜農、李霽野、韋素園等鄉土文學作家和翻譯家。南國社是出自創造社的田漢領導創立的一個綜合性藝術社團，以戲劇的成就與影響最大。1924年即有《南國半月刊》，田漢20年代的劇本代表作都在上面發表。1927年冬南國電影劇社改組，正式定名南國社。彌洒社的發起人是胡山源、錢江春等，1923年成立，有《彌洒》月刊（共六期），彌洒創作集（三種），宣稱「兩無兩不主義」即「無目的無藝術觀不討論不批評而只發表順應靈感所創造的文藝作品」⑪，「我們一切作爲只知順著我們的 Inspiration（靈感）！」⑫。淺草社、沉鐘社是兩個有連貫關係的社團。淺草社成立於1922年，主要成員陳煒謨、陳翔鶴、馮至；沉鐘社成立於1924年，由原淺草社成員加上楊晦、蔡儀等組成。刊

物有《淺草》季刊、《沉鐘》周刊，都是標誌「為藝術而藝術」的青年文學社團，致力於介紹外國文學，特別是德國浪漫派文學，其所創作的作品特點是樸實而帶點悲涼，有浪漫主義色彩。沉鐘社是五四時期掙扎得最久的一個團體，直到1934年2月才停刊。

其他具有自身鮮明特色的社團，如湖畔詩社、新月社。湖畔詩社1922年3月成立於杭州，應修人、潘漠華、馮雪峰、汪靜之曾出版詩合集《湖畔》，以寫作愛情詩聞名。新月社的活動1923年始於北京，主要成員有徐志摩、聞一多、梁實秋、陳源、胡適、余上沅等，多係英美留學生。新月社本來不是專門的文藝團體，開始以聚餐會形式活動，後來發展成新月俱樂部。1924年夏成立新月社。最初主要開展戲劇活動。1925年，徐志摩接編《晨報副刊》後，曾編輯出版《詩鎸》、《劇刊》，開始形成新月詩派，他們中間有聞一多、徐志摩、饒孟侃、朱湘、孫大雨、于賡虞、劉夢葦等人。1926年6月以後，聞一多、饒孟侃、胡適、徐志摩等相繼離京，新月社無形中解散。1927年，徐志摩、聞一多、梁實秋等人在上海創辦新月書店，書店是一個股份有限公司的組織，由胡適任董事長；後相繼出版《新月》月刊、《詩刊》季刊。他們一直堅持到1932年，歷時五年，出書近百種，《新月》月刊編了四卷七期。這一時期又出現了陳夢家、方瑋德、林徽因、方令孺等新詩人。這是一個自由主義作家的文學團體，影響大，傾向複雜，受西方唯美主義文藝思潮影響較深。他們倡導新格律詩，聞一多主張詩的「音樂美、繪畫美、建築美」；對舊劇的程式化、象徵化加以肯定。這一詩派對中國新詩的發展曾發生過相當的影響。

五四後期從文學革命走向革命文學，後期創造社以外，有蔣光慈、沈澤民等以上海《民國日報》副刊《覺悟》為陣地的春雷

社。與他們呼應的有《中國青年》上的革命文學主張。

　　五四文學社團的卓有成果的翻譯與創作，在內容與技巧上對整個現代文學發展產生了巨大的影響；它們鮮明的流派特點也開了現實主義、浪漫主義、現代主義等不同文學流派的先河；五四後期新文學陣營的分化，也顯現出30、40年代持不同社會態度的作家群體的輪廓。

第四節　二十年代文學論爭

　　五四文學革命以破壞舊文學開道，必然要與守舊的文學思想與勢力發生衝突和鬥爭。發生在20年代的文學論爭主要體現在新文學的意識、語言與封建的舊的文學傳統之間的分歧與鬥爭。

　　1919年初，新文學陣營開展了對林紓爲代表的守舊分子的批判。1919年3月，北京大學裡的國故派人物劉師培、黃侃等人辦《國故》雜誌，與《新青年》、《新潮》相頡頏。新文學陣營則旗幟鮮明地擁護「德先生與賽先生（民主 Democracy 和科學 Science）」，推行白話文學。近代翻譯文學先驅林紓介紹西方文學卓有建樹（他不懂外文），但舊的文學觀念十分頑固，視文學革命爲洪水猛獸。爲維護封建道統，他寫了《論古文白話之相消長》、《致蔡鶴卿太史書》，對白話文大加討伐，攻擊北京大學的新派人物「顚孔孟，鏟倫常」，表示要「拚我殘年極力衛道」。當時的北京大學校長蔡元培（鶴卿）在《答林琴南書》中義正辭嚴給予駁斥，並宣稱：「對於學說，信世界各大學通例，循『思想自由』原則，取兼容並包主義」⑬，支持文學革命與新思潮的傳播。林紓又襲用舊派文人含沙射影的故技，發表摹仿古人的文言小說《荊生》、《妖夢》，咒罵文學革命人物。出於無奈和洩

憤心理，他希望心目中的「偉丈夫」出面干涉、鎮壓，新文化陣營對此進行了反擊，李大釗寫了《新舊思潮之激戰》，揭露林紓之流的陰謀，魯迅在「隨感錄」等一系列雜文中諷刺抨擊了「國粹家」，《新青年》對《荊生》逐字進行批駁。林紓最終只能自嘆老邁，寄慨將來，哀哀地收場。

1922年，新文學陣營又與《學衡》派進行了鬥爭。1921年，南京東南大學的梅光迪、胡先驌、吳宓等創辦了《學衡》雜誌，因其觀點態度相近，而被稱爲《學衡》派。他們留學西洋，在美國受白璧德新人文主義思想影響，尊崇中國的古聖先哲，以融貫中西古今的姿態，標示「昌明國粹，融化新知，以中正之眼光，行批評之職事」，批評新文化運動和文學革命，思想傾向穩健保守。梅光迪寫了《評提倡新文化者》，在融貫中西的態度下，攻擊文學革命爲「標襲喧攘，僥幸嘗試」，「提倡方始，衰象畢露」，稱倡導者爲「政客」、「詭辯家」、「功名之士」等等。吳宓、胡先驌都持「中學爲體，西學爲用」的立場寫了《論新文化運動》、《評〈嘗試集〉》。他們也擊中了新文學倡導者的弱點和某些要害，如白話詩創作的簡單化傾向，以及過多否定傳統文化、傳統戲曲等的偏激情緒。魯迅對《學衡》派的駁斥最爲尖銳，《估學衡》衡量這批學兼新舊的學者們「於新文化無傷，於國粹也差得遠」。《學衡》雖然到1933年才終刊，但這以後已無力同新文化運動和文學革命對抗。

與《學衡》相呼應的，有章士釗在《甲寅》上的復古論調。《甲寅雜誌》（月刊）1914年在東京創刊，曾支持革命，歷時兩年出十期後停刊。 1925年《甲寅》（周刊）復刊，封面上印有黃斑老虎標誌，雜誌成了身爲司法總長兼教育總長的章士釗的「半官報」。《甲寅》周刊第一卷第九號刊章士釗寫於1923年

的《評新文化運動》，接著在十四號上又登載他的《評新文學運動》，該文集中攻擊新文化運動和白話文，他從邏輯學、語言學、文化史等方面來論證文言文的優越，歸結為「國性群德，悉存文言，國苟不亡，理不可棄」，追隨附和他的人甚至公開宣揚要取消「白話文學」這一名詞。

由於章士釗是北洋軍閥政府文化統治機構的掌權者，新文學陣營動員了大部分力量寫文章批駁反擊，有高一涵的《新文化運動的批評》、郁達夫《咒〈甲寅〉十四號　〈評新文學運動〉》、成仿吾《讀章氏〈評新文學運動〉》，沈雁冰、鄧中夏等一批人也撰寫了許多文章，有理有據地對守舊復古思潮進行反擊。魯迅在這場鬥爭中也寫了《評心雕龍》、《十四年的「讀經」》、《古書與白話》、《答KS君》等雜文，揭露《甲寅》派提出的「讀經救國」、「廢棄白話」只是「闊人」愚弄統治群眾「偶爾用到的工具」。在新文學陣營的反擊下，《甲寅》派隨著段祺瑞政府的垮台，也銷聲匿跡了。

新文學陣營內部在五四新文化運動深入發展和退潮時期也發生著分化與鬥爭。胡適在1919年提倡「多研究些問題，少談些主義」，1923年又大力提倡「整理國故」，引起了「問題與主義」之爭，但這些論爭本身，其實正標誌著新文學倡導者自身的日漸成熟和新文化、新文學運動的深入發展。

第五節　文學革命的歷史意義

五四文學的革命有著深刻、偉大的歷史意義。其一，在內容上徹底批判、否定了整個封建制度及其思想文化體系；始終貫穿、體現了現代「人」的觀念不斷解放的思想，以個性解放、民主與

科學、探索社會解放道路為啟蒙思想主題；以農民、平民勞動者、新型知識分子等人物形象代替了舊文學主人公帝王將相、才子佳人。其二，文學觀念發生了重大變化，文學語言獲得了解放，文體形式經歷了全面革新，奠定了20世紀中國文學的基本審美價值取向和多元並存的接受心理基礎。其三，建立了中國文學與世界文學的密切關係，自覺地借鑑、吸收外國文學及文化的營養，形成了面向世界而又不脫離傳統的開放性現代文學。革命總是激進的，五四新文學的部分倡導者存在著偏激的情緒，對某些傳統事物（如京劇、漢字）缺少具體分析，以致簡單否定。這些在以後的文學進程中需要逐漸地給予糾正。

　　五四（第一個十年的）文學也大致經歷了三個階段。1917年至1920年是新文學的萌芽期，主要是文學革命的理論準備和魯迅、胡適等人在《新青年》和《新潮》上的一些創作與嘗試，除魯迅的幾篇小說外，其他創作一般都很幼稚，有的還明顯地未脫盡舊文學的印記。1921年新文學社團出現到1926年北伐戰爭前夕，是文體大解放的創作活躍期，魯迅的《吶喊》、《彷徨》和郭沫若《女神》中的大部分詩作都在這期間寫成，散文、戲劇也都取得了令人矚目的成就，新文學第一代的作家都在這時登上文壇，一些創作流派開始形成，新文學站牢了腳跟。1926年春到1927年冬，不少新文學作家投身於南方的革命，置身於北伐戰爭的行列，創作一度沉寂。但這一時期對於「革命文學」的理論提倡和個別試驗，為下一階段的無產階級革命文學的勃興準備了條件。

　　五四文學的風貌是全新的，可以這樣概括其基本特徵：一、理性精神的張揚。五四文化思潮對國民的作用即在於啟蒙。新文學的先驅們注重將文學作為改造社會人生的工具，《新青年》「

隨感錄」幾乎都是批評人生。魯迅提出要用文學去揭示社會病苦，以引起療救的注意，促進國民性的改造，《吶喊》、《彷徨》即貫穿著清醒的現實主義理性批判精神。「爲人生」的文學研究會作家的創作也大都充滿著理性批判意識，問題小說即是理性討論顯得淺露的藝術表述。創造社作家的作品也以獨特的方法表達著社會人生的探索與思考。二、感傷的精神標記。被新思潮喚醒的一代青年作家，常常有著夢醒後無路可走的感受，於是苦悶、彷徨、感傷。問題小說有感傷的情懷，鄉土小說訴說著鄉愁，自敘傳講著零餘者的故事，連詩、散文、戲劇都不能免於感傷的情緒。三、個性化的追求。五四是中國文學史上「個人」表現最突出的時期。創造社的追求就是「表現自我」。魯迅的小說有著憂憤深廣的內心情理，《野草》是一種極爲個性化的主觀情懷。這一時期散文小品成就最顯著，正因爲它適合表現作家們各異的個性。四、創作方法的多樣化探索。在魯迅的開放的現實主義影響下，現實主義逐步發展成主流；但相當多作家嚮往浪漫主義，要求在作品中抒發強烈的主觀情緒，不止反映在創造社「身邊小說」一類作家、作品上，在多數作家與各種文體上都有所表現；現代主義方法也有所表現，魯迅、李金髮不同特徵的象徵主義，創造社的潛意識揭示；新月派的詩的形式的探索等。這些共同構成了一種創作方法多元化的局面。

【注　釋】

① 陳獨秀：《本誌罪案之答辯書》，《新青年》，第6卷第1期（1919年1月）。

② 范伯群、朱棟霖：《1898－1949中外文學比較史》，上冊，第45－46頁，江蘇教育出版社1993年版。

③　胡適：《談新詩》，《星期評論》1919年10月10日。

④　胡適：《歷史的文學觀念論》，《新青年》2卷6號（1917年2月）。

⑤　陳獨秀：《文學革命論》，《新青年》3卷3號（1917年5月）。

⑥　參見：陳獨秀《歐洲文藝史譚》，《青年雜誌》1卷3、4期（1915年11月）；沈雁冰《小說新潮欄宣言》、《文學上的古典主義、浪漫主義和寫實主義》，《學生雜誌》第7卷第9號（1920年）。

⑦　周作人：《人的文學》，《新青年》5卷6號（1918年12月）。

⑧　《文學研究會簡章》，《小說月報》第12卷第1號附錄。

⑨　《文學研究會宣言》，《小說月報》第12卷第1號附錄。

⑩　茅盾：《中國新文學大系‧小說一集‧導言》。

⑪　《彌洒》月刊的出版廣告，見《民國日報》副刊《覺悟》1923年3月24日。

⑫　胡山源：《彌洒臨凡曲》，《彌洒》第1期（1923年3月）。

⑬　蔡元培：《答林琴南書》，《中國新文學大系‧建設理論集》，第168頁，上海良友圖書公司1935年版，上海文藝出版社1980年影印。

第三章　三十年代文學思潮

　　現代文學的第二個十年，即從1928年到1937年抗戰前的這一階段，亦稱 30年代文學。從1928年開始，新文學的隊伍發生了新的組合。決定第二個十年文學基本面貌的，是革命文學思潮及其文學創作和人文主義美學思潮及其文學創作。這兩股文學潮流中，人文主義文學思潮是傳承了五四文學的個性主義、人道主義、「人的文學」的潮流，而無產階級革命文學則是新興的。

第一節　革命文學運動與思潮

　　早在1923～1926年就有初期革命文學倡導。鄧中夏、惲代英、瞿秋白、蕭楚女等，通過《新青年》季刊（中國共產黨理論刊物，瞿秋白主編）、《中國青年》周刊、《民國日報》副刊《覺悟》等，宣傳革命文學主張。鄧中夏的《貢獻於新詩人之前》強調，新文學應該是「驚醒人們使他們有革命的自覺，和鼓吹人們使他們有革命的勇氣」。他們強調文學的階級性，蔣光慈在《無產階級革命與文化》中提出「因爲社會中有階級的差別，文化亦隨之含有階級性」，沈雁冰發表《論無產階級藝術》，進一步強調：「無產階級藝術決非僅僅描寫無產階級生活就算了事，應以無產階級精神爲中心而創造一種適應於世界（就是無產階級居於統治的世界）的藝術」①。他們要求作家：「倘若你希望做一個革命文學家，你第一件事是要投身於革命事業，培養你的革命

的感情。」「要先有革命的感情，才會有革命文學」②。1925年
五卅運動後，產生了一批反帝題材的作品，如蔣光慈的詩《新夢》、
《哀中國》和小說《鴨綠江上》、《少年飄泊者》。廣大文藝青
年受政治上國共合作後革命形勢的鼓舞，都不同程度地接受革命
的影響。沈雁冰、郭沫若、成仿吾、應修人、潘漠華等作家紛紛
投入革命鬥爭，郭沫若、郁達夫、魯迅等都南下廣東。郭沫若發
表《革命與文學》（《創造月刊》1卷3期，1926年5月），魯迅
發表《革命時代的文學》（1927年 4月8日在黃埔軍官學校講演）。郭
沫若號召文藝青年「到兵間去，民間去，工廠間去，革命的漩渦
中去」；指出時代所要求的文學，「是替被壓迫階級說話的文學」，
「是表同情於無產階級的社會主義的寫實主義的文學」，「是站
在第四階級說話的文藝」。

　　1928年無產階級革命文學的興起，有著下列特定的歷史背
景和原因：早期共產黨人對革命文學的倡導，有的共產黨人從政
治革命直接走向了文學運動。社會的急劇變革也使激進的小資產
階級作家「首先捲進了革命的怒潮」，成了無產階級文化的代表
③。創造社、太陽社醞釀提倡無產階級文藝就是這樣。1927年後
的現實政治鬥爭形勢，使建設無產階級文學成為某種需要；同時，
也是來自於國際無產階級文學運動的影響，諸如前蘇聯文學、日
本左翼革命文學、西方的辛克萊、巴比塞、德萊塞等的作品。革
命作家相對集中於上海，則提供了組織無產階級革命文學隊伍的
可能性。

　　無產階級革命文學的基本理論主張是由後期創造社和太陽社
成員首先提出的。1928年1月，《創造月刊》（1卷8期）上發表
麥克昂（郭沫若）的《英雄樹》宣稱「個人主義的文藝老早過去
了」，「代替他們而起的」將是「無產階級文藝」。此後，在《

文化批判》、《流沙》和太陽社的《太陽月刊》等刊物上發表了
許多提倡無產階級文學的文章。倡導者強調，無產階級文學要「
使讀者得到舊社會的認識及新社會的預圖」，「對於敵人的厭惡，
對於同志的團結，激發鬥爭的意志，提起努力的精神，這是革命
文藝的根本精神，也是它的根本任務」④；爲創造無產階級文學，小
資產階級的作家要「把自己否定一遍」，「克服自己的小資產階
級的根性」⑤；要「牢牢的把握著無產階級世界觀」，「我們的
文學家，應該同時是一個革命家」⑥。這些倡導初步論述了革命
文學的性質、任務，接觸到作家世界觀的轉變問題。

　　革命文學的倡導者在處理文學與人民的關係上，明確要「以
農工大衆爲我們的對象」、「要使我們的媒質接近農工大衆的用
語」⑦；在處理與無產階級政治革命關係時，則患有「左」傾幼
稚病。倡導者把無產階級政治實踐活動作爲文學反映現實的唯一
角度與內容，把文學的功能、作用歸結爲對實際革命運動的直接
實踐作用，政治宣傳作用替代了文學的自身價值。他們樂意於把
文學作爲政治傳聲筒，甚至認爲無產階級文學的形式是不可避免
地要接近口號標語。這些看法或誇大文藝作用，或忽視文藝特徵、
輕視生活，或主張作家世界觀的突變。由五四文學革命到無產階
級文學運動，本應是一個符合規律的歷史發展過程，但倡導者否
認二者的繼承關係，把小資產階級作家當作革命的對象。由後期
創造社創辦的、宣傳革命文學主張的《文化批判》創刊號上，馮
乃超發表《藝術與社會生活》一文，把魯迅、茅盾、葉紹鈞、郁
達夫、張資平都當做「社會變革期中的落伍者」加以批判。《文
化批判》第4號（1928年4月）出版批判魯迅特輯，《太陽月刊》
（3月號）發表錢杏邨批評魯迅的聳人聽聞的長篇論文《死去了
的阿Q時代》，有的文章謾罵魯迅爲「封建餘孽」、「雙重反革

命」。《創造月刊》（2卷5號，1928年12月）發表批判茅盾的文章。

　　1930年，中國左翼作家聯盟（簡稱「左聯」）在上海成立。事先，馮乃超、沈端先（即夏衍）、馮雪峰與魯迅商談，共同開過以「清算過去和確定目前文學運動底任務」為中心的討論會。在此基礎上，1930年3月2日，魯迅、馮雪峰、柔石、沈端先、馮乃超、李初梨、彭康、蔣光慈、錢杏邨、田漢、陽翰笙等40餘人出席了中國左翼作家聯盟的成立大會。郭沫若、茅盾、郁達夫都參加了左聯。會上通過了根據前蘇聯「拉普」（俄羅斯無產階級作家聯盟）和日本「納普」（全日本無產者藝術聯盟，改組後稱「全日本無產階級藝術團體協議會」）綱領而制定的左聯理論綱領和行動綱領，宣告以「站在無產階級解放鬥爭的戰線上」，「我們的藝術不能不以無產階級在這黑暗的階級社會之『中世紀』裡面所感覺的感情為內容。」「我們的藝術是反封建階級的，反資產階級的，又反對『失掉社會地位』的小資產階級的傾向，我們不能不援助而且從事無產階級藝術的產生」⑧，作為左聯的奮鬥目標。魯迅作了《對於左翼作家聯盟的意見》的重要講話，對無產階級文學倡導期的經驗教訓作了科學總結。魯迅根據中國無產階級文學運動「首先經過革命的小資產階級作家的轉變而開始形成起來」的歷史特點，特別提到作家隊伍的改造問題，指出了「『左翼』作家是很容易成為『右翼』作家」的危險性。魯迅在講話中還針對中國無產階級文學運動一開始就暴露出來的宗派主義、小團體主義的先天性弱點，號召左聯在「目的都在工農大眾」的共同目標下擴大聯合戰線，「造出大群的新戰士」。

　　左聯的刊物，包括創刊於左聯成立前的《創造月刊》、《文化批判》、《太陽月刊》，和左聯成立後的《拓荒者》（蔣光慈

主編）、《萌芽》月刊（魯迅、馮雪峰主編）、《十字街頭》（
魯迅主編）、《北斗》（丁玲主編）、《文學月報》（姚蓬子、
周起應主編）、《光明》半月刊（洪深、沈起予編輯）以及秘密
發行的《文學導報》（創刊號名《前哨》）等。

「左聯」主要進行了下列文學活動：

馬克思主義文藝理論的譯介、傳播與運用。左聯成立了馬克
思主義文藝理論研究會，加強對馬克思主義文藝理論的翻譯、介
紹和研究工作。1928年以來，無產階級革命文學論爭推動了馬
克思主義文藝理論的翻譯與傳播，左聯的文藝理論家們在左聯成
立前就翻譯介紹了一些馬克思主義的文藝理論著作。馮雪峰等翻
譯介紹了列寧的《托爾斯泰——俄羅斯革命的明鏡》（現在譯為
《列夫·托爾斯泰是俄國革命的鏡子》）、《論新興文學》（即
《黨的組織和黨的文學》的主要段落）；魯迅翻譯介紹了《蘇俄
文藝政策》，盧那察爾斯基的《藝術論》、《文藝與批評》，普
列漢諾夫的《藝術論》。1928年底開始出版《文藝理論小叢書》。
1929年陸續出版《科學的文藝論叢書》等。左聯成立後，瞿秋
白從俄文版翻譯了馬克思主義經典的文藝理論著作，並寫了《馬
克思恩格斯和文學上的現實主義》、《恩格斯和文學上的機械論》、
《關於列寧論托爾斯泰兩篇文章的注釋》等文，對馬克思主義經
典作家的文藝思想作了介紹與闡述。他說明了反對席勒化，提倡
莎士比亞化的意義，批評了初期無產階級文學作品中的「主觀主
義的理想化」和「革命浪漫蒂克」情緒。1936年又有郭沫若等
翻譯的《文藝理論叢書》出版。

自覺地加強了與世界無產階級文學運動的聯繫。他們設立國
際文化研究會，以極大的努力輸入蘇聯文學作品，高爾基的《母
親》、法捷耶夫的《毀滅》、綏拉菲摩維支的《鐵流》、蕭洛霍

夫的《被開墾的處女地》等一批早期無產階級文學作品被介紹到中國來。西方進步作家的作品如辛克萊的《屠場》、《石炭王》，雷馬克的《西線無戰事》、德萊塞的《美國的悲劇》等作品先後被介紹到中國來，產生了廣泛的影響。以魯迅爲代表的左翼作家團結其他作家，積極引入和批判吸收俄國和西歐的資本主義文學遺產，取得了很大成就。《奔流》（30年代初魯迅、郁達夫主編）、《譯文》（1934年魯迅、茅盾主編）上介紹過易卜生、惠特曼、托爾斯泰、萊蒙托夫、密支凱維支、彼得菲、契訶夫、果戈理等作家的作品。1935年鄭振鐸主持編輯規模巨大的《世界文庫》。《死靈魂》（魯迅譯）、《浮士德》（郭沫若譯）、《十日談》（伍光健譯）、《吉訶德先生》（傅東華譯）、《懺悔錄》（張競生譯）、《簡愛》（李霽野譯）、《貴族之家》（麗尼譯）等文藝復興以來的西方文學的代表作大多於本時期介紹到中國來。同時，魯迅、郭沫若、沙汀、葉紫、蕭軍、茅盾、張天翼、丁玲、沈從文、郁達夫、林語堂、蕭乾等中國現代作家的作品被介紹到國外，中國現代文學開始走向世界。

　　推進文藝大衆化運動。左聯成立後，就設立了文藝大衆化研究會，並在 1931年左聯執委會決議《中國無產階級革命文學的新任務》中將「文學的大衆化」作爲建設無產階級革命文學的「第一個重大問題」。在左聯成立的同時，《大衆文藝》就發表了「文藝大衆化座談會」的討論紀錄與包括魯迅在內的左聯作家的理論文章。1932年7月《北斗》第2卷又發表了周起應（周揚）、何大白（鄭伯奇）、田漢等討論文藝大衆化問題的討論文章。討論主要集中在「文學形式」的問題上，尤其是爲大衆所熟悉的舊形式的問題，討論如何對民族文化批判地繼承，在時代蛻變中探求現代文學新的民族形式，以克服五四新文學中所存在的脫離大

衆的「歐化」傾向。討論中對民族舊形式與外來形式各有偏重，魯迅的「拿來主義」則將接受外來文化和民族傳統相統一。「拿來主義」思想標誌著中國現代文藝思想發展史上，在如何對待中外文化遺產的基本理論問題上的重要突破，對現代文學的現代化與民族化發展具有積極影響與意義。

革命現實主義創作方法的提倡和發展。左翼的無產階級文學運動是始終標舉革命現實主義的，但對現實主義的認識與把握卻有歷史的特殊性與階段性。無產階級文學運動在開始時獨尊革命現實主義創作方法，將現實主義與其他創作方法相對立。從創造社的浪漫主義文學主張中反叛出來的郭沫若提倡「徹底反對浪漫主義的寫實主義的文藝」，激烈宣稱「浪漫主義文學早已成爲反革命的文學」⑨。創作方法具有了政治色彩。20年代末、30年代初，無產階級文學的倡導者提出了世界觀的問題。這當然有積極的意義，但以爲「在舊寫實主義的寫實方法上加上了現在的無產階級世界觀，就是新寫實主義了」⑩。獲得新的世界觀成了創作的唯一要素，並直接用「集體主義意識」這類原則來指導創作，便形成了公式化、概念化的作品。左聯的作家理論家們在1931～1932年間，又從前蘇聯的「拉普」（「俄羅斯無產階級作家聯盟」）理論家那兒接受了「唯物辯證法的創作方法」，以政治、哲學代替藝術，以辯證唯物主義代替創作方法，進一步助長了公式化、概念化的傾向。他們也從另一方面吸取了有益的成分。瞿秋白等左翼理論家受「拉普」關於「撕下一切假面具」、「描寫活人」的思想的啓發，提出要開展反對「革命的浪漫蒂克」的鬥爭。瞿秋白提出要反對「感情主義」、「個人主義」等「浪漫蒂克」傾向，強調必須開始「一個爲著普洛現實主義而鬥爭的運動」，必須「表現眞正的生活」，即寫出生活本身固有的複雜性與豐富

性⑪。1931年11月，左聯執委會決議進一步提出「必須將那些『身邊瑣事』的、小資產階級知識分子式的『革命興奮和幻滅』、『戀愛和革命的衝突』之類等等定型的觀念的虛僞的題材抽去」。在批評、討論中有人也曾提出左翼作家應該「更刻苦地去磨練藝術手腕的精進與圓熟」⑫，並指出「只有理論上的修養還不夠，我們還要去獲得新的生活經驗」，希望擺脫機械理論的束縛。

　　1933年，受前蘇聯社會主義現實主義創作方法討論的影響，中國無產階級文學運動展開了對現實主義理論的再探討、再認識。1933年9月，周揚介紹了1932年10月全蘇作家同盟組織委員會第一次大會上清算「拉普」錯誤的情況。11月，他又發表了《社會主義的現實主義與革命的浪漫主義》，第一次向國內介紹了「社會主義現實主義」的理論，並批判了辯證唯物主義創作方法的錯誤。他的文章從理論上詳盡闡發「社會主義現實主義」（革命現實主義）創作的基本原則：「眞實性」是「不能缺少的前提」，應注意創造「典型環境中的典型性格」，「在發展中、運動中去認識和反映現實」，「把爲人類的更好的將來而鬥爭的精神灌輸給讀者」，這是「爲大衆的文學」，「具有爲大衆所理解的明確性與單純性」。這些原則極大地影響了左翼無產階級文學的創作。文章還指出浪漫主義爲社會主義現實主義所包容，社會主義現實主義是在「不同的創作方法和傾向的競爭中去實現的」。

　　1935年一二九運動爆發，在全民族救亡運動的推動下，由左翼作家周揚、郭沫若等提出了「國防文學」口號，立即得到了廣泛響應。但在提倡這個口號中，左翼作家仍不能免除左傾幼稚與宗派主義的情緒。突出表現在與「民族革命戰爭的大衆文學」口號的論爭中。後一口號是馮雪峰、胡風爲補救「國防文學」的不足，由胡風提出的。魯迅爲此抱病寫了《論我們現在的文學運

動》、《答徐懋庸並關於抗日統一戰線問題》，主張兩個口號並存，並解釋了抗日統一戰線內部的關係：「我以爲文藝家在抗日問題上的聯合是無條件的，只要他不是漢奸，願意或贊成抗日，則不論叫哥哥妹妹，之乎者也，或鴛鴦蝴蝶都無妨。但在文學問題上我們仍可以互相批判」。1936年10月，魯迅、郭沫若、鄭振鐸、巴金、謝冰心、周瘦鵑、林語堂等聯合發表了《文藝界同人爲團結禦侮與言論自由宣言》，標誌著新形勢下文藝界開始了統一戰線的籌建。

　　「左聯」從1930年初成立，到1936年初自動解散，幾年中積極提倡和實踐無產階級革命文學，對於中國現代文學歷史的發展，是起了推動作用的。但也存在著缺點、錯誤：在政治上，受到當時「左傾」路線的影響，搞了不少「左」的政治活動；組織上，存在著宗派主義、關門主義，把作家團體當成政黨組織；文藝理論上，照搬前蘇聯革命文學理論，所謂「社會主義現實主義」、「革命現實主義」理論將文學政治化，忽視文學的的本體特性；文學創作上，在某些作家中存在著輕視藝術規律，公式化、概念化的傾向。

第二節　人文主義文學思潮

　　新月派理論家梁實秋，在20年代、30年代持人文主義文學思想，並且因其與左翼文藝思想的牴牾而產生過影響；與之相近且同左翼文藝思想有較大距離的，還有朱光潛、沈從文等人的文學主張。他們共同的特點是對西方的文藝思潮有一個通觀，比起五四和當時的一批間接、部分了解西方文藝的作家與倡導者們，更了解世界文藝的眞相，他們與民族傳統文化之間的貫通也超出

於一般水平。他們的文藝思想本質上是承傳了五四文學的人文主義思想，而與當時左翼革命文學所理解的中國現實政治的需要有一定距離，也因此而受過責難。

梁實秋於1924～1925年在美國哈佛大學師從白璧德學習《十六世紀以後之文學批評》，系統地讀過白璧德的五部主要著作《文學與美國文學》、《盧梭與浪漫主義》、《新拉奧孔》、《法國近代批評大師》、《民主與領袖》。梁實秋文藝思想的特徵是，援據美國白璧德新人文主義爲學術背景，對五四以來的中國新文學進行反思與評價，提出人性核心的道德評價的文學標準，以古典主義的「節制」爲美學追求。白璧德主義是一次大戰後對西方歷史的反思產物，當時的西方社會陷入了社會與精神的重重危機。新人文主義者認爲當今社會危機的根源在於傳統道德信仰的喪失，必須重建古代人文精神，恢復「人的法則」，以理性作爲衡量一切的準繩，起而拯救之。有人概括西方人文主義的文學主張，「它規定了一個中心的敵人：浪漫主義；一個主要的罪魁禍首：盧梭；一個主要的目的：把文學批評與倫理學結合起來；而衡量一部作品質量的基本方式，是看其道德性質是否純正。」⑬白璧德視古典主義以後的西方文藝思潮爲一個整體進行批判，而以浪漫主義爲代表，諸如：拋棄古典藝術的理性原則和節制精神，一味放縱情感與想像；推崇個性而忽略藝術的普遍性，無節制的宣洩而破壞適度的古典原則。

依據新人文主義的文學觀，梁實秋指出中國新文學運動趨於浪漫主義，有四個特徵：根本是受外國的影響，推崇情感輕視理性，所採取的對人生的態度是印象的，主張皈依自然並側重獨創。他力圖證明整個五四新文學運動是一場浪漫的混亂，對於宣揚勞工神聖和人道主義同情的「人力車夫派」作品、抒發愛情的小詩

都表示不滿，以爲這些作品都是情感氾濫不加檢束的作品⑭。由於採用古典藝術的標準，他對啓蒙文化、個性解放主張不滿，指出浪漫主義專門表現個人而將變態極力擴展，寫實主義「以爲文學的任務即在忠實地描寫，隨便什麼都好拿來作材料，美的、醜的、善的、惡的、重要的、繁冗的，一視同仁」，「忽略題材的選擇」⑮。這樣，他在藝術上批判浪漫主義、現實主義，在思想上否定個性主義，整體地否定了五四新文學運動。他的否定與革命文學的提倡者不同，後者是從激進的社會態度出發否定不能讓革命者滿足的五四先行者的文學努力，梁實秋卻是從古典主義的傳統來否定當今文學對人類普遍性的忽略。

　　梁實秋的文藝思想中，人性是一個關鍵的概念。梁實秋的人性論思想，與周作人等五四文學先行者的人文主義思想相類，但對如何表現人性的看法上，又有不同。他一再強調：「文學發於人性，基於人性，亦止於人性」，以人性作爲文學的核心與唯一標準⑯。梁實秋認爲，人性是超階級的，資本家與工人「他們的人性並沒有什麼兩樣，他們都感到生老病死的無常，他們都有愛的要求，他們都有倫常的觀念，他們都企求身心的愉快，文學就是表現這最基本的人性的藝術。」⑰梁實秋的人性概念本質上是一個倫理概念，他在《文學的紀律》一書中陳述自己的人性觀：「人性是很複雜的，（誰能說清楚人性包括的是幾樣成分）唯其因複雜，所以才有條理可說，情感與想像都要向理性低首，在理性指導下的人生是健康的，常態的，普遍的。在這種狀態下表現出的人性亦是最標準的。」他的人性是二元的，一是以想像情感爲代表的，「需要被控制的自我」；一是以理性爲代表的「施加控制的自我」，他認爲後者是健康的，前者是病態的。因此他主張文藝上的「合於理性的束縛」。理性是人性的中心，「人性之

所以是固定的普遍的，正以其理性的紀律爲基礎」。他對五四時期流行的人道主義學說不能接受，把它看作情感氾濫的結果。梁實秋的人性論，是以理制欲的人性論。

代表梁實秋藝術精神的是古典主義的「節制」，是善於「選擇」該寫的材料。他說「如今的文化的全部，幾乎處處都在講究『量』，不講究『質』。……表面上表示創作力量的豐富，實在是暴示藝術質地的淺薄。……節制的力量永遠比放縱的力量爲更可貴」⑱。有節制精神的古典文學，就是「從心所欲不逾矩」的文學；有了這樣的心態，就能「沉靜的觀察人生，並觀察人生全體」。

梁實秋在30年代將對五四的反思轉變成對無產階級革命文學的批評。在《文學是有階級性的嗎？》中，他強調人性的普遍性，否認文學的階級性，提倡天才論，聲稱「文學不是大多數人的」。這與白璧德的反對盧梭的資產階級民主是一脈相承的。梁實秋的新人文主義是一種經過現代修正、補充的古典主義文藝思想，在與左翼文學的論戰中，他也作了一些調整，他由強調文藝的倫理作用轉而宣傳文藝的獨立性，由批評現實主義作家的題材上的不加選擇，轉而批評無產階級作家限制創作題材。表面上看，梁實秋一直是孤身一人代表著一種文藝思想，其實，一批對西方文學理論有全面了解的文學家們都有一些與梁實秋的同調，如新月派的詩歌理論，老舍等一些大學教授當年在自己的文學理論講義中（《文學概論講義》），都有著和梁實秋相通的思想，推崇健康、勻調、富於節制的古典主義的美感特徵。

30年代新人文主義而外，沿著西方的人文傳統，對近代美學進行自覺綜融的有朱光潛。朱光潛（1897～1986），安徽桐城人。少年時在桐城中學接受古典文學薰陶。從香港大學教育系畢

業後，曾在春暉中學、中國公學任教， 1925年入英國愛丁堡大學，攻英國文學、哲學、心理學、歐洲藝術史，獲文學碩士學位，轉倫敦大學，修莎士比亞，又轉法國巴黎大學，學法國文學、藝術心理學。在德國斯特拉斯堡大學完成博士論文《悲劇心理學》。他涉及文學藝術、心理學、美學多門學科，通曉英、法、德、西班牙、拉丁、意、俄等國語言。1933年回國後，他先後任教於北京大學、清華大學、四川大學等。30年代問世的著作有《給青年的十二封信》（開明書局1929年版）、《變態心理學派別》（開明書局1930年版）、《談美》（開明書局1932年版）、《變態心理學》（商務印書館1933年版），還發表有許多詩論（後於1943年由國民圖書出版社出版）。朱光潛的美學、文藝學思想以人文主義爲核心，結合現代心理學，將現代人文主義心理學的美學思想運用於文學研究。在對康德開始的近代美學研究後，朱光潛將審美同情與道德同情的質的區分作出揭示，指出審美同情消除主客體之間的界限，「把一瞬間的經驗從生活中孤立出來，主體『迷失』在客體中」，也就排除了理性的審美同情中的地位。他和梁實秋等人都與當時的主流文化不一致，但他們對西方傳統的借鑑有古今種種的不一。《給青年的十二封信》、《文藝心理學》比較系統地表述了這些美學思想，在當時文學青年中影響較大。《文藝心理學》被一些大學作爲文藝理論的教材。朱光潛對文學更直接鮮明的態度在《文學雜誌》發刊詞《我對本刊的希望》中表露著，他提倡「自由生發，自由討論」，「不希望某一種特殊趣味或風格成爲『正統』」，「殊途同歸地替中國新文藝開發出一個泱泱大國」。這是當時一批立足於獨立自由的人文主義立場上的文學家的心聲的集中體現：奉行嚴謹而超脫的風格，強調文學表現人生和怡情悅性的功用，維護文學的獨立自足性。他是

以一種學者的姿態來要求齊放爭鳴，以抗衡包括左翼文藝在內的占主流地位的文藝潮流。

此外，類似的主張，有宗白華主張的「詩意人生」，他一方面用唯美的眼光看世界，一方面把人生當作藝術品來創造；有梁宗岱對象徵主義的研究，他在介紹西方文學理論的同時，還在中國古代已有的成就中尋求「契合」，向著融合、溝通的方向發展。這些堅持人文傳統的理論家們的文學貢獻，與左翼的文藝理論的宣傳和建樹，在那個時代，應該說都是重要的一翼。

第三節　文學論爭

文藝思想的論爭，是本時期文壇的突出現象。積極展開文藝思想鬥爭正是左翼革命文學活動的重要內容，除了語言上的文白之爭外，論爭基本上是在無產階級革命文學運動與所謂自由主義者的人文主義文學派別之間展開。1929年，國民黨政權在相對穩定時，曾經提倡「三民主義文學」，也發動過「民族主義文學運動」，出版過《前鋒月刊》，在創刊號上發表《民族主義文藝運動宣言》，鼓吹以「民族意識代替階級意識」，攻擊革命文學作家「把藝術囚在階級上」，是「虛偽投機，欺世盜名」，反對左翼文學運動。在創作上產生了《隴海線上》、《黃人之血》（作者均爲黃震遐）那樣的政治宣傳品，但從未有過影響與號召力。

本時期較爲重要的論爭有：

1928年革命文學派對魯迅、茅盾的批判。爲了倡導革命文學，後期創造社、太陽社於1928年把魯迅、茅盾作爲批判對象。馮乃超首先發難，在《文化批判》創刊號（1928年1月）上發表《藝術與社會生活》，「就中國渾沌的藝術界的現象作了全面的

批判」，全面否定五四文學，他批評葉聖陶「是中華民國的一個
最典型的厭世家，他的筆尖只塗抹灰色的『幻滅』的悲哀。」他
指責郁達夫本人對於社會的態度，與《沉淪》的主人公沒有差別，
陷入了悲哀。他指責魯迅是「追懷過去的昔日，追悼沒落的情緒」，
反映社會變革時代落伍者的悲哀，是「隱遁主義！」成仿吾稱魯
迅為首的語絲派是「閑暇，閑暇，第三個閑暇」⑲。接著，錢杏
邨發表長篇論文《死去了的阿Q時代》（《太陽月刊》 1928年3
月號），全面批判與否定魯迅創作的意義，稱魯迅的創作「只能
代表庚子暴動的前後一直到清末」。《太陽月刊》編者按稱魯迅
「他根本沒有認清十年來中國新生命的原素，盡在自己狹窄的周
遭中彷徨吶喊；利用中國人的病態的性格，把陰險刻毒的精神和
俏皮的語句，來混亂青年的耳目。」《文化批判》（4月號）出
版了「批判魯迅」專輯。茅盾由於寫了《蝕》三部曲與發表《從
牯嶺到東京》為自己的小說與文學觀辯解，也被革命文學派列為
批判對象，《文學周報》（8卷10號，1929年3月）出版批判茅
盾專輯。後期創造社、太陽社為了以當時革命文學的理論否定「
五四」新文學，以此構建無產階級革命文學理論，把魯迅、茅盾
作為推行革命文學的障礙，甚至罵魯迅為「封建餘孽」、「二重
反革命」⑳。成仿吾搬過「拉普」口號：「誰也不許站在中間，
你到這邊來，或者到那邊去！」王獨清宣佈：不能和我們組成聯
合戰線的「就是我們底敵人！」「先把這些敵人打倒！」

　　他們的革命文學理論有的源於美國左翼作家辛克萊的「一切
藝術都是宣傳」。成仿吾《從文學革命到革命文學》、李初梨《
怎樣地建設革命文學》都提出這一主張，這也是革命文學派與魯
迅、茅盾的分歧之一。李初梨說：「一切的文學，都是宣傳，普
遍地，而且不可避免地是宣傳」，「文學，與其說它是自我的表

現，毋寧說它是生活意志的要求。文學，與其說它是社會生活的表現，毋寧說它是反映階級的實踐。」㉑「藝術是階級對立的強有力的武器。」㉒魯迅、茅盾對此提出反批評。魯迅發表《「醉眼」中的朦朧》、《革命時代的文學》，茅盾發表《從牯嶺到東京》。魯迅提出：「一切文藝固是宣傳，而一切宣傳並非全是文藝。」㉓茅盾批評普羅文學的標語口號不是文學：「我們的『新作品』即使不是有意的走入了『標語口號文學』的絕路，至少是無意的撞了上去了。有革命熱情而忽略文藝的本質，或把文藝也視為宣傳工具——狹義的，——或雖無此忽略與成見而缺乏了文藝素養的人們，是會不知不覺走上這條路的。」錢杏邨引用托洛茨基語，提出標語口號是普羅文學不可避免的，「宣傳文藝的重要條件是煽動，在煽動力量豐富的程度上規定文章的作用的多寡。我們不必絕對的去避免標語口號化，我們也不必在作品裡專門堆砌口號標語，然而我們必然要做到豐富的煽動的力量的一點。」「普羅文學不是普羅的消閑藝術，是一種鬥爭的藝術，是一種鬥爭的武器！它是有它的政治的使命！創作的內容是必然的要適應於政治的宣傳的口號和鼓動口號的！」㉔茅盾尖銳地指出：「我簡直不贊成那時他們熱心的無產文藝——既不能表現無產階級的意識，也不能讓無產階級看得懂，只是『賣膏藥式』的十八句江湖口訣那樣的標語口號或廣告式的無產文藝，然而結果是招來了許多惡罵。」㉕

　　1929年秋冬，在上海的中共江蘇文委負責人出面過問文化工作，要求文藝界停止論爭，加強團結。根據黨組織的安排，當時未介入雙方論戰的沈端先以及馮乃超、馮雪峰等人參加了成立「左聯」的籌備工作。其結果是尊魯迅為「左聯」盟主，但對革命文學論爭的理論問題並未分清是非。在「左聯」籌備會上，檢

討前兩年的錯誤，歸結爲「過去文學運動和社會運動不能同步調」，表現爲「獨將文學提高，而忘卻文學底助進政治運動的任務，成爲『爲文學』的文學運動」㉖。這就是進一步認定，1928年的革命文學理論在張揚「革命」方面還不夠。「左聯」的理論綱領也參照蘇聯「拉普」、日本「普納」的宣言、綱領，全面深化了「革命文學」主張，例如強調「社會變革期的藝術」是「作爲解放鬥爭的武器」，還提出「反對失掉地位的小資產階級」㉗等。

　　直至1932年，瞿秋白、茅盾、鄭伯奇、錢杏邨等才藉革命文學派小說《地泉》的重印，在五篇序言中清理了革命文學的標語口號傾向與非現實主義問題。此後，關於現實主義與非現實主義的論爭，在革命文學陣營內部持續了幾十年。

　　關於「文學基於普遍人性」的論爭。

　　這場論爭（1928～1930年）發生在左翼作家與新月派理論家梁實秋之間。梁實秋以新人文主義的一貫立場，針對左翼作家提倡的無產階級文學，在《文學與革命》（《新月》1卷4期，1928年）、《文學是有階級性的嗎？》（《新月》2卷 6、7號合刊，1929年9月）等文章中主張「文學乃是基於固定的普遍的人性」，提出「文學是沒有階級性的」；主張「天才」創造文學，「一切的文明，都是極少數的天才的創造」，認爲文學與大多數人不發生關係，否認無產階級文學存在的合理性。他的「天才論」典型地顯現著這一時期的人文主義作家及其文藝思想的紳士化特點。他批評革命文學倡導者「把文學當做階級鬥爭的工具而否認其本身的價值」，指出「人生現象有許多方面都是超於階級的」。這又具有一定的合理性。彭康發表《什麼是「健康」與「尊嚴」——「新月的態度」與批評》（《創造月刊》1卷12期），魯迅在《「硬譯」與「文學的階級性」》中指出，梁實秋提出文學就

是表現喜、怒、哀、樂、愛等「最基本的人性的藝術」，是「矛盾而空虛的」。文學只有通過人，才能表現「人性」；然而「一用人，而且還在階級社會裡，即斷不能免掉所屬的階級性」。同時，魯迅也批評了把文學的階級性絕對化的傾向，魯迅在《文學的階級性》中說「在我自己，是以爲若據性格感情等，都受『支配於經濟』（也可以說根據於經濟組織或依存於經濟組織）之說，則這些就一定都帶著階級性。但是『都帶』，而非只有。所以不相信有一切超乎階級，文章如日月的永久的大文豪，也不相信住洋房，喝咖啡，卻道『唯我把握住了無產階級意識，所以我是眞的無產者』的革命文學者。」用階級性代替、抹殺文學的「個性」，是對「唯物史觀」的「糟糕透頂」的歪曲。㉘

關於「文藝自由」的論爭。

論爭發生在胡秋原、蘇汶和左翼作家之間。1931年底，自稱「自由人」的胡秋原連續發表文章表示「文學與藝術，至死也是自由的，民主的」，反對來自國民黨民族主義文學的「極端反動主義者」和左翼文壇的「急進的社會主義者」兩方面對文藝的侵略㉙，在左翼文學與國民黨民族主義文學之間左右開弓，對自由主義小資產階級作家有一定的影響。瞿秋白指責其目的是「要文學脫離無產階級而自由，脫離廣大的群眾而自由」㉚。蘇汶自稱代表「作者之群」的「第三種人」，在《關於〈文新〉與胡秋原的文藝辯論》（《現代》1卷3期，1932年7月）一文中，爲胡秋原辯解，展開了論戰。爭論的焦點是文藝與政治的關係。蘇汶等反對政治「干涉」文學，強調文學眞實性的獨立地位。周起應著文《到底是誰不要眞理，不要文藝》（《現代》1卷6期，1932年10月）進行反批評，強調「無產階級的階級性，黨性不但不妨礙無產階級對客觀眞理的認識，而且可以加強它對於客觀

眞理的認識的可能性。因爲無產階級是站在歷史發展的最前線，
它的主觀利益和歷史的發展的客觀的行程是一致的」；瞿秋白則
提出「文藝永遠是、到處是政治的留聲機」㉛，片面、錯誤地更
趨向於一個極端。蘇汶在《「第三種人」的出路》中指出：文學
的武器作用「不能整個包括文學的涵意。」文學的階級性不意味
著「那種有目的意識的鬥爭」；「反映某一個階級生活」並非「
必然贊助某一階級的鬥爭」；「一切非無產階級的文學」並非「
即是擁護資產階級的文學」。文章還抗議左翼理論家「借著革命
來壓服人」，「有意曲解別人的話」及「因曲解別人而起的詭辯
和武斷」。歌特（張聞天）在黨內刊物上發表《文藝戰線上的關
門主義》㉜一文，維護了文學眞實性標準的獨立價值，對眞實性
與黨性、政治傾向性作了較爲辯證的分析。認爲「不是無產階級
的作品，但可以是有價值的作品」，否認文學眞實性標準的獨立
意義，會導致這樣的觀點：「凡不願做無產階級煽動家的文學家，
就只能去做資產階級的走狗」，這反而把文學的範圍縮小了，束
縛了文學家的自由。張聞天、馮雪峰在批判小資產階級作家脫離
時代、脫離階級的幻想的同時，強調了細心、耐性地在文藝界建
立統一戰線的客觀要求。

關於「大衆語文論爭」。

這場討論是因爲1934年5月汪懋祖、許夢因等發動「文言復
興運動」引起的。6月，進步作家陳望道、胡愈之、夏丏尊、傅
東華、黎烈文、陳子展、趙元任、沈雁冰等集會，決定掀起反對
文言、保衛白話的運動，展開大衆語的討論。這次論爭的焦點集
中於文學語言問題。它上承「左聯」內部兩次「文藝大衆化」討
論，參加人員涉及整個文化界，發表文章數百篇。論爭總結了五
四「文白之爭」以後文學語言發展的經驗教訓，批評了歐化與半

文半白的傾向，糾正了一些「左聯」作家否定白話、提出語言有階級性等「左」的錯誤，探討了現代文學語言的特點及其發展方向。這是繼「文白之爭」後的又一次重要的文學語言論爭，對此後的現代文學語言的發展起了較深遠的影響。

　　30年代還有左翼作家對林語堂、周作人「性靈文學」的批評。1932年林語堂創辦《論語》半月刊、1934年主持出版小品文半月刊《人間世》，1935年又辦《宇宙風》，以這三個刊物爲陣地，張揚自我表現的「性靈文學」。林語堂解釋「『性』指一個人之性，『靈』指一人之『靈魂』或『精神』」。周作人的理論與他一致。他們的共同特點是：強調對靈魂自我審視與表現；強調人的「性靈」（自然本性的流露），文藝要擺脫社會的約束，回到「自然」；提倡小品文，特重明清小品，推崇閑適。而在主張文學是戰鬥的武器的左翼作家們看來，這種文藝思想之產生是對黑暗社會現實的逃避，推卸社會責任。魯迅以爲，這是「靠著低訴和微吟，將粗獷的人心，磨得漸漸的平庸」，在「風沙撲面，狼虎成群的時候，誰還有這許多閑功夫，來賞玩琥珀扇墜、翡翠戒指呢？」㉝

　　左翼作家還與朱光潛、沈從文等發生過論辯。這些京派文學家強調文學與時代、政治的距離，追求人性的、永久的文學價值。朱光潛推崇「和平靜穆」是美的最高境界。魯迅則提倡戰鬥的力的美，在《白莽作〈孩兒塔〉序》中稱殷夫的詩「是對於前驅者的愛的大纛，也是對於摧殘者的憎的豐碑。一切所謂圓熟簡煉，靜穆幽遠之作，都無須來作比方，因爲這詩屬於別一世界」。沈從文與茅盾就作家把握文學的「藝術」與「時代」的問題上發生過爭論。

　　總的說來，第二個十年文藝思想領域是左翼革命文學理論與

人文主義美學主張兩大文藝思潮的對話、碰撞、交流。其特點是，始終集中在文學藝術發展的外部關係（文藝與階級、文藝與政治革命、文藝與生活和時代、文藝與人民）上，文學藝術內部關係問題、美學範疇的問題，卻未能得到全面的展開。由於各執一種價值體系，問題的爭論也不充分，解決得也浮光掠影。無論怎樣，馬克思主義文藝思想成了無產階級革命文學運動的指導思想，而人文主義文學思想也對左翼作家的創作發展產生了影響。五四文學的「人」的觀念與現實主義，又有了新的生發。

【注　釋】

① 沈雁冰：《論無產階級藝術》，《文學周報》第172、173、174期及196期（1925年5月始）。

② 惲代英：《文學與革命》的通信，《中國所要的文學家》按語，分別載《中國青年》第31期、第80期。

③ 瞿秋白：《〈魯迅雜感選集〉序言》。

④ 彭康：《革命文藝與大衆文藝》，《創造月刊》第2卷第3期（1928年10月10日）。

⑤ 成仿吾：《從文學革命到革命文學》，《創造月刊》第1卷第9期（1928年2月1日）。

⑥ 李初梨：《怎樣地建設革命文學？》，《文化批判》第2號（1928年2月15日）。

⑦ 李初梨：《怎樣地建設革命文學？》，《文化批判》第2號（1928年2月15日）。

⑧ 載《萌芽月刊》第1卷第4期（1930年4月）。

⑨ 郭沫若：《革命與文學》，《創造月刊》1卷3期（1926年5月）。

⑩ 馮雪峰：《論民主革命的文藝運動》，《雪峰文集》(2)，第131頁，人民

文學出版社1983年版。

⑪　史鐵兒（瞿秋白）：《普洛大眾文藝的現實問題》，《文學》半月刊1卷1期（1932年4月）。

⑫　茅盾：《〈地泉〉讀後感》，《茅盾論創作》，第248頁，上海文藝出版社1980年版。

⑬　柴貝爾編：《美國的文學觀念》（英文版）第29-30頁，轉引自羅鋼《二十世紀中國文學史論》第二卷，第167頁，東方出版中心1997年版。

⑭　梁實秋：《現代中國文學之浪漫的趨勢》，《浪漫的與古典的　文學的紀律》，人民文學出版社1998年版。

⑮　梁實秋：《「藝術就是選擇」說》，《浪漫的與古典的　文學的紀律》，人民文學出版社1998年版。

⑯　梁實秋：《文學的紀律》，《浪漫的與古典的　文學的紀律》，人民出版社1998年版。

⑰　梁實秋：《文學是有階級性的嗎》，《偏見集》，正中書局1934年版。

⑱　梁實秋：《「藝術就是選擇」說》，《浪漫的與古典的　文學的紀律》，人民文學出版社1998年版。

⑲　成仿吾：《從文學革命到革命文學》，《創造月刊》，1卷9期（1928年2月）。

⑳　杜荃：《文藝戰線上的封建餘孽——批判魯迅的〈我的態度氣量和年紀〉》，《創造月刊》，2卷1期（1928年7月）。

㉑　李初梨：《怎樣地建設革命文學》，《文化批判》第2號（1928年2月）。

㉒　李初梨：《普羅列塔利亞文藝批評底標準》，《我們月刊》創刊號，（1928年5月）。

㉓　魯迅：《三閑集·文藝與革命》，《魯迅全集》第4卷，第84頁，人民文學出版社1981年版。

㉔　錢杏邨：《幻滅動搖的時代推動論》，《海風周報》第14、15期合刊

　（1929年4月）。

㉕　茅盾：《讀〈倪煥之〉》，《文學周報》第8卷第20號（1929年5月）。

㉖　《上海新興文學運動底討論會》，《萌芽月刊》1卷3期（1930年3月）。

㉗　見《萌芽月刊》第1卷第4期（1930年4月）。

㉘　魯迅：《文學的階級性》，《魯迅全集》第4卷，第127頁。

㉙　胡秋原：《阿狗文藝論》，《文化評論》創刊號（1931年12月）。

㉚　易嘉（瞿秋白）：《文藝的自由和文學家的不自由》，《現代》1卷6期（1932年10月）。

㉛　同上。

㉜　發表於當時中國共產黨秘密發行的機關刊物《鬥爭》。據程中原《「歌特」爲張聞天化名考》，《中國社會科學》1983年第4期。

㉝　魯迅：《小品文的危機》，《魯迅全集》第4卷，第575頁。

第四章　四十年代文學思潮

第一節　國統區文學進程

　　40年代文學（第三個十年）指從蘆溝橋事變（1937年7月7日）到中華人民共和國成立（1949年10月1日）的12年，包括抗日戰爭、解放戰爭兩個歷史時期的文學活動。抗日戰爭爆發後，大片國土淪陷，全國實際上分爲國民黨統治區、共產黨統治的延安等地區和日僞統治下的淪陷區三大部分。文學也因此形成國統區文學、延安地區文學和淪陷區文學同時並存的格局，並生發出各具特點的文學景觀。它們在相對獨立的發展中有著大體一致的目標，就其主流來說，都較自覺地繼承了五四以來新文學的革命精神和戰鬥傳統，各盡所能地爲民族解放的大業努力奮鬥。

　　抗戰前期，在上海「孤島」的特殊環境中，進步文藝活動也曾相當活躍。自1937年11月上海四周淪陷至1941年12月8日「珍珠港事件」爆發的四年零一個月時間裡，上海的英法租界區成了特殊環境，留在上海的進步文藝工作者利用這一環境繼續開展各種公開的和隱蔽的抗日文藝活動。「孤島」文學運動中，以上海劇藝社爲主，戲劇創作比較活躍，有于伶的《夜上海》、《花濺淚》、《大明英烈傳》，阿英（錢杏邨）的歷史劇《明末遺恨》（又名《碧血花》）李健吾根據外國戲劇改編的《王德明》（改自《麥克白》）《愛與死之搏鬥》（羅曼・羅蘭原著）等。雜文創作也在「孤島」風行一時，有《雜文叢刊》、《魯迅風》等雜

誌，巴人（王任叔）與阿英曾就「魯迅風」雜文發生論爭。當時還出版了《魯迅全集》、《大時代文藝叢書》，以及瞿秋白、方志敏的著作，斯諾的《西行漫記》（原名《紅星照耀中國》）等。太平洋戰爭爆發後，「孤島」政治環境惡化，進步文藝活動漸歇。

　　「孤島」淪陷初期，留滬的愛國作家們用鮮血和沉默抗拒著敵偽的暴虐和漢奸們的「和平文學」，經受著民族大義的考驗。稍後，進步文學界和愛國的通俗文學作家達成默契，柯靈接編和改造了「鴛鴦蝴蝶」刊物《萬象》等，王統照、師陀、徐調孚、樓適夷、傅雷等在此刊物發表文章，新文藝創作又漸趨復甦，並適當吸取了通俗文學的特長，出現了一些有個性風格的作家。女作家張愛玲、蘇青著力於女性與家庭、婚姻題材，以女性的立場與視角致力於女性生存困境的開掘，以女性的獨異風采產生影響。

　　東北在七七事變後，包括抗日反滿文學在內的新文學逐漸復甦，北滿的抗聯文學和《營口日報·星火》為代表的是革命文學。此外，還有兩派作家，一是圍繞著《明明》、《藝文志》的有著為藝術而藝術傾向的一派。另一派是由聚集在《文選》和《文叢》周圍的一批作家組成，他們是山丁、秋螢、袁犀等。他們提倡鄉土文學，正視現實，關心民族苦難，作品中暗含對異族統治者的抵制和曲折表達的愛國感情、民族意識。

　　華北淪陷區文學以北平為中心。敵偽刊物《中國文藝》、《藝文雜誌》作品最多的是周作人及其弟子的小品、掌故類的小擺設。40年代初出現了「新進作家」群，其中較有特色的是從東北入關的梅娘和袁犀。梅娘的小說集《魚》、《蟹》寫都市風情，尤其注意寫婦女的婚姻戀愛問題，開掘女性意識頗為精細。袁犀的長、短篇小說大多寫都市青年男女，探索道德人性有相當深度。北平的一些教會大學裡延續著新文學的餘緒，新詩藝術的探索富

有成績。

第三個十年的文學，在國統區可分爲三個時期：

抗戰初期（1937年7月～1938年10月）。文學在全民抗戰、同仇敵愾的情勢下，表現出統一的步調和普遍高昂的愛國熱情，群衆性、小型化的創作盛極一時。「蘆溝橋事變」，改變了中國歷史的進程，「民族命運」問題佔據了社會生活和時代意識的首要位置，「個人」與「社會」的問題及分析都退居其次了。面對「民族」這一「共性」問題，文藝界第一次統一起來。1938年3月27日，中華全國文藝界抗敵協會（簡稱「文協」）在武漢成立，標誌著第二個十年中的各種成分的文藝運動（無產階級文藝、民主主義文藝、自由主義文藝乃至國民黨民族主義文學進行著大聯合）匯合起來，形成了文藝界抗日民族統一戰線。「文協」提出的「文章下鄉，文章入伍」的口號得到作家們的積極響應。同年4月，負責抗戰宣傳工作的軍委會政治部第三廳成立。它們有力地領導和推動了文學的發展。

文學觀念獲得了空前的共識。作時代的號角，爲抗戰服務，成爲所有愛國作家的共同信念。文學創作有了共同的愛國主義主題和昂揚樂觀的氣息，致使作品風格也接近了。所有的作品中都瀰漫著昂奮的民族心理和時代氣氛，充滿英雄主義的調子。文學體裁小型化、輕型化了：速寫化的小說、牆頭詩、朗誦詩、傳單詩、街頭劇、活報劇風行一時；報告文學因時而繁榮，以至於所有文學體裁也都程度不同地報告文學化了。作家們眞誠地放棄了自己的個性追求，陶醉在廉價的樂觀主義中，文學獲得了戰鬥性與時代性，多樣化、個性化的色彩有所淡化。

抗戰中期（1938年10月～1944年9月）。武漢失守，抗日戰爭進入了相持階段。1941年1月發生了皖南事變，國內政治形勢

急劇逆轉，社會心理與時代情緒爲之一變。作家們從抗戰初期那種激昂的樂觀主義，轉向清醒地面對現實。文學在表達人民堅持抗敵、反對分裂的呼聲之外，顯著地加強了對現實的批判和對歷史的沉思。沉鬱的時代氣氛和作家們的深沉思索，使這時的文學表現出凝重、深沉的格調。作家們在苦悶、抑鬱中有了更深沉的使命感與責任感，他們通過作品來重新認識我們的民族，重新認識自己，爲民族的振興尋找新的出路。

在民族命運的總的背景上，作家們自覺地追求著歷史感，決定了作品的思想內容與題材上的一些共同特點。在歷史反思中，許多作品對傳統文化、民族性格的探討、分析傾向有所加強。蕭紅的《呼蘭河傳》、老舍的《四世同堂》、曹禺的《北京人》、《家》都體現著上述特點。歷史劇創作熱潮中郭沫若的《屈原》等，標誌著愛國主義主題的擴展與深入。同時，作家們主體意識的強化，既給文學帶來了更多的個性化風格和多樣化發展，也使知識分子題材的創作得到恢復和強化，小說《財主的兒女們》（路翎）、《困獸記》（沙汀）、《引力》（李廣田），戲劇《法西斯細菌》（夏衍）、《霧重慶》（宋之的）、《歲寒圖》（陳白塵）、《萬世師表》（袁俊），長詩《火把》（艾青）等作品，形成了現代文學史上的又一個知識分子題材作品的創作熱潮。

這一時期的文學形式較前期有了發展。創作活動由抗戰初期注重短期效果的小型、輕型作品，轉變爲長期苦心經營具有宏大歷史感的史詩性作品——長篇小說、多幕劇與長篇敘事詩、抒情詩等。長篇敘事性作品又追續到30年代的傳統上，並有了明顯的發展創造。這一時期的文學在審美風格上具有沉鬱、凝重、博大的風采。

抗戰後期及國共戰爭時期（1944年9月～1949年9月）。

1944年的湘桂戰役的大潰敗，暴露了國民黨政權的消退。9月，中國共產黨提出「廢止一黨專政，成立民主聯合政府」的議案，國統區內民主運動高漲。作家們對黑暗的詛咒、嘲謔，對光明的期待與焦躁，作為一種創作心理反映在文學上，使諷刺成為這一時期文學的主色調，現代文學的喜劇品格得到了長足的發展。小說《圍城》（錢鍾書）、《選災》（沙汀）、《八十一夢》（張恨水），戲劇《升官圖》（陳白塵）、《捉鬼傳》（吳祖光）、《群猴》（宋之的），詩歌《馬凡陀山歌》（袁水拍）、《寶貝兒》（臧克家）、《追趕時間的人》（杜運燮），以及馮雪峰、聶紺弩等人的雜文都是喜劇性的作品。

影響這一時期國統區文學面貌的，在歷史、時代因素以外，還有其他區域文學的重要影響。延安地區文學在《延安文藝座談會上的講話》的要求下，在民族形式與大眾化方向上取得的成就，對推動國統區小說和詩歌創作向民族化和大眾化邁進，起了作用。

從抗戰中期開始，苦悶彷徨中的作家們為探索文學深入發展的道路，更加強了與世界文學的聯繫。從上一階段的上海「孤島」時期開始，《時代》雜誌、《蘇聯文藝》與時代出版中心輸入了蘇聯當代反法西斯文學的作品。國統區則出現了介紹俄國及西方古典作品、現代作品的熱潮，羅曼・羅蘭、巴爾扎克、司湯達、托爾斯泰、陀斯妥也夫斯基的代表作，以及莎士比亞戲劇集這些代表西方文學歷史最高成就的作品經一批有造詣的翻譯家介紹到中國來；現代派詩人里爾克、艾略特、愛呂雅、奧登都在上一階段與本時期被陸續介紹到中國來。古典與現代的西方文學作品分別對兩個重要的文學流派——「七月派」（特別是路翎為代表的小說家）和「九葉派」產生影響，顯示出中國文學繼續向世界化、現代化方向發展。

第二節　文學論爭

　　這一時期的社會歷史的大變動、大轉折使文藝思想呈現出紛繁複雜的狀況，也影響著文學流派的面目。

　　這一時期的文藝思想論爭比前兩個時期更為激烈頻繁，其中重要的有：

　　抗戰初期關於文藝與抗戰關係以及抗戰文藝公式化、概念化問題的論爭。面對抗戰初期群眾性、小型化的抗戰題材的創作，梁實秋從他獨特的視角出發，稱之為「只知依附於某一種風氣而摭拾一些名詞敷湊成篇的『抗戰八股』」①。他還是堅持新月時期的文藝思想，堅持認為文藝仍是超階級、基於固定的普遍人性的，他要使文藝游離抗戰、游離政治與宣傳。梁實秋的文學「與抗戰無關」論調得到了沈從文的應和。沈從文仍堅持疏離政治的京派自由主義文藝思想，他在《文學運動的重造》一文中提出努力把文學「從『商場』和官場解放出來」，反對作家「在官從政」，建議作家做些與抗戰、政治、宣傳無關的事。對此，文藝界許多作家、批評家提出了批評意見。羅蓀指出，梁實秋的言論「抹殺了今日全國文藝界的一個共同目標：抗戰的文藝」②；張天翼指出，文藝創作中的「差不多」、「八股」要反對，因為生活並不如此，但目的不是使文藝脫離政治、脫離現實，恰恰為了更緊、更深入地把握時代和現實③。巴人、郭沫若則對沈從文的主張表示了義憤與批評。同時，文藝界還批駁了施蟄存否定抗戰初期文學成績的《文學之貧困》的看法。這些批評意見都強調了特殊歷史時期對文學的某種合理需要，但文學本身的立論基礎卻比較薄弱，批駁顯示出了情緒化、簡單化的傾向。

　　對「戰國策」派的批判。「戰國策」派在抗日戰爭時期出現，它並不是一個純文學或以文學為主的社團，而是哲學、歷史、文學相統一的一個綜合性社團流派。它以當時在西南一帶的教授、學者、作家陳銓、林同濟、雷海宗等為代表。他們在昆明創辦《戰國策》（1940年4月～1941年初，共出版17期）雜誌，在重慶開闢《大公報·戰國》副刊（1941年底～1942年7月，共31期）。他們的哲學基礎是尼采的唯意志論和超人哲學，歷史觀標舉戰國歷史形態，聲稱當時是「『爭於力』的戰國時代的重複」。在文學上主張以恐怖、狂歡和虔恪作為創作的「三道母題」。他們著重宣揚以反理性主義為基礎的主觀唯心論，鼓吹「自我」中心，強調「心靈」表現，提倡超階級的民族文學運動。這一派中只有陳銓主要是個作家，劇作《野玫瑰》為其代表作。「戰國策」派的理論和作品受到了來自文化界的批判。《新華日報》、《群眾》雜誌以及延安地區的報刊上均發表過批判文章，例如漢夫的《「戰國」派的法西斯主義實質》指出其為赤裸裸的希特勒主義，歐陽凡海的《什麼是「戰國」派的文藝》認為林同濟的三母題論是反理性的法西斯主義文藝論等。對陳銓話劇《野玫瑰》、《藍蝴蝶》也有許多文章進行了批判。其實，他們的極端天才論固然有錯誤，但把「戰國策派」的文藝直接與法西斯聯繫，則是過於簡單化了。

　　1939年至1941年展開的關於文藝的「民族形式」問題的討論。國統區的討論在1940年展開，較延安地區略晚。論爭的焦點是如何看待「民族形式」的來源。論爭的一方是向林冰，他在《論「民族形式」的中心源泉》等文中，一再強調創造新民族形式的途徑就是運用民間形式，並褊狹地認為新文學是「以歐化東洋化的移植性形式代替中國作風中國氣派的畸形發展形式」。反

對一方的代表是葛一虹，他在《民族形式的中心源泉在所謂『民間形式』嗎？》等文中持形而上學的觀點，全盤肯定五四新文學，完全否定民間形式的有可繼承的合理成分。討論深入的標誌是郭沫若的《「民族形式」商兌》和胡風的《論民族形式》問題。郭沫若認爲：中國新文藝「從民間形式取其通俗性，從士大夫形式取其藝術性，而益之以外來因素，又成爲舊有形式與外來形式的綜合統一」。這一問題的提出是受到延安地區影響，最終的結論也是等到《延安文藝座談會上的講話》作出的。

1945年前後圍繞《清明前後》和《芳草天涯》而展開的關於「唯政治傾向」和「非政治傾向」的討論。1945年11月，茅盾的《清明前後》與夏衍的《芳草天涯》在重慶上演，反響熱烈，《新華日報》爲此組織了討論。《清明前後》的主題與選材都有強烈的現實政治意義，但劇情沉悶、對話冗長，藝術上明顯不足；《芳草天涯》正相反，藝術上頗有特色，和現實政治有一定距離。討論中王戎等人先後著文否定《清明前後》，將大後方文學創作中的公式化的原因歸結爲「唯政治傾向」。這種看法不免片面，但對公式化的批評有利於創作的發展。後來爲了貫徹毛澤東《在延安文藝座談會上的講話》精神，何其芳寫了《關於現實主義》、邵荃麟寫了《略論文藝的政治傾向》，批評了「非政治傾向」，批評《芳草天涯》，力圖以政治性與藝術性統一作爲作品成功的標準。這是一場在國統區展開的對《在延安文藝座談會上的講話》精神領會的討論。馮雪峰以畫室的筆名發表《題外的話》，反對將「政治性」和「藝術性」割裂開來，認爲「不能從藝術的體現之外去求社會的政治價值」。何其芳根據《講話》的精神對他進行了駁難。

1945年至1949年關於現實主義與主觀論的長期論爭。論爭

始於1945年1月胡風在《希望》創刊號上發表的文章《置身在為民主的鬥爭裡面》，同時又發表了舒蕪的哲學論文《論主觀》。胡風的主觀意圖是反對文學創作上的教條主義、公式化的不良傾向，推進現實主義的創作風氣。他認為「主觀戰鬥精神」是「藝術創造的源泉」，片面強調「主觀」在創作中的決定作用，帶有唯心論的色彩，但對創作不乏啟發作用。舒蕪從哲學上支持胡風的論點，他把「主觀」提到決定性位置，說成是歷史發展的動力，引起了普遍的批評。邵荃麟在《論主觀問題》一文中指出他們的文藝思想，離開了唯物論、階級論，陷入了唯心論、「唯生論」，哲學基礎是錯誤的，認為發展創作的根本問題是要解決好作家的「實踐」、「認識」和「立場」問題，是遵照毛澤東《講話》的要求去作。馮雪峰、何其芳等也發表文章批評他們的論點。對胡風提出的人民的「精神奴役底創傷」的提法，喬木（喬冠華）指出：「健康是他們的主體，……強調那些他們不能負責的缺點……，事實上是拒絕乃至反對和人民結合」④。　1948年，胡風又在《論現實主義的路》中進一步闡述自己的觀點，對批評文章的觀點一一加以反駁。論爭到中共政權統一大陸前結束，雙方並未取得一致意見，但對有關現實主義的一些重要理論問題進行了深入的探討，諸如：創作的主觀與客觀、政治性與藝術性、作家與生活、歌頌與暴露等，影響較深遠。

此外，文藝論爭還有1938年張天翼《華威先生》引起關於抗戰文學暴露問題的討論，以及中共政權統一大陸前夕東北對蕭軍思想和香港對自由主義文藝思想的批判等。綜觀這些文學論爭的理論焦點，是如何理解和處理文學的民族化與現代化的關係，創作中的客觀真實與作家主體精神的關係，文藝與政治的關係，以及創作中的個人追求和文藝的大眾化方向的關係。通過廣泛的

討論，對這些重大文藝理論問題的認識，在一些方面取得了理論成果，在文學的民族化和大眾化方面的進展比較顯著。

　　本時期的文學論爭存在著片面性和簡單化傾向。這在涉及到文藝與政治的關係的問題上表現得尤爲明顯。如抗戰初期左翼作家在批判梁實秋等人的文學「與抗戰無關」的言論時，未能重視他們批評抗戰文藝公式化，要求戰時文藝向生活多樣化靠攏的一面。香港進步文化界對自由主義文藝思想的批判，也簡單地把政治問題與文藝問題等同起來。

第三節　　延安等地區文學思潮

　　1942年5月延安文藝座談會的召開，和毛澤東《在延安文藝座談會上的講話》在次年公開發表，是抗戰文藝運動中重要的歷史事件，也是以延安地區爲主的文學運動的發展標誌。

　　工農紅軍到達延安後，開始了根據地的文學活動。1936年11月，陝北就出現了陝甘寧邊區的第一個文學團體——中國文藝協會。1937年底又成立了陝甘寧邊區文化界抗日救亡協會，成仿吾、周揚等爲負責人。這是抗戰爆發後在延安地區建立的第一個以文學團體爲骨幹的抗日文化組織，協會設有詩歌總會、文藝突擊社、戲劇救亡協會、文藝戰線社、抗戰文藝工作團等文藝團體，也設有講演文學研究會、大眾讀物社、文藝顧問委員會等組織。協會在動員延安地區文藝工作者迅速投入抗日文藝運動方面，發揮了積極的組織作用。　1938年由毛澤東、周恩來倡議，在延安成立了魯迅藝術學院（後改名魯迅藝術文學院）。毛澤東爲之題詞：「抗日的現實主義，革命的浪漫主義」。1938年　9月，延安抗戰以來第一個類似文藝聯合會性質的文藝團體，陝甘寧邊區

文藝界抗戰聯合會正式成立，1939年5月又改名爲全國文藝界抗敵協會延安分會。抗戰以來，根據地大量吸收知識分子，爲延安地區的文藝發展準備了作家隊伍。陝甘寧邊區的文藝刊物就有《文藝突擊》、《大衆文藝》、《谷雨》、《草葉》、《詩刊》等多種，《解放日報》的《文藝》副刊也是很有影響的陣地。根據地持久地貫徹著「文章入伍、文章下鄉」的精神，小型文藝活動成績突出，如街頭詩、民衆劇團的新秦腔等。1942年以前，創作方面的成績以詩歌較爲突出，田間、柯仲平、何其芳、艾青都有新的作品；小說方面，寫到根據地來的小資產階級知識分子以丁玲的《在醫院中》最典型，在表現農村題材方面較突出的是孔厥。但來自於國統區大城市的作家與工農大衆擁有各自的世界，較隔膜，所以會產生小資產階級知識分子視角的暴露式的寫法，一些文藝工作者在街頭牆報和報紙上發表雜文，諷刺暴露延安的「黑暗」。到延安來的許多作家習慣於以世界名著作爲藝術價值的衡量標準與學習的典範，於是有演出外國戲、古典戲的風氣，描寫延安日常生活的戲則常常是反映些病態的現象。當然亦有許多作家已感受到與工農兵相結合的歷史要求並爲此作出了努力。

決定延安地區文學面貌、影響著一個時代及後來的中國文學發展歷史的毛澤東文藝思想，其核心內容就是《在延安文藝座談會上的講話》。延安文藝座談會有特定的歷史背景因素：其一，作爲一個表明要代表人民大衆利益的政黨對革命文藝的要求，同當時作家創作的作品的實際成績之間存在著差距，五四以來的文藝運動對民衆革命的進展反映得很不夠，對藝術的現代化的追求超過了對民族化、大衆化的認同；其二，根據地大批文藝工作者是來自城市的青年知識分子，如何與來自鄉村的八路軍、新四軍以及工人農民相結合，消除隔膜，寫出他們的革命人生，是個亟

待解決的問題；其三，戰時的政治軍事體制及延安地區工農兵讀者對文學有著特殊的要求和期待，戰時他們更迫切需要的多是宣傳品式的作品，然而當時的作家、藝術家更感興趣於高雅的藝術，不太願意作普及的工作；其四，來自於國統區的文藝家們習慣採用暴露、諷刺的手法來抨擊時政，到了延安地區以後，思維定勢難以改變，對革命政權內部的問題也採用同樣的方法。

　　當時在延安和各抗日根據地的文藝工作者中已發生了爭論，針對根據地文藝運動的狀況和爭論的種種問題，毛澤東分別於1942年5月2日、5月23日在延安文藝座談會上作了重要講話。《講話》的中心是解決文藝為群眾及如何為群眾的問題，目的在求得文藝對革命的有力配合。《講話》要求文藝工作者「站在無產階級立場上」，使文藝為人民大眾，首先「為工農兵」服務，這是試圖從根本上為革命文藝指明方向。《講話》還從延安地區的實際出發，要求文藝工作者在學習馬克思主義的同時，必須「深入工農兵群眾，深入實際鬥爭」。此外，《講話》還分析了「在普及基礎上的提高」和「在提高基礎上的普及」的辯證關係；指出文藝源於生活，「卻可以而且應該比實際生活更高，更強烈，更有集中性，更典型，更理想，因此就更帶普遍性」；再一次提出要借鑑吸收中外文化遺產中的精華，同時也說明這是「流」而不是「源」。所有這些，都對延安地區文學和1949年後中國文學產生了巨大的影響。《講話》在文藝與政治的關係的論述中，強調文藝從屬於政治，並提出政治標準第一，藝術標準第二，無視文藝自身的特點與規律。《講話》是毛澤東文藝思想的核心，是中共在取得政權後在文藝領域連續展開人為階級鬥爭的理論基礎。其不良影響直至80年代才開始被清理。

　　在文藝工作的爭論中，要數延安知識界、文藝界發生的關於

歌頌與暴露問題的論爭最突出。明確地傾向於暴露黑暗的是王實味，代表性作品是他的《野百合花》，對與戰爭時代的艱苦環境不協調的部分人的腐敗生活進行批評。他又在《政治家　藝術家》一文中把政治家與藝術家二者對立起來。如此種種，都使他成了整風運動中的批判對象，並由批判發展到對個人採用政治處理的手段。這開了用政治處理來解決文藝思想問題的先河，造成了嚴重的後果。

【注　釋】

① 梁實秋：《「與抗戰無關」》，《中央日報》，1938年12月6日。

② 羅蓀：《再論「與抗戰無關」》，《國民公報》，1938年12月11日。

③ 張天翼：《論「無關」抗戰的題材》，《文學月報》第1卷第6期（1940年6月）。

④ 喬木（喬冠華）：《文藝創作與主觀》，《大眾文藝叢刊》第2輯，1948年5月出版。

第五章　1949～1976文學思潮

第一節　五十、六十年代
文學運動與文學思潮

　　近半個世紀以來，中國大陸當代文學伴隨中國當代社會的變化而律動，大體經歷了新政權成立後前期十七年（1949～1966）、「文革」十年（1966～1976）和新時期（1976～）三個歷史時期。

　　第一次全國文代會，全稱「中華全國文學藝術工作者代表大會」，於1949年7月2日至19日在北平舉行。會議由郭沫若提議、中共黨中央批准而召開，出席代表824人。毛澤東到會講話，朱德致賀詞，周恩來作政治報告。會議聽取了郭沫若所作的《為建設新中國的人民文藝而奮鬥》的總報告，茅盾總結國統區文藝運動，作了題為《在反動派壓迫下鬥爭和發展的革命文藝》的報告，周揚總結延安地區文藝運動，作了題為《新的人民的文藝》的報告。這次大會是來自延安地區和國統區的兩支文藝隊伍大會師的盛會。大會總結了五四以來文藝工作的成績與經驗，確定了以《在延安文藝座談會上的講話》為新政權文藝事業的總方針，指出了新政權成立以後文藝必須為人民服務，首先為工農兵服務的總方向，提出了社會主義時期文藝的新任務，成立了以郭沫若為主席，茅盾、周揚為副主席的全國文藝界的組織——中華全國文學藝術界聯合會。會後又接著成立其下屬的各個協會。其中，中華

全國文學工作者協會，選舉茅盾爲主席，丁玲、柯仲平爲副主席。這次大會標誌著中國大陸新文學以此爲起點，進入了當代文學的階段。

1953年9月23日至10月6日，第二次全國文代會在北京召開，出席代表 581人。周恩來到會作了《爲總路線而奮鬥的文藝工作者的任務》的政治報告。周揚向大會作了《爲創造更多的優秀的文學藝術作品而奮鬥》的工作報告。這次大會圍繞繁榮創作的中心議題，總結了新政權成立四年來的文藝情況，指出了文藝創作中的公式化、概念化傾向和文藝批評中的簡單化、庸俗化傾向。把文藝工作必須以抓創作爲主，鼓勵作家創造更多更好的作品，確定爲所謂社會主義改造時期文藝的新任務；把所謂社會主義現實主義確定爲文藝創作的方法和文藝批評的準則；把塑造新的英雄人物形象確定爲對社會主義文藝的基本要求。這些提法，由於顯而易見的一元化理論模式的偏頗，爲以後文藝界出現的政治性批判鬥爭埋下了理論的禍根。

新政權成立以後，大陸的社會制度和經濟基礎發生了兩次根本性的轉變，由新民主主義邁入到社會主義，再由社會主義公有制轉變爲以公有制爲主體、多種經濟成分共同發展的經濟體制。這種轉變必然要求和引起作爲精神生產、屬於社會意識形態的文學藝術發生相應的變化。50年來文學從一元到多元的歷史事實也證明，文學只有遵循其自身規律，堅持爲人生和爲藝術的宗旨，才能生存與發展。因此，無論從社會對文藝的要求和文藝的主導方針看，還是就文藝自身的實踐道路而言，當代文學都具有了不同於現代文學的性質。這種性質使當代文學以極其複雜的面貌和特徵，顯著地區別於以往任何社會形態與時代的文學。

一、關於電影《武訓傳》的討論

　　新政權成立前夕召開的中共七屆二中全會，明確規定了中共在全國勝利以後由新民主主義社會轉變爲社會主義社會的任務和途徑，認定國內的矛盾將是無產階級與資產階級之間的矛盾。基於這一理論，大會號召要反對那些否定被壓迫人民的思想傾向，批判向封建統治者投降的資產階級改良主義、唯心主義的思想。這樣，政治上所謂無產階級與資產階級的鬥爭，便首先在思想文化戰線，尤其是在文藝領域揭開了序幕。於是在1951年開展了對電影《武訓傳》的討論。這是新政權成立以後反對所謂「資產階級唯心主義」的第一次大規模的文藝整肅運動和文藝思想鬥爭。

　　武訓是清末民初的一個熱心於教育的人。他出身貧寒，靠忍辱負重的「苦操奇行」行乞興學。孫瑜根據其生平事跡，在新政權成立以前，開始編導歷史傳記影片《武訓傳》，1950年12月由昆侖影片公司攝製完成後，在大陸公映。影片描寫武訓爲了讓窮苦的孩子也能念書，自願爲奴，忍受屈辱行乞40餘年，興辦三個義學，從而歌頌了武訓精神，肯定了武訓所走的道路。孫瑜認爲影片的意義，在於它反映了舊社會貧苦農民文化翻身的要求，有利於迎接文化建設的高潮；它歌頌了武訓爲勞動人民忘我服務的精神，有利於鼓勵人們學習武訓，發展教育事業①。這顯然是編導的天眞想法。對於武訓這個歷史人物的複雜性，是可以討論的。影片公映後，引起了社會反響。不到四個月時間，僅京、津、滬等地，就發表讚揚它的文章40餘篇。但不久，《文藝報》重新刊載魯迅的雜文《難答的問題》②，發表了賈霽的《不足爲訓的武訓》③等文，對武訓、武訓形象及其稱讚者提出尖銳的批評，由此展開了對《武訓傳》的論爭。 1951年5月20日，《人民日報》發

表了由毛澤東撰寫的社論《應當重視電影〈武訓傳〉的討論》④，社
論指出：

> 《武訓傳》所提出的問題帶有根本的性質。像武訓那樣的
> 人，處在清朝末年中國人民反對外國侵略者和反對國內的
> 反動封建統治者的偉大鬥爭的時代，根本不去觸動封建經
> 濟基礎及其上層建築的一根毫毛，反而狂熱地宣傳封建文
> 化，並為了取得自己所沒有的宣傳封建文化的地位，就對
> 反動的封建統治者竭盡奴顏婢膝的能事，這種醜惡的行為，
> 難道是我們所應當歌頌的嗎？向著人民群眾歌頌這種醜惡
> 的行為，甚至打出「為人民服務」的革命旗號來歌頌，甚
> 至用革命的農民鬥爭的失敗作為反襯來歌頌，這難道是我
> 們所能夠容忍的嗎？承認或者容忍這種歌頌，就是承認或
> 者容忍污蔑農民革命鬥爭、污蔑中國歷史、污蔑中國民族
> 的反動宣傳為正當的宣傳。
>
> 電影《武訓傳》的出現，特別是對於武訓和電影《武訓傳》
> 的歌頌竟如此之多，說明了我國文化界的思想混亂達到了
> 何等的程度！
>
> ………
>
> 特別值得注意的，是一些號稱學得了馬克思主義的共產黨
> 員。他們學得了社會發展史——歷史唯物論，但是一遇到
> 具體的歷史事件，具體的歷史人物（如像武訓），具體的
> 反歷史的思想（如像電影《武訓傳》及其他關於武訓的著
> 作），就喪失了批判的能力，有些人則竟至向這種反動思
> 想投降。資產階級的反動思想侵入了戰鬥的共產黨，這難
> 道不是事實嗎？一些共產黨員自稱已經學得的馬克思主義，
> 究竟跑到什麼地方去了呢？

　　　爲了上述種種緣故，應當展開關於電影《武訓傳》及其他
　　有關武訓的著作和論文的討論，求得徹底地澄清在這個問
　　題上的混亂思想。

社論一發表，輿論界立即以此爲定論，紛紛批評電影《武訓傳》
宣揚了唯心主義、改良主義、投降主義、個人主義，歌頌了階級
投降和奴才思想，歪曲歷史，污蔑農民革命，掩蓋了農民階級與
地主階級的矛盾，美化了封建統治者，從而使應該正常進行的實
事求是的文藝討論，迅速演變爲一場全國範圍的大規模的群衆性
批判運動。數十名文化人先後被公開點名，其中包括該片的編導
孫瑜、演員趙丹，以及《武訓傳》的稱許者。許多人士不得不適
時順勢，違心地作出檢討，開始了名爲討論、實爲批判的當代文
藝整肅鬥爭的先河。

　　對電影《武訓傳》的討論乃至批判，涉及到如何運用正確的
觀點評價歷史和歷史人物的問題。對文藝創作中有爭議的作品進
行討論或論爭，是需要的，但由於採取行政權力的方式，用簡單
粗暴的態度和大規模的群衆運動，將思想問題、學術問題、文藝
問題，當作對資產階級唯心主義鬥爭的政治問題進行批判，給大
陸當代文藝運動和文學創作帶來了深遠的消極影響。正如胡喬木
在80年代中期所說，新政權成立初期對電影《武訓傳》的批判，
涉及的範圍相當廣泛，「我可以負責任地說明，當時這種批判是
非常片面、極端和粗暴的。因此，這個批判不但不能認爲完全正
確，甚至也不能說它基本正確。」⑤這種以政治運動方式介入文
藝的思想鬥爭是有百害而無一利的。

二、對《紅樓夢》研究中主觀唯心論的批判

　　對《紅樓夢》研究中主觀唯心論的批判，是新政權成立後第

二次大規模的文藝運動和文藝思想鬥爭。俞平伯致力於《紅樓夢》研究，是繼胡適之後的「新紅學派」的代表人物，20年代出版了《紅樓夢辨》，對《紅樓夢》及其作者、小說的藝術成就做出了獨到的研究。49年以後他將其刪改增訂，易名爲《紅樓夢研究》，於1952年出版。1954年俞平伯又發表《紅樓夢簡論》一文，總結了自己的研究成果，涉及到《紅樓夢》的作者、版本，傳統性、獨創性，以及作者與書中人物的關係等命題。「新紅學派」以研究方法更新實現了對「紅學」的突破性貢獻，當然有時也有繁瑣考證的偏頗。1954年，李希凡、藍翎在《文史哲》月刊1954年第9期上發表了《關於〈紅樓夢簡論〉及其他》一文。不久《文藝報》轉載。嗣後，《光明日報》1954年10月10日又發表了他們的《評〈紅樓夢研究〉》，對俞平伯的研究觀點和方法，進一步提出批評。李希凡、藍翎是依據第二次全國文代會確立的現實主義的原則來評價俞平伯對《紅樓夢》的研究的，認爲俞平伯違背這個原則，從主觀唯心論出發，以反現實主義的觀點，因襲舊紅學家們所採取的脫離社會和作者身世的形式主義考證方法，將小說內容歸結爲「色」、「空」觀念，曲解了作者的創作方法，「否認《紅樓夢》是一部偉大的現實主義傑作，否認《紅樓夢》所反映的是典型的社會的人的悲劇，進而肯定《紅樓夢》是個別家庭和個別的人的悲劇，把《紅樓夢》歪曲成爲一部自然主義的寫生的作品。」李、藍的文章，在文藝界產生了強烈的反響。引起了中共領袖毛澤東的重視。他從意識形態領域階級鬥爭的角度出發，於1954年10月16日給中央政治局的同志撰寫了《關於紅樓夢研究問題的信》⑥，指出：

　　　　這是三十多年以來向所謂紅樓夢研究權威作家的錯誤觀點的第一次認真的開火。作者是兩個青年團員。……看樣子，

這個反對在古典文學領域毒害青年三十餘年的胡適派資產階級唯心論的鬥爭，也許可以開展起來了。事情是兩個「小人物」做起來的，而「大人物」往往不注意，並往往加以阻攔，他們同資產階級作家在唯心論方面講統一戰線，甘心作資產階級的俘虜，這同影片《清宮秘史》和《武訓傳》放映時候的情形幾乎是相同的。被人稱為愛國主義影片而實際是賣國主義影片的《清宮秘史》，在全國放映之後，至今沒有被批判。《武訓傳》雖然批判了，卻至今沒有引出教訓，又出現了容忍俞平伯唯心論和阻攔「小人物」的很有生氣的批判文章的奇怪事情，這是值得我們注意的。

俞平伯這一類資產階級知識分子，當然是應當對他們採取團結態度的，但應當批判他們的毒害青年的錯誤思想，不應當對他們投降。

這樣，在大陸範圍內，又掀起了一場聲勢浩大的批判資產階級主觀唯心論的文藝整肅運動和文藝思想鬥爭。中國文聯和中國作協主席團從1954年10月31日至　12月8日，連續8次召開聯席擴大會議，中國文聯主席郭沫若作了《三點建議》，中國作協主席茅盾作了《良好的開端》，作協副主席、中宣部副部長周揚作了《我們必須戰鬥》的發言，就《紅樓夢》研究中的所謂資產階級唯心主義傾向和《文藝報》在此問題上的錯誤進行討論和批評。胡風在會上也作了發言。儘管在此前後，《文藝報》編輯部發表了《熱烈地、誠懇地歡迎對〈文藝報〉進行嚴厲的批評》，主編馮雪峰發表了《檢討我在〈文藝報〉所犯的錯誤》，會議還是作出了改組《文藝報》領導機構的決議，撤銷了馮雪峰的主編職務。這場運動和鬥爭，從對俞平伯的批判深入到對五四以來整個哲學社會科學中胡適思想及其影響的批判，由學術探討擴大到政治問題，

由古典文學研究擴大到社會意識形態問題，由文學研究領域，擴大到思想、文化領域乃至整個意在清除所謂社會生活中的資產階級思想影響，遠遠超出了所謂捍衛現實主義文學原則的學術範疇，造成了許多負面的影響。並且，在批判俞平伯的《紅樓夢》研究期間，還正式公布了「胡風先生的觀點和我們的觀點之間的分歧」，引發了接踵而來的批判胡風文藝思想的運動。

三、對胡風文藝思想的批判

對胡風文藝思想的批判，是49年後大陸第三次大規模的文藝整肅運動和文藝思想鬥爭。胡風是我國現代著名的詩人、文藝理論家。他的文藝思想較爲複雜，獨具特色，其核心在於強調作家的「主觀戰鬥精神」，提倡主體的「自我擴張」與「自我鬥爭」，用主觀「擁入」客觀，表現描寫對象的「精神奴役的創傷」，主張創作方法大於世界觀，認爲它們是現實主義的關鍵所在。早在40年代，文藝界曾對此進行過激烈的論爭。1952年文藝整風期間，胡風又發表了對文藝問題的不同意見，不久受到文藝界部分中共人士的批評。同年6月8日，《人民日報》轉載胡風派成員舒蕪的檢討文章《從頭學習〈在延安文藝座談會上的講話〉》⑦，並加編者按語，對舒蕪拋棄40年代中期《論主觀》錯誤觀點的自我批評表示歡迎，但指出胡風等人的文藝思想，「是一種實質上屬於資產階級、小資產階級的個人主義的文藝思想。」年底，中國文聯召開「胡風文藝思想討論會」，幫助胡風清算其理論上的錯誤。1953年第2期、第3期《文藝報》，先後發表林默涵、何其芳的《胡風的反馬克思主義的文藝思想》和《現實主義的路，還是反現實主義的路？》，對胡風文藝思想進一步展開批判。胡風不服，於1954年7月，向中共中央遞交了長達30萬言的《關於

解放以來文藝實踐情況的報告》，全面系統地闡述了自己的文藝
觀點，反駁了林默涵、何其芳等人對他的批評，提出了改進文藝
組織領導方式的意見和改革文藝工作的建議。這曾受到了毛澤東
的首肯。然而時至1955年1月上旬，《人民日報》開始刊載批判
胡風觀點的文章。中旬，毛澤東又決定公開發表胡風的報告。下
旬，中國作協主席團將胡風報告中關於文藝思想和組織領導兩部
分，印成專冊，題名《胡風對文藝問題的意見》，隨《文藝報》
附發。2月上旬，中國作協主席團舉行第13次擴大會議，決定對
胡風資產階級文藝思想展開全面、徹底的批判。文藝界許多人士，
包括郭沫若⑧、茅盾⑨、邵荃麟⑩、蔡儀⑪、秦兆陽⑫、李希凡、
藍翎⑬等，紛紛撰文批判胡風的文藝思想。5月30日，《人民日
報》由毛澤東親自撰寫的「編者按語」，公布了由舒蕪交出的一
些信件，毛澤東定名為《關於胡風反黨集團的一些材料》，並發
表胡風的《我的自我批判》一文。5月24日，《人民日報》公布
《關於胡風反黨集團的第二批材料》。6月10日，《人民日報》
公布《關於胡風反革命集團的第三批材料》，並發表社論《必須
從胡風事件吸取教訓》，正式將胡風等人定性為「反革命集團」。
由對胡風文藝思想的批判，升級為政治上的對敵鬥爭，在全國掀
起了粉碎胡風反革命集團的鬥爭高潮。胡風被捕入獄，2100人
受到株連，造成新政權成立以來罕見的冤假錯案。1980年9月，
經過法律程序並由中共中央發出通知，胡風以及「胡風反革命集
團」案在政治上得到平反糾正。此後，中央有關部門又對胡風文
藝思想等問題進行複查，於 1988年6月作出澄清說明。其一，胡
風在《關於解放以來文藝實踐情況的報告》中，批評文藝界在有
關共產主義世界觀、工農兵生活、思想改造、民族形式、題材等
5個方面存在的問題，將它們說成「五把刀子」，這是胡風在特

定環境下的一種說法，應與他的總體思想聯繫一起考慮，而將胡風關於文藝問題的意見歸納爲「五把刀子」，如此指責不符合胡風本意，應予撤銷。其二，文藝界的宗派問題，歷史情況極爲複雜，涉及面廣，不宜簡單下結論。從胡風的一生總體看，在政治上他是擁護黨中央的。本著歷史問題宜粗不宜細的精神，對胡風宗派活動的指責，也予以撤銷。其三，關於胡風的文藝思想和主張，完全可以按照憲法關於學術自由、批評自由的規定和黨的「百花齊放，百家爭鳴」的方針，讓人們通過文藝批評進行正常的討論，不必在中央文件中作出決斷。這三條重要補正，進一步爲胡風全面平反，包括對他的文藝思想作出了新的評價。實踐證明，胡風的文藝思想在很大程度上是切中我國國情的，至今還保有它的生命力。而1955年推向高潮的對胡風文藝思想及其政治上的批判，將本來屬於文藝思想範疇的論爭等同於政治鬥爭，徹底混淆了人民內部與敵我之間兩類不同性質的矛盾，破壞了社會主義法制。這次批判運動，規模聲勢之大，涉及面之廣，牽扯人員之多，遠遠超過此前歷次文藝運動與文藝思想鬥爭。它不僅造成了胡風等人極大的人身痛苦，而且助長了「左」傾文藝思潮的膨脹，給大陸當代文學帶來了創傷。

四、「百花齊放，百家爭鳴」方針的提出

1956年，隨著對農業、手工業和資本主義工商業進行社會主義改造的基本完成，以及社會主義制度的基本確立，大陸工作的重心開始由群眾性的階級鬥爭轉向經濟建設。在思想文化領域，需要發揚民主，糾正「左」傾思想的影響，提升積極因素，特別是提升廣大知識分子的積極性，釋放科學文化生產力。1956年5月2日，毛澤東在最高國務會議上提出了「百花齊放，百家爭鳴」

的方針。5月26日，中共中央宣傳部長陸定一向文藝界、科學界人士，作了題爲《百花齊放，百家爭鳴》的報告，對這一方針作了較爲系統的闡述。

「百花齊放，百家發鳴」的方針，簡稱「雙百」方針，其具體內容是：「藝術上不同的形式和風格可以自由發展，科學上不同的學派可以自由爭論。利用行政力量，強制推行一種風格，一種學派，禁止另一種風格，另一種學派，我們認爲會有害於藝術和科學的發展。藝術和科學中的是非問題，應當通過藝術界科學界的自由討論去解決，通過藝術和科學的實踐去解決，而不應當採取簡單的方法去解決。」⑭這一具體內容不是抽象的、無原則的，它是在大陸人民政治思想上的一致性大大加強的情況下提出的，其核心就是以馬克思主義爲指導，在人民內部提倡和鼓勵各種不同意見的發表和爭論，發揚學術民主與藝術民主，繁榮和發展社會主義科學文化事業，以迎接和順應全國工作重心的轉移。

1956年下半年到1957年上半年，文藝界貫徹這一方針，出現了活躍的局面。文藝理論和文藝批評出現了解放思想，獨立思考，擺脫教條，衝破禁區，大膽探索的新氣象。秦兆陽（何直）《現實主義——廣闊的道路》、周勃的《論現實主義及其在社會主義時代的發展》、陳湧的《關於社會主義的現實主義》、錢谷融的《論「文學是人學」》、巴人的《論人情》、鍾惦棐的《電影的鑼鼓》等文章，聯繫理論和創作實際，對文藝與生活、服務對象與描寫對象、世界觀與創作方法、文藝工作的領導與尊重文藝的規律、繼承傳統與藝術創新、歌頌與暴露，以及對人物塑造、題材、手法、風格多樣化等長期以來爭論不休的問題，進行重新認識，表現出積極的探索精神。在文學創作上，初步顯露了百花齊放的苗頭。

五、文藝界的反右鬥爭

正當文藝界貫徹「雙百」方針，初步出現活躍局面的時候，從1957年下半年起，全黨開展整風運動與反右鬥爭，在政治和意識形態領域發生了愈來愈嚴重的「左」的偏差。政治領域的反右鬥爭，波及文藝領域，開始於1957年6月。中國作協召開黨組擴大會第一次會議，批判丁玲、陳企霞等，揭開了文藝界反右鬥爭的序幕。這場鬥爭，先後把馮雪峰、丁玲、陳企霞、艾青、吳祖光、鍾惦棐等一批老作家，把王蒙、劉紹棠、從維熙、方元、公劉、邵燕祥、流沙河等文壇新秀，以及一大批文藝工作者，打成「右派分子」，展開批判鬥爭。把貫徹「雙百」方針而出現的一些作品和文藝觀點，打成「反黨反社會主義的大毒草」、「修正主義的文藝理論綱領」。《文藝報》甚至在1958年第2期特闢「再批判」專欄，由毛澤東親自撰寫編者按語，重新發表王實味、丁玲、蕭軍、羅烽、艾青等於延安時期發表的《野百合花》、《三八節有感》、《在醫院中》、《論同志之「愛」與「耐」》、《還是雜文時代》等作品，進行「再批判」，以追溯所謂「右」的、「修正主義」的歷史根源。與此同時，文藝組織、文藝刊物也遭受重創。1958年2月28日，周揚在《人民日報》發表《文藝戰線上的一場大辯論》，對文藝界的反右鬥爭作了總結。這場鬥爭，顯然踐踏了「雙百」方針，斷送了貫徹「雙百」方針的成果，助長了「左」傾文藝思想的膨脹，又一次把文藝問題、思想問題等同政治問題，展開群眾性的批判運動，傷害了一大批文藝工作者，使他們含冤受屈，造成大陸當代文學又一次巨大損失。

六、文藝政策的調整

　　1960年冬，共產黨中央對國民經濟實行「調整、鞏固、充實、提高」的方針。文藝界也開始實行文藝政策的調整，著手甄別平反曾經受到錯誤批判的作家作品等。1961年第3期《文藝報》發表了《題材問題》的專論，指出對於近來一個時期題材問題上的片面化、狹隘化的傾向，不能採取熟視無睹的態度。爲了促進社會主義文藝的百花齊放，必須廣開文路，提倡題材的多樣化，破除題材問題上的清規戒律。因爲「題材本身，並不是判斷一部作品價值的主要的和決定性的條件，更不是唯一的條件」，「作家、藝術家在選擇題材上，完全有充分的自由，可以不受任何限制。」同年6月，中宣部在北京召開全國文藝工作座談會（即「新僑會議」）。與此同時，全國故事片創作座談會也在北京召開。周恩來發表了《在文藝工作座談會和故事片創作會議上的講話》，總結了新政權成立以來文藝工作的經驗教訓，著重論述了發揚藝術民主、尊重文藝規律、物質生產與精神生產等問題。不久，中共根據這個講話精神，制訂了《關於當前文學藝術工作的意見》（即《文藝八條》），集中體現了中共對文藝政策進行調整的精神，在創作與評論方面，在文藝隊伍建設與文藝領導工作方面，提出了合乎文藝規律的主張。1962年3月，文化部和中國劇協在廣州召開話劇、歌劇、兒童劇創作座談會（即「廣州會議」），周恩來到會作了《關於知識分子問題的報告》，著重闡述了如何正確評價與對待知識分子，如何改善黨和知識分子的關係問題。陳毅也到會講話，對新政權成立以來，特別是三年困難時期，大陸知識分子在中共的領導下所取得的成就作了很高的評價，強調要尊重作家的民主權利，加強文藝界的團結。他還特別指出，經過13年的改造、考驗，「應該取消『資產階級知識分子』的帽子」。同年5月23日，爲紀念《講話》發表 20周年，《人民日報》發表

《爲最廣大的人民群衆服務》的社論。根據社會主義時期階級關係的新變化，社論指出文藝的服務對象，應由爲工農兵服務，擴展到「爲以工農兵爲主體的全體人民服務」。同年8月，中國作協在大連召開「農村題材短篇小說創作座談會」，著重研討文藝創作如何反映人民內部矛盾，更好地爲社會主義服務的問題。邵荃麟針對前幾年文藝創作中「左」的傾向。指出人物描寫應該多樣化，強調描寫英雄人物是應該的，但中間狀態的人物是大多數，文藝的主要教育對象是中間人物，因此還要重視寫好中間狀態的人物。這一論點後來被說成是主張用寫「中間人物」來反對寫英雄人物。「文化大革命」中，因受被誣爲「黑八論」之一的「中國人物論」的牽連，邵荃麟被迫害致死。60年代初期，中共對文藝政策的調整、還體現在爲曾經受到錯誤批判的劇作家海默平反，重新肯定曾遭錯誤批判的《洞簫橫吹》、《同甘共苦》、《布穀鳥又叫了》等作品。這些舉措在文藝界產生了較強烈的反響，局部地鼓舞了一些作家、藝術家的積極性。

七、「左」傾思潮的升級給文學事業造成的新損失

中共對文藝政策的調整所帶來的某些新局面，很快又被「左」傾思潮的升級吞沒。1962年9月召開的共產黨的八屆十中全會，由於把階級鬥爭進一步擴大化和絕對化，斷言在整個社會主義歷史階段，資產階級都將存在和企圖復辟，並且成爲黨內產生修正主義的根源，向全黨全民發出了「千萬不要忘記階級鬥爭」的號召，強調要狠抓意識形態領域的階級鬥爭。因此會議期間，康生就誣陷李建彤的長篇小說《劉志丹》是爲「高崗翻案的大毒草」，毛澤東也指出：利用小說反黨，這是一大發明。次年，康生又宣稱影片《紅河激浪》是「《劉志丹》小說的變種」，從而使近萬

人受到株連。接著從1963年到1965年，江青、林彪、康生、張春橋、姚文元一夥相互勾結，直接插手文藝界，以整人爲目的，先後策劃了對孟超的昆曲《李慧娘》，以及廖沫沙評《李慧娘》的《有鬼無害論》文章的批判，認定孟、廖意在借「厲鬼」推翻無產階級專政。他們還將《北國江南》、《早春二月》、《不夜城》、《林家鋪子》、《舞台姐妹》等影片，以及田漢改編的京劇《謝瑤環》等打成「大毒草」。這期間還對「現實主義深化論」、「時代精神匯合論」、「寫中間人物論」等文藝觀點，多次展開大批判，一直發展到1965年11月10日，姚文元在《文匯報》顯要位置，用醒目的字型字號作標題，發表了九易其稿的萬言長文《評新編歷史劇〈海瑞罷官〉》。19天之後，《北京日報》、《解放軍報》、《人民日報》和全國各地主要報刊相繼轉載姚文。該文以莫須有的罪名，對吳晗的新編歷史劇《海瑞罷官》進行圍剿，製造了株連甚廣的冤案。「左」傾思潮愈演愈烈，嚴重地摧殘了文藝事業，直接點燃了「文化大革命」的導火線。

第二節　「文化大革命」十年文藝思潮

　　1966年5月至1976年10月進行的「文化大革命」，給大陸的經濟建設造成了巨大損失，也使文藝事業遭到了空前的劫難。江青、康生等在60年代初期策劃批判了一些代表作家作品、文藝觀點，抓了所謂的「個別問題」。爲了進一步把文藝界「全盤系統地抓起來」，對文藝界實行「全面專政」，林彪委託江青於1966年2月2日至20日在上海召開了部隊文藝工作座談會，形成了《部隊文藝工作座談會紀要》。4月，經毛澤東審閱修改後，以中共中央名義批發全黨全國，推助了「文化大革命」的爆發，

使一場政治災難與文學災難從一開始就糾纏在一起而難解難分。

如果說《五一六通知》是「文化大革命」的總綱領，那麼《部隊文藝工作座談會紀要》，則是在文化領域實行專制主義的子綱領。它緊密呼應《五一六通知》，配合政治鬥爭需要，打著文化革命的旗號，炮製「文藝黑線專政論」，指責文藝界49年以來基本上沒有執行黨的方針，被一條與毛澤東思想相對立的反黨反社會主義的黑線專了政。這條黑線就是資產階級的文藝思想、現代修正主義的文藝思想和所謂30年代文藝的結合。這一論斷，踐踏了五四以來的新文化傳統，全盤否定了我國30年代以及49年後的十七年文藝成就，爲推行「左」的思想、政治和文化路線製造了理論根據。

批判「文藝黑線專政論」是《紀要》的核心。它首先把新政權成立以來文藝理論方面的代表性論點歸納爲「黑八論」：即「寫眞實」論、「現實主義——廣闊的道路」論、「現實主義的深化」論、反「題材決定」論、「中間人物」論、反「火藥味」論、「時代精神匯合」論和「離經叛道」論。此外，還點名批判《中國電影發展史》、《中國話劇運動五十年史料集》、《京劇劇目初探》，說它們「僞造歷史，抬高自己」，散布了許多錯誤觀點，要有計劃地開展徹底的批判，從而造成了文藝理論領域的大混亂。

其次，指責49年以來的文藝作品「黑」。《紀要》說，「在這股資產階級、現代修正主義文藝思想逆流的影響或控制下，十幾年來，眞正歌頌工農兵的英雄人物，爲工農兵服務的好的或者基本上好的作品也有，但是不多；不少是中間狀態的作品；還有一批是反黨反社會主義的毒草」。「有些作品，歪曲歷史事實，不表現正確路線，專寫錯誤路線；有些作品，寫了英雄，但都是犯紀律的，或者塑造起一個英雄形象卻讓他死掉，人爲地製造一

個悲劇的結局；有些作品，不寫英雄人物，專寫中間人物，實際上是落後人物，醜化工農兵形象；而對敵人的描寫，卻不是暴露敵人剝削、壓迫人民的階級本質，甚至加以美化；還有些作品，則專搞談情說愛，低級趣味，說什麼『愛』和『死』是永恆的主題。這些都是資產階級的、修正主義的東西，必須堅決反對。」

　　再次，誣蔑49年後的文藝隊伍「黑」。《紀要》認爲，「我們的許多文藝工作者，是受資產階級的教育培養起來的，在從事革命文藝活動的過程中，有些人又經不起敵人的迫害叛變了，或者經不起資產階級思想的腐蝕爛掉了」，或者「在全國解放後，進了大城市，許多同志沒有抵抗住資產階級思想對我們文藝隊伍的侵蝕，因而有的在前進中掉隊了」。因此，「要重新教育文藝幹部，重新組織文藝隊伍」，「堅持進行一場文化戰線上的社會主義大革命，徹底搞掉這條黑線」。「這是關係到我國革命前途的大事，也是關係到世界革命前途的大事。」

　　《紀要》的推行，給文藝界帶來了災難性的惡果。一些野心家、陰謀家依據《紀要》，在文藝界任意混淆是非，把藝術問題、學術問題、思想問題一律歸結爲政治問題，上綱上線到具有特定含義的階級鬥爭、路線鬥爭的高度，進行所謂一個階級推翻另一個階級的政治大革命，造成了文藝理論上的極大混亂。他們把49年後湧現的優秀之作，幾乎無一例外地宣判爲毒草，強加上「復辟資本主義的宣言書」、「機會主義路線的頌歌」、「鼓吹叛徒哲學的黑標本」、「製造戰爭恐怖」、「醜化工農兵形象」、「爲階級敵人張目」、「販賣人性論」、「宣揚談情說愛的低級趣味」等各種各樣的罪名，大加撻伐，造成了文藝園地百花凋零、萬馬齊喑的局面。他們肆無忌憚地摧殘文藝隊伍，大興文字獄，誣陷文藝界的領導和文藝工作者，是「文藝黑線」的「祖師爺」、

「總頭目」、「大紅傘」、「走資派」、「黑線人物」、「叛徒」、「特務」、「反黨反社會主義分子」,對其進行打擊迫害,或關進牛棚,或流放幹校,或投入監獄,嚴重摧殘其身心,剝奪其創作權利,致使馮雪峰、邵荃麟、以群、田漢、趙樹理、老舍、聞捷、楊朔、海默等數百名文藝家被迫害而死,蒙受冤假錯案劫難的更是不計其數。他們還隨心所欲地破壞文藝組織,強行解散全國文聯、作協及其各地分會。大陸的文藝刊物,除《解放軍文藝》外,全部被迫停刊。各種文藝團體、文化設施,一律停止活動。大批判、大迫害、揪鬥、橫掃之風席捲全國,文藝界變成了專制主義的一統天下。

「文革」期間,江青一夥在全盤否定十七年文學的同時,還攫取了《紅燈記》、《沙家濱》、《智取威虎山》等京劇改革的成果,並將它們連同現代京劇《奇襲白虎團》、《海港》、現代舞劇《紅色娘子軍》、《白毛女》,以及交響音樂《沙家濱》等8個劇目,封為革命「樣板戲」,吹捧它們是向封、資、修文藝頑強進攻的突出代表,是文化革命有破有立的偉大創舉。

在樹立「樣板戲」的同時,野心家們還授意突擊炮製了小說《初春的早晨》、《虹南作戰史》、《第一課》,電影《歡騰的小涼河》、《反擊》、《春苗》、《決裂》,話劇《盛大的節日》等,用來圖解他們的政治綱領,煽動造反派與走資派作鬥爭,露骨地美化江青之流。這些所謂的文藝創作,已經淪為陰謀政治的工具。

在批判「黑八論」以後,為了給「陰謀文藝」提供理論根據,江青一夥又以總結創作經驗為名,提出了「根本任務論」、「三突出」創作原則、「主題先行論」等一整套創作理論。「根本任務論」是「文革」文學理論的核心命題。《部隊文藝工作座談會

紀要》規定，「要努力塑造工農兵的英雄人物，這是社會主義文藝的根本任務。」1974年7月12日，「四人幫」御用寫作班子以「江天」署名，在《人民日報》發表《努力塑造無產階級英雄典型》一文，對此進一步闡釋，使之更加系統化，成為「文革」文學創作與文學批評的最高標準。文學應該滿足人民群眾日益增長的精神需求，形象塑造是實現這一目的的手段與途徑。「根本任務論」服從滅「資」興「無」的政治需要，偷梁換柱，本末倒置，不僅改變了社會主義文藝的方向，而且踐踏了「雙百」方針，否定了英雄形象塑造以外的其他人物形象的塑造，取消了文學的豐富性、多樣性，導致了「文革」時期陰謀文學的一體化。1968年5月23日，「四人幫」黨羽于會咏在《文匯報》發表《讓文藝舞台永遠成為宣傳毛澤東思想的陣地》一文，根據江青旨意最先提出「三突出」創作原則，後經姚文元定奪為「在所有人物中突出正面人物；在正面人物中突出英雄人物；在英雄人物中突出主要英雄人物」。這是從「根本任務論」出發制定的形式主義的創作模式，它完全違背了文藝創作的規律，無視生活和文學中錯綜複雜的人物關係，將其一概歸結為英雄與非英雄、正面人物與反面人物之間的被陪襯與陪襯關係，造成了文學創作的公式化，扼殺了文藝的獨創性。所謂「主題先行論」的主題，是指「老幹部等於民主派，民主派等於走資派，走資派還在走，必須要打倒」。這個主題無論對哪種體裁，在創作之前就已規定，創作時必須從它出發，必須根據這個主題到生活中尋找素材，加以表現。這不僅顛倒了文學與生活的關係，以及精神生產的過程，取消了作家的主體性，而且使文學直接用來圖解政治陰謀。「根本任務論」、「三突出」創作原則和「主題先行論」，儘管打著文學的旗號，但其政治意義絕對大於文學意義。

　　「文革」主流文學直接受制於政治，爲陰謀家所控制與操縱。但是，在壓迫、專制下，還有兩類文學值得我們關注。

　　一類是不願完全遵從政治之命的文學。在陰謀文藝在思想上陷入僵化、欺騙、虛假的絕境，在藝術上日趨貧乏單調，公式化、概念化甚囂塵上，把文學引進死路的同時，一些作家儘管橫遭迫害，但始終沒有泯滅藝術良知，他們採取種種方式抵制「左」傾思潮，與陰謀文藝頑強抗爭，艱難曲折地維護藝術的尊嚴，創作了一些具有一定藝術價值的作品。其中影響較大的，長篇小說有黎汝清反映革命題材的《萬山紅遍》、克非描寫農業合作化運動的《春潮急》、姚雪垠再現明末農民起義的《李自成》（第二部）、李雲德反映新政權成立初期東北地區工業建設的《沸騰的群山》、孟偉哉描繪抗美援朝的《昨天的戰爭》、郭澄清反映歷史題材的《大刀記》、曲波描寫特殊鬥爭生活的《山呼海嘯》；中、短篇小說，有李心田反映30年代紅軍後代生活的《閃閃的紅星》、蔣子龍描寫企業整頓的《機電局長的一天》；戲劇方面，有話劇《萬水千山》、晉劇《三上桃峰》、湘劇《園丁之歌》；電影方面有張天民編劇的歌頌石油工人的《創業》、謝鐵驪編導的反映海防前線女民兵生活的《海霞》等。其中如《創業》、《海霞》、《李自成》（第二部），它們較巧妙地衝破重圍才與受眾見面，有別於陰謀文學。

　　另一類是地下文學。它們不像主流文學那樣通過常態的媒介運行、傳播，而是在高壓專制下，以盡可能隱蔽的手抄渠道傳閱，不顧壓迫、收繳、查禁、圍剿，甚至批鬥、坐牢、殺頭的危險，自發地創作，自發地傳播，誕生了一批諸如張揚的《第二次握手》，郭小川寫於1975年而只能埋在地下的《秋歌》、《團泊窪的秋天》，舒婷寫於該時期的《船》、《贈》、《春夜》，芒克寫於

1972年、1973年的《城市》和《太陽落了》，以及1976年「四五」天安門運動中湧現的「天安門詩歌」等。尤其是《第二次握手》和「天安門詩歌」，充分表現了文學對高壓淫威的英勇不屈的抗爭。前者以手抄本的形式，冒著極大的風險秘密流傳，成為「文革」時期地下文學的代表作，作者因此而被捕入獄備受磨難，瀕臨死亡的邊緣。後者則推動地下文學進入可歌可泣的高潮，譜寫了中國大陸當代文學史上最為悲壯的輓歌與戰歌，無愧為我國大陸詩歌史上的奇觀。它們像「林中的響箭，黎明的曙光」，挖掘了埋葬陰謀文學的墳墓，揭開了大陸新時期文學的序幕。

　　地下文學和有別於陰謀文學的一類文學，是大陸中國當代文壇特殊的文學現象。它們是在「文革」時期特殊的歷史環境中產生的，在那個時代，不同程度地凝聚了作家的獨立思考，抒發了作者的真性情，真歌哭，在題材、體裁、手法、風格、個性上有所開拓。但這些作品畢竟誕生於特殊時期，表現了與主流文學相抗衡的心理特點。然而，無論從創作動機，還是就作品效果而言，它們都是在用文學的形式參與抗擊陰謀政治的鬥爭。其思維方式，並不完全是文學的。這也不必避諱。

　　總之，無論是公開文學中屢經磨難、掙扎存活之作，還是地下文學中輾轉傳抄之作，它們抵抗專制主義，在壓迫中生長的史實，都充分表明，「文革」時期，真正的文學藝術，並沒有完全被斬盡殺絕，的確如「野火燒不盡，春風吹又生」。儘管它們難以擺脫文學從屬於政治的陰影，不可避免地帶有長期以來形成的「左」傾思潮的印痕，但畢竟是相對於主潮的潛流與支脈。就主潮而言，「文化大革命」的十年，是中國大陸當代文學史上黑暗的一頁。「左」傾文藝思潮和陰謀政治發展到登峰造極的地步，物極必反地預示了它們崩潰之日的來臨。

【注　釋】

①　孫瑜：《編導〈武訓傳〉記》，《光明日報》1951年2月26日。

②　魯迅：《難答的問題》，《且介亭雜文末編》。

③　《文藝報》1951年4卷1期。

④　《毛澤東選集》，第5卷，人民出版社1977年版。

⑤　胡喬木：1985年9月5日在中國陶行知研究會和基金會成立大會上的講話，《光明日報》1985年9月6日。

⑥　《毛澤東選集》第5卷，人民出版社1977年版。

⑦　原載：《長江日報》，1952年5月25日。

⑧　郭沫若：《反社會主義的胡風綱領》，《人民日報》1955年4月1日。

⑨　茅盾：《必須徹底地全面地展開對胡風文藝思想的批判》，《文藝報》1955年第5號。

⑩　邵荃麟：《胡風的唯心主義世界觀》，《人民日報》，1955年3月20日。

⑪　蔡儀：《批判胡風的資產階級唯心論文藝思想》，《文藝報》1955年第3號。

⑫　秦兆陽：《論胡風的「一個基本問題」》，《文藝報》1955年第4號。

⑬　李希凡、藍翎：《胡風在文學傳統問題上的反馬克思主義觀點》，《新華月報》1955年3月號。

⑭　毛澤東：《關於正確處理人民內部矛盾的問題》，《毛澤東選集》第5卷，人民出版社1977年版。

第六章　1976～1989文學思潮

　　以1976年粉碎「四人幫」、「文化大革命」的結束爲標誌，中國大陸文學的發展進入了一個新時期。人們習慣於把1976年10月以後的文學，稱爲中國大陸新時期文學。新時期文學是中國大陸當代文學繼「十七年」文學時期、「文革」時期以後的第三個文學時期。相比於前兩個時期，它以快速的發展變化、全新的審美面貌、紛繁的文學現象、自由而頻繁的文學論爭和多姿多彩的文學創作成果，展現出自身獨特的風采，成爲中國當代文學史上極爲重要的一頁。

　　截止目前，從1976年至今的二十餘年的文學思潮發展演變，可以大致分爲這樣幾個階段：新時期初期的文藝復興階段，80年代前期的文藝爭鳴和文藝思潮演進階段，80年代後期的文藝思潮新變階段，90年代的文藝思潮發展階段。通過對這幾個階段文學現象的歸納、梳理，可以清晰地標示出中國大陸新時期文學發展的歷史軌跡。

第一節　新時期文學初期的文藝復甦

　　大陸新時期文學的前奏可以上溯到1976年4月「清明節」前後，人民群衆衝破當時的嚴厲禁令，掀起一場以悼念周恩來總理逝世爲主要內容的「天安門詩歌」運動。這場詩歌運動所引發的機緣是政治性的。它主要利用舊體詩詞的形式，表達了對「四人幫」禍國殃民的憤怒與譴責，愛憎之情判然，體現出文學極強的

現實功利性。詩中所體現出來的那種憂國憂民的深沉思考，直面現實的戰鬥式的人文精神，在很大程度上影響了新時期文學初期的思潮趨向。尤其這些詩歌在1977年以後結集出版，使得「天安門詩潮」中的文學精神得以迅速廣泛地傳播，並引發了新時期文學初期的「傷痕」類型文學創作的出現，同時，「天安門詩潮」也是新時期文學創作中所體現出來的「悲憤」式悲劇文學審美形態的濫觴。

新時期文學的奠基是從對過去，尤其是十年「文革」中所推行的極「左」的文藝政策、文藝觀念的凌厲批判起步的。在時代政治倡導的撥亂反正、思想解放的大潮中，新時期文學擔當了先鋒角色。結合全國開展的揭發、批判、清查「四人幫」罪行的群眾運動，廣大作家也積極投身到時代運動中，集中批判清算「四人幫」的「陰謀文藝」，以及「根本任務」論、「三突出原則」等在「文革」中危害極大的極「左」文藝觀念。1977年底，文藝界連續召開各種座談會，《紅旗》雜誌、《人民日報》也在1978年初連續發表長篇文章，開始了對「文革」中推行的文化專制主義理論體系進行理論上的徹底否定。與此同時，在「文革」中被迫解散和陷入癱瘓的文藝各領域的全國性組織——如全國文聯、全國作協和全國劇協、影協等都在1978年5月宣布正式恢復工作，1979年全國文聯下層協會組織和省市地方組織全部恢復工作，這標誌著中國大陸的文學事業開始走向全面復甦。

新時期文學的進步是和時代政治的轉折進步密切聯繫在一起的。1978年底之前，文藝界對「文革」的否定也還籠罩著「兩個凡是」論所形成的歷史陰影，文藝本身除政治路線之外的許多關鍵性審美問題，因為不僅和「文革」聯繫著，也和「文革」前的歷史聯繫著，所以未能得以根本性澄清。這些都有賴於政治在

自身領域中的撥亂反正的深入。1978年5月11日《光明日報》發表《實踐是檢驗眞理的唯一標準》的重要文章，引發了「眞理標準問題」的大討論，這標誌著新時期思想解放運動的眞正深入。1979年以後，文藝界開始大規模平反，包括右派作家案、「胡風反革命集團」等在內的大批冤假錯案，爲一大批在「文革」中被叛爲毒草的作品恢復名譽。到1980年，包括《收穫》、《當代》、《十月》、《鍾山》、《花城》等十多個大型文學刊物和省市所屬的文學月刊，紛紛創刊或恢復出版，僅省級以上的文學刊物已超過200餘種，爲文學發展提供了衆多的陣地，文學界開始出現生機勃勃的局面。《班主任》、《歌德巴赫猜想》、《一月的哀思》、《傷痕》、《內奸》、《報春花》、《小草在歌唱》、《愛是不能忘記的》、《西線軼事》等一大批優秀作品問世。王蒙、劉紹棠、鄧友梅等一批1957年被打成「右派」的作家紛紛亮相。劉心武、蔣子龍、張潔等一大批新銳作家登上文壇。文學題材上突破了原有的禁區，歷史與現實的生活場面，均可以在作品中看到，藝術表現形式和風格也日益多樣化，尤其是「朦朧詩」、意識流小說、心態小說、風俗畫小說等文學新式樣，爲中國大陸當代文學增添了新的色彩。

　　在新時期文學初期，1979年10月30日至11月16日召開的第四次全國文藝工作者代表大會，是一個重要事件，它標誌著文藝界的全面「解凍」。鄧小平代表中共中央對大會的祝辭，提出了一系列的有關文藝的新的觀念原則。《祝辭》指出：「藝術創作上提倡不同形式和風格的自由發展，在藝術理論上提倡不同觀點和學派的自由討論。」對文藝的「行政命令必須廢止」，作家「寫什麼和怎樣寫」，「不要橫加干涉。」這對新時期文學在恢復期裡大步走向繁榮起到了積極的推動作用。

　　新時期文學在復甦期的發展態勢，是與這一階段裡一系列文藝觀念的基本問題和創作中具有傾向性問題的熱烈爭鳴連在一起的。這些爭鳴活動，既是理論界對新的創作成果的及時評價，又是對新時期文學發展歷史的歸納、總結和昇華，眞實地記錄了文藝觀念撥亂反正的歷程。

　　一、文藝與政治關係的重新辨識和爭鳴。自1942年《在延安文藝座談會上的講話》發表以來，「文藝從屬於政治」、「文藝必須爲政治服務」就成爲我國文藝界一個不可懷疑的基本原則，它制約了我國近半個世紀的左翼文學創作格局和文藝面貌。這一提法在藝術創作上的弊端人們早已有所認識。對49年以來文藝的根本性指導思想的重新認識，體現了文藝界思想解放的深入。首先對此論進行質疑是兩篇有代表性的文章：1979年1月陳恭敏在《戲劇藝術》上發表《工具論還是反映論——關於文藝與政治的關係》，同年4月《上海文學》評論員文章《爲文藝正名——駁「文藝是階級鬥爭工具」說》。兩文從文藝的發展規律、古今中外文學發展歷史等方面，對這一觀點進行了有力的辯駁，並認爲這是極「左」文藝思潮的基本根源，文藝界的正本清源，必須從觀念上徹底解決這些根本性的問題。從爭論中我們看到，「文革」時期的極「左」文藝觀念在大陸還有一定市場。這也從側面反映了文藝基本觀念轉變的艱難性和長期性。很多人認爲，「工具論」否認文藝對生活的認識作用和審美作用；「工具論」必然導致「主題先行」，把文藝變成「階級意志」的附庸，必然最終取消文藝。這就爲1980年文藝新的指導思想——「爲社會主義服務，爲人民服務」的提出，進行了輿論準備和理論梳理。「兩爲」口號的明確提出，是這場文藝與政治關係討論的重要成果，對新時期文藝復甦產生了巨大的推動作用。

　　二、現實主義的爭論。這場爭論是由新時期一系列新作品引發的，一直持續到1982年。這是繼文藝與政治關係討論之後又一次深入的並產生了重要成果和積極效應的爭鳴活動。這次爭論圍繞現實主義的「真實性」諸方面問題而展開，並通過對相關作品的具體分析而逐步深入。討論中所涉及的作品有《班主任》（1977年）、《傷痕》、《失去的愛情》（1978年）、《喬廠長上任記》、《我該怎麼辦》（1979年）、《在社會檔案裡》（1979年）、《女賊》、《假如我是真的》、《愛，是不能忘記的》、《人啊，人》、《夏》、《人到中年》、《公開的情書》、《如意》（1980年）和「朦朧詩」等。不同的作品還引發了諸如悲劇問題、題材問題、歌頌與暴露、人性與人情，以及人道主義如何表現的問題、愛情觀問題等等方面的爭論。對這些作品的爭論都涉及到了現實主義的核心——真實性的諸方面：如生活事實與生活真實、生活本質，寫真實與寫本質，生活真實與藝術真實，真實性與傾向性等等。以上這些討論，不僅為新時期文學向現實主義回歸探索了道路，而且也初步廓清了 49年以來關於現實主義的一系列似是而非的觀念，對以真實性為核心的現實主義在辨析中達成了共識，從而確立了新時期文藝復甦的導向。

第二節　八十年代前期的文學思潮

　　1981年下半年，中國大陸農村普遍實行了聯產承包責任制，這標誌著新時期改革階段的來臨。1984年，城市也全面步入改革，中國大陸社會格局開始發生巨大變化，這對80年代前期中國大陸文藝的發展產生了巨大的影響。文藝領域中的改革，在新時期初期對僵化、極「左」觀念進行全面清算和大規模重新辨識的

基礎上，開始在自身諸方面進行著切實的探索和重建。中國大陸文學開始坦然地面對世界，並積極地在對西方文藝的評介中覓取新的發展路徑。以現實主義為主潮的文學創作，逐步由對歷史的反思轉入到對改革中各種現實生活變化的關注，在現實主義藝術方法引導下恢復了自身尊嚴的新時期文學，開始在關注現實中實現著由「傷痕文學」、「反思文學」到關注現實的轉變。這一轉變，不僅是文學自身的蛻變，也是文學對社會現實功利目的的深刻化，在一定意義上，從80年代前期開始，文學取得了和現實生活發展的同步性。文學領域內，從題材、主旨到手法、方法、風格都開始了全方位的向舊有格局的告別。這一時期區別於上一時期的一個重要特點是，文學在發展中自覺地、大規模地把西方20世紀以來的各種文學、思潮作為革新文藝的主要參照。從1981年到1985年，有關西方現代派和如何推進中國新時期文學的現代化，一直是文藝界的一個熱點問題，並逐漸形成對西方現代派文藝評介、翻譯的熱潮。

　　1980年前後，是對西方各種名目的現代文藝的簡單評介時期。20世紀以來重要的現代派現象逐一在文壇亮相①。據不完全統計，從1978年到1982年五年間，在全國各種報刊上發表的介紹和討論西方現代派文學問題的文章，將近400篇。波特萊爾、卡夫卡、卡繆、薩特、貝克特、海明威、福克納、喬伊斯、加‧馬爾克斯、博爾赫斯、海勒等陌生的外國現代派作家名字，逐漸被文藝界所熟悉。除文學以外，「新潮」電影、新潮音樂、新潮美術等思潮也同時湧動。不過，這個時期，對西方現代派文學的介紹，還停留在零散的、常識性的、同時也較為冷靜、客觀的階段，廣大作家和讀者並未把主要興趣放在這上面。

　　引起對西方現代派文藝大討論的，是1982年《外國文學研

究》發表徐遲的《現代化與現代派》一文。在這篇文章發表的前後，西方現代派文學的話題，已被人們廣泛注意到了，並逐步上升爲熱點問題。徐遲在1978年3月就發表了《文學與「現代化」》一文；1979年3月，中國社會科學院外國文學研究所組織了一次關於「外國現代資產階級文學評價問題的討論」；從1980年下半年開始一直到1982年初，《外國文學研究》曾開闢「西方現代派文學研究」專欄，對此進行了深入的討論。徐遲《現代化與現代派》一文的著眼點是在中國大陸大規模進行現代化建設的今天，文學如何適應並創造出與之相匹配的「現代化」文學。由於徐文直接把西方現代派與中國大陸新時期文藝的未來發展結合在一起，自然引起了人們的極大興趣。葉君健、馮驥才等著名作家也撰文予以支持。他們認爲，流行於西方的現代派文學思潮，絕不是一群怪物們興風作浪的產物，而是當今文壇世界必然會出現的現象，是文學史上的一場革命。現代派文藝不僅來源於現實，而且反映了各種物質關係總和的精神內在。他們認爲，中國大陸文壇應當有「馬克思主義的現代主義」，「中國文學需要現代派」②。徐敬亞在1983年《當代文藝思潮》上發表題爲《崛起的詩群》一文，他概括西方現代派文學的特點，一是注意表現人的自我心理意識；二是追求形式上的流動美和抽象美；三是反對傳統概念中的理性與邏輯；四是主張表現和挖掘藝術家的直覺和潛意識。

　　多數人認爲，馬克思主義和西方現代派在世界觀、創作觀上有著本質區別，是兩種截然不同的思想體系。西方現代派的中心內容是表現資本主義的危機感和人的異化。他們認爲，現實主義是我們的藝術之母，它是開放的，應多吸收其他流派的手法。

　　在這場討論逐漸深入的過程中，爭論的焦點便集中在西方現代派產生的原因、對西方現代派的價值重估等問題上。人們的話

題不斷滲透到西方現代派產生的社會思潮和哲學基礎問題。大多數論者注意到，追隨著現代科技發展的總趨勢，文學也愈來愈有綜合的邊緣學科的那些特徵，與各種哲學、社會科學思潮有著廣泛深刻的聯繫，如人類學對現代派詩歌的重大影響，如意識流儘管是心理科學的發現，但卻在現代派文學之中被廣泛運用，再如存在主義哲學牽導下的藝術對人際關係的變形呈現，與柏格森直覺主義有直接聯繫的非理性藝術，在弗洛伊德泛性欲主義影響下對人類潛意識的開掘等等。

　　這場討論的深入，為80年代後半期的文藝思潮的更替提供了許多話題。譬如詩歌美學討論中的「三個崛起」等問題的深入，成為新時期詩學領域的大事。

　　1983年至1984年，文藝界在中共指示下開展了所謂清除精神污染的鬥爭，批評的對象中有電影劇本《苦戀》（白樺編劇）和根據這個劇本拍攝的電影《太陽與人》，認為這個劇本否定了黨的領導與社會主義，體現了當時思想界與文藝界的「資產階級自由化思潮」。從80年代前期的文藝界來看，成績無疑是主要的。同時由於中國大陸當時正處在特殊的新舊交替的歷史時期，在對「文革」進行全面反思並徹底否定的同時，各種文藝思想空前活躍。比如有感於過去極「左」時期政治對文藝的過多干涉而造成的藝術作品的概念化，有人提出了文藝的「自我表現」說；出於對「四人幫」陰謀文藝的反動，有人主張文藝創作應當在自身找到自律，不需外在的任何指導；文學創作和觀念更新中，在主題和題材禁區突破的同時，有人主張描寫抽象人性與抽象人道主義。針對這些情況，劉白羽等人曾著文進行批判。新時期從1981年陸續開展的「關於塑造社會主義新人問題」討論，說明了新時期80年代文學創作傾向的新變化，它標示著新時期已逐步由初期在

文藝與外在關係辨析中確立自身轉移到新時期文學自身的切實的
建設上來，在實踐中去深化現實主義文學藝術。這個問題最早是
在1979年12月召開的第四次文代會上提出的，1980年開始成爲
討論話題。受到重視並大規模展開討論是在1981年春天，這一
年共發表這方面的文章有20餘篇之多。討論中，人們就時代對新
人的需求，什麼是新人形象，如何處理新人形象，新人與時代、
理想的關係，新人的審美價值等方面問題進行了較深入的探討。
爭論的焦點是新人形象問題。與這個問題相關的許多作品討論，
也不時形成熱潮。如對蔣子龍的「開拓者家族」、鄭萬隆的《年
輕的朋友們》、禮平的《晚霞消失的時候》、張賢亮的《靈與肉》
的爭鳴等。

　　對文學中人性、人情、人道主義問題的討論是80年代前期規
模最大、對文學產生廣遠影響的、最深刻的文藝思想激盪，它幾
乎貫穿於80年代前期的大陸文學發展的里程之中。這場討論的特
點不僅體現在具體作品的爭鳴中，更主要地體現在大量的理論文
章中，不僅是文學領域，也還涉及到哲學等其他人文學科。討論
的主題詞是「異化」，即人的異化和所謂社會主義異化問題。對
人性、人道主義和異化問題的關注，是從對「文革」十年的歷史
反思開始的，隨後逐步演化到對1949年前後歷次政治運動，特
別是「反右」運動全面反思。基於過去政治運動中或多或少地存
在著對人的踐踏情形，反思中人們開始呼喚人的尊嚴、人的價值
和人的權利。在這場討論中，文學所受到的啓示要比其參與其中
的討論顯得更爲重要，它給文學創作所開啓的命題無疑是巨大的、
深刻的，同時也充滿著艱難曲折。最直接的是啓發文學從「人」
的角度來反思歷史，以「異化」來對人的悲劇進行形象的解釋。
如《啊，人》和《人啊，人》等小說，就是這方面的代表性作品。

在這場討論中，西方現代許多哲學思潮也被引進，心理學實用主義、現象學、結構主義、「新哲學」、科學哲學等，尤其是存在主義，不僅有自己的哲學理論形態，還有其文學形態。早在1979年，存在主義繼荒誕派文學之後被介紹到中國，到1980年前後，對於存在主義文藝的介紹已經形成對西方文學介紹的主要部分，並且爲相當一批青年所接受。其間所興起的「尼采熱」、「弗洛伊德熱」、「薩特熱」、「存在主義熱」、「卡夫卡熱」等，都無不與理論界「異化」討論熱有關。在此情況下，文藝創作上出現了一些描寫陰暗的、灰色的作品，由此形成了現實主義悲劇創作的另一種形態。

我們還可以看到，這一時期由朱光潛等人推動的對馬克思早年著作《1844年經濟學——哲學手稿》的討論，到「異化」理論討論熱潮的出現，從人道主義討論到對存在主義文學的熱衷，文學發展貫串著一個自始至終的基本線索，即對人的問題的多種多樣、熱烈異常而又孜孜以求的複雜思考。

除上述現實主義問題，現代派文學問題和人性、人道主義問題之外，本時期還對「朦朧詩」及新的美學原則，文藝心理學，文藝批評方法（以系統論、控制論、信息論三論爲主），複雜性格，文學創作的商品化傾向，通俗文學等問題先後展開了討論。這都說明了80年代前期的文學，在創作、批評和理論三個方面，較之前一時期有了本質性的改變與發展。

第三節　八十年代後期的文學思潮

從1985年開始，大陸新時期文學步入了新變時期。這一新變期的到來，與時代的急速變化緊密聯繫著。隨著「人民公社」

的解體，中國大陸農村從經濟所有制形式到管理體制都發生了巨變，農村的改革已基本完成。城市改革已正式啓動。 1985年中共中央頒布的《關於科技體制改革的決定》和《關於教育體制改革的決定》及1986年《關於精神文明建設的指導方針的決議》，說明改革已在文化領域裡全面展開，並進入了實質性實施階段。社會主義初級階段理論的提出，爲社會各方面事業的發展提供了理論依據。經濟的高速發展，尤其是私營經濟的大發展所帶來的衝擊，呼喚著政治體制改革。80年代後期，中國大陸的改革的特點是全方位化、深入化和快速化。

　　全方位改革，是80年代後期文學發生新變的背景，也給新時期文學的發展提供了機遇和動力。綜觀這一時期，文化思潮呈現出以下幾方面特點：一、著眼於新格局的建立。前十年的文藝發展，從基本價值上看，是對「文革」藝術觀念格局的破壞和向「十七年」現實主義藝術格局的回歸，文藝一直走在時代思想解放的前列，擔負了哲學、社會學、政治學等其他人文學科的許多職責，在產生了一次次轟動效應的同時，也暴露出文學自身如何盡快獲得獨立品格等方面的問題。而在這一時期裡，文學要求回到自身的呼聲日漸普遍和高漲，文學在表現時代時如何進一步展現自己的獨特性是作家們普遍關心和思考的問題。這些首先表現在作家們的創作努力中。張辛欣、桑曄的紀實文學作品《北京人》，王安憶的小說《小鮑莊》，鄭義的小說《老井》，王培公的探索戲劇作品《ＷＭ（我們）》，張賢亮的小說《男人的一半是女人》，莫言的感覺派小說《紅高粱》，劉心武的小說《公共汽車咏嘆調》和紀實文學《5・19長鏡頭》，朱蘇進的小說《第三隻眼》，錦雲的話劇《狗兒爺涅槃》，王蒙的小說《高原的風》、《冬天的話題》，劉索拉和徐星頗具「現代」意味的小說《你別無選擇》、

《無主題變奏》，韓少功帶有魔幻意味的小說《爸爸爸》，方方的小說《風景》，王朔的小說《頑主》，錢鋼等一批作家的報告文學作品等等，都以鮮明的個性，爲新時期文學增添了前所未有的新色彩、新氣象。從題材選擇、主題昇華、手法翻新到價值範疇、審美風格等方面，開始顯示出新時期文學不同於以往任何一個時期的審美獨特性。新時期文學的建設大規模展開，新的藝術格局的形成標示著一個文學新階段的正式到來。除創作外，文藝理論觀念也在朝這個方向努力著。與「撥亂反正」不同，文藝理論工作者試圖建立新時期文藝理論的時代體系。「新方法熱」、「新觀念熱」、小說藝術創新的爭鳴、文學主體性的討論、「創作自由」的大論爭等，也都表現了建立新時期藝術格局的切切實實的努力。二、文學的本體性備受關注。文學的本體性問題本質上屬於文學價值的判斷問題。過去十年裡，新時期文學無論是創作還是理論批評，都是自覺或不自覺地在文學與社會的對應層次上尋找自身的價值、判定作品的優劣。文學的轟動效應也產生於此。80年代後期，作家們在「寫什麼」和「怎樣寫」兩大命題面前，更多地關心後者。「形式」的意義、價值和作用，在作家們的創作觀念中日漸強化起來。作家從再現生活到組合生活、表現「觀念」和「感覺」，這種變化可以從韓少功、王安憶、王蒙、莫言、賈平凹等人的創作歷史演變中清楚地看出。前一階段的「真實性」問題的爭論在這時已不再具有意義，一切被表現出來的都不失爲一種真實。把作品做爲獨立的「自足體」加以本體地描述分析，已是理論批評界的時尚。從這一時期的創作整體情形來看，「表現生活」已完全代替了「反映生活」，藝術觀念發生整體性位移，文學創作的「現代性」特徵愈加鮮明，文學從觀念到創作開始了全方位突破。三、文學爭論的焦點發生變化。在過去

十年裡，文藝的爭鳴絕大多數是圍繞具體作品而展開的。理論命題多是在對一部作品的不同意見中被提出的。而這一時期，形成爭論焦點的幾乎都是一些純理論性問題，如文學批評方法、文學的主體性、小說藝術創新、文學「尋根」等。顯然這一時期很多文藝工作者把主要精力投入到對文藝理論一些基本觀念的拓展、探索中，形成了文藝理論觀念變革大潮。有一點特別值得強調，在80年代前期文藝界所熱中的「現代派」熱，在這一時期已逐步降溫，文學有了強烈的本土意識，不是在向西方學習中獲取生機，而是意欲立足民族現實而實現文學對過去的超越。

80年代後期的文藝思潮發展演變，我們可以從下面所列的幾個比較大的爭鳴問題中看到其具體變化和進程。

1985年和1986年，被人們習慣稱之為「方法年」、「觀念年」。這兩年間，文學批評方法的更新問題成為文學界的熱門話題。從新時期文學發展的總體趨勢來看，文學的「對外開放」和「思想解放運動」，是由作品介紹、手法引進到方法觀念的輸入而一路發展過來的。早在80年代前期已引起人們關注的文藝心理學、複雜性格說及對朦朧詩、現代派的不同看法，可算是新時期文學對新的研究批評方法和新的文學觀念的熱切呼喚。從1984年開始，經過1985年一年的發展，流行於當代西方的各種批評方法迅速被大規模介紹進來，同時被批評家迅速運用到對新時期文學乃至對過去文學的研究實踐中。有形式主義批評、新批評、結構主義、符號學、解構主義、現象學、接受美學、文藝闡釋學、表現主義、象徵主義、原型批評、文化分析等等。尤以「系統論、信息論、控制論」所謂「三論」的引入和運用最為普遍。自然科學中的一些概念和原理，如熵定律、測不準原理、模糊數學等也出現在文學批評實踐之中③。林興宅的《論阿Ｑ的性格系統》、

劉再復的《論人物性格的二重組合原理》、李希賢的《系統論對典型研究的適用性》、黃海澄的《從控制論觀點看美的客觀性》等是運用「三論」研究文學實踐的代表性論文。「新方法熱」不僅推進了新時期文學研究的發展，也強有力地促進了文藝觀念體系的變革。嗣後，朱棟霖主編《文學新思維》④一書也致力於西方文學研究方法的「中國化」。

關於文學主體性的討論。從1984年到1987年，劉再復發表了一系列圍繞「人的主體性」而展開的對文學進行研究的論著⑤，呼喚確立「人」的「創造」、「對象」、「接受」三位一體的「主體性」地位。他同時申明「主體性問題，包括個體的主體性、民族的主體性、人類的主體性。這是強化人的創見性、能動性、自主性觀念。」他認為自己的研究是「『人的研究』的一種形式。」對「主體性」問題，他分別從一般主體性構成，文學主體性內涵和文學主體性的實現途徑進行了論述。針對上述論點，陳湧在1986年4期《紅旗》雜誌上發表的《文藝學方法論問題》，對劉再復的觀點提出了反駁與批評。陳文首先重申「一定的文化是一定的社會的政治的和經濟的反映，又給予極大的影響於一定的政治和經濟。」並強調這是整個文藝形態的文化的各個部門的共同的普遍的本質。他認為，劉文把人「作為一種客觀存在」和「作為行動者的人」分割開，把人的「受動性」歸屬前者，而把人的「能動性」歸屬於後者是錯誤的，在任何地方，都「不存在超越時間空間，超越社會歷史條件的『行動著人』的主體性。離開社會實踐，談論人的受動性和能動性，不是回到機械唯物主義的直觀反映論，就是走向主觀唯心主義。」陸梅林、敏澤等人也著文提出了劉文「主體性」觀點的「人文主義」的思想基礎。總體上看，有關文學「主體性」的爭論焦點是「人」的「主體性」的認

識和人的主體性與社會的關係問題⑥。有關「文學主體性」問題的大討論是80年代後期在文藝界產生廣泛影響的觀念論爭，它表明了新時期文學從一開始就關注的「人」的問題的深化。雖然由於各種原因所致，討論未能深入地持續下去，但無疑對80年代後期乃至90年代文學的發展產生了明顯的推動作用。

　　關於文學的「文化尋根」思潮。從1985年就初露端倪的文學「尋根」思潮是與80年代中期興起的文化研究熱潮有著直接的聯繫。早在80年代前期熱鬧的「現代派」討論爭鳴之中，很多人都已意識到西方現代派文學整體性觀念與中國國情的不相適應性，加上70年代以日本為主體，包括台灣、香港，以及新加坡、泰國等在內的東亞經濟的全面崛起，許多學者開始關注東亞文化——尤其是東亞經濟快速發展過程中「儒學」的作用，「新儒學」文化思潮開始誕生。這是一場由海外學者發起，自五四以來的第一次大規模對中國傳統文化進行反思的文化運動，許多學者試圖從儒學文化的影響來解釋東亞經濟的崛起，繼而建構起面向未來的儒學文化精神。80年代中後期，正是當代中國大陸社會、經濟、文化、觀念的轉型時期。受海外華僑學者「新儒學」的影響，從文化角度尤其是在對傳統文化反思的基礎上為中國大陸的發展尋找生機、出路，成為知識界所敏感的話題。文學「尋根」思潮正是在這一背景下探索新時期文學發展出路的切實的努力。「尋根」文學的首倡者韓少功曾這樣說過：「『尋根』文學是一個先有旗號，後有創作，先有理論，後有實踐的『有意為之』的文藝流派。這在現當代文學史上倒是罕有的先例。」⑦文學「尋根」思潮著重體現在小說創作領域。這一思潮的倡導者和創作主力是一批新時期的新銳作家，包括韓少功、王安憶、賈平凹、鄭義、鄭萬隆、阿城、李杭育等人。韓少功在《文學的「根」》一文中說到「文

學有根,文學之根應深植於民族傳統的文化土壤裡,根不深則葉難茂。」他認為文學「尋根」,「是一種對民族的重新認識」,「去揭示一些決定民族發展人類生存的根」,鄭萬隆也表達了同樣的看法,認為「尋根」是「力求揭示整個民族在歷史生活積澱的深層結構上的心理素質,以尋找推動歷史前進和文化更新的內在力量。」李慶西進一步引申說,文學或文化的「根」,並不在儒學裡面,而是在區域文化中──發源於西部諸夏的老莊哲學、以屈原為代表的絢麗多彩的楚文化,以幽默、風騷、遊戲鬼神和性觀念開放、坦蕩為特徵的吳越文化等等。鄭義、阿城還對五四以來新文化建設中對傳統文化的揚棄提出批評,認為五四運動「對民族文化的虛無主義態度」,「有阻礙民族文化之嫌」,造成了民族文化的斷裂。總之認為五四以來的文化是一種「無根」的文化。

與這批熱情「尋根」的作家相反,批評家一開始就表示了懷疑,對他們的觀點提出駁議。有的指出,「文化尋根」者們的觀點,「更多地流露出對傳統文化、傳統生活認同、讚美的情調,表現出與社會發展相悖的生活觀念與文化觀念」,「與我們社會中落後、愚昧的反現代化思潮暗合了、匯入了對抗社會進步的文化逆流之中。」「這種以懷舊情感為主線的『文化尋根』,不但是反生活的,而且也是反美學的。」有人曾指出,「文化尋根」「在民族文化意識強化的同時,……可能出現當代意識弱化的傾向」,「尋根」「文化」並不能提高新時期文學的時代品格,也難以促進其深化。爭論之中還涉及到了如何看待民族文化和傳統文化、傳統與現代的關係、文化繼承與當代意識的關係、對五四新文化運動的評價及對海外新儒學的評價等方面⑧。從新時期文學的發展歷史來看,文學的「文化尋根」,反映了在時代價值轉

型和走向未來的過程中文學干預現實的努力。文學對文化存在的親昵，絕不是文學企圖拯救自身的嘗試，而是不斷擴大和深化的當代審美功利性使然，是文學對整個社會時代正在大選擇之中重構意欲的一種積極性呼應。「文化尋根」的倡導者們，試圖以高度的理性自覺，從哲學本體論角度重新提出和闡釋文化概念，力圖通過對民族生存觀念和行為方式的「還原」，展示出民族意識、心態的形成過程，重建民族文化的現在形態。文學的「文化尋根」思潮，以理論探討開其首，以創作實踐殿其後，不僅形成了新的思想現象，而且也構成了繼「改革文學」之後的一個新階段。它對80年代後期的文學的影響是多方面的。對「文化尋根」的創作，人們進行了多方面論述，並進行了具體的類型劃分：有以阿城為代表的「傳統文化派」；「鄉土文化派」——包括「吳越文化派」（以李杭育為代表）、「湘楚文化派」（以韓少功為代表）、「商州文化派」（以賈平凹為代表）、「太行文化派」（以鄭義為代表）、「回族文化派」（以張承志為代表）、「西域文化派」（以扎西達娃為代表）；此外，人們還把劉索拉、徐星、陳建功等人的創作稱為「都市文化派」，莫言、馬原、殘雪則被冠以「後尋根派」等等。但是，我們也不能不看到「尋根文學」的許多弊端，譬如對五四文學的簡單否定，譬如理論與創作實踐的悖反和脫節等等。

　　關於「重寫文學史」。早在80年初期的「撥亂反正」中，人們鑑於極左思潮對文藝的傷害，就曾對以往文學史，尤其是中國現代文學史上的某些結論提出質疑，由此而談到了修改或重寫文學史的話題。著名的中國現代文學史家王瑤和唐弢就認為「我們自己寫的現代文學史缺點很多」，並對重新改寫中國現代文學史提出了「既要開放，又要堅持原則」的意見。他們認為，原則就

是要從生活出發，從我們自己的社會條件出發。顯然，這時人們對文學史改寫的動機來自於時代政治對傳統歷史的反思，來自於對文學史裡結論失誤的認識。而 1988年前後，文學界提出「重寫文學史」的口號，則是80年代，尤其是80年代後期文藝觀念的深刻變革而導致的。大陸新時期文學從1978年以來，西方20世紀文論大量湧入，各種新的文藝價值觀念、概念和評判文藝的方式，文學回歸自身的呼聲，文學「向內轉」的傾向，以及「主體性」討論，文學的「文化思潮」等，都推動了80年代後期的文學觀念的更新轉型，「重寫文學史」口號的提出，就是這一歷史趨勢的具體的批評實踐。1988年，「重寫文學史」在文學界引起強烈反響。同年4月，《上海文論》開闢了「重寫文學史」專欄，《主持人的話》申明了「重寫」的意義是「要改變這門學科原有的性質，使之從從屬於整個革命史傳統教育的狀態下擺脫出來，成為一門獨立的審美的文學史學科」，改變過去那種文學史編著中的「非科學的思維定勢」。從以後大量「重寫」、「重評」文學現象、作家和作品的文章中可以看出，強調文學史寫作的審美思維，強調文學史學科的獨立性和科學性，是「重寫者」們，尤其是年輕一代治史學者的共識。實際上，「重寫文學史」口號的提出及具體操作，既反映了80年代後期大陸意識形態環境的寬鬆，同時也是新時期開始治學生涯的一批年輕學者自70年末以來不斷在文藝理論和批評方面積極探索的一次大膽、深入的挺進⑨。它說明，80年代後期的文藝觀念的大規模變革，已在文學創作、文學批評和文學史三個基本領域被全面體現。

本時期關於創作自由的討論、文學多元化的討論，關於通俗文學、文藝商品化、文學作品中情愛描寫等問題的討論，一並構成了80年代文學繁榮的不可或缺的側面。

　　80年代後期的文藝發展的重要的特點就是觀念的深刻變革。儘管在幾年發展過程中也曾出現了一些偏頗，但總體上爲新時期文學觀念體系的建構，做出了貢獻。

【注　釋】

① 可參考以下文章：袁可嘉：《談談西方現代派文學作品》，《譯林》1979年第1期；袁可嘉：《意識流是什麼》，《光明日報》1980年4月2日；《西方現代派文學縱橫談》，《福建文藝》1980年第4期；陳光孚：《「魔幻現實主義」評介》，《文藝研究》1980年第5期；董鼎山：《所謂「後現代派」小說》，《讀書》1980年第12期；王文彬：《「黑色幽默」試評》，《編譯參考》1980年第1期；袁可嘉：《結構主義文學理論一瞥》，《光明日報》1980年5月14日：《從結構主義到後結構主義》，《外國文學動態》1981年第8期；裘小龍：《荒誕派戲劇——當代西方文學流派講話之三》，《飛天》1981年第1期；等等。

② 馮驥才：《中國文學需要現代派》，《上海文學》1982年第8期；葉君健《現代小說技巧初探·序》，花城出版社1981年版。

③ 江西省文聯文藝理論研究室：《文藝研究新方法論文集》，《江西文藝界》，1984年版。

④ 朱棟霖主編：《文學新思維》（上、中、下），江蘇教育出版社1996年版。

⑤ 這些論著有：《文學研究應當以人爲中心》《文匯報》1985年7月8日；《論文學的主體性》《文學評論》1985年6期和1986年1期；《性格組合論》，上海文藝出版社1986年版。

⑥ 參閱：《當前文學主體性問題論爭》，海峽文藝出版社1986年版。

⑦ 轉引自程代熙主編：《新時期文藝新潮評析》，河南大學出版社1997年版。

⑧　參閱陳晉：《關於文學的文化問題的討論》，《文藝理論與批評》
　　1987年第1期。

⑨　席揚：《選擇與重構——新時期文學價值論》，時代文藝出版社1989
　　年版。

第七章　九十年代文學思潮

　　90年代文學，是在許多前所未有的因素合力推動下發展的一個時期。自五四以來，我國文學就形成了關注現實，與時代主潮共生共榮的傳統。這一傳統在大陸新時期文學中所表現出來的直面現實的憂患意識，不但在80年代十分明顯，而且形成的創作慣性也作用於90年代的文學思潮演變和文學創作主題之中。從國際上看，由於1989年前蘇聯及東歐社會主義陣營的全面解體，過去的兩極世界所形成的兩極文化格局趨向消失，包括意識形態在內的社會各方面呈現出多元化局面，文學創作的非意識形態化色彩日漸鮮明，我國文學在直接面對世界文學的發展而探索自身的發展道路。另一方面從大陸形勢發展看，社會主義市場經濟的口號不但響亮地提出，而且在實際生活中已得以實施。市場在成爲大陸國民經濟和社會生活的軸心的同時，以其人們未曾料到的強大力量，影響著、改變著、左右著人們的思想觀念、行爲方式、心理習慣甚至興趣和愛好。文學逐漸丟棄了過去那種教化、指導讀者的居高臨下的優越地位和主動處境，許多非創作因素或過去被認爲是非主體性的因素，如出版、發行、圖書流通操作等，直接加入到文學創作領域並發揮著越來越大的作用，有的甚至成爲與創作主體（作家）具有同等作用的因素。現在不再是文學本身選擇讀者，而是讀者、市場選擇文學。過去文學從未思考過的問題出現了，即文學怎樣在市場經濟條件生存下去。早在80年代中期經深入、熱烈討論後所否定的文藝商品化，在90年代已變爲現

實。文學在90年代，似乎只有進入「商品化」才能保有自身，這無疑是90年代文學觀念最深刻的變革。文學的商品化「包裝」和商品性「促銷」，成為它不被社會生活拒絕的重要方式。我們看到，90年代的文學，一方面在時代逼擠中不斷優化自身的傳播條件和方式，另一方面，則努力改善自身，除「包裝」和「促銷」以外，還堅韌地保持創作的獨立性、莊嚴性和不可替代的特點。

與80年代相比，雖然90年代文學思潮的變化依然來源於社會生活變化的啟示，但已不再是社會推動文學，而是文學在拚命地追趕社會，以防被拋棄。文學在紛繁多變的社會中，越來越邊緣化、領域化，文學固守自身，成了它的突出的別樣的時代姿態。

90年代文學思潮發展的一個重要特點，是創作與理論的共生共榮狀態和大陸文藝理論探求與世界文藝思潮深入的一體化態勢。90年代以來，在文壇唱主角的是許多「後」理論，如後殖民主義、後現代主義以及在大陸文壇上土生土長的各種「後」新時期理論意向，這些都形成了90年代文學思潮的發展與80年代相比較而具有的獨特性。

「新寫實」思潮是在小說領域中形成大觀的文學創作思潮，在90年代的初期引起文壇普遍關注。它特指方方、池莉、劉震雲、劉恆等人的創作以及具有共同審美特性的作品。這一思潮的發端可以上溯到1987年。這批作家並沒有發表過什麼共同的文學綱領（如「尋根派」作家那樣），「新寫實」是理論批評界對這一創作現象的概括。文藝界圍繞「新寫實」小說的評論，討論了什麼是新寫實、它與其他小說的區別以及作家與生活、寫作狀態、創作手法、敘述技巧等問題。有人曾經指出「新寫實」是「真實主義」的文學創作。「所謂新寫實小說，簡單地說，就是不同於歷史上已有的現實主義，也不同於現代主義『先鋒派』文學」，

「以寫實爲主要特徵，但特別注意觀察生活原生形態的還原，眞誠直面現實，直面人生」；「新寫實小說在觀察生活把握世界時的另一個特點就是不僅具有鮮明的當代意識，還分明滲透著強烈的歷史意識和哲學意識，但它減退了過去僞現實主義那種直露的、急功近利的政治色彩，而追求一種更爲豐厚更爲博大的文學境界。」①「新寫實眞正體現寫實，它不要指導人們幹什麼，而是給讀者以感受。作家代表了時代的自我表達能力，作家就是要寫生活中人們說不清的東西，作家的思想反映在對生活的獨特體驗上。」②關注人們當下的生存狀態、生存本相、生活原狀、即生活的本眞面貌，這就是他們的「眞實主義」。「新寫實」思潮中的眞實觀，的確不同於我們以往的現實主義眞實觀，它不再努力去反映能展示生活必然趨向的歷史眞實，而試圖用生活的「平常性」、「庸常性」、「平凡性」來呈現生活的原生狀態，從而寫出當代人的生命存在狀態。爲此，「新寫實」提出了對生活的「零度介入」狀態，即「以純粹的客觀對生活原始發生狀態進行完滿的還原」，「盡力保留生活的色蘊」，強調對人物描寫的「無色」性，排拒人爲的「亮色」或「灰色」，最後臻於創作的「一種心平氣和的境界」。這種作家與生活關係的表達，實際上也表達了對過去文學觀念的實踐式的反叛，的確樹立了一種新的審美風範，即一種當前狀態下的文學悲劇形態。

　　無論怎樣講，「新寫實」作家並不能完全抹去他們對生活的自我式理解，而這種對生活的介入狀態、寫作心態，是對生活的悲劇式的一種新的表述。從本質上講，他們的理論根鬚還依然扎在現實主義的土壤之中。可以說，「新寫實」思潮及其探索，豐富了大陸新時期文學的現實主義理論探討。不過，也有人對「新寫實」提出異議，認爲「新寫實」在表現生活庸常性一面的同時

也表現出拒絕崇高的傾向，認為「沒有必要也不可能對生活作出評價」的態度，是一種可怕的冷漠、「無情」，表明了他們中的「一部分人的歷史觀是唯心主義的。」③以上這些分歧都說明，有關「新寫實」的討論，已超越作品本身，本質上牽涉到怎樣看待當下大陸文學的現實主義諸方面的發展問題。

關於「新狀態」及其他新現象的爭論。1994年春天，《文藝爭鳴》和早年大力倡導「新寫實」的大型文學期刊《鍾山》，聯袂打出了「新狀態文學」的旗號。與「新寫實」相比，這是先在理論上進行鼓吹、而後推出集束作品的一個文學現象。一些青年批評家，在分析了市場經濟強勁背景下文學在社會生活中日益邊緣化、創作日益商品化、讀者對文學日益冷淡化的時代特點之後，認為那些固守嚴肅文學陣地的作家們，再也不能像80年代那樣寫作了，而是要進入「新狀態」，同時也已呈現出了一種「新狀態」。什麼是「新狀態」？「新狀態」的倡導者們認為，「新狀態」的重要特性是「告別」——告別新時期文學，進入「後新時期」。他們認為以前的文學——包括傷痕文學、反思文學、改革文學、尋根文學、現代派運動、新寫實思潮，都屬於「趕潮」的「實驗文學」，由於「以『實驗』，『探索』這樣的旗幟、這樣的方式向西方現代文學急於認同，他們亦在某種意義上充任另一種隱形代言人，中國文學與世界文學對話的代言人，歷史很快就證明他們不可能代表中國文學與世界文學對話，『走向世界文學』只是一廂情願的單相思」。而「新狀態」的文學是「『寫狀態』的文學」，「它寫的是90年代中國社會經濟和文化變遷所導致的人的生存和情感的當下狀態，」「它只能在歷史傳統、外來文化和現實生存的全方位開放的狀態下，努力去挖掘和發揮母語的文學表現力。」④也有人推出另外的解釋：認為「新狀態」文

學「是以深刻地展示狀態的方式來展示其藝術世界的，『狀態』是『塊』，是『面』，是總體，更接近生活的自在狀態，更接近生存的主體。」⑤隨著討論和爭鳴的深入，一些理論工作者開始把「新狀態」文學與西方後現代主義聯繫起來，認為「『後現代性』作為一種來自西方的闡釋代碼，正可以直接地用於對『後新時期』文化特徵加以探索。」⑥從以上的討論中我們可以看出，有關「新狀態」種種闡釋，「確實表現出了一種超越過去的趨向和企圖：其一是關注現實的熱情；其二是主體介入的要求；其三是藝術融合的趨勢。」⑦但是，將「新狀態」與西方後現代理論進行生搬硬套的嫁接，顯示出其理論基礎的薄弱，表現出其理論表述上的混亂狀態。在「新狀態」文學旗號亮出的同時，1994年1月《北京文學》推出「新體驗小說」，《上海文學》推出「文化關懷小說」，此後，不斷湧現出諸如「新都市」、「新市民」、「新歷史」、「新表現」、「60年代出生作家作品」等等名號，這些都說明文學日益邊緣化帶給人們的困惑，以及由此而試圖衝出重圍、另闢天地的努力。

　　關於人文精神和「文化保守主義」的話題。1994年，就在《上海文學》推出「文化關懷小說」的同時，上海批評界提出了所謂「人文精神」的口號，這顯然是針對90年代以來市場經濟初期物欲高揚、人心浮躁、精神被物化的現實而言的。同時也對文化的商品化、創作中的價值漂移、作品媚俗現象等提出了尖銳批評。人文精神的話題，在1995年張承志長篇《心靈史》和張煒兩部長篇《柏慧》、《家族》的爭論、評價中得到展現，甚至有的爭論話題已「進入非文學空間」。張承志、張煒也發表文章，以激烈的態度對時下思想價值迷失和道德滑坡給予了尖銳的抨擊。他們的作品和言論一體，表現了一部分作家對歷史和時代的一種

深切的人文關懷和精神文化的堅定信仰。有論者認爲,他們是「高舉理想主義大旗的作家」,他們的追求,堅持了「人文知識分子的精神追求和人格操守」。也有人提出質疑,認爲這些都表現了一種「文化保守主義」思想傾向。質疑者們在考察「文化保守主義」產生的根源時指出,生活商品化對文化的衝擊、80年代追尋西方現代派的失敗和90年代對傳統的重新反思是這種回望本土、返根歸本思潮的來源。這既反映了中華民族在驟然面對市場經濟時的困惑,也表明了文學在90年代對80年代盲目追隨西方的一種反彈,提出了市場經濟所帶來的社會轉型期內人文精神重建與文學的關係問題。以上兩個話題的提出和討論,都是與1993年以後出現的「國學熱」有關。學術界、理論界對「傳統」的青睞,也成爲「文化保守主義」的一個表象,與「人文精神」有著深刻的背景聯繫。在90年代文學發展過程中,理論思潮中還涉及到女性主義批評、後現代主義及「重提現實主義」等許多方面。與80年代相比,它觸及了許多新領域、新問題、新概念,產生了許多新質。總體說來,90年代文學思潮狀態是多元的、自由的,顯示了其獨特性,爲文學進入下一世紀提供了許多啓示。

中國大陸文學進入90年代以後,理論界有所謂「後新時期」之說,雖然至今「後新時期」的內涵還是眾說紛紜,但其所標示的90年代和80年代文學的差異則是明顯的。

首先,隨著社會經濟中心的確立和商業時代的來臨,人的價值觀念、行爲方式和文化態度都發生了轉變。傳統的文化理念迅速蛻變,文化世俗化特徵愈加明顯,在90年代,我們已經很難找到文化與非文化的真正區別,我們從前賦予文化的那種神聖的精神內涵正在被消除。這使得人們對作爲文化組成之一的「文學」的期望值也愈來愈低。文學不僅不再具有轟動效應,而且其生存

方式本身也面臨著巨大的考驗。

其次，在市場化的商業社會中，由於影視傳媒的日益發達和人們生活節奏的加快，現代社會的讀者已越來越不耐煩文字閱讀而情願以影視畫面來愉悅放鬆自己，文學的精神價值也變得模糊。這就使得文學在90年代逐漸地由中心退居邊緣。在「邊緣化」的過程中文學不得不接受商品社會法則對自身的侵襲，媚俗性的操作有時反而成了文學得以繁榮的一個動因。進入90年代以後文學一方面被迫退到邊緣，一方面卻又頻頻製造熱點以吸引人注意。1994年以來各種「新」口號風行就是一例。先是《北京文學》在1994年初亮出「新體驗小說」的大旗，隨後《鍾山》和《文藝爭鳴》聯合推出「新狀態」小說創作口號，《春風》雜誌打出「新聞小說」的口號，《上海文學》除了首倡「文化關懷小說」外還與《佛山文學》聯手舉辦「新市民小說」展，《當代小說》也標舉起了「新都市小說」的旗幟，再加上「新鄉土」、「新移民」、「新宗教」等種種口號，90年代的文學呈現出表象的熱鬧非凡。但在這種熱鬧背後，我們看到的正是文學的無奈和空洞。

可以看出，90年代的商業文化語境使得中國大陸文學面臨著前所未有的挑戰與考驗。雖然從表面上看，這種「邊緣化處境」對於中國大陸文學來說是被迫的，但其實質卻不是悲劇性的，而是喜劇性的。中國大陸作家有著很長時間的「禁忌」寫作傳統，他們為自由寫作的理想呼籲、奮鬥了多年，但一直到現在他們才真正得到了這種自由。從這個角度來看，文學的邊緣化恰恰使90年代成了一個真正自由、自主的文學時代、一個真正反映個性特徵的文學時代和真正多樣發展的文學時代，儘管仍有著「弘揚主旋律」的要求，但這種要求不是機械的。換句話說，90年代的文學要在弘揚主旋律的同時，實現一種真正的多元化格局。在這個

格局中嚴肅與遊戲、創新與守舊、通俗與先鋒、現實主義與現代主義乃至後現代主義都有相應的文學表現。這無疑意味著中國文學的表現空間被大幅度地拓展了。然而， 90年代的文學在多元化的格局下，也包涵了許多不能令人滿意的潛質，作家浮躁情緒的漫溢給作品帶來的粗糙和膚淺，一些青年作家對優秀傳統的否定，作品過分強調官能刺激等等，都是應該引起注意和重視的問題。

【注　釋】

① 《鍾山》1989年第3期《卷頭語》。

② 丁國強：《新寫實作家、評論家談新寫實》，《小說評論》1991年第3期。

③ 《新時期文藝新潮評析》，第63頁，河南大學出版社1997年版。

④ 《論「新狀態」文學——90年代文學新取向》，《文學爭鳴》1994年3期。

⑤ 雷達：《論世界眼光與新狀態文學》，《文藝爭鳴》1994年5期。

⑥ 《論「新狀態」文學——90年代文學新取向》，《文學爭鳴》1994年3期。

⑦ 於可訓：《小說界的新旗號與人文現實主義》，《文學評論》1996年2期。

小　說　卷

引　言

　　中國現代小說的開端無疑是在「五四」時期，雖然在此之前的世紀初文學中，小說的地位獲得大幅度提高，藝術上傳統小說也有所拓展，但只有到了「五四」時期，小說家們從西方文學中借鑑來小說新觀念、新技巧與新形式後，中國小說才第一次真正成為廣泛現實生活的反映，語言才真正是切近現實生活的白話文，敘述視角、描寫方式也才突破了傳統小說的單一化狀貌，呈現出與生活相一致的多彩局面。也就是說，中國小說至此才進入了現代世界小說的軌道，成為現代世界文學中的一員。

　　但是，「五四」小說畢竟是處於現代文學的發軔時期，其形式上的不完備和藝術上的不成熟是難免的。雖然「五四」作家們開創了現代小說的鄉土文學和知識分子等題材領域，但除了魯迅和小部分作家的創作之外，此時的大部分作家的創作都還顯得較為稚嫩，未脫離摹擬的痕跡。這一階段的小說形式還尚未完全從其他散文樣式中獨立出來，尚存在著與其他文體相揉雜的現象。

　　30、40年代是中國現代小說的成長與成熟期。經歷了「五四」階段的探索和創新，30年代小說家們對小說的現代形式有了深切的體會與把握，以魯迅、沈從文為代表的中短篇小說作家對中短篇小說創作技巧作了大的創造和發展，並創作出了相當數量各具風格、技巧完備的優秀作品。其中的精品，達到了當代世界

文學的先進水平。長篇小說形式第一次以成熟的美學面貌呈現在大眾面前，老舍、茅盾、巴金、李劼人的系列長篇小說的問世，顯示了現代長篇小說形式氣勢宏大、內容廣博的藝術特徵和作為社會時代歷史畫卷的藝術魅力。

　　經歷了30年代的社會動盪，40年代的大部分作家在總體小說風格上體現出深沉蘊藉的特徵，藝術形式則是不斷有所拓展，多種呈現強烈個人風格的小說作品爭奇鬥妍，運用多種描寫手法的心理小說、社會諷刺小說、社會剖析小說、抒情小說相映成趣，呈現出當時小說創作的繁榮。在延安地區，小說選擇了向民間化方向發展的路途，它顯示了對「五四」文學西化來源的一種反撥趨向。但這一路途很快被過強的意識形態性所窒息。

　　50～70年代的中國大陸小說在藝術技巧的發展上幾乎完全停頓。在台灣60、70年代文壇上出現的現代主義小說，在藝術技巧上向西方現代主義文學借鑑，表現出創新意識與現代化傾向，豐富了中國小說的表現形式。大陸的80年代文學也出現了類似的自我發展潮流，經歷了長久的停滯之後，作家們開始向西方學習，意識流形式是作家們採用最早的現代小說藝術技巧，在80年代中後期，小說家們的這一努力發展到高峰，以年輕小說家們為主的作家們對小說文體的革新作了大膽的探索，無論是在小說語言，還是在敘述方式上都有所開拓。當然，其模仿性的缺陷依然不同程度的存在。中國小說尚需不斷的探索和創新，才能不斷地走向成熟，也才可能在下一個世紀進入世界文學的高峰。

第一章　二十年代小說㈠

第一節　二十年代小說概述

在20年代的小說創作界，「為人生」的現實主義小說是其中重要的一支。循此方向探索、作出實績的，主要是在魯迅影響下的文學研究會及與之相近的未名社、語絲社的一些成員。

20年代人生寫實派小說家直接師承了「文學革命」倡導期《新青年》、《新潮》作家群的傳統。在《新青年》上發表小說的魯迅，及在《新潮》上發表小說的羅家倫、葉紹鈞、俞平伯、汪敬熙、楊振聲等，在《晨報》上發表小說的冰心，在《每周評論》上發表小說的胡適，在《星期評論》上發表小說的沈玄廬等，首開問題小說的先河。《狂人日記》、《藥》、《傷逝》（魯迅）、《這也是一個人？》（葉紹鈞）、《是愛情還是苦痛？》（羅家倫）、《漁家》、《貞女》（楊振聲）、《一個勤學的學生》（汪敬熙）、《花匠》（俞平伯）、《一個問題》（胡適）等作品，從各種角度觸及當時嚴重的社會問題，在民主主義、人文主義思潮廣為傳播的背景下，表現了文學與現實的密切聯繫。

問題小說的初出固然是在文學研究會成立之前的1918～1920年間，但問題小說的寫作極一時之盛、形成一種創作風尚，則與周作人在理論上的倡導，冰心、葉紹鈞、許地山、盧隱、王統照等文學研究會會員的創作不可分離。周作人指出：中國過去沒有問題小說，只有「教訓小說」，五四新文學革命後才有問題

小說的出現；它與「教訓小說」不同，「提出一種問題，借小說來研究它，求人解決的，是問題小說」；「問題小說所提倡的，必是尚未成立，卻不可不有的將來的道德」，「問題小說，是近代平民文學的出產物。」①魯迅說，自己寫小說「原意其實只不過想將這示給讀者，提出一些問題而已」②。文研會小說家群則是以「表現並且討論一些有關人生的一般的問題」③為共識的。

問題小說的主題、題材比較廣泛。舉凡家庭之慘變、婚姻之痛苦、女子之地位、教育之不良乃至勞工問題、兒童問題、青年問題、婦女問題、社會習俗問題、下層平民被壓迫的遭遇、國民性的改造、人生的目的和意義……都有涉及。「問題小說」是充滿各種矛盾的社會現實和寫實派作家熱心上下求索的創作心態碰撞的產物，也是五四啟蒙精神和作家的人生思考相結合的產物，它適應了當時的社會精神心理的需求。問題小說在五四時期的興盛，也是借鑑外國文學的結果，這種借鑑主要源於三個方面：有「提出問題的文學」④之稱的俄羅斯文學以及東北歐文學；五四初期作過較多介紹的挪威作家易卜生的問題劇；印度作家泰戈爾的哲理小說。當然借鑑是植根於對中國社會現實的真切考察基礎之上的。

問題小說的代表性作家除了冰心、葉紹鈞、許地山（在本章第二節論述），還有廬隱、王統照等人。

廬隱（1899～1934），原名黃英，福建閩侯人，五四時期是與冰心齊名的女作家。她的創作一開始也多為問題小說。《一個著作家》、《靈魂可以賣嗎？》等篇，展現了一齣齣「血和淚」的社會悲劇，頗有社會意義。茅盾曾肯定：「『五四』時期的女作家能夠注目在革命性的社會題材的，不能不推廬隱是第一人。」⑤在其代表作中篇《海濱故人》和《或人的悲哀》、《麗石的日記》

等短篇中，「人生是什麼」的焦灼而苦悶的呼問是其主調。《海濱故人》以「自敘傳」的手法寫露莎和幾位女同窗從聚首言歡到風流雲散的過程，宣洩了尋求人生意義和自我價值的鬱悶心理，流露出強烈的女性意識和現代意識。她的探究的答案不同於冰心的「愛」，而是「恨」和「疑」。她以細膩多感的文筆，真切入微地袒露了五四知識女性中相當一部分人半新半舊的二重性格與心態，顯示了出色的抒情才能。長篇《象牙戒指》、《女人的心》、《歸雁》及《雲鷗情書集》、《廬隱自傳》等，大量運用日記體、書信體和第一人稱敘法，對於男女情愛心理的描繪尤為成功，深受中國古典言情小說和婉約派詩詞影響，風格感傷，基調悲戚，可與同時期的郁達夫媲美，是新文學抒情小說的開拓者之一。

王統照（1897～1957），山東諸城人。他的初期小說（如《雪後》、《沉思》、《微笑》等），在探究社會問題時，多用象徵手法，執著地追求「愛」與「美」。《沉思》中的女模特兒瓊逸本是「愛」與「美」的化身，而終為世所不容，象徵著「愛」與「美」的幻滅。《湖畔兒語》寫出對下層勞動者的殷殷關愛同情，較前切實。《生與死的一行列》寫城市貧民魏老兒的悲劇一生，有力地控訴了社會的黑暗。《沉船》和《刀柄》顯露了從問題小說向鄉土文學的轉向和進展，有震撼人心的藝術力量。1933年出版了王統照最重要的長篇小說《山雨》，這表明他把主要精力傾注到養育他的齊魯大地，以中農奚大有一家的遭遇為線索呈縱向展開，筆涉城鄉兩地，寫出了「北方農村崩潰的幾種原因和現象，以及農民的自覺」⑥，畫出了一幅新時代的「流民圖」。小說人物形象血肉豐滿，地方色彩濃郁，場景開闊，是一部成功的作品。

問題小說的著名作品還有《買死的》（李渺世）、《三天勞

工的自述》（利民）、《偏枯》（王思瓚）、《兩孝子》（樸園）、
《海的渴慕者》（孫俍工）等。

　　問題小說具有鮮明的時代氣息和社會針對性；追求一些哲理
色彩；通常是「只問病源，不開藥方」，留下思考的餘地，但也
有些作家試圖找尋答案，以「美」和「愛」來彌合缺陷，淨化人
生。社會功利的傾斜使之不免帶有觀念化與抽象化的陋病，人物
形象被社會問題所沖淡，削弱了它的審美價值，只能說是一種特
殊形態的「爲人生」的文學風尙和潮流，尙未形成一個成熟的文
學流派。

　　在現代小說史上最早顯露出流派風範的，是1923年左右在
魯迅小說影響下，由文研會和未名社、語絲社一些作家創作的鄉
土小說。

　　魯迅是開創鄉土小說範型的先行者，他收在《吶喊》、《彷
徨》中的名作（如《故鄉》、《祝福》、《阿Q正傳》、《孔乙
己》等）以對東南沿海鄉鎮人事的出色描寫，爲現代小說的發展
展示了新的路徑。學步魯迅、注目鄉土的青年作家有許杰、王魯
彥、王任叔、許欽文、徐玉諾、潘訓、臺靜農、彭家煌、黎錦明、
廢名、斐文中、蹇先艾、羅皚嵐等，構成了20年代中期頗爲可觀
的鄉土小說家群體。

　　鄉土小說的崛起，是寫實派作家在堅持「爲人生」文學觀念
的前提下，寫自己熟悉的生活，克服「思想大於形象」的通病，
逐漸走向成熟的必然歸趨。這些來自鄉村、寓居於京滬等大都市
的遊子，目擊現代文明和宗法制農村的差異，在魯迅「改造國民
性」思想的啓迪下，帶著對故鄉和童年的回憶，用隱含著鄉愁的
筆觸，將「鄉間的死生，泥土的氣息，移在紙上，」⑦以其剛健、清
新、質樸之氣使創作界面目一新，又由於挾帶著各地鄉情民俗的

記實和描寫，顯示了鮮明的地方色彩，從整體上呈現出比較自覺而可貴的民族化追求。雖然在對「國民性」的反思上還沒有達到魯迅似的深刻，但畢竟開拓了立足堅實的中國大地、發揮自己創作優勢的寫實派小說的新路。

　　20年代鄉土小說家中不少是浙江、湖南、安徽、河南等地人。浙江天台的許杰（1901～1993）、鎮海的魯彥（1901～1944）、紹興的許欽文（1897～1984）都是浙東人。許杰是那時「成績最多的描寫農民生活的作家」，「最長的《慘霧》是那時候一篇傑出的作品。」⑧它以開闊的視野、雄健的筆觸，酣暢淋漓地鋪展了兩鄉村人們的「械鬥」場面，驚心動魄地揭示了傳統的私有觀念和剽悍蠻野民風相結合所釀成的血的悲劇。此外，《賭徒吉順》寫「典妻」、《出嫁的前夜》寫「沖喜」，也都展示了鄉民的愚昧、落後。魯彥是鄉土寫實派中成就最高的作家之一，《菊英的出嫁》寫冥婚的古舊民俗，情節奇特，寫得煞有介事，在荒唐的排場中隱現出深沉的悲痛。《黃金》以銳敏的感覺和遒勁的筆致把鄉村的原始式的冷酷表現得淋漓盡致。如史伯伯終於在勢利的鄉風中被撥弄得搖搖晃晃了。此外《屋頂下》、《阿卓呆子》、《李媽》等作品也都相當出色。許欽文以《故鄉》命名自己的第一個短篇小說集，「自招為鄉土文學的作者。」⑨中篇《鼻涕阿二》就頗有《阿Q正傳》的風格，以詼諧之筆寫畸形人物，展示了宗法制農村中婦女被毀滅的悲劇。《石宕》寫採石為生的勞動者的命運，《瘋婦》以婆媳矛盾寫鄉村的陳規陋習，這些都是鄉土小說的可貴成果。同是湖南作者，湘陰的彭家煌（1898～1933）和湘潭的黎錦明（1905～1999）風格各異。彭以穩健沉實著稱，而又有相當多的喜劇色彩。《慫恿》揭露土豪劣紳橫行鄉里、魚肉鄉民，《喜訊》寫老農寄望於將從師範畢業的兒子帶

來「喜訊」，卻等來了兒子被當作政治嫌疑犯判刑的消息，筆法從容簡練，技巧相當圓熟。黎錦明鄉土題材的小說不多，但文筆不似其他人那般沉重，《出閣》寫鄉下姑娘出嫁的情景，頗富明朗、歡快的氛圍，讀來很有味道。以後名聲很大的語絲社成員廢名（1901～1967，湖北黃梅人）發展了這種傾向，在《竹林的故事》、《菱蕩》、《浣衣母》等作品中，精心刻畫出鄉村生活的古樸、溫馨、寧靜、優美，有一種田園牧歌式的風情。未名社成員臺靜農（1903～1991，安徽霍丘人）的鄉土小說有很高成就，曾獲魯迅的好評。他比一般作家更自覺地從鄉土取材，又能加以更深刻的開掘，手法質樸，風格沉鬱，悲劇色彩濃。《燭焰》、《拜堂》、《天二哥》、《紅燈》諸篇，都很帶魯迅風。在對舊中國病態農村社會的解剖和農民精神病苦的表現上，臺靜農堪稱堅實沉著的「地之子」。除上述作家作品以外，潘訓的《鄉心》、徐玉諾的《一隻破鞋》、蹇先艾的《水葬》、王任叔的《疲憊者》、羅皚嵐的《來客》等，也各有成功之處。

　　鄉土小說在藝術上無疑比問題小說更趨於成熟，成就較高。大多注意人物和環境的關係，人物性格比較鮮明、生動，注重地方風物、風俗畫的描繪。作者們開始較為自覺地追求創作個性和藝術風格，或氣魄恢宏（許杰）、或樸實沉鬱（臺靜農）、或細膩簡潔（彭家煌）、或於詼諧中帶著冷諷（魯彥）……推動了現代小說在寫實方向上的長足進展。鄉土小說對現代文學的整體格局也有長遠的影響。

　　從總體上看，以文學研究會作家為中堅的現實主義小說，立足社會現實，關注民生疾苦，針砭社會痼弊，執著於人生意義的探尋，同情被侮辱和被損害的下層勞動者，表現出鮮明的人道主義、民主主義精神，體現了「為人生」的文學觀，有著較強的社

會意義和認識價值。他們的藝術傾向雖也有若干主觀情愫的點染和淡淡的感傷情調，不無浪漫抒情的滲透（個別作者如王以仁則酷肖浪漫抒情派），而基本傾向則是趨於客觀寫實，強調對外在世界的精密觀察與真實再現，於沉著厚實中流露出深沉、峻烈的情懷，同時又呈現了各個作家多姿多彩的藝術風範。在現代文學的長河中，他們的創作使現實主義在20年代形成了一江壯闊的洪峰。

　　與「為人生」的寫實派小說相對峙的，是前期創造社和與之相近的其他社團的一些小說家。他們不注重對客觀現實的真實再現，而是力主忠於自己「內心的要求」，標舉自我情緒的審美表現，在20年代的小說界，別立新宗，另闢蹊徑，開拓出現代小說新的園地──浪漫抒情的小說創作。

　　這一流向的代表性作家首推郁達夫。除他而外，創造社的郭沫若、倪貽德、葉靈鳳、陶晶孫、葉鼎洛、周全平及馮沅君（她雖非創造社成員，但其作品多在創造社刊物上發表）等，淺草──沉鐘社的陳翔鶴、林如稷，彌洒社的胡山源，藝林社的劉大杰，乃至文學研究會會員王以仁、滕固等，都是風格相近而各具特色的小說家。他們共同塑造了這一流派的整體形象。

　　在前期創造社的小說家中，張資平（1893～1959，廣東梅縣人）初期的某些短篇小說（如《梅嶺之春》、《她悵望著祖國的天野》等）間有浪漫感傷的氣息。長篇小說《沖積期化石》（新文學史上第一部長篇）也採用自敘傳寫法，而其大部分小說（從《飛絮》開始）則更接近寫實主義而頗有自然主義色彩，終至沉湎於性愛、肉欲描寫的惡趣，殊不可取。「創造社」系統的小說家中，他儼然一顆「脫了軌道的星球」。創造社的大部分小說家主要接受的是郁達夫的影響。倪貽德（1901～1970，杭州人）

收在《玄武湖之秋》和《東海之濱》兩個集子中的小說，堪稱浪漫抒情派的正宗。主人公多為畫家、藝術青年（倪本人是美專畢業），清寂失意、感覺銳敏，在懷舊中排遣感傷的情緒，富陰柔之美。強烈的自我表現與赤裸裸的真情流露，使他的小說非常接近郁達夫風格。陶晶孫（1897～1952，無錫人）自稱是一直寫新浪漫主義小說的作家，在日本有長達十五年的留學經歷，所作有濃重的東洋風味。代表作《木犀》全篇籠罩著木犀花的香氣，把主人公憶念中的師生戀情寫得虛幻而溫馨，飄逸而甜美。《音樂會小曲》全篇分三章，以春、秋、冬三季更迭及音樂的旋律，感應人物與三位女性之間微妙的情愫，形式上頗為別致、精巧。他的小說也喜用「晶孫」或「無量君」為主人公命名，日本「私小說」的影響歷歷可見。與陶晶孫作風近似的葉靈鳳（1905～1975，南京人），文學創作時間很長，有《女媧氏之遺孽》、《菊子夫人》、《鳩綠媚》、《處女的夢》等短篇小說集及長篇小說《愛的滋味》、《紅的天使》、《未完成的懺悔錄》等多種。擅寫戀愛題材，情節撲朔迷離而結構多變，受到弗洛伊德學說的很深影響，對於變態性心理的描寫有相當深度。《女媧氏之遺孽》解剖有夫之婦蕙與青年學生箴相戀時的隱秘心理，絲絲入扣，《姊嫁之夜》寫姊弟之間的幻戀，《紅的天使》寫多角戀愛，《落雁》寫老人狎男色，《鳩綠媚》寫怪誕的骷髏之戀，古今錯綜，真幻莫辨，至為新異。《未完成的懺悔錄》寫法變化多端，開闊靈活。葉靈鳳的小說為浪漫抒情派小說提供了不少新鮮的藝術經驗。馮沅君是創造社推出的唯一有影響的女作家。馮沅君（1900～1974，筆名淦女士，河南唐河人）以《卷葹》、《春痕》、《劫灰》三個短篇集，顯示了與文研會的冰心不同的女性文學風格。她崇尚「主觀」、「個性」的表現，所作皆帶自傳性，表現

了五四青年女性對愛情的大膽追求與家庭人倫之愛和男女異性之愛的衝突，委屈動人，別具風姿。《旅行》、《隔絕》、《隔絕之後》採用第一人稱或書信體手法，寫出時代女性在兩難處境中的複雜心理，思想內涵較爲豐富，筆觸大膽潑辣，「實在是五四運動之後，將毅然和傳統戰鬥，而又怕敢毅然和傳統戰鬥，遂不得不復活其『纏綿悱惻之情』的青年們的眞實的寫照。」⑩

　　彌洒社和淺草——沉鐘社在藝術傾向上與前期創造社相呼應，爲20年代浪漫抒情文學推波助瀾。胡山源（1896～1987，江蘇江陰人）有《散花寺》等小說。作爲五四時期專心致志寫愛情小說的社團——彌洒社的主要小說家，胡山源的《電影》、《三年》等篇，歌頌聖潔的愛情，描寫主人公的愛情體驗，並不顧及作品的結構情節，以散文化的體式而與郁達夫的抒情小說相吻合，顯示了浪漫抒情小說的共同性。他的一篇《睡》，被魯迅讚爲實踐「彌洒社」宣言、「籠罩全群的佳作」⑪。淺草——沉鐘社的陳翔鶴（1901～1969，重慶人）的小說也接近郁達夫，他的《不安定的靈魂》、《西風吹到了枕邊》、《獨身者》、《茫然》、《寫在多空》等，都屬自敘傳體的浪漫小說，常有一個名爲Ｃ君（陳的第一個字母）的主人公，帶著郁達夫筆下人物的窮愁潦倒、感傷迷惘，追求個性解放，在人世之醜中彰顯藝術之美，都有相當強烈的主觀抒情傾向。林如稷（1902～1976，四川人）是淺草社的發起人，他的小說《流霰》、《將過去》，在創作風格上受郁達夫的影響較爲明顯，著力刻畫人物內心的苦痛、頹喪與懺悔。「向外，在攝取異域的營養，向內，在挖掘自己的魂靈，要發見心靈的眼睛和喉舌，來凝視這世界，將眞和美唱給寂寞的人們」，「卻唱著飽經憂患的不欲明言的斷腸之曲」⑫。魯迅的評價道出了林如稷、陳翔鶴等淺草——沉鐘同人小說的抒情風貌。

　　文學研究會中的一些成員也深受抒情小說大家郁達夫的影響。王以仁（1902～1926，浙江天台人）的《孤雁》、《幻滅》在自敘傳的體式、淒苦變態的人物心理、憂鬱感傷的情調、亦嘆亦咏的筆致諸方面都酷肖郁氏，被眾多論者推爲很帶郁達夫色彩的作家，甚至郁達夫自己都稱「他是我直系的傳代者。」⑬文學研究會的另一位成員滕固（1901～1941，上海寶山人）的風格有與王以仁相近之處。他對繪畫頗有研究，其代表作《壁畫》寫青年畫家單戀三位女子而不果，乃以血作畫於壁，發洩失戀的悲哀，筆調奇峭。另外一些作品如《石像的復活》、《古董的自殺》等，也多寫主人公對異性的單相思，且多有癖性畸行，帶唯美傾向。

　　以郁達夫爲代表的浪漫抒情派小說，在藝術表現上有一些共同的美學特徵，形成了獨特的小說文體，爲中國現代小說提供了嶄新的寫法：

　　側重自我表現，主觀色彩濃厚。這派作家多把小說作爲作家的「自敘傳」，喜用第一人稱敘事，或者像達夫爲他的人物取名「老郁」、「于質夫」一樣，用「愛牟」（郭沫若）、「晶孫」（陶晶孫）、「Ｃ君」（陳翔鶴）等來塑造其自我形象，染上了濃重的自我表現的色彩，眞實地袒露作者一己的內心，在經歷、氣質、個性上完成自我文學形象，進行痛苦的自我暴露、自我反省乃至自我贖罪。他們筆下的「多餘的人」、「零餘者」形象，正是五四一代浪漫而善感的青年的自我寫眞，這類小說因此也被稱爲「自我寫眞小說」、「身邊小說」等。這類小說在一定程度上受到日本「私小說」（亦稱「自我小說」）的影響。

　　不注重事件的外部描寫，側重宣洩、表現作家的情緒、感受、心境、心態（特別是變態性心理和肉欲苦惱），以此作爲結構小說的線索，因此這類小說又被稱爲「情緒小說」、「情調小說」

等。從而突破了傳統小說以事件情節爲結構的框架，實現了從「情節小說」向「情緒小說」的演變，顯示了浪漫抒情小說根本的特徵：散文化和詩化的傾向。《漂流三部曲》（郭沫若）、《一個流浪人的新年》（成仿吾）、《音樂會小曲》（陶晶孫）等都是淡化情節，濃化情緒，飽含作者強烈的感情體驗，富有詩情意境，逼近作者的個性與氣質，因而成爲個性主義在小說領域的重要體現，開創了現代小說的新體式。

在創作方法上，這類小說以浪漫主義爲主，同時又兼採某些現代主義技巧⑭。受弗洛伊德泛性學說的影響，不少作品寫夢、寫潛意識，《喀爾美羅姑娘》、《殘春》（郭沫若）就把夢作爲潛意識的一種表現來寫，按照精神分析學說來寫夢。《木犀》（陶晶孫）則表現人物變態的性心理，也有弗氏的明顯影響。一些小說接受德國表現派的文學主張，不是反映外部客觀生活，而是著力表現作者主觀品性氣質，認爲藝術不是再現，而是「表現」。如《青煙》（郁達夫）、《殘春》、《喀爾美羅姑娘》（郭沫若）就都採用了表現主義的幻影、夢境手法。至於現代主義小說的常用技巧意識流，更是被多位作家所化用。《陽春別》、《殘春》（郭沫若），《將過去》（林如稷），《木犀》、《音樂會小曲》（陶晶孫）等都是如此。《將過去》是一篇大量運用意識流技巧的小說，時空跳躍，潛意識的表現，奇特的聯想，醉後的感受，隱居中的孤獨感……呈現出濃郁的現代派色調。這派作者是20年代在小說創作中最早受現代派文學影響的群體。

浪漫抒情派小說是五四文學中最明顯受西方文學影響的文學現象。德國浪漫派文學中，歌德《少年維特之煩惱》、施托姆《茵夢湖》有多種中譯本，屠格涅夫的小說散文《初戀》、《前夜》、《父與子》也成了五四文學界譯介的熱點，盧梭《懺悔錄》頗受

浪漫抒情文學青年的鍾愛⑮。法國詩人果爾蒙的田園詩、英國湖
畔詩人華茲華斯咏嘆大自然的詩篇、俄國浪漫派詩人普希金、英
國浪漫主義詩人雪萊的詩作，都在這派作家中激起回應。他們還
欣賞與吸收了尼采、弗洛伊德的思想，吸納了王爾德唯美主義、
法國象徵主義、德國表現主義等「新浪漫主義」這些「世紀末」
果汁。他們受西方文學和日本文學的影響是廣泛而博雜的。歐洲
浪漫主義文學的原有特徵，那些原始的傳奇格調和近世的幻想趣
味，法國文學中的宗教的神秘與熱烈，英國文學中對自然之神的
崇仰與感傷，並未在五四文學中明顯地被採納與表現出來。五四
浪漫抒情派文學集中地抒寫出感傷、憂鬱、孤獨的情調，郁達夫
曾稱之爲「殉情主義」，鄭伯奇則稱之爲「抒情主義」，「十九
世紀初期英法德俄各國平民作家那種放蕩的精神，古代追懷的情
致，在我們的作家是少有的。我們所有的只是民族危亡、社會崩
潰的苦痛自覺和反抗爭鬥的精神。我們只有喊叫，只有哀想，只
有呻吟，只有冷嘲熱罵。所以我們新文學運動的初期，不產生與
西洋各國十九世紀（相類）的浪漫主義，而是二十世紀的中國所
特有的抒情主義」。⑯五四浪漫抒情派小說以自我表現爲中軸，
具有強烈的主觀色彩和濃重的感情投影。五四時代追求個性解放、
肯定自我價值的風氣，對黑暗現實的不滿和叛逆意識，對光明理
想的憧憬和感傷苦悶的心理波瀾、憂鬱浪漫的情懷，在作品中都
有出色的表現。個性主義的張揚是他們最突出的精神印記。就藝
術表現而言，則是浪漫主義的基調上加進了某些現代主義的音符，
這種自我寫眞的抒情小說更新了傳統的小說作法，豐富了小說的
體式，以較高的美學價值，爲中國現代小說的發展作出了歷史貢
獻。

第二節　葉紹鈞　許地山　冰心

　　葉紹鈞（1894～1988），名聖陶，江蘇蘇州人。1914年開始文言小說的創作，1919年發表在《新潮》上的《這也是一個人？》，作為他最早引起文壇注目的白話小說，提出了婦女人格和社會地位的問題，在當時的「問題小說」潮中有一定的地位。20年代，葉紹鈞相繼出版《隔膜》、《火災》、《城中》等五個短篇小說集。1928年發表的長篇小說《倪煥之》作為新文學初期少見的長篇創作（也是他自己唯一的長篇小說），具有拓荒的價值。葉紹鈞是新文學開創期最早取得較高知名度的作家之一。

　　葉紹鈞的小說創作經歷了由問題小說向較廣的社會現實拓展的過程。初期的「問題小說」，從《新潮》時代到參加文學研究會之後的二三年間，葉紹鈞以「愛」與「美」的追求，回答嚴峻現實對他的提問。《潛隱的愛》、《伊和他》等就是這樣的作品。在那些描寫婦女兒童、農人的小說裡（如《兒童》、《小銅匠》、《曉行》、《寒曉的琴歌》），傾注著葉紹鈞誠摯的愛心。在江南小鎮擔任小學教員的葉紹鈞，以學校為基地，把他的目光投向周圍更為廣闊的生活，使他的小說呈現出較為開闊的社會畫面。小市民的灰色生活就是他在這時期表現得最為成功的對象。《晨》生動地記下了作者對小市鎮之晨的一瞥，把不同身份、個性的市民階層的人物寫得入木三分，曾受到朱自清的推崇。《隔膜》、《遺腹子》等篇無情地諷刺了小市民無聊、庸俗、空虛、陳腐的心態和習氣。這類作品在現代文學史上有著獨特的價值。

　　以教育界、學校生活為題材的小說在葉紹鈞的全部小說作品中佔有相當大的比重。他是帶著自己豐富的生活閱歷走進新文學

開拓者的行列的。長年的教員生涯（從1912年開始，他歷任小學、中學、大學教員達數十年之久），使他對現代中國教育界的情形了解得深切詳明，對學校生活的各個側面觀察得細緻入微，對教員和學生的思想狀態、希望欲求、心理活動瞭如指掌。作為中國現代教育史的見證人，在中國現代作家中，像葉紹鈞這樣多方面地、深刻地、成功地描寫了教育界的種種現象和心態，並無第二者可與之匹敵。葉紹鈞是新文學史上最早出現和最有成就的「教育小說家」。

暴露舊中國教育界黑暗的內幕，並透過教育界而把批判的矛頭指向整個舊社會，是葉紹鈞「教育小說」的基調。他以身臨其境般的感受和同情，相當深刻地反映了下層知識分子（主要是中、小學教員）在舊社會貧窮悲苦的生活狀況。剋扣窮教員薪水以飽私囊（《飯》），學款充作軍餉，學校變成「學店」（《牛年》），反動當局對教員的迫害（《一篇宣言》），軍閥混戰逼得教員疲於奔命（《潘先生在難中》）⋯⋯表達了兼教員、作家於一身的葉紹鈞從一個側面對舊中國現實的透闢剖析。

與此同時，葉紹鈞對作為知識階層一部分的教員，也有著嚴峻的解剖與審視。《搭班子》裡的擇如、《校長》中的叔雅、《前途》中的惠之，尤其是名篇《潘先生在難中》裡的潘先生⋯⋯這些人物心靈的污垢與細菌，在葉紹鈞筆下都被剔抉而出：軟弱、自私、動搖、畏葸、空虛。潘先生是一個帶有濃厚小市民氣味的卑瑣形象，他的苟安僥倖的心理和表裡不一的性格被刻畫得淋漓盡致。1925年以後葉紹鈞在五卅慘案的衝擊下，更多地看到了教員知識分子身上出現的革命、反抗的一面，《抗爭》中的郭先生是這樣，《城中》的丁雨生亦是如此。《夜》寫於四一二事件後半年，較早在小說中對國民黨製造的白色恐怖進行了憤怒的揭

露，提出了有力的抗議，並且塑造了一對爲革命獻身的教員夫婦，讚揚了知識階層中先鋒分子的英雄氣概；通過烈士老母始而恐懼、終則覺醒的過程，顯示了普通民衆在血腥的現實面前昂首奮進的堅強決心，情節發展以明暗兩條線索交叉推進，也頗具匠心。

《倪煥之》（1928年）是葉紹鈞唯一的長篇小說。它幾乎動用了作者在教育界生活的主要積累。在小學教員倪煥之的身上，葉紹鈞比較完整地寫出了知識分子從辛亥革命到小說問世前一年的四一二事件這一段期間的追求與遭遇。倪煥之是一個有著崇高追求和美好理想的熱血青年，他抱著「教育救國」的宗旨，滿腔熱情地獻身於自己的事業，儘管這種教育本身帶有相當濃厚的改良主義色彩，還是爲社會惡勢力所不容。他把一切希望「懸於教育」、企圖以教育改造社會的努力碰壁了。他所追求「理想愛情」也與他的「理想教育」一起遭遇到危機，妻子金佩璋與他的隔膜也越來越深。他從潛心於教育改革到最後在革命者王樂山的影響下投身社會革命的洪流，但又經受不了革命的曲折，在苦悶、彷徨、軟弱、動搖中走完了自己的人生道路。這正是當時一部分小資產階級知識份子尋求眞理之路的眞實寫照。《倪煥之》展現了20年代某些小資產階級知識份子的性格演變史。倪煥之的性格由於被置放在一個比較廣闊和較爲長久的時空環境中，發展有層次，側面也較豐富，前後對比鮮明。但小說後半部顯得不如前半部緊湊。小說中有的人物（如王樂山）形象不夠豐滿，結構也不很嚴密，不過，在20年代長篇小說還相當冷清的時候問世的《倪煥之》，是顯示了作者趨向成熟的現實主義風格的，在文學史上具有一定的意義。無論是短篇，還是長篇，葉紹鈞這些以知識份子爲主角的小說都浸漬著一種作爲知識者的作家的自省意識，爲魯迅致力的「改造國民性」的命題又增添了一個重要的佐證。

　　葉紹鈞幾乎沒有寫過工人題材，在僅有的幾篇農村題材的作品中，《多收了三五斗》反映30年代「豐收成災」的畸形社會現實，十分成功地表現了農民的痛苦和不幸，是當時動亂的農村的一幅灰色剪影。小說以「露胸朋友」群相為主角，藝術構思上顯得頗為別致。

　　葉紹鈞小說的突出藝術成就，在於他對「灰色人生」的冷靜觀察和客觀描寫，表現了鮮明的現實主義的特徵。他善於把自己的意圖和感情隱藏在客觀的敘述之中，在情節的發展中，讓人物通過自身的語言、行為和心理、神態等來表現他的性格，而不外加任何主觀的發揮與評價，潘先生形象的成功塑造就是一個適例。作家的冷雋、客觀的風格色彩並不排斥他的內在熱情和主觀見解，正如他自己所說的，他「很有些主觀見解」，只是寄託在「不著文字的處所」罷了。冷靜觀察和客觀描寫，在葉紹鈞小說風格的諸因素中最為突出。他帶著一雙透入的觀世的眼，冷靜地諦視著蜷伏在舊中國暗陬一角裡的被侮辱與被損害者。他的內心滿蘊著悲憫之情，而在落筆之際卻藏而不露、冷雋含蓄，「意」常見於言外，情不外露文中，當然這絕不是超然物外，冷漠無情。從《苦菜》到《多收了三五斗》，葉紹鈞對農民的同情深深地潛伏在不動聲色的筆致後面。

　　同情與諷刺兼備，是葉紹鈞對小市民知識份子用筆的基本特色。對於潘先生、吳先生（《飯》）、叔雅（《校長》）以及《一包東西》、《英文教授》等作品的主人公，在生活的碾盤重壓下的知識者，作者看不慣他們的怯弱、空虛、玩忽職守、自私自利，不由要刺它一下，期望他們有所改變；但是他也深知他們的甘苦，造成他們這些不良表現的原因是複雜的，有時他們自己也不能掌握自己的命運。這些人物身上沾有的細菌是那個黑暗社會

的賜予，因此他在嘲諷的同時又毫不含糊地把筆鋒穿過這些人而指向其背後的黑暗現實制度，從而使他的批判現實主義達到了一定的深度。這樣有諷刺、剝露，又有同情、理解，而這兩方面又都含蓄不露，於是諷刺也就顯得溫婉、醇厚，不失葉紹鈞客觀寫實的基本風格。

　　結構多變、精於布局，講究結尾饒有餘味，是葉紹鈞小說風格的又一方面。《倪煥之》以一個人的遭遇爲縱線，輔以縱橫交織的人際網絡。《多收了三五斗》無一中心人物，頗有散文風，《金耳環》以「戒指」一物貫穿全篇，寫了一個士兵的悲劇，《遺腹子》寫女人的七次生養，力避寫法的雷同，而《抗爭》、《多收了三五斗》、《前途》、《潘先生在難中》、《風潮》等不少小說結尾的藝術匠心，尤見功力。葉紹鈞小說的結構藝術頗似作家故鄉蘇州園林的格局，尺幅之間，峰迴路轉，前後的呼應，彼此的匀稱，都有精心的設計，走出園門，還令人回味再三。早在20年代，評論者就高度肯定了葉紹鈞是和魯迅一樣講究結構的少數小說家之一。

　　同所有五四小說家一樣，葉紹鈞也受到外國文學的啓發。他最初「作小說的興趣可說由中學時代讀華盛頓·歐文的《見聞錄》引起的」⑰，但是他不模仿歐文的詩味風格，他羨慕歐文那種清新的創意，他對「灰色人生」的冷靜客觀再現與同情諷刺兼具的風格，顯然與契訶夫小說異曲同工。他對小人物卑瑣人物的刻畫，也得陀斯妥耶夫斯基「抹布」情結的精髓。但是葉紹鈞的創作對外國小說的借鑑了無痕跡。他的小說文字整飭、嚴謹、平實、純正，既無歐化的成分，又沒有半文半白的現象，十分講究規範化，即使是從最嚴格的語法學的角度來審視其作品，都是經得起推敲、耐得起咀嚼的。葉紹鈞的文學語言沒有五四作家常有的歐化氣味，

深厚的古典文學修養和嚴肅踏實的寫作態度，使葉紹鈞的文學作品爲中國現代漢語的規範、純潔、健康作出了不可磨滅的貢獻。

葉紹鈞是文學創作的多面手。短篇小說最爲擅長（相對說來，他缺少駕馭長篇的藝術魄力），在童話創作上則是現代中國童話的開山。從1921年開始創作《小白船》到1923年出版結集《稻草人》和1931年出版《古代英雄的石像》，葉紹鈞把現實世界引進童話創作的領域，注重兒童情趣和教化作用，有著鮮明的中國特點。葉紹鈞作爲文學研究會的一位代表作家，在五四文學史上有著重要地位。

許地山（1893～1941），筆名落花生，出生於台灣省台南府城（今台南市）。他的創作一開始，也匯入了問題小說的熱潮之中，卻出手不凡，顯出了與葉紹鈞·冰心、王統照、廬隱等人不同的奇彩異趣。

他的小說故事往往發生在緬甸（《命命鳥》）、印度（《商人婦》）、新加坡（《醍醐天女》）、馬來西亞（《綴網勞蛛》）等異域，國內的「生活區」大多在閩、粵等地（《換巢鸞鳳》、《黃昏後》等）。可以說，許地山（以其第一個短篇小說集《綴網勞蛛》爲代表）的小說引人注目的特點就是這異域色彩：彩雲繚繞的瑞大光塔，碧浪翻湧的「干多支」，人跡罕至的叢莽森林以及椰樹、蒲葵、檳榔、大象、孔雀，美妙的「雀翎舞」，動聽的「巴打拉」……一切都呈現著馥郁清新的南國風情與異域色彩。其次是他小說中的宗教氛圍：法輪學校、《八大人覺經》、乞食、禮拜、涅槃、晚禱、講經說法、極樂寺、放生池，還有敏明、加陵以情死爲超度，尚潔以宗教精神對待生活中的不幸以及惜官的樂天知命、克己容人，又使許地山的小說流溢出某種宗教的氣息。第三是在情節上，幾乎都貫串著一條愛情的線索，如《命命鳥》

中的加陵與敏明、《商人婦》中的林蔭喬與惜官、《綴網勞蛛》中的長孫可望與尚潔、《換巢鸞鳳》中的和鸞與祖鳳、《枯楊生花》中的雲姑與日暉乃至《黃昏後》中的關懷與其亡妻，這些男女主人公悲歡離合、清妙幽婉的愛情故事，都相當曲折離奇。異域色彩、宗教氛圍、愛情線索的交織融合構成了許地山初期小說傾向於浪漫主義傳奇的三個主要因素。實際上，這三者也不妨說是罩在這些作品上面的三重「紗幕」，隱伏其下的是作者深沉的身世之痛、家國之感和良苦用心。

許地山祖籍廣東，出生在台灣，後隨全家落籍於福建龍溪。少時即飽嘗顛沛流離之苦，及長則獨自謀生於漳州和緬甸仰光。1917年，當了幾年教員的他又隻身來到北京讀大學。這樣的經歷既開擴了他的見聞，又使他深味了生活的艱難。他的父親和兩個兄長曾親身投入保家愛國的戰爭和起義。幼受庭訓，在他的思想中積澱下關注民生疾苦、國事安危的愛國民主意識。一旦提筆創作，他自然要利用自己所有、別人所無的特殊生活經歷，把他的小說世界移置於異國他鄉的土地上和蒼茫浩渺的「海世間」，而其本意卻是借異域寫故土，表現了許地山式的否定現實的獨特方式。當然，許地山筆下的東南亞、「海世間」並非他的理想國，這裡也有專制、欺騙、背叛，也有對人的尊嚴的踐踏。這位孩提時代就生活在佛教氛圍裡，後又曾加入基督教的燕京大學神學院的學生，時時感到人道主義和宗教思想的矛盾。

《命命鳥》講述仰光一對青年男女——世家子弟加陵和俳優之女敏明因愛情受到家庭反對，遂雙雙攜手投湖自盡的故事，有力地控訴了封建婚姻制度對青年的戕害，也流露出明顯的消極出世、重返「極樂國土」的宗教情緒。敏明和加陵在遍遊幻境以後，看透了人世的污濁，想到人生的彼岸尋覓一方淨土。他們最終選

擇了這樣的歸宿：從容攜手共涉湖水，「好像新婚的男女攜手入洞房那般自在」。死亡、殉情，在這對戀人看來，有一種超塵脫俗的魅力，故事的結局處理得頗爲別致，富於傳奇性。

　　《商人婦》中的惜官、《綴網勞蛛》中的尚潔，都曾被丈夫遺棄，後歷遭劫難、流落異邦，但她們在命運的撥弄面前，以宗教的容忍心、苦樂觀處事待人。惜官被發達致富的丈夫賣給一個印度商人，在印度商人病故後，她又重遊舊地，千里尋夫而不果。在她看來，「人間一切的事情本來沒有什麼苦樂的分別，你造作時是苦，希望時是樂；臨事時是苦，回想時是樂……」這種苦樂無別的達觀的信念，既有沉穩堅毅的積極面，也有某種消極面，無不體現著作者人生觀的二重性。他的小說裡徘徊著釋迦和基督的幽靈，他的主人公常常用宗教的教義自慰亦以慰人，在人生的種種磨難面前泰然自處，這固然寄託著他無所寄託的無望的希冀；另一方面，作爲文學家和宗教學者的許地山，在本質上，是從哲學的角度來對待宗教的，這使他的作品頗富宗教哲理色彩。他也以在文學創作中表現出宗教意識與宗教熱情而被稱爲「中國的夏多布里昂」。

　　《綴網勞蛛》裡的尚潔，得失隨緣，不求聞達，一切都任其自然，「表面看來是逆來順受的弱者，實際上卻是達天知命的強者」⑱，她的這種人生態度並沒有導向對現實人生的否定，卻進一步強化了人物生存的意志，是有積極意義的。「綴網勞蛛」包含了作者對人生的一種深刻獨到的隱喻⑲，人生如「網」、人世如「網」，這「網」既來自客觀現實，又來自人類自身的主觀精神，社會對人的制約和人與社會的關係緊相交織。許地山把對人生的思考探究推到了哲學的、形而上的境界。可見，他眞實的意圖是從教義裡「拈取一片」，放進一個他自認爲合理的人生觀，

而並沒有把小說化爲形象的宗教教義。這從他日後小說宗教趣味的日漸淡薄，以至洗脫淨盡也可以見出。作爲宗教學者，許地山小說創作受到印度文學與佛教思想影響，他接受了泰戈爾的宗教思想與文藝觀。難得的是，「他把基督教的愛欲，佛教的明慧，近代文明與古舊情緒糅合在一處。」⑳毫不牽強地融成一片，由此形成了他特異的東方式的情調風格。許地山也確乎曾「立願盡此生，能寫一篇愛情生活，便寫一篇；能寫十篇，便寫十篇；能寫百、千、億、萬篇，便寫百、千、億、萬篇。」㉑可他的寫愛情，只不過是爲了他的小說披上一件戀愛的外衣罷了，表達的仍然還是作者充滿二重性的人生觀，是五四時期市民意識的產物。正因爲如此，茅盾認爲，許地山在五四初期的作家中是「頂不迴避現實的一人」㉒，外表是浪漫的，而骨子裡卻是寫實的。

　　1928年發表的《在費總理的客廳裡》便是使這種寫實的跡象變爲明顯的現實主義傾向的開端。從那時起，許地山一改初期浪漫傳奇的偏嗜。在激烈動盪的時局衝擊下，他直面中國社會現實，小說背景亦從異域、鄉野轉向北平、廣州等大都市，資本家、官吏、警察、交際花、城市貧民、乞丐、遊民……出現在他的小說裡。他抨擊費總理這個僞善無恥的資本家及其依靠的反動政權（《在費總理的客廳裡》），諷刺洋奴的醜態行狀（《三博士》），鞭撻大發國難財的交際花（《無憂花》），在對妓女非人的生活寄予同情的同時，揭露玩弄她們的達官貴人的荒淫無恥（《人非人》）。社會的不平和階級的對立，開始成爲這一時期許地山小說的基本背景，雖然在根本上他還沒有能夠徹底擺脫宗教觀的影響。中篇小說《玉官》（1939）就集中地暴露了他創作思想的這一矛盾：一個甲午海戰陣亡士兵的未亡人玉官，靠著堅韌的意志頑強地生活了下來，但是，在她的靈魂中，卻是對基督教義的

虔信與對民族之恨的淡忘。此外，作品對當時革命形勢的描寫也
模糊了前進與倒退的界限。

　　標誌著許地山走上切實沉著的現實主義創作道路的，是他
1934年發表的《春桃》和1940年發表的《鐵魚的鰓》。《春桃》
以飽含感情的筆觸，刻畫了一個在命運惡浪的撥弄面前穩健地駕
駛著人生之舟的強者——春桃。當兵匪戰禍使春桃的生活中同時
出現了李茂和劉向高兩個男人的時候，這位樸實堅強地位卑微的
勞動婦女作出了自己勇敢的、也讓別人吃驚的選擇，在「我是我
自己的」、「咱們的事，誰也管不了」的信念統馭下，她和兩個
男人開起了「三人公司」，以自己的意志支配自己的命運，以自
己的生活邏輯來安排自己的生活，表現了勞動者在生活的重壓下
相濡以沫的高尚情操和道德準則。春桃的性格正是在苦難命運的
反襯下顯得熠熠生輝、高潔華美，並為讀者和論者一致肯定，是
20世紀中國文學史上難得的富有現代氣息與魅力的下層女性形象
之一。春桃的積極進取的人生觀不僅顯示出了比敏明、尚潔、惜
官、玉官等女性高得多的道德審美價值，更顯示了作者許地山對
勞動人民的真正了解。《鐵魚的鰓》以報國無門的科學家雷教授
的不幸遭遇、不幸結局為基幹，把批判的矛頭指向當局的賣國政
策，既歌頌了雷教授的愛國熱忱，又暗示了「科學救國」純屬幻
想，全篇袒露著雷教授（同時也代表著作者）深沉執著的愛國情
懷，風格蒼勁堅實。這種變化是許地山在抗戰爆發後的香港積極
投身於抗日救亡運動所留下的鮮明印跡。《春桃》、《鐵魚的鰓》
以切實的現實背景和鮮明的時代色彩，改變了人們對他初期小說
的觀感。從浪漫傳奇轉向客觀寫實，許地山一步步走出了曾經瀰
漫於他作品中的宗教氛圍。

　　許地山的小說在文學研究會作家中顯得資質清純、獨立不群，

在五四新文學發展史中也佔有特殊的位置。

冰心（1900～1999），原名謝婉瑩，福建長樂（今屬福州市）人。1919年9月，當她還在北京協和女子大學預科讀書時便以處女作《兩個家庭》在《晨報》嶄露頭角。接著又發表《斯人獨憔悴》、《去國》、《莊鴻的姊姊》等近20篇小說，還有一些詩歌、雜感，成為新文學初期最早享有盛名的女作家。可以說冰心是帶著這些「問題小說」開始她在小說世界的長途跋涉的。冰心學生時代就讀於教會學校，基督教的泛愛思想對她的創作思想、人道主義觀念影響甚深。

1921年文學研究會成立後，冰心是最早加入該會的少數女會員之一。1923年1月冰心出版了她的第一部詩集《繁星》。同年5月又出版她的短篇小說散文集《超人》。以後又陸續出版了《往事》、《姑姑》、《去國》、《冬兒姑娘》等小說集。

1919～1920年，被五四的驚雷震上文壇的冰心，以問題小說起步，表現了探究人生意義的熱忱。《兩個家庭》、《斯人獨憔悴》、《秋風秋雨愁煞人》等揭露了「舊社會、舊家庭的不良現狀。」[23]《兩個家庭》以對比的方法寫隔鄰而居的兩戶人家，男主人公都是留英歸國的才俊，但一家的妻子治家有方，另一家的妻子雖出身仕宦人家卻不諳家政，探討的是家庭幸福和婦女在家庭中的責任問題。《斯人獨憔悴》直接反映了五四學生運動，寫參加學生運動的穎銘、穎石兩兄弟與頑固守舊的父親之間的矛盾。這篇小說由於真實地反映了五四時期具有相當普遍性的父子兩代人的思想衝突，傳達了當時不甘被家庭所拘囿的新青年的苦惱而產生了廣泛的社會影響。這些小說來自熱心投身五四學生運動的青年謝婉瑩的真切感受，敏銳地捕捉住時代的脈搏，目的在「感化社會」，「叫人看了有所警覺，」「想去改良」[24]，顯示

了冰心從家庭的窗口審察社會問題的獨特視角。《去國》寫得憂憤深廣，關注的是當時頗爲嚴重的人才棄置這一社會問題。留學生英士自美國學成歸來，面對的卻是軍閥混戰、民不聊生的黑暗現實，這位報國無門的青年無奈之下只好再度去國，並且喊出了悲憤的心聲：「我的初志，絕不是如此的，祖國啊！不是我英士棄絕了你，乃是你棄絕了我英士啊！」在國家貧弱、亟需用人之際，在國外接受了良好教育的人才，卻不得其用。這是何等的荒唐，眞是令人悲憤不已！冰心敏銳地發現了這一社會弊端，痛切陳辭，無疑具有積極的時代意義。聯繫她晚年發表的《遠來的和尚》、《落價》等小說，可以看到這位憂國憂民的女作家幾十年如一日，對人才問題、知識分子問題的關注。此時的冰心還把同情的目光投向社會下層的勞動人民，描寫了他們的不幸和淒楚。《三兒》以冰心學生時代辦半日義校的生活爲素材，寫一群失學拾荒的孩子被槍彈擊中致傷的慘劇。一面寄託著她的關愛和同情，另一面也向舊社會提出了強烈抗議。這種抗議的聲調在《一個軍官的筆記》、《一個兵丁》等小說中更見激越，揭露了使生民塗炭的「主戰者」，貫穿著反戰基調。這類題材的作品與冰心的出身及孩提時代的經歷密切相關。她的父親擔任過清朝海軍軍官，童年的冰心曾跟隨父親在煙台親察過下層士兵的生活。以切實的生活積累爲基礎的這三類「問題小說」表現了早年冰心以創作去改良人生的初衷和敏銳的社會意識，「這裡面有血有淚，有凌辱和呻吟，有壓迫和呼喊，」㉕其主旋律則是掙扎和呼號。

如果說初期「問題小說」還是「只問病源、不開藥方」的話，那麼，1921年發表的《超人》則標誌著冰心對種種社會問題開出了她的「藥方」──這就是「愛」的哲學。「愛、童心、自然是她的『愛的哲學』之鼎的三足。」㉖前一階段中的小說像《世

界上有的是快樂……光明》、《最後的安息》對於「愛」的追求，已初露端倪。《超人》提出了「人生究竟是什麼」的問題，是冰心宣揚「萬全之愛」、謳歌偉大的母愛的代表性作品。冷心腸的青年何彬，原本信奉尼采的超人哲學，但終為祿兒的行為所感動，在「母愛」與童心的夾擊下，轉而虔信「世界上的母親和母親都是好朋友，世界上的兒子和兒子也都是好朋友。都是互相牽連，不是互相遺棄的。」何彬欲以「愛的哲學」來戰勝尼采的超人式的「憎世哲學」。該作以《超人》為題，實質顯出了反「超人」的傾向，然而過分誇大「愛」的作用，沉湎於美麗而不免空洞的幻想，並不是一個理想的「藥方」。可以看作《超人》續篇的《煩悶》（1922）和《悟》（1924）進一步發展了《超人》的「愛的哲學」，把親子之愛推及萬物之愛。《超人》、《煩悶》、《悟》構成了冰心「愛的三部曲」。《煩悶》充分展示了時代青年的內心矛盾、心理波折和精神危機，最終以母愛驅走了煩憂；《悟》則更進一步，把「愛的哲學」宣揚到神聖無邊的程度，推向極致。在星如看來，天地萬物，「一切只為著愛」，「有了母愛，世界上便隨地種下愛的種子」。「愛的哲學」被系統化了，這同冰心受基督教博愛思想、泰戈爾的宗教哲學的影響關係甚深。比較起來，這一階段冰心的問題小說較為側重對人物心理問題的關注。

　　冰心的問題小說圍繞著「愛的哲學」經歷了發展變化的階段，從追尋到宣揚，最後信疑參半，這是冰心小說獨特的旋律。冰心的愛的歌唱，既傳達出全人類普遍相通、凡人皆有的一種高潔情愫，也表現了生活在充滿虛偽、奸詐的現實生活中的人們對於純真、無私的感情的渴求。缺憾在於她未免把自己從家庭中、從基督教與泰戈爾「愛的哲學」中得來的東西過於普遍化、過於絕對

化了。一旦冰心把母愛當作支撐宇宙的擎天柱石、躲避時代風雨的心靈港灣和診治社會痼疾的萬靈藥方的時候，冰心自己就被懸在了「天上人間的中段」⑳，「愛的哲學」也就顯出了它的缺陷。

從美國學成歸國後沉默數年之久的冰心在1931年發表了《分》，劃出了她小說創作的一個新階段。與《分》相近，顯示了冰心小說新姿的還有《六一姊》、《冬兒姑娘》、《我們太太的客廳》、《相片》等。它們顯然從作者以往信奉與宣揚的「愛的哲學」與早已潛隱地所受的基督教教義的影響中有所超拔。略具童話色彩的《分》將教授與屠夫的孩子從同一個產院的嬰室「分」道揚鑣的不同前途加以比照，透露了冰心思想中開始萌生的某種階級觀念，這對冰心這位「萬全之愛」的歌手來說，確是難能可貴的。冰心終於對自己長期以來信奉的「愛的哲學」產生了明顯的懷疑和詰問，留下了她思想前進的足印，有愛有憎代替了「萬全之愛」，呈現了冰心以後現實主義小說的思想藝術基調。

《關於女人》是冰心抗戰時期在重慶《星期評論》上以「男士」筆名發表的重要作品。這是一部女作家以男性身份、眼光寫的奇書。作品敘述的十四個女人，既有知識者也有勞動者，致力於探討婦女的地位和命運。《後記》中說：「世界上若沒有女人，這世界至少要失去十分之五的『真』，十分之六的『善』，十分之七的『美』。」可見她對女性的尊崇和褒揚。在《我的奶奶》、《我的同班》、《我的鄰居》、《我的學生》、《我的朋友的母親》和《張嫂》等篇中，作者栩栩如生地刻畫了在抗日戰爭的非凡年代，普通中國女性堅韌頑強、端莊自立的風貌。由於採用反串的手法，時有雙關、雅謔的雋語，文筆簡勁詼諧，作品顯得頗具情趣，是冰心創作中重要的現實主義收穫。

冰心的小說形成了她獨特的個人風格，是現代小說領域裡，

繼魯迅之後，稍早於郁達夫出現的出色的文體家。冰心出身名門，後又長期就讀於教會學校（貝滿女中、燕京大學），和諧幸福的家庭生活，基督教博愛思想的薰陶，印度宗教哲學家泰戈爾的「愛的哲學」與文學的影響，對母愛、兒童愛、自然愛的真誠禮讚，她個人溫婉雅致的氣質，都影響著她的文學風格。初期的問題小說，一方面有著鮮明、強烈的時代氣息；另一方面「愛的哲學」的宣揚也在探究社會、家庭、青年問題的小說中投下了感傷、憂鬱的印痕，淡淡的憂愁、溫柔的抒情和委婉有致的敘述語氣，使冰心區別於同時期的其他問題小說家，顯示出獨特的格調。冰心小說不以曲折的情節見長，也沒有激烈衝突的渲染誇飾，結構單純，常用對比的方法，耐人咀嚼回味。冰心的作品，無論是小說，還是詩歌散文，如《春水》、《繁星》、《寄小讀者》等，都形成了一種被稱為「冰心體」的文字風格。「冰心體」的文學語言，典雅秀逸、清麗淡遠。她以白話為主，雜糅古今中外，努力實踐「白話文言化」、「中文西文化」，把率真的自我和童真的個性，自然地滲入流利、凝練的文字之中，呈現出詩情洋溢、含蓄不露的閨秀風範，從這一點看起來，「冰心體」實是冰心文學創作的最大成就。

第三節　郁達夫

郁達夫（1896～1945），名文，浙江富陽人，是創造社的發起人和最重要的小說家。在散文、舊詩詞、文學理論、翻譯等方面也有獨到的貢獻，以小說創作影響最大。

從1920年在日本留學期間寫作小說處女作《銀灰色的死》到1922年回國，這期間除《銀灰色的死》以外，郁達夫寫了《

沉淪》、《南遷》。這三篇小說於1921年10月結集爲《沉淪》，由上海泰東書局出版，這是郁達夫自己第一部、也是中國現代文學史上第一部短篇小說集。《沉淪》的出版轟動一時，毀譽參半。褒之者認爲它眞實地抒寫了青年的時代病，開創了小說的新體式，標誌著「自我小說」的興起，貶之者攻擊它爲「誨淫」，是不道德、不端方的文學。周作人當時寫了《〈沉淪〉》，爲之辯誣，認爲它「雖然有猥藝的分子而並無不道德的性質」，是「一件藝術的作品。」㉘郭沫若評論說：「他那大膽的自我暴露，對於深藏在千年萬年的背甲裡面的士大夫的虛僞，完全是一種暴風雨的閃擊」，「這種露骨的眞率，使他們感受著作假的困難。」㉙《沉淪》集中的三篇小說都以留學日本的青年生活爲題材，是「青年憂鬱病的解剖」㉚，奏出了郁達夫此後一系列類似之作的感傷抒情基調，如《胃病》、《中途》、《懷鄉病者》等。

　　《沉淪》的主人公「他」是一個留日學生，因對愛情的渴望得不到滿足，又兼不堪忍受異族的欺凌，最後投海自盡。小說大膽描寫了這個受五四思潮的洗禮而覺醒的現代知識青年「性的要求與靈肉的衝突」㉛，以及由此而生的變態性心理，雖在分寸的把握上不無失當之處，但激起了強烈的社會反響。作品最後通過主人公之口喊出的「祖國呀祖國！……你快富起來！強起來罷！」表達了郁達夫鮮明的反帝愛國思想，具有積極的思想意義。

　　1922年7月回國以後，在編輯創造社刊物的同時，郁達夫爲生活所迫，輾轉於安慶、上海、北京、武昌等地，廣泛接觸了國內生活，創作視野漸趨開闊，目光投向社會低層的被侮辱被損害者。《血淚》、《蔦蘿行》、《青煙》、《采石磯》、《春風沉醉的晚上》、《薄奠》、《微雪的早晨》……，或寫回國後生計的艱難、貧困和失業的痛苦，或寫知識者和勞動者的同病相憐，

或以歷史故事糅進現實生活，表現出思想的前進以及從抒寫「性的苦悶」向訴說「生的苦悶」的轉移。

1927年發表的《過去》與1928年發表的《迷羊》，形成了郁達夫創作路向的轉折。在這些作品（還有《她是一個弱女子》、《出奔》等）中，作者力圖擴展現實生活的容量，甚至描繪時代的風雲、革命的波瀾，有比較鮮明的政治傾向，但在藝術上有時不免力不從心，概念化的弊端也很顯然。另一方面，從 30 年代初，移家杭州前後，生活環境的變化使郁達夫的隱逸思想有所抬頭，在《遲桂花》、《東梓關》等其他一些作品中，流露較濃，而藝術上卻有較高的成就。抗日戰爭爆發後，郁達夫由武漢而新加坡而印度尼西亞，數度遷徙，堅持進行抗日救亡的實際工作，小說創作擱筆，散文、遊記、評論乃至政論，出產不少。直至被日本憲兵隊暗害，他一直沒有放下戰鬥的筆。郁達夫終其一生，都堅持了五四反帝反封建的方向，不僅是一個傑出的文學家，而且也是一個偉大的愛國者。「深沉的愛國主義和人道主義……是奔騰在郁達夫全部生活和創作中的主流。」㉜

郁達夫的小說突出表現了五四青年對人性解放的追求和被生活擠出軌道的「零餘者」的哀怨。《南遷》、《沉淪》、《銀灰色的死》中的「他」、「伊人」、「Ｙ君」，《茫茫夜》、《風鈴》、《秋柳》中的「于質夫」等，心中都交集著個人的積鬱和民族的積鬱，深感自身的孤凄悲涼，強烈地要求個性解放。追求異性真摯的愛情和純潔的友誼。他們或因是「弱國子民」而在異國他鄉備受輕侮、嘲弄，或不見容於社會，被社會所遺棄，由此變相自戕或表現出某種變態心理。他們不甘沉淪卻又無力自拔。在茫茫人海中，他們時時為自身的煢煢孑立、幾被世人遺忘的境遇深感痛苦，為自己只是一個生活的「零餘者」落淚嘆息。他們

憤世嫉俗，感傷憂鬱，內向而又敏感，孤傲復又自卑，這是「零餘者」作為郁達夫小說中一個形象系列而共有的氣質。他們的心中始終都沒有減退過追求理想生活的熱情，他們的身上有相當濃重的理想色彩。流露出在民族覺醒時期一個敏銳的知識者審視自身的傷痕和民族的傷痕所產生的幻滅感和危機感，發出了五四文學中個性主義與自我表現、自我反省的強音。

　　郁達夫的小說還鮮明地表達了愛國主義和人道主義的情懷。在以留日學生生活為題材的《銀灰色的死》、《沉淪》等作品中，主人公作為弱國子民所受到的屈辱，使他們迸發出真摯的熱愛祖國、渴望祖國強盛的強烈願望，對於日本帝國主義的民族壓迫民族歧視提出了憤懣的控訴。這些作品借驚世駭俗的自我暴露，不僅向虛偽的封建禮教挑戰，也直接揭露了恃強凌弱的黑暗社會。由於有著作者切身的體認，而使作品顯示出強烈的民族自尊意識，十分真實而感人。回國後不久所寫的《春風沉醉的晚上》、《薄奠》等小說，由抒寫「零餘者」的窮愁苦悶轉而擴展為關切、同情勞動者的苦難命運，把一己私情的真切感受化為具有社會意義的情感力量，在一定程度上達到了個性解放要求和社會解放要求的統一。通過窮困潦倒的知識者「我」與煙廠女工陳二妹、人力車夫「他」的生活境遇的聯繫對比，既流露出「同是天涯淪落人」的慨嘆和對普通平民真誠的同情和熱愛、敬佩，又從這種對比中認真剖析了落拓的下層知識者的心理及其在自慚中因受勞動者的感化而趨於昇華的過程。既閃現出人道主義的光芒，還多少「帶一點社會主義的色彩」，是郁達夫接觸了國內的現實生活後在小說創作上的變化。30年代寫的兩個中篇《她是一個弱女子》、《出奔》還描寫到工人罷工和鄉村的革命風潮，雖然藝術上不免粗糙，但其中對於政治激烈鬥爭和日軍侵華暴行、土豪劣紳的惡行

劣跡、革命者的動搖的眞實揭示，都透露出了郁達夫直面社會現實、力圖趕上時代的文學發展潮流的創作趨向。

　　頹廢的氣息，色與欲的描寫，花街柳巷，秦樓楚館……在郁達夫小說中有著明顯的地位。無論是《沉淪》中的自瀆、窺浴，《秋柳》、《寒宵》中的宿妓嫖娼，還是《茫茫夜》，《她是一個弱女子》中的畸戀、同性戀……，主人公的精神心理、言行舉止都表現出頹廢氣息和世紀末情調，對於眠娼狎妓、性的衝動乃至於變態的性心理、性行爲的描寫筆墨有時太露，缺少節制。這一方面是作者所受的西方世紀末思潮和東方古國名士風流影響的必然反映；同時，也是作者處身於窒息的時代氣氛中放浪形骸、憤世嫉俗的一種變相的表現和畸形的抗議。「在消沉的表象下隱伏著積極進取的本質因素。」㉝一定的消極作用和無可置疑的積極意義相隨相生。在消沉、厭世的外表下，跳動著作者熱愛美好人生、反抗黑暗現實的欲求上進的心。《過去》曾被視爲他的「狹邪小說的代表作」㉞。其實，小說在肯定人的情欲的合理性的同時，向扼殺人性、扼殺美好人情的社會發出控訴。李白時與老三的愛情失之交臂，成了不可復得的「過去」，通篇充溢著濃重的傷逝之感和深摯的人生苦味，是一篇頗具哲理意蘊的佳作，藝術技巧相當圓熟，非舊時的「狹邪小說」所可比並。《茫茫夜》、《秋柳》等篇亦可作如是觀。郁達夫小說中對於欲與色的描寫，具體分析起來，是與所謂「黃色文藝」、「色情描寫」有本質區別的：首先，它是作者自覺地反叛封建道德、抨擊虛僞禮教的叛逆精神的驚世駭俗之舉，它有力地揭露了假道學們的把戲，使他們感到作僞的困難。對於傳統的、長期以來束縛著中國人身心的封建倫理觀念是一種大膽的宣戰和勇敢的挑釁。其次，郁達夫的這類筆墨，並非張資平式的肉欲挑逗和官能刺激。他以嚴肅的態

度，力圖在文學作品中探討人的自然本性，探究靈與肉、愛與欲
衝突的深層奧秘。在許多場合，郁達夫筆下的主人公所感到的「
性的苦悶」與「生的苦悶」緊緊聯繫在一起，這就賦予其一定的
社會意義，使性、色、欲既呈現出它作爲生命現象的一面，又呈
現出它作爲社會現象的一面，進而成了郁達夫小說暴露社會不義
與罪惡的反證；再次，郁達夫的這些描寫，不是對性行爲、性活
動的無意義的展覽，它伴隨著作者痛苦的自我解剖、自我認識，
是他對於純眞愛情的嚮往追求以及求之而不得的結果。他的眞率
和坦誠的自我暴露有力地證明：人的情欲，人的天性本能，人對
於異性的渴望要求，原本是自然的、正常的，應予肯定（也應予
理智的統馭），而絕不是卑鄙的、可恥的、罪惡的、文藝作品不
可以表現的；第四，郁達夫在描寫人物的性飢渴、性變態以及狎
妓嫖娼時，總是不能擺脫精神上的折磨、壓迫，嚴厲的自我譴責
和良心的審判，向善的焦躁與貪惡的苦悶之間緊張的內心衝突，
時有衝動而尚思克制，主人公始終在進行內心的搏戰之後獲得靈
魂的淨化與昇華。《遲桂花》比作於同一時期的《東梓關》、《
瓢兒和尚》有更高的境界，不是簡單地因襲傳統的道家出世思想
和佛家的厭世思想，它在淳樸美好的自然環境中呈現出人性的自
然優美。從都市來到鄉野的「老郁」，被友人翁則生的美麗動人
的妹妹所感化，一度滋生雜念的靈魂如受到山間清泉的滌洗而躍
上了明淨高潔的嶄新境界，毫無世俗的污濁之氣。瀰漫於小說全
篇的馥郁淡雅的遲桂花的香氣，賦予作品純美的詩的意境。在郁
達夫的後期小說中，《遲桂花》表現出作者新的思想傾向與審美
趣味，在藝術上也取得了很高成就；最後，也要看到，郁達夫的
小說在某些篇什中，筆觸雖過於露骨，但在有的篇什中，卻是筆
致含蓄，在越軌中也不失其想像的奇特、用筆的清淡，能給人以

一定的審美愉悅，不無心理學與美學的價值。總之，郁達夫小說對於青年性苦悶、性心理的描寫，從思想意義上說，體現了強烈鮮明的反封建精神和個性解放的要求；從文學創作上說，則開闢了現代小說創作的新的題材領域。應該說，郁達夫的小說無論在思想性還是藝術性上，對現代小說的創作發展都有不可低估的意義。

郁達夫的小說有著十分鮮明的個性特徵和文學風格。他開創了現代抒情小說（或稱「自我小說」）的新體式，引來了一群模仿者，形成了一時風氣，還影響了後代不少作家，儼然自成一種小說流派。

這種郁達夫式的抒情小說，主要特徵是：

自我的寫真。郁達夫虔信法朗士關於「文學作品都是作家的自敘傳」這一斷言，他的小說大多帶有「自敘傳」的色彩。在相當多的作品中，甚至可以清晰地看到作者個人出身、經歷、個性、氣質、教養、人際交遊、審美趣味……乃至相貌的投影。從初期的《沉淪》到《春風沉醉的晚上》、《茫茫夜》，直至《過去》、《遲桂花》……，不論是作品中的「他」、「伊人」還是「我」、「老郁」、「文樸」、「于質夫」，或是「李白時」，甚至古代的「黃仲則」（《采石磯》），沒有一個不帶有作者本人的身影或精神氣質。而第一人稱主觀敘事的角度，尤為郁達夫所喜用（在他全部50多篇小說中，採用第一人稱的就有40來篇）。這個具有連貫性的抒情主人公，幾乎支撐著郁達夫的全部小說。這是一個以「自我」為原形、浸透著作者本人強烈主觀色彩的「零餘者」的文學形象。小說以自我的個人經驗、情感生活為單純的線索，宣洩著一己的情懷。他推崇盧梭勇於暴露個人私欲與卑劣的《懺悔錄》，也偏嗜日本佐藤春夫、田山花袋、葛西善藏等的「

私小說」。他還特別青睞德國哲學家尼采、無政府主義思想家施蒂納,那種「否定一切權威」,力倡「破壞偶像」,推崇個性自由和自我尊嚴的思想。他的小說中,既有盧梭式的自白,也有維特式的自憐、自慚、自卑與自尊、自傲相糾結,構成了時代的「零餘者」的心史、情緒史,在當時的中國文壇上展現出獨特的風彩。在痛苦的自我暴露、自我反省以至自我贖罪中,表現人的精神病態,並通過自身的反思達到一種內省。作者深信透過自我心靈的觀照,也能折射大千世界,因為,深刻地表現人性,即能表現社會,而只有個人的感情體驗,又最真切、最可靠。這是郁達夫的小說觀,它也使郁達夫這種自我寫真的小說別具真切感人的藝術魅力和豐富深廣的藝術蘊含。當然,肯定「自我寫真」的小說與作者本人的某種程度的疊合、交融,並不意味著把文學創作的小說看作是作者的回憶錄和自傳,看作是作家履歷的複寫。郁達夫小說中,「袋裡無錢,心頭多恨」、「於世無補」、自卑頹唐的「零餘者」的形象,並不能看作只是郁達夫個人的寫照,儘管這個「零餘者」形象的寫作,最初受到屠格涅夫《羅亭》等小說中俄羅斯文學「多餘人」形象的啟悟,但郁達夫小說中的「零餘者」形象足稱五四時期一大群沾染了「時代病」,因而彷徨、苦悶、找不到出路的青年們的典型。這一特徵是郁達夫為代表的創造社作家共同主張的「表現自我」創作理論的實踐。

感傷的抒情。郁達夫認為:「小說的表現,重在感情」㉟,並且把「情調」二字視為衡量小說優劣高下的主要標準。他最喜愛的俄羅斯小說家屠格涅夫即以感傷的抒情筆調深深吸引了他,德國施托姆也是以《茵夢湖》的感傷抒情描寫令郁達夫沉醉,具有頹廢與傷感情調的英國詩人道森、王爾德的頹廢與唯美主義的小說《道森·格雷的畫像》、斯特恩的《感傷的旅程》,都成為

郁達夫偏愛的藝術。以抒情爲藝術中軸，他的小說通常都沒有完整的情節，更不去經營情節的曲折、緊張，他注重抒發主人公抑鬱寡歡、孤獨淒清的情懷，坦誠率眞地暴露和宣洩人物感傷的、悲觀的甚至厭世頹廢的心境。他特別對憂傷的情緒感興趣。「他」、「伊人」的纖敏自卑（《沉淪》、《南遷》），「我」與于質夫的自傷淪落（《春風沉醉的晚上》、《茫茫夜》），黃仲則的憤世嫉俗（《采石磯》），李白時的追懷往昔（《過去》）等等，都有相通之處，有時似乎不免失之單調，但主人公感情的眞摯卻無可懷疑。因此，這種感傷的呼號與嘆息贏得了同代青年強烈的共鳴。也必須看到，郁達夫的這種主觀抒情，雖有誇張揚厲之嫌，卻又絕非無病呻吟。這種「有病呻吟」、涕泗漣漣、「無風三尺浪，微風九尺浪」的藝術渲染，因其眞實而仍能感染讀者，頗能叩擊人的心扉，以感傷的抒情爲中軸的郁達夫小說，輕視情節的營構，而注重情緒的傾訴，主要方法有二：一是借助於人物心理的細膩描摹；一是講究外在景物的恰到好處的襯飾。或自言自語，或宣洩傾訴，或捕捉外界刺激下感覺心理的微妙動盪，或以「情」景化，或以「景」情化，或精細地把捉隱而無形的潛意識、幻覺……，都讓讀者聽到了人物的心音，成功地刻畫了人物的性格形象，在很大程度上彌補了因事件的單純（甚至雜亂）可能造成的性格的貧瘠與偏枯。人物心靈奧秘的連續自白，以其眞率中夾帶著感傷的傾向，表達著作者的社會態度和對人生的悲劇感情，呼應著五四這個青春時代的社會心理氛圍。

　　結構的散文化。郁達夫的小說既以抒情爲中軸而輕視情節的營構，也就必然造就其小說的散文化傾向。除了寫實風格較爲明顯的《春風沉醉的晚上》、《薄奠》、《出奔》等少數幾篇小說外，無論是早期的《沉淪》、《南遷》，還是《蔦蘿行》、《青

煙》、《一個人在途上》、《還鄉記》等，幾乎都沒有以完整的
情節爲中心的結構框架，時間跨度一般都不長，常常擷取生活長
河中的片段，又若斷若連，時有枝蔓，與傳統的講故事式的小說
模式大相徑庭。換言之，郁達夫小說的結構不是以情節爲中心，
而是以情緒爲中軸，依人物感情的波瀾起伏結撰成篇。《沉淪》
雖無貫穿前後的情節線索，而主人公「他」的孤獨感、苦悶感與
感傷情調，卻一以貫之，形成作品內在的一種凝聚力量，因此，
它被視爲郁達夫的代表作。郁達夫似乎不受敘事性文體的小說的
結構法則的拘束，缺乏剪裁和伏筆，缺乏因果之間的照應，隨意
著筆，行文鬆散，一任感情波瀾的起伏而流動，或只是情緒的連
綴，這正有利於強化小說的抒情效果。現代小說中一種新的體式
──自我寫眞的抒情小說，正是這樣在他的富有創造性的實踐中
得以確立。

　　流麗、清新的文筆。郁達夫具有深湛的文學修養與傑出的文
學才華，他的用筆與其主觀色彩、抒情傾向相契合，飽孕感情，
富有色彩與節奏，一如春水行雲，流動感強，很少使用靜觀的筆
觸敘事、抒情、寫景。異國的蒼空皎日（《沉淪》），古都的蘆
蕩殘照（《小春天氣》），北方的晴天遠山（《薄奠》），南方
的湖山殘雪（《蠶樓》），還有滿山遲開的桂花的馥郁香氣（《
遲桂花》）……筆觸所到，都顯出「清、細、眞」的特色。淡遠
的輕愁配以清麗、流暢、自然、眞摯的文詞，摹寫著主人公心靈
的某種律動，直有呼之欲出的情韻。有些地方著墨綺麗，卻也不
掩一腔眞情。更多的時候還是以樸素、率直取勝，隨興而至，於
平淡無奇的文字間，顯出跌宕多姿的筆意，而像《遲桂花》這樣
的佳作，則可以說已經進入周至老到、大巧之樸的圓熟境界。當
然，郁達夫在致力於傾瀉自己的感情、率眞地袒露心靈奧秘的時

候，尚有不暇錘煉的地方，也還缺少更多回味之處。但總的來看，
郁達夫小說的文學語言是與他獨特的文體風格一致。

【注　釋】

① 　周作人：《中國小說裡的男女問題》，《每周評論》第7號（1919年2月）。
② 　魯迅：《英譯本〈短篇小說選集〉自序》，《魯迅全集》第7卷，第389
　　頁。
③ 　茅盾：《中國新文學大系・小說一集・導言》。
④ 　高爾基：《俄國文學史・序言》，上海文藝出版社1962年版。
⑤ 　茅盾：《廬隱論》，《文學》第3卷第1期（1934年7月）。
⑥ 　王統照：《山雨・跋》，開明書店1933年9月版。
⑦ 　魯迅：《中國新文學大系・小說二集・導言》，《魯迅全集》第6卷，
　　第255頁。
⑧ 　茅盾：《中國新文學大系・小說一集・導言》。
⑨ 　魯迅：《中國新文學大系・小說二集・導言》，《魯迅全集》第6卷，
　　第247頁。
⑩ 　魯迅：《中國新文學大系・小說二集・導言》，《魯迅全集》第6卷，
　　第245頁。
⑪ 　魯迅：《中國新文學大系・小說二集・導言》，《魯迅全集》第6卷，
　　第242頁。
⑫ 　魯迅：《中國新文學大系・小說二集・導言》，《魯迅全集》第6卷，
　　第242頁。
⑬ 　郁達夫：《新生日記》，《郁達夫日記集》，浙江文藝出版社1986年版。
⑭ 　參見嚴家炎：《中國現代小說流派史》，第二章，人民文學出版社1989
　　年版。
⑮ 　參見范伯群、朱棟霖《1898～1949中外文學比較史》，上冊，第352-

355頁，江蘇教育出版社1993年版。

⑯　鄭伯奇：《〈寒灰集〉批評》，《洪水》3卷33期。

⑰　葉聖陶：《過去隨談》，《腳步集》，新中國書局，1931年版。

⑱　陳平原：《飲過恆河聖水的奇人》，見曾小逸主編《走向世界文學》，
　　湖南文藝出版社1985年版。

⑲　參見殷國明《中國現代文學流派發展史》，廣東高等教育出版社1989年
　　版。

⑳　沈從文：《沫沫集·論落花生》，上海大東書局1934年版。

㉑　許地山：《無法投遞之郵件·給爽君夫婦》，《綴網勞蛛》，商務印書
　　館1925年版。

㉒　茅盾：《落花生論》，載《文學》第3卷第4期（1934年10月）。

㉓　冰心：《我做小說何曾悲觀呢？》。

㉔　冰心：《我做小說何曾悲觀呢？》。

㉕　冰心：《從「五四」到「四五」》。

㉖　范伯群、曾華鵬：《冰心評傳》，第126頁，人民文學出版社1983年版。

㉗　范伯群、曾華鵬：《冰心評傳》，第68頁，人民文學出版社1983年版。

㉘　周作人：《〈沉淪〉》，《晨報副刊》1922年3月26日。

㉙　郭沫若：《論郁達夫》，《沫若文集》第12卷，第547頁，人民文學出
　　版社1959年版。

㉚　郁達夫：《〈沉淪〉自序》。

㉛　郁達夫：《〈沉淪〉自序》。

㉜　曾華鵬、范伯群：《郁達夫評傳》，第282頁，百花文藝出版社1983年
　　版。

㉝　許子東：《郁達夫新論》，第166頁，浙江文藝出版社1984年版。

㉞　鄭伯奇：《中國新文學大系·小說三集·導言》。

㉟　《郁達夫文論集》，第228頁，浙江文藝出版社1985年版。

第二章　二十年代小説㈡

第一節　魯迅創作道路

魯迅，是中國現代小說的奠基人。

魯迅（1881～1936），浙江紹興人，原名周樟壽，字豫山，1892年進三味書屋讀書時改爲豫才，1898年去南京求學時取學名周樹人。魯迅，是1918年 5月在《新青年》上發表《狂人日記》時始用的筆名。他出身於沒落的封建士大夫家庭。少年時代，正值家道式微，祖父周介孚因科場案入獄，父親患病不起，從小康人家墜於困頓的途中，他深深領略了社會的世態炎涼。他母親娘家在農村，使他從小有機會接觸和了解農村與農民。1898年，他到南京進了江南水師學堂，第二年又轉入江南陸師學堂附設的礦務鐵路學堂。此間，他接觸到了宣傳變法維新的《時務報》和當時翻譯過來的科學和文藝的書籍，受到很大影響，特別是閱讀了嚴復翻譯的《天演論》，接受了進化論思想，激發了變革圖強的熱情。

1902年3月魯迅考取官費到日本留學，先在東京進弘文學院。當時的東京是中國革命黨人在海外活動的中心，留學生受其感染，展開反清愛國運動，魯迅曾參與這些活動。與此同時，魯迅閱讀了大量進步書刊，如梁啓超在東京出版的《清議報》、《新小說》、《新民叢報》等，其時魯迅比較關注的是三個相互關聯的問題：「一、怎樣才是最理想的人性？二、中國國民性中最缺乏的是什

麼？三、它的病根何在？」①這一時期，魯迅的注意力主要在科
學方面，除了譯述愛國主義小說《巴斯達之魂》外，先後寫了《
說鈾》、《中國地質略論》等文章，分別介紹了居里夫人新發現
的鐳和研究了中國的地質礦產等。1904年 4月，魯迅在弘文學院
畢業。同年9月，他離開東京，前往仙台醫專學醫。魯迅之所以
選擇學醫，是「預備卒業回來，救治像我父親似的被誤的病人的
疾苦，戰爭時候便去當軍醫，一面又促進了國人對於維新的信仰」②。
魯迅在仙台二年，一方面得到了日本老師藤野先生公正無私的關
懷與幫助，另一方面也受到了一些日本學生的民族歧視。特別是
在一次放映記錄日俄戰爭的幻燈畫片後，魯迅受到了很大刺激：
畫面上是一個被日軍捉住的據說是爲俄軍當偵探的中國人，在他
行將被日軍砍頭示衆時，周圍站著看熱鬧的同樣是一群中國人，
他們面對慘劇卻神情麻木。在這一刺激之後，魯迅深深感到：「
醫學並非一件緊要事，凡是愚弱的國民，即使體格如何健全，如
何茁壯，也只能做毫無意義的示衆的材料和看客」，「所以我們
的第一要著，是在改變他們的精神，而善於改變精神的是，我那
時以爲當然要推文藝，於是想提倡文藝運動了」③。1906年4月
初，魯迅離開仙台回到東京，開始了他的文學活動。他先後發表
了《人之歷史》、《科學史教篇》、《文化偏至論》、《摩羅詩
力說》等重要論文，其中《摩羅詩力說》介紹了歐洲文學史上許
多具有反抗精神的詩人的事跡和作品，同時也闡述了他自己對文
學的見解。從1908年起，魯迅和周作人翻譯了許多外國短篇小
說，合編爲《域外小說集》（兩冊），並在朋友的幫助下得以出
版問世。魯迅之所以譯這些作品，乃是爲了借他人之「新聲」，
除國民之愚昧。 1909年魯迅離開日本返回祖國。
　　回國後魯迅曾先後在杭州、紹興任教。1911年辛亥革命爆

發，他在故鄉紹興積極參加宣傳活動，並根據生活實感創作了以辛亥革命爲背景的短篇文言小說《懷舊》。1912年，他應教育總長蔡元培之邀，到南京臨時政府教育部任職，不久，隨部遷到北京。辛亥革命的失敗，引起了魯迅極大的憤懑和痛苦。他一度沉默，一直埋頭抄古書，校古籍，同時也在沉默中考察思索著中國社會和歷史各個方面的問題，包括總結辛亥革命失敗的教訓。在五四思想啓蒙運動和新文化運動的推動下，魯迅從長期沉默和思索中走出，拿起文學武器，以新的姿態投身於新文化運動和新文學的建設之中。

1918年起，魯迅參與《新青年》的活動。1918年5月，魯迅在《新青年》發表了在現代文學史上具有劃時代意義的第一篇白話小說《狂人日記》。因其強烈的反封建的戰鬥性，加上形式的別致，小說發表後立即引起巨大反響。此後魯迅一發而不可收地發表了一系列小說作品。除小說之外，魯迅還在《新青年》的「隨感集」欄目中發表了許多雜文，如《我之節烈觀》、《我們現在怎樣做父親》等，對當時提出的婦女問題、家庭問題、青年問題等作了深刻分析，尖銳批判了傳統的封建思想、文化、道德，有力地推動了當時的思想革命和新文化運動。在文學創作之外，魯迅還先後支持和組織了語絲社、未名社，出版《語絲》、《莽原》、《未名》等刊物，主編過《國民新報·文藝副刊》，還編輯了《未名叢刊》和《烏合叢書》等。1925和1926年，他在先後發生的「女師大風潮」和三一八慘案中聲援學生，支持群眾鬥爭。三一八後，魯迅受北洋政府通緝的威脅，於1926年8月26日離開北京前往廈門大學擔任文科教授。不久，又應中山大學之聘，於1927年1月抵達廣州，任文科主任兼教務主任。四一二事件後，廣州也於四一五發生事件，魯迅向學校當局要求營救被捕學生，

沒有結果，憤而辭去一切職務。

　　1927年9月魯迅離開廣州，10月定居上海。1928年主編《語絲》半月刊，並與郁達夫合編《奔流》月刊，1929年起，與柔石等組織朝花社，編譯《近代世界短篇小說集》，出版《朝花周刊》和《朝花旬刊》等。此間，在與創造社、太陽社進行的有關革命文學問題的論爭中，魯迅加深了對現實革命鬥爭的認識和對馬克思主義的理解。1930年中國左翼作家聯盟成立，魯迅列名發起人，並參加了「左聯」的領導工作。這一時期，他先後編輯過《萌芽》、《前哨》、《十字街頭》和《譯文》等公開或秘密的刊物，並參與了《文學》和《太白》的編輯工作。在創作上，他主要是以雜文爲武器，投身於反國民黨文化「圍剿」的鬥爭，同時也以歷史爲題材創作小說。1936年10月19日，魯迅在上海逝世。

　　魯迅把畢生精力獻給了中國現代文化事業和現代文學事業。魯迅的思想是中國20世紀最寶貴的精神財富之一。早期，魯迅爲了給災難深重的祖國尋求一條新的出路，曾努力探究古今中外廣闊的思想領域，並在思想上受到多方面的影響，包括進化論和尼采個性主義等，但魯迅卻從未成爲任何思想的「俘虜」，他總是從自己反封建的鬥爭目的出發，對各種思想不僅有所選擇，而且有所改造，有所揚棄。進化論是魯迅前期思想的一個重要內容，魯迅摒棄了進化論中「弱肉強食」等消極的因素，汲取了進化論中注重生存鬥爭、相信事物的新陳代謝和社會的進步、強調人類精神發展的重要性等積極因素。魯迅這樣回憶起早期所受進化論的影響：「進化論對我還是有幫助的，究竟指示了一條路，明白自然淘汰，相信生存鬥爭，相信進步，總比不明白、不相信好些。」④個性主義思想也是魯迅早期思想的重要內容之一，從他所強調

的「掊物質而張靈明，任個人而排衆數」⑤的主張中，可以看出魯迅所受尼采思想影響的痕跡。但魯迅主要是從尼采思想那裡汲取一種「圖強」的精神，他呼喚精神界戰士，主張與阻礙進步的庸衆作戰，其目的在推動整個民族的進步。關於改造國民性問題的見解，也是魯迅早期思想的重要組成部分。在尋求中華民族解放道路的進程中，魯迅深深地感受到了中國國民性的弱點、劣質，他堅信「國民性可以改造於將來」，因此決心「先行發露各樣的劣點，撕下那好看的假面具來」⑥，以引起療救的注意。但上述思想在魯迅那裡並非一成不變的，魯迅就曾說他在1926年前後，因目睹殘酷現實，受到莫大震動，原先所循著進化而進行的「思路因此轟毀」⑦。瞿秋白曾指出，魯迅的思想在1922年後已經「從進化論到階級論，從紳士階級的逆子貳臣進到無產階級和勞動群衆的眞正友人，以至於戰士」⑧。近年來，學術界趨向於認爲，魯迅思想在前後期有著內在統一性，即使是在前期，他的思想也是呈現出「生物進化論與階級鬥爭觀念」的消長、「國民性與階級性」的消長、「個性解放與群衆創造歷史觀念」的消長的態勢⑨。只是在後期，他受到馬克思主義理論的影響，思想更趨成熟。魯迅思想的特徵，與他所從事的文化事業以及時代所賦予他的文化思想啓蒙的歷史任務難以分離，他學習、研究、思考、探索的領域常常超越了某一個具體的部門或領域的範圍，顯示出博大精深的特點。他的目光所及，幾乎觸及到了諸如哲學、歷史學、倫理學、宗教學、經濟學、社會學、人類學、民俗學、語言學、心理學、藝術學、文學等一切的精神文化領域，而且各個方面交相滲透，常常是難以相互剝離開來。因此，了解魯迅的思想，對理解和把握魯迅的文學創作具有十分重要的意義。

　　魯迅是中國現代文學的奠基人之一。魯迅的文學創作不僅最

先顯示了五四文學革命的實績，而且在中國整個20世紀文學發展
史中具有崇高地位。魯迅在小說創作方面取得了傑出的成就。他
創作於五四時期的白話短篇小說曾分別收入1923年8月由新潮社
出版的《吶喊》和1926年8月由北新書局出版的《彷徨》兩本小
說集中。在30年代魯迅寫了《非攻》、《理水》、《采薇》、《
出關》、《起死》幾篇「神話傳說的演義」性質的小說，這幾篇
歷史小說與寫於 20年代的《補天》、《奔月》、《鑄劍》幾篇
同類作品後來一並收入《故事新編》中。

　　魯迅從事過多種體裁的文學創作，數量最多的是他的雜文。
魯迅前期的雜文收入《墳》、《熱風》、《華蓋集》、《華蓋集
續編》和《而已集》這五本雜文集中。廣泛的社會批評和文化批
評，是魯迅前期雜文的特色，民主與科學是魯迅前期雜文創作的
指導思想，徹底的反封建的精神是貫穿他雜文始終的靈魂。魯迅
前期雜文的主要內容有：反對國粹主義；批判迷信落後思想；反
對封建禮教，主張婦女兒童和青年的社會解放；揭示和批判國民
性的弱點；對「整理國故」的否定和對歐化紳士的批判；對「打
落水狗」和「韌性戰鬥」精神的提倡等等。魯迅雜文的藝術特點
是：善於抓取類型，畫出富有典型意義的形象，使議論和形象相
結合；善於運用生動、幽默的語言，展開邏輯嚴密的論證；善於
運用聯想，將不同時空發生的現象聯繫起來分析，增強了作品的
歷史底蘊和深邃內涵；篇章短小精悍，筆墨凝練犀利，銳利如匕
首投槍。魯迅把他充沛的才情、感性與想像力，融入雜文中，而
且表現得比他的其他作品更直截了當。因此，雜文是了解魯迅早
期思想、閱讀理解他的小說等其他作品的最好的參照資料。30年
代，魯迅的雜文創作取得了更大的成就，魯迅曾在《且介亭雜文
二集》的《後記》中對自己的雜文創作做過這樣的統計：1927

年以後的9年間，他的雜文比這以前的9年數量多了兩倍；而這後9年中的最後3年的數量又等於前6年。這說明，魯迅的雜文越到後來創作數量越多。這是由30年代的嚴峻文化環境所決定的，用魯迅的話說，「現在是多麼切迫的時候，作者的任務，是在對於有害的事物，立刻給以反響或抗爭」⑩；再者，也是由雜文的文體特點所決定的，因爲雜文短小精悍，像投槍、匕首，所以在30年代思想戰線鬥爭十分激烈、十分頻繁的情況下，可以發揮其戰鬥威力；而魯迅此時思想更成熟深刻，對社會現象有更透徹的認識，這無疑有利於雜文的寫作。1928年後魯迅的雜文主要收入如下集子：《三閑集》、《二心集》、《南腔北調集》、《僞自由書》、《準風月談》、《花邊文學》、《且介亭雜文》、《且介亭雜文第二集》、《且介亭雜文末編》（該集爲魯迅去世後，由許廣平編成）。這些雜文內容非常廣泛：有政治評論，如揭露國民黨的文化「圍剿」等；有對文藝界各種現象的評論，如對文藝界表現出來的倒退、復舊的傾向的批判，對文壇「捧殺」與「罵殺」現象的批評，對青年作家作品的評論等；有各種思想評論，如對社會上各種錯誤思潮的批判，對各種錯誤的文藝觀的批評等。

　　魯迅的散文詩集《野草》和散文集《朝花夕拾》，均爲中國現代散文中的精品。《野草》寫於1924年至1926年，除最後兩篇外，寫作時間大體上與小說集《彷徨》相同，心境也完全一致。作品表現了魯迅在苦悶、彷徨中求索的心路歷程，作品所包含的豐富多樣的內容和複雜矛盾的心情，既反映了時代的矛盾狀態，又體現了魯迅在思想大轉變前夕所作的嚴肅的自我解剖。在藝術上，《野草》採用的是以抒發內心感受爲主的「小感觸」的形式，具有哲理性、象徵性和形象性相結合的藝術風格，開了中國散文詩的先河。《朝花夕拾》共計10篇，寫於1926年，都是帶有回

憶性質的敘事散文。最初陸續刊載於《莽原》，總題為《舊事重
提》，1927年成書時改為現名。這一組散文以深情、平易、清
新、舒展的筆調，記述了自己的童年、少年、青年時代的生活片
段；抒發了對親朋和師友的誠摯懷念；展現了家鄉的風俗、中外
的社會相、清末民初的時代剪影；寄託了對現實的思考。《朝花
夕拾》中所寫的事和人，往往飽含著作家強烈的愛情，閃爍著社
會批判的鋒芒，在平淡的敘述中寓有褒貶，在簡潔的描述中分清
是非，使回憶與感想、抒情與諷刺和諧地結合起來。

第二節　《狂人日記》、《阿Q正傳》

　　《狂人日記》是中國新文學史上第一篇現代型短篇白話小說，
1918年5月發表於《新青年》第4卷第5號，它標誌著五四新文學
創作的偉大開端。它以「表現的深切和格式的特別」⑪，一問世
就引起巨大的反響。當時吳虞曾發表了《吃人與禮教》一文表示
回應：「我覺得他這日記把吃人的內容和仁義道德的表面，看得
清清楚楚。那些戴著禮教假面具吃人的滑頭伎倆，都被他把黑幕
揭破了」⑫。

　　魯迅自述，《狂人日記》受到果戈理同名小說與尼采思想的
影響，但《狂人日記》「卻比果戈理的憂憤深廣，也不如尼采的
超人的渺茫」⑬。魯迅小說通過對一個「迫害狂」患者的精神狀
態和心理活動的描寫，揭露了從社會到家庭的「吃人」現象，抨
擊了封建家族制度和禮教的「吃人」本質。在思想上，《狂人日
記》可謂五四新文學的一篇「總序」，它體現了文學上的徹底反
封建的總體傾向。《狂人日記》對封建制度和禮教的揭露與批判
是多層次展開的。作品首先揭示了狂人周圍的環境：人們對狂人

的圍觀、注視、議論，趙貴翁奇怪的眼色，小孩子們鐵青的臉，路上行人交頭接耳的議論，一夥青面獠牙人的笑，以及趙家的狗叫，這一切構成了一個充滿殺機的生存空間。接著。作品通過狂人的聯想，把狂人所處的環境擴展到廣大的社會：狼子村佃戶告荒時講的挖人心肝煎炒了吃，去年城裡殺了犯人時還有癆病患者用饅頭蘸血舐，吃徐錫麟，構成吃人的社會羅網。歷史地看，狂人從「易子而食」、「食肉寢皮」的記述聯想開去，引出了一個觸目驚心的發現：「我翻開歷史一查，這歷史沒有年代，歪歪斜斜的每頁上都寫著『仁義道德』幾個字。我橫豎睡不著，仔細看了半夜，才從字縫裡看出來，滿本都寫著兩個字是『吃人』！」這個發現又把歷史和現實具體的肉體上的吃人，上升到仁義道德等綱常名教吃人的更深的層次。在此基礎上，作品還通過狂人的自省，把封建綱常名教「吃人」的含義引向深廣。「四千年來時時吃人的地方，今天才明白，我也在其中混了多年」，「我未必無意之中，不吃了我妹子的幾片肉」，狂人也被綱常名教毒害而成了吃人者。尤其是狂人所說的「有了四千年吃人履歷」的我，顯然不僅是狂人自身，而且是代指處於宗法制度和封建禮教之下的「中國人」，這無疑是說，綱常名教害了所有的中國人。作品由此完成了對封建禮教吃人本質的最深層次的揭露和批判。

　　《狂人日記》在表現「禮教吃人」的同時，還表現了強烈的反叛和變革的精神。狂人面對因循數千年之久的傳統思想，大膽地提出了「從來如此，便對麼？」的質疑，這集中體現了大膽懷疑和否定一切的五四時代精神。狂人還面對面地向食人者發出了警告：「要曉得將來容不得吃人的人，活在世上」。他渴望不再吃人的更高級的「真人」出現，這表現了一種改變舊世界、創造新世界的朦朧理想。最後，狂人期望未來，矚目下一代，發出了

「救救孩子」的呼喊，這更是一種向封建主義抗爭的號召，同時也向世人昭示了一條變革社會的途徑。

　　《狂人日記》衝破了傳統手法，大膽採用了現實主義與象徵主義相結合的創作方法，形成了獨特的藝術效果⑭。現實主義與象徵主義相結合，在《狂人日記》中是通過狂人這個特殊的藝術形象來實現的。狂人首先是真實的活生生的狂人，塑造這一形象用了現實主義方法。在《狂人日記》裡，作家對狂人病態心理的描摹，「語頗錯雜無倫次，又多荒唐之言」的思維特點和語言特點的狀寫，準確、真切，活脫成像。作品寫到狂人的一切細節，無不切合「迫害狂」患者的症狀。外界事物在他病態的思維過程中，由聯想、經誇張以至歪曲的推理，終於成了荒謬的妄想。作品準確入微地寫出了狂人的精神病態，甚至經得起精神病理學者的檢查。但是，如果靠單純的現實主義方法塑造出來的狂人形象，是提不出「禮教吃人」這一深刻思想，達不到借小說來「暴露家族制度和禮教的弊害」⑮這一創作意圖的。作品把反對肉體上吃人提升到揭露禮教「吃人」，是通過象徵主義來實現的。作者巧妙地在狂人的瘋話裡，用象徵、隱喻的手法，一語雙關地寄寓了讀者完全能夠領略的戰鬥的深意；作品巧妙地在狂人的環境氛圍、人物關係中融入了極精彩的象徵性描畫，從而使之具有了一定的象徵意義，使人對深刻豐富的「象外之意」產生聯想。由此可見，《狂人日記》中並用著兩種創作方法：實寫人物，用的是實現主義；虛寫寓意，用的是象徵主義。作品的思想性主要是通過象徵主義方法來體現的。可以說，現實主義方法構成了小說的骨架和血肉，象徵主義方法構成了小說的靈魂，二者相互結合缺一不可：缺少前者，所謂禮教「吃人」的思想會變得非常抽象，而缺少後者，則小說至多只能提出「吃人肉」的問題，小說也就失去了強

烈而深刻的思想性。

　　《狂人日記》成功地塑造了豐富複雜、蘊藉深厚的狂人藝術形象。狂人是一個既有現實性又有象徵性的獨特的藝術形象。狂人藝術形象所具有的豐富的現實性意義，不在於他確實是一個寫得真實傳神的「迫害妄想」症患者，而在於作品集中描寫了他在迫害妄想之中時時表露出的強迫觀念，讓人們透過病態，推導出一個具有反傳統思想的知識分子如何因傳統勢力的迫害而致狂的，狂人之所以成為狂人本身，就是對封建宗法制度和禮教「吃人」本質的暴露。狂人在精神刺激造成的強迫觀念的支配下，所發出的「從來如此，便對麼」的質問、「將來容不得吃人的人，活在世上」的警告，以及「救救孩子」的呼喊，雖帶有病態思維特徵，但人們透過病態能看到狂人確有某種民主主義、人道主義思想，這能激起進步讀者的共鳴和同情。狂人藝術形象所具有的象徵性意義在於，狂人的言行中包含著的真理和正義，有激發人們聯想的暗示性。狂人對他所處的環境的「反常」的認識，給人們一種神奇的暗示，導引著讀者看到整個老中國幾千年來宗法制度和禮教吃人的真相。傳統勢力的偽飾，掩蓋了舊制度舊禮教的罪惡，把反常扮成了天經地義的正常，只有狂人無所顧忌地揭去了這種偽飾。狂人被傳統視為「反常」的舉動，恰恰尖銳揭示了歷史的真實面。雖然狂人本身並不是一個堅強無畏的戰士，但通過他的舉止，能夠暗示人們去看待現實中反傳統的革新力量的生長。在被傳統勢力支配下的反常社會裡，那些首先說出了歷史真理的先驅者，也常常被視為反常，乃至被誣為狂人和瘋子。這就是狂人形象所具有的象徵性作用。

　　《阿 Q 正傳》是中國現代小說史上的一個傑出創造，也是最早被介紹到世界去的中國現代小說。這篇小說創作於1921年12

月至1922年2月，當小說在《晨報副刊》上連載的時候，著名評論家沈雁冰就在《小說月報》通信欄裡指出：「《阿Q正傳》，雖只登到第四章，但以我看來，實是一部傑作。」此後70多年，阿Q在中國幾乎成了家喻戶曉的人物，《阿Q正傳》也被譯成幾十種文字，國內外研究、評論該作的文章衆多。自《阿Q正傳》發表之日起，對它的理解和評價就是衆說紛紜，不同時代、不同民族、不同層次的讀者從不同的角度和側面去讀解它，其結論也不盡相同，這正是作品本身的豐富性所決定的。

對阿Q形象的基本特徵問題，學術界曾進行過長期的論爭，有人認爲阿Q是辛亥革命時期的落後農民的典型[16]；有人認爲阿Q「是一種精神的性格化和典型化」[17]；有人認爲，阿Q作爲一個虛構的人物，是某些具有種種消極性格的人的「共名」[18]；還有的人認爲，阿Q是一個革命農民的典型，是一個一步步走向革命覺醒的農民形象[19]。目前學術界趨向於認爲阿Q是一個落後不覺悟的、帶有精神病態的農民形象。

阿Q首先是一個被剝奪得一無所有的貧苦農民。作品對阿Q的階級地位和生活處境作了明確而具體的描寫。小說第一章點出了阿Q的實際境遇：他沒有土地，沒有家，住在土谷祠裡；沒有固定的職業，靠打短工、做幫工維持生活，是一個地道的赤貧的鄉村勞動者。在「戀愛悲劇」之後，他唯一的一條棉被，最後一件布衫、一頂破氈帽也被趙太爺和地保敲詐走了。由於沒有固定的職業，他常常被擠進游手之徒的隊伍中去。所以，魯迅說過：阿Q「有農民式的質樸，愚蠢，但也很沾了些游手之徒的狡猾」[20]。

阿Q又是一個深受封建觀念侵蝕和毒害，帶有小生產者狹隘保守特點的落後、不覺悟的農民。他不敢正視現實，常以健忘來

解脫自己的痛苦；他同時又妄自尊大，進了幾回城就瞧不起未莊人，又因城裡人有不符合未莊生活習慣的地方便鄙薄城裡人；他身上有「看客」式的無聊和冷酷，如向人們誇耀自己看到過殺革命黨，並口口聲聲「殺頭好看」；他更有不少符合「聖經賢傳」的思想，如「不孝有三無後為大」，嚴於「男女之大防」等等；他有著守舊的心態，如對錢大少爺的剪辮子深惡痛絕，稱之為「假洋鬼子」，認為「辮子而至於假，就是沒有了做人的資格」；他身上有著畏強凌弱的卑怯和勢利，在受了強者凌辱後不敢反抗，轉而欺侮更弱小者。阿 Q 的這些小生產者的弱點和深刻的傳統觀念，說明他是一個不覺悟的落後農民。

　　阿 Q 的不覺悟，更突出地表現在他對「革命」的態度和認識上。在傳統觀念的影響下，阿 Q 最初「以為革命黨便是造反，造反便是與他為難」，所以一向是「深惡而痛絕之」的。但當現實的階級壓迫將他逼到絕境，而辛亥革命的浪潮又已波及未莊時，在他樸素的階級直感中，終於產生了「要投降革命黨」的願望。這是因為「革命」竟「使百里聞名的舉人老爺有這樣害怕」，「況且未莊的一群鳥男女」又是這樣的「慌張」，於是，阿 Q 成了未莊第一個起來歡迎革命的人。但是，他對革命在態度上的這種變化，並不是政治上的真正覺醒，因為他對革命的認識十分幼稚、糊塗、錯誤。小說第七章寫他在聽說革命黨進城的當天晚上，躺在土谷祠裡朦朧中想像革命黨到未莊的情形。這段想像表明，阿 Q 是帶著傳統觀念來理解眼前的革命的。他不僅仍然厭惡沒有辮子的人，不喜歡女人「腳太大」，而且他想像中的革命黨只是「穿著崇正（禎）皇帝的素」，是為反清復明、改朝換代而已；阿 Q 神往革命，不是為了推翻豪紳階級的統治，而只是「想跟別人一樣」拿點東西，是「要什麼就有什麼」，可以隨意奪取當年曾

屬於趙太爺、錢太爺們的「威福、子女、玉帛」；阿Q抱著狹隘的原始復仇主義，認為革命後「第一個該死的是小D和趙太爺」；阿Q還幻想著自己革命後可以奴役曾與他一樣生活在底層的小D、王胡們。總之，阿Q這種革命觀，是封建傳統觀念和小生產狹隘保守意識合成的產物。

　　阿Q思想性格最突出的特點是他的精神勝利法。他能用誇耀過去來解脫現實的苦惱，他連自己姓什麼也說不清，卻還這樣誇耀：「我先前——比你闊多啦！你算什麼東西。」他能用虛無的未來寬解眼前的窘迫，他連老婆也沒有，卻還如此誇口：「我的兒子會闊的多啦！」他能以自己的醜惡去驕人，別人說到他頭上的癩瘡疤時，他卻認為別人「還不配」；他能用自輕自賤來掩蓋自己所處的失敗者的地位，他被別人打敗了，就自輕自賤地承認自己是蟲豸，並且立即從這種自輕自賤的「第一」中獲取心理滿足；他能用健忘來淡化所受的欺侮和屈辱，他挨了「假洋鬼子」的哭喪棒，便用「忘卻」這件祖傳法寶，將屈辱拋到腦後。總之，阿Q在實際上常常遭受挫折和屈辱，而精神上卻永遠優勝，總能得意而滿足，所憑藉的就是這種可悲的精神勝利法。

　　在《阿Q正傳》中，魯迅把探索中國農民問題（即農民在民主革命中的處境、地位）和考察中國革命問題聯繫在一起，作品通過對阿Q的遭遇和阿Q式的革命的描寫，深刻地總結了辛亥革命之所以歸於失敗的歷史教訓。《阿Q正傳》對辛亥革命作了正面描寫。作品前六章，在趙太爺與阿Q的衝突發展中揭示了當時農村階級矛盾不斷深化和激化的趨勢。而對阿Q走向末路的描寫，正是對思想革命的呼喚。辛亥革命爆發後，趙太爺、錢太爺們和阿Q開始出現不同的動向。小說一方面寫了趙太爺、錢太爺們從害怕革命、投機革命到壟斷革命和鎮壓阿Q，由此揭示出辛亥革

命的悲劇：革命的對象不僅仍然執掌著政權，而且「驟然大闊」，發了「革命」財，而應在革命中得到解放的民衆依舊是任人宰割的奴隸。小說另一方面著重揭示和批判了阿Q式的革命，觸目驚心地寫出了阿Q至死不覺悟和他的可悲「大團圓」的下場，由此暗示了辛亥革命更深層次的悲劇：革命沒有眞正喚醒民衆，並未覺醒的民衆糊裡糊塗地參加革命，又糊裡糊塗地被殺；而且可以想像，阿Q即使參加革命並掌握政權，他那樣的落後的革命意識又將導致「革命」成爲何種性質！《阿Q正傳》要告訴人們的是：阿Q式的「革命」和殺害阿Q的「革命」，都只能使中國一天一天「沉入黑暗」；中國迫切需要眞正的革命，而要使眞革命獲得勝利，首先需要有一場思想革命和覺醒了的人民！

《阿Q正傳》具有廣泛的社會意義。它畫出了國人的靈魂，暴露了國民的弱點，達到了「揭出病苦，引起療救的注意」的效果。《阿Q正傳》是魯迅長期以來關注和探討「國民性」的結果，他在談到創作該作品的動機時明確說過是想「寫出一個現代的我們國人的魂靈來」[21]，「是想暴露國民的弱點」[22]。阿Q的身份雖是農民，但這個形象所表現出的性格弱點卻並不只是農民才有的，它具有更廣泛的普遍性，魯迅把阿Q性格作爲國民性的最劣表現加以鞭撻，因而也就更具廣泛性的社會意義。因此，在作品發表的當時就有不少人惴惴不安，甚至「對號入座」，以爲魯迅在罵他。魯迅從整個國民的思想和精神狀況出發，對其精神、思想的痼疾進行典型概括，是要提醒人們，引導人們反思和自省，同時也是要籲請改革者們共同來作改造國民性的工作。

《阿Q正傳》具有深遠的歷史意義，作品所揭示的阿Q精神，作爲一種歷史的和社會的「病狀」，將在相當長的一個歷史階段中存在，它將作爲一面鏡子，使人們從中窺測到這種精神的病容

而時時警戒。《阿Q正傳》所寫的雖是辛亥革命前後的事，但其深刻的思想價值卻不會隨時代變遷而喪失。中國是一個封建政權、封建思想和文化統治了幾千年的國家，封建意識不可能一下子從人們腦中完全清除，用魯迅的話說，是積習太深，以至於產生了巨大的惰性。又由於種種歷史原因，中國反封建的思想革命尚不十分徹底。因此，當年存在於阿Q身上的落後意識和精神病態也不可能從今天或明天的人們身上消除得無影無跡。正是在這個意義上我們可以說，在當前乃至以後的一段時期內，在許多人身上，阿Q精神雖不再佔主導地位，但卻依然還可能時時見到其影子。

　　近年來，也有人開始轉向對阿Q性格的人類學內涵進行探討，從人的生存困境和擺脫困境的徒勞這一對矛盾去評價對阿Q精神的揭示所具有的超越時代和超越民族的意義和價值㉓。還有人從魯迅對中國傳統倫理文化、宗教文化、民俗文化進行反思的角度來闡釋阿Q精神的揭示所具有的深刻的文化史意義㉔。這些都是有益的嘗試。

　　魯迅在《阿Q正傳》中創造了獨特而鮮明的藝術風格。一是外冷內熱。作者將思想啓蒙者的高度熱情，在小說中轉化爲對阿Q的痛苦生活、愚昧無知和悲劇命運的深切同情，哀其不幸，怒其不爭；轉化爲對辛亥革命中途夭折的無比痛惜；轉化爲對趙太爺、假洋鬼子之流凶殘暴虐、橫行鄉里的憎惡、鄙視。他把一顆火熱的心深深地埋藏在心坎裡，以犀利的解剖刀冷峻地解剖著一切。這種冷，是「不見火焰的白熱」，是「熱到發冷的熱情」。二是以諷抒情。魯迅善用諷刺手法，在《阿Q正傳》中，他以諷刺手法批判了阿Q的落後、麻木和精神勝利法，鞭撻了趙太爺、假洋鬼子等人的凶殘、卑劣，譴責了知縣大老爺、把總、「民政幫辦」的反動實質。而其諷刺，又貴在旨微而語婉，雖無一貶詞，

而情僞畢露，同時在諷刺背後處處隱含著作者改革社會重鑄國魂的革命熱情。三是形喜實悲。作品展示了一齣齣喜劇：阿Q種種可笑的行徑，未莊人的種種可笑可鄙，阿Q的衙門受審等等。但在這種喜劇性場面後面卻都隱藏著深刻的悲劇，我們在被那些喜劇場面引得發笑的同時，又總是有一股無情的力量，把我們的笑變成一種含淚的笑：我們在笑阿Q精神勝利法時，又不能不爲中國國民由失敗主義引起的變態心理而感到悲痛；我們在阿Q可笑地履行「男女大防」和「排斥異端」的行徑中看到的是封建思想對人民思想的扭曲；在阿Q滑稽的求愛場面裡感到作者對30多歲孤苦伶仃的阿Q的同情；在阿Q與王胡比虱子而大逞武功中，看到了阿Q極度困窘的物質生活悲劇和極度空虛貧乏的精神生活悲劇；我們更在阿Q可笑的革命中，看到了中國辛亥革命被「咸與維新」，不被群眾所理解的悲劇……作品這種形喜實悲的悲喜劇色彩，正是作品產生巨大藝術魅力的重要因素之一。

第三節　《吶喊》、《彷徨》

　　包括《狂人日記》和《阿Q正傳》在內的《吶喊》、《彷徨》，是中國現代小說的藝術高峰。「中國現代小說在魯迅手中開始，又在魯迅手中成熟，這在歷史上是一種並不多見的現象。」㉕
　　《吶喊》收1918～1922年所寫的14篇小說（初版時收入15篇，1930年1月第13次印刷時抽出《不周山》一篇），魯迅把這個集子題作《吶喊》，意思是指他受新文化運動的鼓舞，「有時候仍不免吶喊幾聲，聊以慰藉那在寂寞裡奔馳的猛士，使他不憚於前驅」，「但既然是吶喊，則當然須聽將令的了」㉖。後來，魯迅把這時的創作稱爲「遵命文學」，他說：「不過我所遵奉的，

是那時革命的前驅者的命令，也是我自己所願意遵奉的命令」㉗。《吶喊》中的小說具有充沛的反封建的熱情，從總的傾向到具體描寫，都和五四時代精神一致，表現了文化革新和思想啓蒙的特色。這些作品尖銳地揭露了宗法制度和封建文化傳統的弊害，通過對人民命運特別是農民命運的描寫，揭示了革命失敗的歷史教訓和現實革命運動應當關注的問題，深刻地刻畫了一群「老中國的兒女」㉘——沉默的國民的靈魂。《彷徨》收1924～1925年寫的11篇小說。魯迅經歷了五四新文化運動統一戰線的分裂，他一面獨立地同反對勢力進行著堅韌的鬥爭，一面又由於還沒有與當時正在走向高潮的革命運動相結合，暫時還沒有看清歷史發展的路徑和前景，「成了遊勇，布不成陣」㉙，因而精神上有「寂寞」、「彷徨」之感。魯迅後來在《題〈彷徨〉》一詩中說：「寂寞新文苑，平安舊戰場，兩間餘一卒，荷戟獨彷徨」。這便是題名《彷徨》的由來。《彷徨》在反封建的內容上與《吶喊》相承續，藝術上則更加成熟。作者的愛憎更深地埋藏在對現實的客觀冷靜的描寫之中。這些作品在對舊制度舊傳統進行更加細緻的揭露的同時，比較集中地描寫了在歷史變動中掙扎浮沉的知識分子的命運，以及他們的軟弱、動搖和孤獨、頹唐的思想性格弱點。縱觀《吶喊》和《彷徨》，它們無論在其思想性還是在其藝術上，都更多地具有內在的統一性。

　　從《狂人日記》開始的反封建主題的思路，在《吶喊》、《彷徨》其他篇中，從各個不同的角度、側面在延伸著、擴展著。《孔乙己》、《白光》通過孔乙己和陳士誠的悲劇命運，揭露了封建科舉制度的「吃人」；《明天》、《祝福》通過對中國農村婦女命運的揭示，深入而具體地寫出了封建禮教的吃人本質；《藥》、《阿Ｑ正傳》等作品從更深的層次揭示了封建思想意識和

封建愚民政策的「吃人」;《示眾》等作品寫出了看客的「吃人」;即如《高老夫子》、《肥皂》等作品,又何嘗不是寫出了封建倫理道德的陳腐虛偽同樣在「吃人」……魯迅在《狂人日記》中所揭示的揭露封建制度和封建思想吃人的總主題,幾乎貫穿在他的《呐喊》、《彷徨》的每篇小說中。

在《呐喊》、《彷徨》中,農民題材的小說占有重要的位置。魯迅對中國農民的命運是深切同情的,他看到農民們所遭遇的苦難,也洞察他們的弱點與病態,當然也更理解造成他們精神上病弱的社會原因和歷史原因。在創作中,魯迅一方面把中國農民放在中國農村社會各種現實關係(經濟、政治,尤其是文化心理和意識結構等)中加以再現,真實地反映了農民在辛亥革命前後的社會地位和經濟地位,從而展現了一個未經徹底革命、變革和社會震盪的封建、半封建農村的落後和閉塞的典型環境;另一方面,魯迅著力塑造在這一典型環境中生存、掙扎的中國農民的典型性格,把解剖中國農民靈魂和改造「國民性」問題聯繫起來,從而通過對農民性格中的愚弱、麻木和落後的批判,導向對造成這種性格的社會根源的揭露和批判。在這方面,《阿Q正傳》堪稱代表,其他如《藥》、《風波》、《故鄉》等也是如此。《藥》通過清末革命者夏瑜慘遭殺害,而他的鮮血卻被愚昧的勞動群眾「買」去治病的故事,真實地顯示了革命的不徹底性和悲劇性。由於這場革命沒有真正喚起民眾,因而缺少群眾基礎,不為廣大群眾所理解和接受。華老栓們的無知、迷信,既是落後、愚昧的民族社會生活的反映,也是當時革命失敗的必然原因之一。《風波》的背景是1917年張勳復辟時期江南一個偏僻的農村。小說通過發生在鄉場上的一場因「皇帝又要坐龍廷」而引起的復辟與剪辮的風波,揭露了辛亥革命後中國農村的停滯、落後和農民的貧困、

愚昧與精神麻木。如果說，辛亥革命前夜，華老栓父子對夏瑜的鮮血的褻瀆，是出於愚昧而對革命者流血犧牲的冷漠無知，也是革命本身脫離群眾的致命弱點的暴露；那麼，許多年之後，七斤一家在趙七爺的「沒有辮子，該當何罪」的威懾下所流露的惶恐、昏亂與茫然，則是從更深刻的歷史層次上揭示了辛亥革命的實際結果：中國封建社會的舊基礎並沒被摧毀，由這個舊基礎培育出來並維護這個舊基礎的封建意識形態和落後愚昧的精神並沒有被消滅。《故鄉》中，辛亥革命後的農村，卻愈益蕭條，淳樸的農民們仍然生活在困苦之中。作品最震動人心的還不僅是閏土的貧困，而是一聲「老爺」中所顯示的精神的麻木，以及在無出路之中把命運寄託於香爐和燭台的迷信和愚昧。魯迅透過這些作品，展示了農村現狀和農民的生活圖景，探索農民問題，這裡所表明的是這樣一個思想認識：中國必須有一場深刻而廣泛的思想革命，這個革命的主要任務是清除以農民為中心的廣大社會群眾中根深柢固的封建勢力的影響㉚。

在魯迅的農民題材的小說中，同樣值得重視的是他的一組以反映農村婦女命運為內容的作品，如《明天》、《祝福》、《離婚》等。在這些作品中，魯迅在感受著農民及其他下層人民的精神苦痛，把批判鋒芒指向毒害人民靈魂的封建宗法制度與封建思想的同時，更集中地對農民及其他小生產者自身的弱點進行了清醒的批判。《明天》中，單四嫂子的不幸不僅在寡婦喪子，更重要的是她周圍一般人對於受苦人的冷漠以及她處在這樣的氛圍中不得不承受的精神上的孤獨和空虛。《祝福》通過祥林嫂的悲劇命運，一方面批判了造成其悲劇的客觀社會環境：封建的政權、族權、夫權、神權這四大繩索編織成的嚴密的網；另一方面，作品也把譴責的筆指向了祥林嫂周圍的一大群不覺悟的有名無名的

群眾：婆婆的凶殘、短工的麻木、堂伯收屋、魯鎮群眾的奚落、柳媽告之以死的恐怖，他們和祥林嫂同屬受壓迫剝削的勞動者，然而偏偏又是他們維護著「三綱五常」，並用統治階級的觀念審視、責備、折磨著祥林嫂，不僅使她處於孤立無援的地步，而且構成了她悲劇的一個原因。作品深刻之處在於，寫出了祥林嫂的悲劇之所以不可避免，還在於她自身的原因：她滿足於做穩了奴隸的地位，她的出逃、抗婚等反叛行為的背後卻是「從一而終」的封建「女德」，她的捐門檻是出自在封建神權下感到的精神恐怖，一句話，她以封建禮教的是非為是非，這就注定了她的悲劇的命運。《離婚》寫出了愛姑外表的剛強潑辣，敢於反抗，但同時卻也從潑辣剛強的外殼下挖掘出了靈魂深處的軟弱，在小說結尾，愛姑終於屈服。魯迅正是通過對農民，包括廣大農村婦女靈魂深處的病態與弱點的開掘，尖銳地提出了改造國民性的主題，在現代小說發展中產生了深遠的影響。

　　魯迅《吶喊》、《彷徨》中有大量知識分子題材的小說。魯迅所寫的知識分子題材小說有各種類型，其中有以深受封建科舉制度毒害的下層知識分子為主人公的《孔乙己》和《白光》，有以封建衛道士為諷刺對象的《高老夫子》和《肥皂》，但魯迅著力描寫的，傾注了更多藝術心血的，是那些在中國民主革命中尋找道路，彷徨、苦悶與求索的知識分子，他們是一些具有一定現代意識，首先覺醒，然而又從前進道路上敗退下來，帶有濃重的悲劇色彩的人物，如《在酒樓上》的呂緯甫、《孤獨者》中的魏連殳、《傷逝》中的子君與涓生。對於最後一類知識分子，魯迅一方面充分肯定他們的歷史進步作用，一方面也著重揭示他們的精神痛苦和自身的精神危機。《在酒樓上》中的呂緯甫曾經是一個富有朝氣的青年，在辛亥革命的高潮時期敢於議論改革，到城

隍廟去拔神像的鬍子。可是十多年後卻形容大改，銳氣盡消，變得迂緩而頹唐，他「敷敷衍衍，模模糊糊」地靠教「子曰詩云」混日子，心安理得地幹著為早夭的小弟遷葬和給一個船家女兒送剪絨花等無聊的事情。殘酷的現實生活已將他的靈魂擠扁了，他無力繼續為自己過去的理想而奮鬥，只能淒苦地自嘲像一隻蒼蠅「飛了一個小圈子，又回來停在原地點，在頹唐消沉中無辜銷磨著生命。」《孤獨者》中的魏連殳曾經是一位「獨戰多數」的英雄，是一個使人害怕的「新黨」，即使在五四高潮之後，也還敢於發表一些「無所顧忌的議論」，他在世人的侮辱、誹謗中頑強地活著。然而他只是孤獨地掙扎著，終而失去了理想，最後採用玩世不恭的態度向社會進行著盲目的報復，甚至躬行起他「先前所憎惡所反對的一切」，拒斥起他「先前所崇仰，所主張的一切了」，成了一個真正的「失敗者」。《傷逝》中涓生和子君的戀愛悲劇，固然有其客觀的原因：中國封建勢力的過於強大（從思想、政治、經濟、社會習慣勢力等多方面結成的「神聖同盟」），社會過於黑暗，在對廣大社會群眾實行廣泛的思想啟蒙和實現廣泛的社會覺醒之前，小資產階級知識分子想要單獨地實現他們的理想是不可能的；但作品對其主觀原因的揭示同樣是深刻的：這對五四時期勇敢地衝出舊家庭的青年男女，由於他們把爭取戀愛自由看作是人生奮鬥的終極目標，眼光局限於小家庭凝固的安寧與幸福，缺乏更高遠的社會理想來支撐他們的新生活，因而使他們無力抵禦社會經濟的壓力，愛情也失去附麗，結果，子君只好又回到頑固的父親身邊，最後淒慘地死去，而涓生則懷著矛盾、悔恨的心情，去尋找「新的生活」。魯迅在他的小說中所提出的關於知識分子歷史命運與道路的主題，在中國現代小說史上也是具有開創意義的。

　　魯迅小說創作所受的外來影響主要是來自俄羅斯文學、東歐弱小民族文學與日本文學。俄羅斯作家果戈理、契訶夫對小人物、灰色人物的病態心理的現實主義刻畫以及「哀其不幸，怒其不爭」的人道主義創作思想給魯迅以深刻啓悟。波蘭作家顯克微支「寄悲憤絕望於幽默」的思想風格、俄羅斯作家安德列耶夫的「陰冷」、阿爾志跋綏夫的心理刻畫、日本夏目漱石幽默諷刺的「輕妙筆致」，被魯迅融化進小說創作中。魯迅欣賞陀思妥耶夫斯基對病態心理的挖掘，「顯示著靈魂的深」，是「在高的意義上的寫實主義者」③，魯迅還接受過有島武郎式的「愛幼者」進化觀念與愛羅先珂式的博愛思想。魯迅翻譯了日本廚川白村建構於弗洛伊德精神分析學的《苦悶的象徵》，作爲文藝理論課的教科書。當然，作爲深受中國傳統文學養育的魯迅，其小說創作與中國傳統文學也有著十分密切的聯繫。這種聯繫，首先體現「在文學者的人格與人事關係的一點上，魯迅是和中國文學史上的壯烈不朽的屈原、陶潛、杜甫等，連成一個精神上的系統」，「在對於社會的熱情，及其不屈不撓的精神，顯示了中國民族與文化的可尊敬的一面，魯迅是繼承了他們的一脈的。」㉜同時，這種聯繫也是藝術上的傳承。巴人曾指出，「我們試讀魯迅先生所選的唐宋傳奇，和魯迅先生的創作小說，終覺其間的風格有一脈相通之處。」㉝蘇雪林也曾指出：「魯迅好用中國舊小說的筆法……他不惟在事項進行緊張時，完全利用舊小說筆法，尋常敘事時，舊小說筆法也佔十分之七八，但他在安排組織方面，運用一點神通，便能給讀者以『新』的感覺了。」㉞魯迅自己也說過，他寫小說常常是「探說書而去其油滑，聽閑談而去其散漫」，手法上採用「白描」，即「力避行文的嘮叨，只要覺得夠將意思傳給別人了，就寧可什麼陪襯拖帶也沒有。」㉟這可以看出，魯迅的小說從藝術精神，到藝術風格，

再到表現方法、手法和語言等各個方面，均從中國傳統文學中吸取了有益的養分。總之，魯迅以「拿來主義」態度融和了中外藝術營養，形成了具有特色的現代現實主義小說藝術。

　　《吶喊》、《彷徨》在藝術表現上做出了多方面成功的創造。在創作方法上，魯迅開闢了多種創作方法的源頭：《孔乙己》、《明天》、《阿Ｑ正傳》、《祝福》、《離婚》等作品顯示了清醒的現實主義的特點，而《狂人日記》、《長明燈》則是現實主義與象徵主義相結合的優秀之作，《肥皂》、《兄弟》、《白光》等對人物潛意識的描摹，在某些局部又帶有心理剖析的色彩。在藝術風格上，《吶喊》、《彷徨》中的小說也顯示出了多樣化的特點：魯迅作品在整體上注重白描，但也有出色的抒情小說（如《傷逝》、《孤獨者》、《在酒樓上》等）和傑出的諷刺小說（如《高老夫子》、《肥皂》等），以及蕩漾著鄉情和鄉風的鄉土小說（如《故鄉》、《風波》、《社戲》等）。在格式上，魯迅更是「創造『新形式』的先鋒」，他的小說「幾乎一篇有一篇新形式」㊱。《狂人日記》所採用的是第一人稱的主人公獨語自白（日記體）的敘述方式，在中國小說藝術的發展上顯然是一個首創；《孔乙己》通過截取人物生平片段的方式來概括人的一生；《藥》從事件中途起筆；《離婚》則主要寫了船上和慰老爺家這兩個場面。這些寫法，打破了中國傳統小說有頭有尾、單線敘述的格式。在表現手法上，《吶喊》、《彷徨》中的小說也堪稱中國現代小說的典範。在情節的提煉和設置方面，魯迅強調選材要嚴，開掘要深，他並不追求情節的離奇與曲折，而是注意情節的深刻蘊含。例如《藥》中夏瑜犧牲的故事情節是以秋瑾女士遇害為素材的。就秋瑾的生涯而言，頗具傳奇性的事件是很多的，但魯迅卻選取了一個被一般人所忽略了的事實：當時未覺醒的群眾

對秋瑾等革命者的犧牲所表現出來的冷漠態度，並在其中挖掘出了比其他革命者犧牲更可悲的悲劇：他們要想「拯救」群衆，但群衆並不需要他們！通過這種獨特的選材和情節提煉，使作品所表達的主題思想變得更爲觸目驚心，更能發人深省，這對總結舊民主主義革命的沉痛教訓，爲新民主主義革命找尋歷史的借鑑更有價值。由於魯迅嚴格依據表達的主題和塑造的人物性格的需要來設置和提煉情節，使之顯出了嚴謹、凝練、蘊藉深厚的特點。

魯迅的小說很富有節奏感。這種節奏感常常是與其小說獨特的結構聯繫在一起的。由於魯迅小說在結構上常取生活片段，所以多數小說作品的節奏也就顯得跳躍、變化、跌蕩、起伏。而且，魯迅小說的節奏在很大程度上協調了作品的主題和基調，這一點也有別於中國傳統小說中強調「講故事」的特點。例如，用手記體寫的《傷逝》，在行文時根本不安排情節與情節之間的過渡，以此造成了間歇性跳蕩的節奏，一個個場面在錯落中出現，給人思緒紛擾的感覺，這種節奏正好與涓生那種四顧茫然，尋找新生活而不知所終的基調相吻合。當然，魯迅在急促的節奏中注重張弛交錯的變化，從而避免了節奏的單調。《示衆》中，作者把一副副面孔急促地展現在讀者面前，節奏之快像電影的分切鏡頭，這與作者要表現的紛亂、嘈雜、壓抑的社會畫面是一致的。同時，《示衆》又注意了節奏的起伏變化，急促的場景變換中，不時地安插了較爲舒緩的敘述，眞正使張弛在變化交錯中顯出一種和諧的美感。在塑造人物方面，魯迅注重採用「雜取種種人，合成一個」㊲的辦法，對生活中的原型進行充分的藝術集中和概括，使人物形象具有較爲廣泛的典型性。例如，阿Ｑ這個人物形象，「是一個所謂箭垛，好些人的事情都堆積在他身上」㊳，正因爲如此，不同階層、不同身份的人都能在阿Ｑ身上看到自己的影子，

從而使阿Q形象能在讀者心目中產生非常廣泛的影響。魯迅強調
寫出人物的靈魂，要顯示靈魂的深，因此他在塑造人物形象時，
常常是以「畫眼睛」的方式，通過眼睛這一心靈的窗戶來「極省
儉的畫出一個人的特點」㊴，例如《祝福》中前後幾次對祥林嫂
眼神的描畫，非常傳神地寫出了人物的精神狀態。爲了寫出人物
的靈魂，魯迅有時還採用直接揭示人物心靈秘密的手法，例如《
阿Q正傳》第七章，寫了阿Q的「革命狂想曲」，借人物由幻想
形成的幻覺，直接揭示了阿Q的病態心理和褊狹的「革命」目的。
魯迅在寫人物時，還注重以個性化的人物語言來揭示人物的內心
世界。魯迅認爲，一個高明的作家在塑造人物的時候，「幾乎無
須描寫外貌，只要以語氣、聲音，就不獨將他們的思想和感情，
便是面目和身體也表示著。」㊵這裡的語氣和聲音無非就是指個
性化的人物語言。魯迅的小說依仗著這種個性化的人物語言，有
時即使「並不描寫人物的模樣，卻能使讀者看了對話，便好像目
睹了說話的那些人」㊶。魯迅小說在塑造人物時，還特別注重將
人物擺在一定的環境中來加以表現，這種環境大到時代背景，小
到人物具體生活的生存環境和生活氛圍，從而使作品對人物性格
形成原因的揭示和對人物性格社會意義和時代意義的揭示都得到
了強化。魯迅的小說很注重冷靜、客觀地描繪生活的本來面目，
因而作品中有嚴格的細節眞實性。這種眞實性有動作的眞實，如
《藥》中，寫華老栓去取人血饅頭時，兩次寫到他用「抖抖的」
手摸摸身上，感到「硬硬的」東西還在。這寫出了人物當時的精
神狀態：用血汗積攢的錢，爲兒子的性命才拿出來，錢上凝聚了
主人公的心血和期望，所以手便「抖抖的」。作品又寫到康大叔
接錢的動作細節，只「捏一捏」就走了。這很能表現人物的身份：
這樣一個地頭蛇，知道老實的百姓不敢短少他所要求的錢數，加

之這種人的錢得來全不費工夫，因而只「捏一捏」便走了。這兩
個動作細節可謂是寫活了兩個人物。細節真實性還體現在人物形
體外貌的真實上。魯迅一般很少寫人物形體外貌，偶有涉及便很
精彩，例如《離婚》中寫愛姑的「勾刀腳」和《故鄉》中寫楊二
嫂的「圓規腳」，均是既傳神生動，又逼真形象。魯迅小說中有
時寫到一些「道具」，而這些道具的描寫也達到了細節真實性，
如《祝福》中祥林嫂淪爲乞丐後，她一隻手挎著一個籃子，籃裡
放著一個碗還是破的；另一隻手裡拿著一根比她身體還高，下端
已經開裂的竹竿。這些道具真實地表明著主人的狀況：破碗和開
裂的竹竿說明主人公作乞丐的歷史，且由於身體不支，靠拄竹竿
行走的現狀。魯迅小說的冷靜、客觀，還較多地表現爲在描寫人
物、場景和敘述故事情節時，一般都採用精煉、簡樸的白描手法，
而很少華麗的詞句，很少用鋪張的筆法。這些都表明，魯迅反映
社會生活所採取的客觀的態度。但魯迅小說在表面的冷靜、客觀
甚至冷峻的態度背後，卻又包藏著作者內心深處的激情，在樸素
的色調中隱含了含蓄深沉的抒情意味。《藥》中對會面於荒涼墳
地上的兩位母親的描寫，雖然客觀，但其顯示的「陰冷」、「淒
涼」的氣氛，卻烘托出作者對悲涼華夏的悲憤之情。《故鄉》中
對陰晦的氣候、蕭索荒村的客觀描述，也以悲涼氣氛宣洩了作者
的主觀感受。魯迅的小說正是常常以含蓄的筆調，將自己的情感
寄寓在客觀冷靜的描寫中。《在酒樓上》、《孤獨者》通篇都是
如此，而其他作品中也比比皆是。讀者從貌似客觀冷靜的描寫中，
感受到的是作者的強烈的愛憎，這就是人們通常所謂的魯迅小說
「外冷內熱」或「寓熱於冷」的藝術風格。此外，悲、喜劇因素
的奇妙融合（如我們在分析《阿Q正傳》時所述）以及語言的含
蓄幽默等等，也都是魯迅小說的重要藝術創造。總之，魯迅的《

吶喊》、《彷徨》在藝術上所做的種種探索以及由此形成的種種
特點，使其產生了很強的藝術魅力。

　　1918年5月，《新青年》曾刊載胡適《論短篇小說》，從西
方小說觀念討論如何建構中國現代短篇小說，引起新文學陣營的
理論關注。而魯迅正是以其短篇小說創作的傑出成就顯示出中國
現代型短篇小說藝術的成熟。魯迅的小說在藝術上一方面大膽借
鑑了西方小說的表現手法，另一方面又融合了中國傳統小說的長
處，從而創造了中國現代小說的新形式。魯迅的小說以其深刻的
思想和精湛的藝術，深遠地影響著中國現代小說的發展。

第四節　《故事新編》

　　《故事新編》在取材和寫法上都不同於《吶喊》和《彷徨》。
魯迅自己認為，這是一部「神話，傳說及史實的演義」的總集⑫。
1936年《故事新編》結集出版時，魯迅在《序言》中回顧了《
故事新編》的成書過程，總結了自己寫歷史小說的經驗，概括了
寫作歷史小說的特點。魯迅回溯了寫作《補天》的想法，即「從
古代和現代都採取題材，來做短篇小說」，而《補天》是第一篇。
接著又談到歷史小說寫法上有「博考文獻，言必有據」和「只取
一點因由，隨意點染，鋪成一篇」這兩大類型。而他自己的歷史
小說，「敘事有時也有一點舊書上的根據，有時卻不過信口開河」⑬。
可見他的寫作大體應該屬於「只取一點因由，隨意點染」的這一
派。魯迅的自述有助於我們從宏觀上把握《故事新編》的性質和
意義。

　　《故事新編》共有8篇，寫作時間從1922年起至1935年止，
歷時13年。其中《補天》、《奔月》、《鑄劍》3篇寫作於1922

～1926年間，屬於魯迅前期的作品。而《理水》、《采薇》、《出關》、《非攻》、《起死》比較集中地寫於 1934～1935年，是魯迅後期之作。

前期所寫的3篇中，《補天》（1922年），原名《不周山》。魯迅在《故事新編·序言》和《我怎麼做起小說來》中，都談到了寫作《故事新編》的緣起，提到《不周山》是以「女媧煉石補天」的神話試作的一篇小說。這說明魯迅在寫作《狂人日記》、《阿Ｑ正傳》後，正擴大視野，進行著藝術上的新探索。《補天》取材於女媧開天闢地，以黃土摶人，採石補天的神話。小說細緻地描寫女媧用黃土造人，創造了人類，爾後人類互相殘殺，共工與顓頊爭權奪利，共工敗，怒觸不周山，天柱為之折斷。女媧只得再「煉石補天」，苦心經營地修補世界。在故事情節的展開中，作者著重描繪了女媧進行創造工作時的辛苦與喜悅，借助女媧這個形象，熱情讚頌了中國古代人民的勞動創造精神和創造毅力。

《奔月》與《鑄劍》（均寫作於1926年歲末），是魯迅在經歷了「女師大」學潮和三一八慘案後，離京南下，在廈門和廣州時寫的。《奔月》取材民間流傳的嫦娥奔月的神話，以傳說中的一個善射的英雄羿作為小說的主人公。據說堯的時候，「十日並出，焦禾稼，殺草木，而民無所食」，「封豨、修蛇皆為民害」。於是堯命羿射九日，殺盡野獸，為民除害。魯迅據此題材，對羿這個人物進行了再創造。一方面表現了他驚人的射箭本領和英雄氣概，另一方面則描繪了他在成功業就之後的寂寞與潦倒。小說突出的不是羿的成功，而是他在完成了歷史功績後的落魄的遭遇。小說還塑造了羿的對立面的形象：一個貪圖享樂的妻子嫦娥和一個忘恩負義、「幹著剪徑的玩藝兒」的學生逢蒙。結果，嫦娥偷吃了羿的不死之藥，棄他而去；而逢蒙卻以從他那兒學來的本領

反過來加害於他，使羿不得不處於絕望、憤怒而又無可奈何的處境之中。然而作品突出了羿的勇敢豪邁的性格，雖然寂寞和孤獨，但並不悲觀，而且渴望著戰鬥。小說的主要情節都有古書上的根據，但在主人公身上傾注著作者在現實中的切身體驗與心情。《鑄劍》取材於古代一個動人的復仇故事。眉間尺的父親是一個有名的鑄劍手，奉命為大王鑄劍，在任務完成之日，被多疑而殘忍的大王殺掉。他有預見，只給大王一把雌劍，自己留下一把雄劍，讓兒子為其復仇。在復仇過程中，眉間尺得一黑衣義士宴之敖捨命相助，用自己的頭顱來反抗暴政，向國王討還血債，最後與統治者同歸於盡。小說在描寫眉間尺的復仇行為時，著力描寫了黑衣人宴之敖令人顫慄的冷峻。他是一個歷經滄桑的鬥士，他的全部精力集中在一個目標上，就是要為一切遭受苦難的人民復仇。

　　魯迅前期所寫的3篇歷史小說，主要是通過古代的神話傳說，歌頌了古代勞動人民的偉大的創造精神和復仇精神，讚揚了那些淳樸、正直、堅強的英雄人物，同時也無情地嘲笑和鞭撻了現實生活中的市儈習氣和庸俗作風等等。在 3篇中，魯迅本人更重視《鑄劍》，這篇小說的特點是沒有穿插現代化的細節，很認真，沒有「油滑」的東西。魯迅在給日本友人增田涉的信中提到《鑄劍》時說：「但要注意的，是那裡面的歌」，又說「第三首歌，確是偉麗雄壯」㊹，這支歌是根據《吳越春秋》中「勾踐伐吳外傳」的歌詞改寫的，強調了復仇的意義和性質。《鑄劍》作於三一八慘案以後約半年多光景，三一八慘案的血痕，使魯迅總結出「血債必須用同物償還」㊺的經驗。從辛亥革命的醞釀起直至它的失敗，魯迅目睹了不少革命者流出的血，從而萌生出頑強的復仇意志，這也是魯迅思想性格的一個重要特點。

　　魯迅後期的《非攻》、《理水》等5篇作於1934～1935年間，距

離《補天》等作品已有七八年了。這些小說在思想內容、藝術技巧等方面都和前期所作有較大的不同。30年代中期，中國社會的民族矛盾和階級矛盾激化，日本帝國主義和國民黨政府出於他們各自的政治利益的需要，正一唱一和地進行尊孔祭聖的活動。在這種形勢下，魯迅連續寫了《關於中國的二三事》、《在現代中國的孔夫子》、《中國人失掉自信力了嗎？》等文；一面寫作《非攻》、《理水》等歷史題材小說，以現代思想與社會感受來處理古代題材。

　　《非攻》與《理水》是歌頌性的小說。在東北三省失守，榆關失陷，華北告急之時，魯迅選取了墨子止楚攻宋的故事，創作了《非攻》。歷史上的墨子是墨家的創始人，主張非攻，反對以強凌弱，提倡兼愛、急公好義，其思想代表了小生產者的利益。而在《故事新編》中的墨子，則是一個機智、善辯、反對侵略、反抗強暴的古代思想家的形象。為了「於民有利」，他不惜長途跋涉，同楚王、公輸般及公孫高辯論、鬥智，同時積極布置宋國作好戰鬥準備。由於墨子的遠見卓識和隨機應變，在與公輸般鬥雲梯中取得了勝利，制止了一場不義的戰爭。小說在樹立墨子這一理想人物形象的同時，也諷刺批評了那些在九一八以後鼓吹「民氣」的「空談家」。

　　《理水》是《非攻》的姐妹篇，作於1935年11月。《理水》歌頌了「中國的脊梁」式的人物——大禹。他是夏朝的開國皇帝，古代治水的英雄。他是和墨子不同類型的人物，墨子依靠智慧，與人鬥；大禹辛苦踏實，與大自然鬥。小說用當時官場的庸俗腐朽來反襯禹的偉大。在第一、二節中，大禹沒有出場，而是盡量暴露統治者的黑暗腐敗和各色人物的醜態。在廣大人民淪於一片汪洋，飢啼哀號，而政府官員及其御用文人大辦筵席，恣情享樂

之際，一個樣子平常、面目黑瘦如乞丐的大禹突然出現。在這「亮相」之後，又描寫了他與眾官員在如何治水上的一場爭論，表現了他善於傾聽百姓意見，總結父親治水失敗的教訓，堅持改「湮」為「導」的機智與膽略。大禹在論戰中力排眾議，大膽革新的精神和那些官員們的昏憒頑固、墨守成規成為鮮明的對比。《理水》對反面形象的描寫也有特點，文化山上學者們趾高氣揚的無聊爭論，水利局大官腦滿腸肥、作威作福的醜惡嘴臉，都被魯迅以諷刺的筆觸一一寫來，在嬉笑怒罵中報以極度的輕蔑和嚴厲的鞭撻。

《采薇》、《出關》與《起死》用小說的形式來進行深刻的社會批判。《采薇》取材於武王伐紂的歷史記載，通過周伯夷、叔齊「義不食周粟」，欲隱逸而不能，終於餓死首陽山的描寫，批判否定了他們消極避世的思想。《采薇》中的這兩兄弟，是頑固守舊、迂腐可笑而又自命清高，披著「超然」、「隱逸」的外衣的糊塗蟲形象。從作品本身來看，主要是批判伯夷、叔齊的逃避現實，這與魯迅當時反對「超然」、「閒適」，執著於現實鬥爭的思想是一致的。此外，魯迅還用漫畫化的誇張筆法勾勒了小窮奇君和小丙君這些資產階級文化人侈談文藝，實則趨炎附勢，毫無操守的醜態。小說最後還「捎帶」著提到小丙君家的婢女阿金姐。這是一個虛擬的人物，但魯迅曾寫過《阿金》⑯，這個阿金依靠外國人，橫行霸道，又喜歡散布流言蜚語，但也很卑怯，是洋大人的奴才。

《出關》寫的是孔老相爭，老子失敗後西出函谷關的故事，小說的主題是批判老子的「消極無為」的思想。春秋末期，正是社會大變動時期，孔、老見解不同，孔子是「知其不可為而為之」，「以柔進取」⑰；老子則「無為而無不為」。「以柔退走」⑱，

一事不做，徒作大言，小說安排了他們的矛盾衝突，結果孔勝老敗，老子只好「以柔退走」。小說對於孔、老都是批判的，但作品更突出了對老子「無爲」哲學的批判。小說中，孔子是一個狡猾的逢蒙式的人物，而老子卻像「一段呆木頭」，作者讓老子西出函谷，走流沙，到處碰壁，突出地描寫了老子在出關過程中的狼狽相。魯迅此文，是針對30年代社會上出現的一種崇尚空談的傾向而發的。

　　最後一篇《起死》，在構思上與《出關》有聯繫，兩篇的思想傾向十分接近。30年代幫閒文人在提倡「尊孔」的同時，還推崇老莊哲學，兜售「唯無是非觀，庶幾免是非」的處世之道，鼓吹「彼亦一是非，此亦一是非」的人生哲學，要求老百姓「無是非」，實際上是愚弄群眾，培養奴才順民。魯迅深惡這種「唯無是非觀」，《起死》取材於《莊子‧至樂》篇中的一個寓言故事，用莊子與骷髏的消極出世和積極入世的矛盾衝突，來批判老莊哲學。情節是虛構的：莊子路遇1500年前死去的骷髏，施法術使其死而復生後，對方卻揪住莊子向其討還衣物，糾纏不清。莊子在狼狽不堪之際，不得不一反其「無是非觀」，而據理力爭，辯明了是非。莊子的哲學是「達觀」，無是非，無生死，無貴賤，而爲了擺脫那漢子，他只得喋喋不休地別生死，辨古今，分大小，明貴賤，從而自打耳光，並招來眾人的笑罵，宣告了虛無主義的破產。這篇作品採用了諷刺短劇的形式，魯迅抓住了一系列喜劇性矛盾衝突，無情地揭穿了30年代某些文人宣揚「無是非觀」的欺騙性。

　　《故事新編》在寫作上的鮮明特點之一，是依據古籍和容納現代。《故事新編》各篇的主要人物、主要事件，都有歷史文獻的依據，在這方面，研究者已作了大量的考證，說明《故事新編》

的大量情節和細節都有古籍所本。無論是對墨子、大禹的歌頌，還是對伯夷、叔齊及老子、莊子的批評，基本上是歷史人物的本來面目，魯迅並未隨意塗飾或對現實進行簡單的比附與影射。但「博考文獻」只是作為魯迅的歷史小說的「基礎材料」，在寫法上，他又是只取「一點因由」加以「點染」的。這「點染」，也就是通過藝術虛構，在歷史材料基礎上進行加工、提煉、改造和發展，將現代人的生活融入古人古事之中。經過這樣的藝術創造，形成了《故事新編》古今交融的藝術特點，使古人和今人有機地納入同一形象系列，將古代情節與現代情節有機地融為一體。這是《故事新編》與《吶喊》、《彷徨》在寫法上最明顯的區別。從《不周山》即《補天》起，直到末篇《起死》為止，都插入了對現代生活的反映。其中《理水》尤其突出，現代生活的篇幅，幾乎占全篇的三分之二，使全文跳動著時代的脈搏，從而激起讀者的共鳴。魯迅這樣做，目的顯然是為了取得更好的戰鬥效果，而具體寫作時則須在每一篇中努力發展古今兩種人身上的共同之處，或歌頌或批評，這無疑有一定的難度。由於魯迅淵博的歷史知識和對現實社會深邃的洞察力，《故事新編》的古今交融被處理得天衣無縫，從而加強了作品的藝術感染力，滿足了廣大讀者的審美需要。

　　不是「將古人寫得更死」，而是將古人寫活，這是《故事新編》又一個重要的藝術特色。古書的記載，以平面的記述為主，很少有對人物性格和內心世界的深入描繪。而魯迅的歷史小說則著重於對古人性格、精神和心理狀態的深入開掘與擴展，並用「畫眼睛」的手法加以渲染和強調。我們從《補天》中看到女媧的氣度宏偉的創造精神，在《奔月》中看到羿在創業後的寂寞感與被欺騙後的憤怒之火，在《鑄劍》中我們為黑衣人的冷峻與剛毅

所震懾，而《理水》中大禹不辭辛勞、不怕詆毀的苦幹和實幹精神更是躍然紙上，引起讀者的敬佩。此外，如老子的迂腐、莊子的狼狽也都得到栩栩如生的刻畫。古人與現代人相距甚遠，如何能將古人寫活？從《故事新編》看來，魯迅主要是從現實生活出發，尋找古人、今人思想感情上相通之處加以推想和發展。魯迅不給古人戴上光圈，不「神化」或「鬼化」古人，而是將古人當作人，這是將古人寫活的重要經驗。

運用「油滑」手段，在穿插性的喜劇人物身上，賦予現代化的細節，爲「借古諷今」服務，這是《故事新編》的重要手段。如何看待《故事新編》中的「油滑」是有關該小說集的爭議與討論中最引人注目的問題。魯迅在《故事新編‧自序》中說，由於《補天》中穿插了一個古衣冠的小丈夫，陷入了「油滑」的開端，還說「油滑是創作的大敵，我對於自己很不滿」。但從《補天》開始直至13年之後的《出關》中的婢女阿金，《起死》中的漢子和巡警等等，這種「油滑」或「開一點小玩笑」的寫法不僅沒去掉，卻越來越發展了。這些穿插性的喜劇性人物，不僅活躍於「舞台」，而且有時還滿口現代生活的語言，如「ＯＫ」、「古貌林」、「海派會剝豬玀」、「來篤話啥西」等等，油腔滑調。這很像是戲劇舞台上丑角的插科打諢，有些類似魯迅故鄉浙東戲劇中的「二丑藝術」。這種舞台上的人物，有時可以脫離劇情而插入有關現代生活的語言、動作，作用是對現實進行諷刺。魯迅歷來喜愛民間藝術（包括民間戲曲），這種「二丑藝術」是中國人民的創造，是經過歷史檢驗而爲人民所歡迎的藝術手段，儘管其中有庸俗成分，但其藝術表現力和藝術效果都是好的。因而，可以把這種「油滑」看作是魯迅吸取戲曲藝術的歷史經驗而作的一種嘗試與創造[49]。

【注　釋】

① 許壽裳：《亡友魯迅印象記》，上海峨眉出版社1947年版。

② 魯迅《〈吶喊〉自序》，《魯迅全集》第1卷，第416頁，人民文學出版社1981年版。

③ 魯迅《〈吶喊〉自序》，《魯迅全集》第1卷，第417頁，人民文學出版社1981年版。

④ 見《魯迅思想研究資料》，上冊，第311頁，國家出版事業管理局版本圖書館研究室1980年版。

⑤ 魯迅《墳・文化偏至論》，《魯迅全集》第1卷，第46頁。

⑥ 魯迅《華蓋集・通訊》，《魯迅全集》第3卷，第26頁。

⑦ 魯迅《三閑集・序言》，《魯迅全集》第4卷，第5頁。

⑧ 瞿秋白：《〈魯迅雜感選集〉序言》，《瞿秋白文集》第2卷，第997頁，人民文學出版社1953年版。

⑨ 林非：《魯迅前期思想發展史略》，上海文藝出版社1978年版。

⑩ 魯迅《且介亭雜文・序言》，《魯迅全集》第6卷，第3頁。

⑪ 魯迅：《中國新文學大系・小說二集・序》，《魯迅全集》第6卷，第238頁。

⑫ 《新青年》第6卷第6號（1919年11月1日）。

⑬ 魯迅：《中國新文學大系・小說二集・序》，《魯迅全集》第6卷，第239頁。

⑭ 參見嚴家炎：《論〈狂人日記〉的創作方法》，《求實集》，北京大學出版社1983年版。

⑮ 魯迅：《中國新文學大系・小說二集・序》，《魯迅全集》第6卷，第239頁。

⑯ 蔡儀：《阿Q是一個農民的典型嗎？》，《新建設》第4卷，第5期，1951年8月1日。

⑰ 馮雪峰：《論〈阿Q正傳〉》，《人民文學》第4卷，第6期，1951年11

月1日。

⑱　何其芳：《論〈阿Ｑ〉》，《人民日報》1956年10月16日。

⑲　陳湧：《論魯迅小說的現實主義》，《人民文學》1956年10月16日。

⑳　魯迅：《且介亭雜文・寄〈戲〉周刊編者信》，《魯迅全集》第6卷，第150頁，人民文學出版社1981年版。

㉑　魯迅《集外集・俄譯本〈阿Ｑ正傳〉序》，《魯迅全集》第7卷，第81頁。

㉒　魯迅《僞自由書・再談保留》，《魯迅全集》第5卷，第144頁。

㉓　汪暉：《「反抗絕望」：魯迅小說的精神特徵》，《無地彷徨》，第384-419頁，浙江文藝出版社1994年版。

㉔　參見朱曉進：《歷史轉移期文化啓示錄》，遼寧教育出版社1992年版。

㉕　嚴家炎：《魯迅小說的歷史地位》，《求實集》，第101頁，北京大學出版社1983年版。

㉖　魯迅：《吶喊・自序》，《魯迅全集》第1卷，第419頁。

㉗　魯迅：《南腔北調集・〈自選集〉自序》，《魯迅全集》第4卷，第456頁。

㉘　茅盾：《魯迅論》，《小說月報》18卷11期（1927年11月）。

㉙　魯迅：《南腔北調集・〈自選集〉自序》，《魯迅全集》第4卷，第456頁。

㉚　參見王富仁：《中國反封建思想革命的一面鏡子——〈吶喊〉〈彷徨〉綜論》。北京師範大學出版社1986年版。

㉛　魯迅：《集外集・〈窮人〉小引》，《魯迅全集》第7卷，第103-104頁。

㉜　馮雪峰：《關於魯迅在文學上的地位》，《雪峰文集》第4卷，第24頁，人民文學出版社1985年7月版。

㉝　巴人：《魯迅的創作方法》，《六十年來魯迅研究論文選》上卷，第301頁，中國社會科學出版社1982年版。

㉞　蘇雪林：《阿Ｑ正傳及魯迅創作的藝術》，《六十年來魯迅研究論文選》上

卷，第128頁。

㉟　魯迅：《南腔北調集・我怎麼做起小說來》，《魯迅全集》第4卷，第512頁。

㊱　沈雁冰：《讀〈吶喊〉》，《時事新報》，1923年10月8日。

㊲　魯迅：《且介亭雜文末編・〈出關〉的「關」》，《魯迅全集》第6卷，第519頁。

㊳　周遐壽（周作人）：《魯迅小說中的人物》，第41頁，人民文學出版社1957年版。

㊴　魯迅：《南腔北調集・我怎麼做起小說來》，《魯迅全集》第4卷，第513頁。

㊵　魯迅：《窮人・小引》，《魯迅全集》第7卷，第103頁。

㊶　魯迅：《花邊文學・看書瑣記》，《魯迅全集》第5卷，第530頁。

㊷　魯迅：《南腔北調集・〈自選集〉自序》，《魯迅全集》第4卷，第456頁。

㊸　魯迅：《故事新編・序》，《魯迅全集》第2卷，第342頁。

㊹　魯迅：《1936年3月28日致增田涉信》，《魯迅全集》第13卷，第659頁。

㊺　魯迅：《華蓋集續編・無花的薔薇之二》，《魯迅全集》第3卷，第263頁。

㊻　魯迅：《且介亭雜文・阿金》，《魯迅全集》第6卷，第198頁。

㊼　魯迅：《且介亭雜文末編・〈出關〉的「關」》，《魯迅全集》第6卷，第520頁。

㊽　魯迅：《且介亭雜文末編・〈出關〉的「關」》，《魯迅全集》第6卷，第520頁。

㊾　參見王瑤：《〈故事新編〉散論》，《魯迅作品論集》，人民文學出版社1984年版。

第三章　三十年代小說㈠

第一節　三十年代小說概述

　　20年代末到30年代的中國，動盪不安的生活空間，曲折起伏的社會事件，矛盾複雜的社會心理，使得長於描寫社會環境、展現人物命運的小說有了廣闊的用武之地。作者與讀者隊伍的迅速擴大，優秀作品的層出不窮，都顯示了小說在30年代的長足進展。

　　30年代小說對人物形象塑造的整體性成就，充分顯示出30年代文學繼五四文學後對「人」的觀念的大幅度深入突破，現實主義也較五四時期有了質的深化。

　　小說作者新人迭出，小說體式日益豐富，中長篇小說數量激增，三部曲作品的大量出現，標誌著30年代小說的繁榮。

　　本時期丁玲、柔石、艾蕪、沙汀、葉紫、吳組緗、羅淑、周文等左翼作家，沈從文、蕭乾、蘆焚、林徽因等京派作家，穆時英、劉吶鷗、施蟄存等新感覺派小說家，都以各具藝術個性的短篇小說登上文壇並奠定了自己的地位。左翼作家以自己的創作呼應了世界「紅色30年代」的創作潮流，新感覺派作家、京派小說家則以自己的創作呼應了20世紀的現代派小說創作的潮流，這些創作充實、豐富、拓展了五四形成的小說世界。

　　引人注目的是中、長篇小說數量的激增。這一時期有較大影響的作品就有茅盾的《蝕》（包括《幻滅》、《動搖》、《追求》

三個中篇）、《子夜》，巴金的《滅亡》、《愛情三部曲》（包括《霧》、《雨》、《電》三個中篇）、《家》、《春》、《秋》、《春天裡的秋天》、《雪》、《新生》、《砂丁》，老舍的《貓城記》、《駱駝祥子》、《離婚》，葉紹鈞的《倪煥之》，王統照的《山雨》，魯彥的《憤怒的鄉村》，蔣光慈的《咆哮了的土地》，柔石的《二月》，丁玲的《韋護》，沈從文的《邊城》，蕭軍的《八月的鄉村》，蕭紅的《生死場》，李劼人的《死水微瀾》等等。本時期較有影響的三部曲作品有茅盾的《蝕》三部曲、《農村三部曲》（包括《春蠶》、《秋收》、《殘多》三部短篇），巴金的《激流三部曲》（包括《家》、《春》、《秋》三部長篇）、《愛情三部曲》，李劼人的「大波」系列（包括《死水微瀾》、《暴風雨前》、《大波》三部長篇）等。中、長篇小說數量的激增與三部曲作品的大量出現，顯示了30年代小說作家的創作氣魄和創作實力。

　　歷史小說在30年代也有較大發展。魯迅的《故事新編》於30年代最後完成，其「將古代與現代錯綜交融」①的寫法，獨具一格。茅盾有《石碣》、《大澤鄉》，郭源新（鄭振鐸）有《桂公塘》，巴金有《羅伯斯庇爾的秘密》，都重在對於歷史人物故事的新解釋，以與現實世界相映照，與宋雲彬意在「還古人古事一個本來面目」的《玄武門之變》②取徑不同。而施蟄存的小說集《將軍底頭》以現代心理分析成果對古代人物與傳說進行全新的解釋，是其試圖「開闢一條創作的新蹊徑」的試驗。繼魯迅之後，30年代諷刺小說的作者中出現了老舍、沙汀、張天翼等。老舍作品中飽含京味的溫婉的幽默，沙汀小說中充滿喜劇色彩的潑辣暴露，張天翼小說中犀利、勁捷、誇張的諷刺，意味著諷刺小說在30年代的興盛。廢名、沈從文、蘆焚、艾蕪，以及蕭紅等東

北作家群作家雖然思想傾向不同，但在小說體式上卻頗有相通之處：即小說的隨筆化、散文化、抒情化，這既是歐美近代小說傳統在現代中國的創造性轉換，也是中國抒情傳統在現代的一種新生，其結果是對小說體式的豐富。林徽因本時期作有小說《九十九度中》，以「把人生看做一根合抱不來的木料」的觀念和連綴體的形式，嘗試以短篇小說的形式攝取廣闊的人生層面，確是深受「現代英國小說的影響」的「最富有現代性」的製作③。

小說題材愈加拓展。對時代風雲的及時把握和對城鄉生活的多方位展現顯示出30年代小說創作更加豐富。

相對於20年代，30年代小說作家更有意識地注重人物與事件所處的社會生活環境，絕大多數作品都能清楚地看到時代的投影，更多的作家甚至直接把時代的背景轉化為前景，快速反映社會生活的重大事件，幾乎當時社會的任何波動與變化都反映在作家們筆下，無論是直接描繪時代風雲的中心，還是記錄和表現時代的波瀾與漣漪，都可以看出魯迅大力倡導的現實主義傳統得到發揚與光大。

現實主義的代表作家有老舍，他擅長描寫都市生活中的最底層人物。《駱駝祥子》、《月牙兒》、《我這一輩子》、《老張的哲學》、《趙子曰》、《離婚》等組成了北平市民生活的人生風俗圖卷。被譽為現實主義巨匠的茅盾，在其《子夜》等作品中，用社會分析和階級分析的方法，關注和表現大都市生活的沉浮與農村經濟的動盪破產，塑造了民族資本家吳蓀甫等一系列堪稱經典的人物形象，場面宏大，人物眾多，對社會認識的深刻與獨到令當時的文壇耳目一新。這一類的重要作品還有許地山的《春桃》與張天翼的《包氏父子》等。

30年代小說一個重要的文學現象就是「革命＋戀愛」的小說

模式出現。其代表作家蔣光慈（1901～1931，又名光赤）以寫
情緒激昂的新詩踏入文壇，1926年以後主要從事小說創作。他
十分贊同早期革命文學的「文學就是宣傳」的文學主張。其中篇
小說《少年飄泊者》和短篇集《鴨綠江上》充滿詩情與浪漫色彩，
《短褲黨》著力描寫上海工人的武裝起義，後期的中長篇小說《
麗莎的哀怨》、《衝出雲圍的月亮》、《野祭》、《菊芬》、《
最後的微笑》等開始描寫革命者的戀愛故事，在革命題材的一貫
粗豪的情感中注入浪漫的柔情，極力為革命者蒙上一層羅曼蒂克
的面紗，內容不是革命如何戰勝戀愛、如何為戀愛所累，就是在
革命中情感得到昇華，形成了「革命＋戀愛」的概念化、模式化
寫作，被稱為「革命的羅曼蒂克」。由於蔣光慈當時在普羅文學
中有較大的影響力，而「革命」與「戀愛」又頗符合當時的一些
革命青年的口味，所以這種模式一經問世便在左翼文壇中迅速蔓
延開來。類似的作品還有洪靈菲的《流亡》三部曲（《流亡》、
《前線》、《轉變》），華漢（陽翰笙）的《地泉》（又稱「華
漢三部曲」，包括《深入》、《轉換》、《復興》），戴平方的
小說《豐收》，樓建南（樓適夷）的《掙扎》、《鹽場》，胡也
頻的《光明在我們前面》、《到莫斯科去》等等。茅盾、瞿秋白
等對普羅文學的這種「革命的浪漫諦克」曾給予批評。1932年
湖風書局重印華漢《地泉》，書前有易嘉（瞿秋白）、鄭伯奇、
茅盾、錢杏邨和作者本人的五篇序言，批評「革命的浪漫諦克」，
以倡導唯物辯證法的創作方法（這是又一個新的錯誤）。瞿秋白
指出，初期革命文學充滿著所謂革命的浪漫諦克，《地泉》的路
線還是浪漫諦克的路線。「《地泉》還是新興文學所要學習的：
『不應當這麼寫』的標本。」華漢也認識到這是「把現實的殘酷
鬥爭神秘化，理想化，高尚化，乃至浪漫諦克化。」茅盾將此概

括爲：政治宣傳大綱加公式主義的結構和臉譜主義的人物④。蔣光慈雖希望在其長篇小說《咆哮了的土地》（又名《田野的風》）中清除這種流弊，但作品還未出版作者即辭世。

左聯時期，一批青年作家不斷成長，他們的作品爲文壇注入了新的活力。柔石（1902～1931）的中篇小說《二月》通過一位「極想有爲，懷著熱愛，而有所顧惜，過於矜持」⑤的青年蕭澗秋在一江南小鎮的情感遭遇，表現了大革命風雨到來之前知識分子的曲折彷徨的心靈世界。短篇《爲奴隷的母親》描寫了農村駭人聽聞的「典妻」習俗，揭示了農村婦女連人身權利都喪失了的悲慘境況。胡也頻（1903～1931）的長篇小說《到莫斯科去》講述了新女性素裳由於厭惡官僚丈夫、仰慕革命者，幾番掙扎後離開錦衣玉食的家到莫斯科去尋找光明的故事，告訴讀者知識女性在那個時代尋求眞理的艱難、曲折的心路歷程。另一長篇小說《光明在我們前面》則在白華女士如何逐漸被革命者影響、吸引並最終投身革命的過程中完成了對一知識女性形象的塑造。它們都有細緻的心理表現，但也可看出明顯的「革命＋戀愛」的痕跡。葉紫（1912～1939）的短篇小說集《豐收》被魯迅收入其主編的「奴隷叢書」。其中《豐收》、《電網外》、《山村一夜》都是以大革命前後的湖南農村爲背景，表現農民在殘酷的生活面前從覺醒到反抗的過程。丁玲與張天翼也是在「左聯」時期成長起來的青年作家，前者對知識女性心靈的探索和後者對中國社會「灰色」人物諷刺性的描繪都是令人讚嘆的。

30年代小說對社會歷史事件的及時反映還表現在作家對社會熱點的共同關注。丁玲的《水》（1931年9月）等小說描寫了1931年夏天肆虐十七省的大水災；次年秋天，江浙一帶豐收成災，茅盾的《春蠶》、葉紹鈞的《多收了三五斗》等均以此爲背

景，表現了特定條件下農民的命運。社會焦點成為小說題材的熱點，表現出小說家們介入社會、介入生活的自覺。

1931年，震驚中外的九一八事件發生之後，對這一事件反映最敏感、最直接、也最激烈的當推東北的一批青年作家。他們日益思念被日本侵略者的鐵蹄肆意踐踏的故土，一部又一部的作品在他們的筆下問世，傳達出作家們對侵略者的仇恨和對故鄉人民誓死保衛家鄉的激讚之情。他們被稱為「東北作家群」，其中比較著名的有蕭軍、蕭紅、端木蕻良、舒群、白朗、羅烽和李輝英等，代表作品是被魯迅編入「奴隸叢書」的《八月的鄉村》和《生死場》。蕭軍（1907～1988）的長篇小說《八月的鄉村》敘述了一支抗日游擊隊在血腥中艱難成長的歷程，表現了東北人民誓死保衛家園的堅定決心。魯迅曾這樣評價這部小說：「作者的心血和失去的天空，土地，受難的人民，以致失去的茂草，高粱、蟈蟈，蚊子，攪成一團，鮮紅的在讀者眼前展開，顯示著中國的一份和全部，現在和未來，死路與活路。」⑥作品也分明留著前蘇聯作家綏拉菲摩維支的《鐵流》的影響。作者其後的另一部長篇小說《第三代》在藝術上更為成熟，它史詩般地將東北人民自辛亥革命以來的生活與對壓迫者的反抗深廣地展現開來，眾多分屬不同社會階層的人物，氣勢恢弘的場面，顯示了作者駕馭大型題材的能力。蕭紅（1911～1942）的中篇小說《生死場》描寫了淪陷前後的故鄉東北人民的生活，愚昧的思想與異族的侵略，雙重的擠兌使人們幾乎窒息，魯迅稱它將「北方人民的對於生的堅強，對於死的掙扎，卻往往已經力透紙背」⑦。小說沒有貫串始終的線索，作者對故鄉的強烈思念灌注在看似渙散的敘述中。40年代流亡到香港後，蕭紅還創作了一部帶自傳色彩的長篇小說《呼蘭河傳》，它以一個童稚的目光注視著故鄉的一切，不

諳世事的小女孩心中時時存在的訝異與殘酷的現實形成鮮明的對比。小說在結構上也頗有特色，以小女孩爲線索，串起一系列的人、事，沒有完整的故事情節。天眞、佻撻又困惑、壓抑的筆致，與一位年幼的敘事者的口吻相符合，也與敘述環境相一致。這一切使作品更具有強烈的感染效果。短篇小說《小城三月》也是蕭紅的重要代表作，它同樣也是通過年幼的「我」來敘述一個淒美的愛情悲劇，故事相當動人。

由於30年代小說的觸角深入到社會各個角落，眞實地再現了當時社會生活的各種事件，所以，它們堪稱30年代中國社會的歷史教科書。

30年代小說流派不同於20年代小說流派以文學社團爲主的特點，它們不一定有具體的組織，也不一定鮮明地提出什麼口號、打出什麼旗幟，甚至不一定有固定的刊物，它們大都是自然形成的。由於某個作家或某些作家對某類題材的反覆表現，其藝術風格又往往自成一體，特別是在這一類領域獨樹一幟或獲得卓越的文學成就，吸引了一大批追隨者與同好者。他們在寫作過程中，大多沒有自覺地將這一流派冠之以某種名目，而那些概括式的命名也大多爲後人所加。

30年代小說流派的形成，地域文化起了相當大的作用。這些流派的小說題材大都限於某種區域生活，作家並不以描寫某個具體出衆的人物形象而聞名，而是以擅長表現某一地帶的整體文化或特定事件而著稱。像前面所述的東北作家群，他們因爲一個共同的事件而改變了命運，而這共同的命運決定了他們共同的感情，他們或許出身不同、性格各異，但他們共同擁有的是那片「已失去的土地」，那是他們命運的始發點和感情的寄託點。他們的題材無法迴避那一塊土地，因而他們被稱之爲「群」，自是毫不奇

怪的。

　　在30年代小說流派中，表現地域文化最引人注目的當屬沈從文筆下的湘西山水、艾蕪筆下的南疆風情、吳組緗筆下的皖南鄉村和李劼人筆下的四川民風。

　　與沙汀齊名的艾蕪（1904～1992），其第一部短篇集《南行記》（包括《人生哲學的第一課》、《山峽中》等）將作家曾經在南國邊陲、異國的流浪經歷串綴起來。他在流浪中所遇見的那些生活在社會最底層的人們，在險惡的生存環境中苦苦掙扎，充滿野性但仍不失善良，他們使作家對人生的思索漸漸複雜與成熟起來。奇險的生存環境與人們對美和善的渴望造成了強烈的對比。小說中尤其令人注意的是「我」這一貫串始終的形象。「我」雖不是每一篇的最主要的人物，但「我」頑強的生存意志，在任何環境中仍不放棄對善與理想的追求，使之異於五四以來文壇多見的感傷的知識分子形象。艾蕪善於將人物心理、事件發展與環境描寫緊密結合，敘述事件時也在表現環境，描寫環境時也在刻畫人物心理，人物、事件與環境在艾蕪的筆下水乳交融，相得益彰，成爲不可分割的一體。艾蕪廣泛涉獵過外國文學，從《南行記》中可以看出，屠格涅夫《獵人筆記》中對於俄羅斯草原和白樺林的親切細膩的描寫，高爾基早期浪漫主義作品中對於流浪生活的表現和浪漫精神，狄更斯的《賊史》（《奧立弗·退斯特》）中對於落入賊窟的孤兒的同情，契訶夫的《在路上》中人生追尋者的形象，莫泊桑的《月色》對於僵硬頭腦的感化的描寫等等，都曾給作家以啓迪、營養。

　　吳組緗（1908～1994）一直關注故鄉皖南農村，他的名篇《一千八百擔》，雖然只描寫了一天的農村，卻高度濃縮了當時的農村社會，宋氏家族虛假的溫情在一千八百擔積穀面前被烤化，

既老到又活潑的語言活畫出了各色人等。他的《天下太平》和《樊家鋪》等著名作品也都是描寫農村破產動態的。吳組緗擅長刻畫人物，講究細節描寫，追求一種取精用宏、文字精密而又流動的敘事風格，小說的結構也十分嚴謹。

李劼人（1891～1962）是深受法國文學影響的作家。30年代中期李劼人發表了三部連續性的長篇小說《死水微瀾》、《暴風雨前》和《大波》，它們將辛亥革命時期的四川社會史詩般地呈現在讀者的面前。《死水微瀾》是其中最爲成功的一部，小說通過鄧幺姑、蔡興順、袍哥羅歪嘴、顧天成幾人之間錯綜複雜的關係而串聯起成都附近的小鎮天回鎮的民風民情，人物性格相當鮮明生動，尤其是鄉下女子鄧幺姑，她先嫁給老實愚笨的雜貨鋪老闆蔡興順，又與生性風流但頗講義氣的羅歪嘴相好，最後爲搭救丈夫性命變成顧家三奶奶，她急欲改變自己的社會地位，但更有享受生命的渴望，因此，她的所作所爲雖違世俗常規，卻可見潑辣辣的生命力。她改變了鄉村女子自五四以來多爲作家筆下備受同情的對象的歷史。作品在人物的眞實性、敘事的客觀性與內容的文獻性方面，都體現了法國自然主義文學的精神，而在蔡大嫂的形象描寫中也隱約可見《包法利夫人》的影響。

沈從文更引人注目。沈從文出生於湘西，到都市後對故鄉山水一往情深，在湘西奇艷的窮山惡水中構築人性的神廟，創作了一系列平平淡淡卻令人回味無窮的「邊城小說」。與沈從文的創作風格相類似的作家還有靳以、蕭乾和凌叔華等，由於他們的小說都具有地域性和抒情性，並且都身處北京，因此他們的小說被人們稱爲「京派小說」。靳以（1909～1959）早期的小說頗具濃郁的心理浪漫主義風格，短篇小說《青的花》、《傷往》都傷感於無法挽回的情感；後期的小說漸漸面向現實人生，長篇小說

《前夕》在一個官宦家庭的敗落過程中不同人物的性格、心理、命運逐一呈現，它既是抒情的，又是寫實的。蕭乾（1910～1999）則往往以兒童的純淨心靈來觀照這個齷齪的世界，這使得他的作品總是不免蒙上一層憂鬱的色彩。長篇小說《夢之谷》則是一曲愛情故事的悲歌，它控訴扼殺愛情的金錢社會和黑暗勢力，它有青春期的感傷和悒鬱。凌叔華（1904～1990）小說既矜持又充滿深閨情怨，《酒後》和《綉枕》是她的代表之作。

　　北京與上海由於南北文化的差異，又分別為中國歷史悠久的政治中心或現代商業、文化中心，使得文學創作也顯現出不同的風貌。30年代上海這個畸形繁榮的大都會中，出現了一個新興的小說派別──「新感覺派」，它提供了一種有別於茅盾、老舍的都市文學形態。其特點是表現都市社會病態的生活，追求瞬間印象與感受，長於描寫人物複雜微妙的內心世界。新感覺派的出現，與當時洶湧的西方現代主義思潮和日本新感覺派小說有直接的關係，代表作家有劉吶鷗、穆時英、施蟄存等人。新感覺派小說使現代主義與現實主義、浪漫主義一起，共同組成30年代小說交響樂的不同聲部。

　　上述文學流派，因為它們強烈的地域文化特徵，使之未能成為30年代小說的主流，但是由於這些作家或善於超越地域文化的表徵，進入普遍的人性世界，或善於營造獨特的敘事技巧，形成自己的創作風格。老舍與北平，沈從文與湘西，艾蕪與雲南邊陲，蕭紅與東北，李劼人與四川，新感覺派與上海，地域文化與他們彼此似乎成為不可分割的一體。他們的作品有的雖不能領一時文學之風騷，卻對後來的文學發展影響深遠。

　　總的看來，30年代小說的風格特徵是豐富多彩的，它既有社會寫實的，也有諷刺幽默的；既有浪漫抒情的，又有心理分析的。

30年代小說以其整體的突破與發展載入中國文學史冊，它是20年代小說倡導的回應，是20年代小說耕耘的收穫。30年代的小說迅速地成熟起來，以其驕人的成績成為20世紀中國文學的重要組成部分。

第二節 丁玲 張天翼

30年代是新人輩出的時代，他們充滿活力的創作給文壇帶來了新的氣象。丁玲與張天翼是其中較為突出的。

丁玲（1904～1986），原名蔣冰之，又名丁冰之，湖南臨澧人，為求學曾飄泊於湖南常德、長沙、上海等地，1924年到北京後，接受了五四新思潮的影響，並閱讀了大量外國名著。1927年底和1928年初在《小說月報》發表《夢珂》和《莎菲女士的日記》，此後，創作便一發不可收拾。早期的小說主要收入《在黑暗中》（1928年）、《自殺日記》（1929年）、《一個女人》（1930年）等三個集子中。1930年加入中國左翼作家聯盟。30年代的作品為短篇小說集《一個人的誕生》、《水》和《夜會》，中篇《一九三〇年春上海》，以及長篇小說《韋護》和《母親》等。1936年赴陝北。40年代的作品主要有短篇小說集《我在霞村的時候》和長篇小說《太陽照在桑乾河上》。

丁玲是「滿帶著五四以來時代的烙印的」⑧作家。儘管當時的語境是如火如荼的「革命」，但丁玲早期的創作延續的仍然是五四落潮期「個性解放」幻滅的思緒，關注知識女性的命運。在創作上，她承續了五四受郁達夫影響的浪漫抒情小說傳統，表述了現代女性在30年代社會的人生感受。丁玲是中國現代小說史上，最早以明確強烈的女性意識寫作的女作家，是20世紀中國女性主

義文學的先驅。《夢珂》、《莎菲女士的日記》、《暑假中》和《阿毛姑娘》等幾篇小說在不到一年的時間裡連續在《小說月報》頭篇的醒目位置刊載，給 20年代末相對沉寂的文壇以不小的震動。《夢珂》的女主人公本爲一正直、善良、有同情心的女孩，但在學校、在姑母家、在社會上遭遇一系列卑鄙、險惡的人後，她漸漸地變了，爲了能生存下去，她也不再反抗了。「以後，依樣是隱忍的，繼續到這純肉感的社會裡去，那奇怪的情景，見慣了，慢慢的可以不怕，可以從容，使她的隱忍力更加強烈，更加偉大，能使她忍受非常無禮的侮辱了。」小說控訴社會如何吞噬一位曾經對生活抱有理想和充滿幻想的女孩。

　　《莎菲女士的日記》（《小說月報》，1928年第19卷第2號）是這類作品的代表作。莎菲是乘著個性解放的風潮走出家門的知識女性，走上社會後，她發現並不能尋找到自己的理想，甚至找不到可以「對話」的人，好朋友只能在生活上關照卻不能理解她，異性的朋友又令她失望，葦弟這個大男孩只會每日將淚水灑在她的手背上，凌吉士漂亮迷人的外表下掩蓋的是庸俗齷齪的靈魂。對異性的失望其實是莎菲對整個社會的絕望。這個社會也把她看成「另類」，一個禮教森嚴的社會是不容莎菲式的女子的。既然「在這個社會裡面是不會准任我去取得我所要的來滿足我的衝動，我的欲望」，於是，莎菲便放棄、頹廢、墮落，以自戕的生活方式表示自己對社會的失望與反抗，哀嘆著「悄悄的活下來，悄悄的死去」。

　　這種迷惘、絕望的心緒甚至在一個鄉下女孩阿毛（《阿毛姑姑》）的身上也流露出來。阿毛從大山裡嫁到山清水秀的湖邊，自認爲很「幸福」了，不久又羨慕起那些穿著時髦、舉止高雅的「幸福」的小姐、太太們。當她最後發現她所羨慕的人們並不「

幸福」時，她自殺了，她沒有活下去的動力。在《自殺日記》裡反覆出現的字眼「死」將這種情緒推向極致。大都市生活的空虛與無聊使伊薩痛苦到極點，她找不出生的意義，於是再三再四地認爲「頂好是死去算了！」但可悲的是，她甚至找不到死的名目，「找不到死的價值」。「生存還是毀滅」，在莎菲們看來並不是一個「值得考慮的問題」，關鍵是要給她們生或死的理由。她們的身上，既「負著時代苦悶的創傷」⑨，也分明留有法國文學尤其是福樓拜的《包法利夫人》，莫泊桑的《一生》等作品對於現代社會虛僞文明的批判，對女性命運深切關注、對於愛瑪式的女子的描寫以及其心理剖析的技巧，《少年維特之煩惱》浪漫主義抒情風格的影響，甚至《莎菲女士的日記》的日記體形式，也是從歌德的這部浪漫主義名作中學習來的。

　　進入30年代，丁玲力求突破自身情緒的宣洩，創作了以革命者爲主人公的《韋護》。韋護曾爲愛人麗嘉而忽略革命工作，後在同志的「幫助」與粗暴的干預下，他意識到自己的錯誤，便離開深愛著他的麗嘉，全身心地投入到革命事業中了。由於丁玲對革命者的生活並無深刻的了解，致使韋護的形象不夠豐滿，並且作者自己也發現它的故事是「庸俗」的，無意之中竟「陷入戀愛與革命衝突的光赤式的陷阱裡去了」⑩。之後的幾篇小說如《1930年春上海（之一、二）》也帶有這樣的痕跡。但這些作品中的幾位女性形象還是較有光彩的。

　　1931年秋丁玲在《北斗》雜誌上發表了短篇小說《水》，它標誌著丁玲創作的明顯轉變，受到左翼理論家熱情的歡迎。馮雪峰指出這篇小說「取用了重要的巨大的現實的題材」，「在現象的分析上，顯示作者對於階級鬥爭的正確的堅定的理解」，「有了新的描寫方法」：「不是一個或二個的主人公，而是一大群

的大眾，不是個人的心理的分析，而是集體的行動的開展」，因此，它是左翼所倡導的「新小說」的萌芽⑪。茅盾亦曾說這是一篇標誌著「過去的『革命與戀愛』的公式已經被清算」⑫的小說。

　　作家本時期的長篇小說《母親》和延安時期創作的短篇小說《我在霞村的時候》等則延續了作家對中國女性命運的關注。《母親》是作家以自己的母親為原型所創作的，它展示了「母親」曼貞那一代女性尋求自立、追求真理的艱難歷程。《我在霞村的時候》則表現了「我」對年輕的貞貞的同情與對解放區仍然存在的濃厚的封建意識的批判。貞貞在身體遭受蹂躪之後仍然堅強、自尊，不接受任何廉價的同情，對生活依然充滿理想。它同時告訴人們反封建任務的艱巨性。寫於延安時期的《在醫院中》，是丁玲的短篇優秀之作，小說通過女知識青年陸萍在解放區醫院工作的經歷提示了先進與落後、科學與愚昧、改革與反改革的矛盾，揭示了在解放區存在著的小生產者的習慣勢力和官僚主義作風。這篇小說一方面發揚了丁玲小說長於人物心理透視的藝術手法，一方面又加強了現實的批判力量。

　　丁玲的小說增強了社會批判意識。丁玲曾分析自己寫小說的初衷是因為「對社會不滿，自己生活的無出路，有許多話需要說出來，卻找不到人聽，很想做些事，又找不到機會，於是便提起了筆，要代替自己來給這社會一個分析」⑬。儘管丁玲的創作道路有過一些變化，但她一直未曾放棄過社會批判意識，她筆下人物的心態其實就是作家內心世界之流露，這使得在丁玲的作品中作家的主體性相當之強。因此，她的小說，敘述是帶有強烈的個性色彩的，內容是心靈世界的流動，而目標則往往指向社會批判，它們是個人敘事與社會批判的緊密結合。作家常常喜歡採用的「我」這一敘事角度和日記的文體又加強了這一特徵。同時，她的

作品文風犀利，鋒芒畢露。這些特點在女性作家的創作中顯得比較獨特。

作為一個女性作家，丁玲一直對女性命運給予極大的關注，她的作品相當多是以女性為主要人物，夢珂、莎菲、伊薩、阿毛、麗嘉、曼貞、貞貞、陸萍等等，她們組成了獨特的女性形象系列。由於作家對她們內心世界的深入挖掘、準確把握和細膩表現，使她們成為中國20至40年代女性形象中一組不可忽略的風景。

張天翼（1906～1985），原名張元定，又名張一之，原籍湖南湘鄉，出生於南京，幼時隨做教員、職員的父親輾轉於南京、上海一帶，1924年在杭州中學畢業，1926年考進北京大學預科，同年發表了一些偵探滑稽小說。一年後因家庭貧困和對學校課程失望退學回杭。1929年短篇小說《三天半的夢》在魯迅、郁達夫主編的《奔流》上發表後，極受鼓舞，此後作品日多。1931年底加入「左聯」，作品逐漸受到左翼文壇的重視。自1928年起至1942年作家因患肺結核輟筆止，十餘年的時間就出版了《從空虛到充實》、《小彼得》、《移行》、《速寫三篇》等12部短篇小說集，中篇小說《清明時節》，《鬼土日記》等5部長篇小說及一些兒童文學作品，如童話《大林和小林》、《禿禿大王》等。

張天翼在學生時代即寫過偵探、滑稽小說，1929年他在《奔流》發表《三天半的夢》，踏入文壇，1931年《二十一個》發表，引起文壇關注。早期的作品有時「失之油滑」⑭，隨著作家人生閱歷的加深，眼中充斥著人間的不平之後，油滑便逐漸為憤世嫉俗所取代，諷刺便成為張天翼切入社會人生的利器。這既是對魯迅諷刺小說傳統的繼承，也是他筆下的世界所決定的，而且也得益於契訶夫、果戈理小說的有益影響。張天翼踏入社會之

初，有許多時間是做家庭教師、賬簿抄記員、小職員、小報的記者編輯等，廣泛的社會經歷使他有機會接觸當時中國社會的各個階層，這也使他的筆幾乎「速寫」了社會各階層的人們。《笑》裡的九爺，《脊背與奶子》裡的長太爺等是其中一種類型。

張天翼寫得最多的也是最成功的是他的「灰色」人物系列，他們由小知識分子、小市民、小官僚們組成，作者對他們庸俗、空虛、愚昧、可憐、可笑的生活進行了多方位的剖析。在表現這類人物時，作家往往抓住他們的矛盾心態，使之顯露出可笑之處。在《溫柔的製造者》裡作家安排已經是幾個孩子的父親的老柏與女學生家璇在不同的場景演同樣內容的「劇」：老柏應家璇的要求不停地向家璇表白自己對她的「那個」感情，極力製造溫柔的「愛」，他在「製造溫柔」時常常懊悔自己的時間被耽誤，但一旦「解放」之後他又想「那個」了。《移行》裡的桑華，一個憧憬、嚮往浪漫「革命」的新女性，參加革命後才知革命就是貧窮、疾病、危險、酷刑的代名詞，最終離開革命者愛人，嫁給讓自己感到像「吃了一勺蓖麻油」的闊老。在錦衣玉食的包裹中，她說自己嫁闊老是「為了革命」。的確她當初是為革命籌集經費才接近那個闊老的。這不啻是一個極大的諷刺！

處於社會最底層的不幸人們是五四以來作家們著力表現的對象，張天翼對他們的不幸往往不是濫施同情，而是「哀其不幸，怒其不爭」，對其思想中的愚昧成分不遺餘力進行諷刺，從而使作品更引人深思。在這類作品中，《包氏父子》（《文學》月刊，1934年第2卷第4號，後收入《移行》）是最有代表性的。在有錢人家作門房的老包一生克己勤儉，清白做人，卻為了滿足兒子包國維物質上永無止境的欲望去厚著臉四處借錢，一次因無錢買兒子要的髮油甚至去偷主人家的。他的願望只有一個，希望兒子

出人頭地。當包國維打架被學校開除後，他還得四處籌錢作賠，為此幾近瘋狂。老包的悲慘境遇堪憐，但更發人深思。

　　抗戰爆發後，張天翼以一個諷刺家的敏銳眼光發現了一些貌似積極投身抗日工作其實一事無成的官僚們，便於抗戰初期發表了短篇小說《華威先生》（《文藝陣地》半月刊，1938年第1卷第1期，後收入《速寫三篇》）。華威可說是作家對那個時代的新官僚們進行高度概括性的人物。華威是既「天真」、「可愛」又「糊塗」⑮的，他為抗戰工作「忙」個不停，每天坐在黃包車上在城市裡穿梭，到處開會、發言，或努力進入每一個新成立的抗日團體。「我恨不得取消晚上睡覺的制度。我還希望一天不止二十四小時。」其實呢，他每天忙的「不是別人請他吃飯，就是他請別人吃飯」，或者生氣於哪個新成立的團體沒請他加入、領導，哪個會議沒請他去作演講、報告，哪個會議他演講了可是哪些人沒去恭聽。他未解決過任何實質性的問題，因此他的「忙」最後只使人感到滑稽可笑。

　　張天翼的諷刺對象主要是人而非事，所以他著力於人物刻畫而疏於故事敘述，他所安排的情節主要是為人物形象刻畫服務，當他的人物刻畫完畢，他的故事也就戛然而止，故事的高潮和結尾往往是人物形象塑造的最後也是最重要的一筆。並且，張天翼諷刺的是有缺陷的人而不是人類的缺陷。在他心目中人是分成兩類的，一類是健康的、理想的人，一類是充滿各種缺陷的人，張天翼正是按照前者為理想來比照、觀察和諷刺後者的。他的筆下，老包、小包、華威、老柏、桑華、九爺、長太爺，這些人都是作者要批判、否定或拯救的一群，但他並沒有把他們看成人類的全部，他在批判諷刺他們時正是心存著一種高尚的理想。他的小說，敘述者總是具有健康的理想的人格，他的批判對象都是某些特定

的、具有某種特定缺陷的人群。他從不把這種批判擴大到整個人類普遍的人性弱點，更不會將批判的鋒芒引向自我。在他的作品中歸納不出人性的悖論和世界的荒誕。所以，他是諷刺的，而不是幽默的；他是批判的，而不是自嘲的；他是戰鬥的，而不是調侃的，「是一種純喜劇的、鋒利無比的，貌似狠心腸的」⑯，熔狄更斯、果戈理、契訶夫諷刺文學的特點於一爐而成自己的風格。這是張天翼式的諷刺區別於老舍、錢鍾書式的諷刺之所在。

　　由於張天翼的諷刺總是針對具體的某些人的某些缺點，因此他常用的手法是抓特徵，他總是強調重複人物的音容笑貌、言行舉止的某個特徵，將之突出、變形、誇張，他把他對這個世界所看到的並以為很重要的一面通過這種漫畫式的方法表現出來，鮮明地傳達出他的是非觀和價值觀。陪小心是老包如影隨形的動作，在包國維面前更加明顯。只要包國維拿起「書本」（其實是艷情小說），老包便大氣也不敢出，並充滿崇敬之情。包國維在有錢人家的公子哥兒面前，唯唯諾諾，畢恭畢敬，低聲下氣，溜鬚拍馬，在老包面前則鼻孔朝天，說話永遠是不耐煩地叫囂。包國維回家，永遠是「磅！」，踢開家門；走到任何地方，都要抽空照鏡子抹頭髮。華威先生與人說話時總是一根手指頂著對方的胸口，造成一種咄咄逼人的效果，也顯示出他剛愎自用的性格特徵。《我的太太》裡的太太從前是有錢人家的小姐，家道沒落後不得已嫁給窮大兵，她常常回憶自己被人伺候的過去，一到傷心處便把黃鼻涕「叭」地摔得滿牆都是。有「教養」的出身和沒教養的動作形成了鮮明的對比。「注意每個人的表達個性的動作或每個人說話的用字，這頗似狄更斯的手法」⑰。

　　張天翼諷刺手法的高超之處在於巧妙地使用自相矛盾的方法。在小說的開頭也常常讓人物亮出自己的盾，最後讓自己的矛來攻

破自己的盾。在小說《砥柱》中他先讓一個道學老先生大罵隔壁船艙的污言穢語影響了他的女兒，逐漸使他暴露出見不得人的念頭，而到小說結尾，這位道學先生終於與隔壁船艙的人同流合污。從《砥柱》，到《溫柔的製造者》、《移行》，到《華威先生》，都可以看到作者這種諷刺的技巧：首先亮出人物的一面，最後讓人物自己的言行揭示出他的另一面，這兩面的自相矛盾暴露出人物的真實面目，達到了諷刺目的。

張天翼小說常常是戲劇化的，人物的性格組合是對立衝突的，小說的情節經常峰巒迭起、急轉直下，結尾常有畫龍點睛之筆，而人物形象誇張者居多，小說的語言也顯得俏皮、淺顯而生動，這一切都使諷刺的效果直接而且有力。但誇張的手法把人物從正常的關係環境中剝離出來，一旦失度不免失真；常用的諷刺手法一旦形成模式，本來想出人意料卻往往讓人在意料之中；而對人物特徵的過度關注常常使人物概念化，形成「扁形」人物。這使得張天翼的諷刺犀利有餘而深刻不足。

張天翼的小說，不僅給當時充滿「革命＋戀愛」風氣的左翼文壇帶來新鮮氣息，而且為中國現代諷刺畫廊提供了新的諷刺形象、新的諷刺手法。他的諷刺，不同於魯迅的「含淚的笑」，不同於老舍先生的以語言的幽默取勝，也不同於錢鍾書的對人生的荒謬和世界的荒誕的調侃與解嘲。他的諷刺，是力度，是誇張，又是對中國社會生動的描摹，華威等人物形象也顯示出作者典型化創作的高度概括力和豐富的表現力。

張天翼還是一位童心頗濃的兒童文學作家。作為一個以諷刺手段見長的作家，他的兒童文學作品既不同於冰心的溫婉，也不同於葉紹鈞的平實，他的幾部童話都有豐富而奇特的想像，相當活潑有趣。代表作《大林與小林》通過大林、小林兄弟二人不同

的思想、性格與生活道路，以諷刺的筆法展示善惡、美醜的矛盾。在30年代童話作品比較缺乏的情況下，張天翼爲中國兒童文學的發展作出了貢獻。

第三節　新感覺派小說

　　與京派對立並曾發生論爭的，有上海的新感覺派。這是一個活動於20年代末期至30年代前半期的現代主義小說流派。

　　30年代新感覺派是在以橫光利一、片岡鐵兵等爲代表的日本新感覺派和法國都市主義文學的影響下發展起來的，所以又被稱爲「都會主義小說」⑱。從1928年9月劉吶鷗創辦《無軌列車》半月刊，至同年年底該刊被查禁，是新感覺派小說的萌芽期。自1930年9月施蟄存、劉吶鷗等創辦《新文藝》至 1932年，是它的發展期。在這一時期，劉吶鷗以感覺主義方法創作的反映現代都市生活的8篇小說已結集爲《都市風景線》出版；施蟄存放棄早期抒情小說的寫法開始自覺運用弗洛伊德學說來分析人物心理；穆時英則與劉吶鷗、施蟄存取得了聯繫，爲他後來進入這個流派準備了條件。1932年5月由施蟄存主編的大型文學期刊《現代》創刊，爲新感覺派小說提供了最重要的發表陣地。它的出現標誌著中國新感覺派爲一個小說流派已經形成，並開始步入成熟期。1935年初施蟄存因故辭去《現代》編輯一職，標誌著這一流派的解體。

　　30年代新感覺派的主要作家是施蟄存、劉吶鷗、穆時英，此外還有黑嬰、徐霞村、葉靈鳳等。

　　施蟄存（1905～ ），是新感覺派小說中文學成就最高的作家。生於杭州，幼年隨父母去蘇州，8歲時隨家遷居松江。中學

畢業後，先後就讀於上海大學、震旦大學法文特別班。1927年後回松江擔任中學教員。1928年以後參加過《無軌列車》、《新文藝》的編輯。1932年應邀擔任《現代》雜誌編輯。抗戰爆發後先後在雲南大學、廈門大學、上海暨南大學等校執教。1952年任華東師範大學教授至今。

施蟄存小說創作開始於20年代中期。最初的試作，大都收在《江干集》、《娟子姑娘》和《追》等集中，藝術上比較幼稚。作者認為「我正式的第一個短篇集」是《上元燈》。其中的10篇作品，大多以成年人懷舊的感情來回顧少年時期的生活，抒發人生的慨嘆，感情純潔，有詩的意味，除《漁人何長慶》外，其餘9篇都用第一人稱，或真切地寫出了少男少女純潔的初戀（《上元燈》），或以出人意料的事件、人物反映社會世態的某些側面（《栗芋》、《閔行秋日紀事》）。只有《周夫人》、《宏智法師底出家》兩篇，帶上了弗洛伊德學說的影響，預示了他後來創作的變化方向。從總體上看，《上元燈》以憶舊方式狀寫人生面影，善於烘托氣氛，帶著淡淡的哀愁，具有較為濃郁的抒情氣味。

真正自覺地運用弗洛伊德精神分析學說創作的小說，主要是《將軍底頭》、《梅雨之夕》和《善女人行品》三本集子中的作品。受奧地利心理分析小說家施尼茨勒（又譯顯尼志勒）的影響，他曾熱心譯介施尼茨勒，經他翻譯出版的施尼茨勒小說有《倍爾達·迦蘭夫人》、《田比亞特麗思》、《愛爾賽小姐》、《中尉哥斯脫爾》、《薄命的戴麗莎》。施蟄存「翻譯這些小說，還努力將心理分析移植到自己的作品中去」[19]。施蟄存心理小說中的二重人格描寫、變態性心理解剖、小說人物內心意識流動等藝術，顯然都來自施尼茨勒。他使用心理分析的方法去開掘人物的潛意識和隱意識領域，表現人物的變態心理和夢幻心理，引出了本我

（性本能）與超我（道德）尖銳衝突的主題。《將軍底頭》一篇「寫種族和愛的衝突」⑳。主人公唐代將軍花驚定奉命征討吐蕃，途中遇一美女，遂成為其情欲對象，但軍紀、道德壓抑著他的情欲，他帶著這一矛盾揮刀上了戰場，後在戰鬥中被殺了頭，還策馬回到他心愛的姑娘身旁。小說重點展現的情欲與道德的衝突，帶有一定的神怪、魔幻色彩。收在《將軍底頭》集中的其他3篇也均以精神分析法來寫歷史人物。能更充分地體現施蟄存心理分析小說特點、也有較強的社會意義的，是收在《梅雨之夕》和《善女人行品》中描寫現實生活的作品。中國是一個有著兩千多年封建歷史的國度，鼓吹存理滅欲的儒家學說作為一種主流的意識形態，長期以來戕害著國人的天性。因此，當施蟄存圍繞著性愛意識在日常生活中取材、用精神分析方法來剖析國人的本我和超我的矛盾時，這些作品就具有了較為鮮明的反封建，以至反資本主義的社會意義。這方面比較成功的作品有描寫城鎮中青年女性性苦悶的《春陽》和《霧》。《春陽》中的嬋阿姨年輕時為了錢財同丈夫的牌位拜堂，犧牲了自己的青春，但對情欲的渴望仍然留在她心底。作品從她某天來到上海銀行取錢寫起，寫了她在春天暖陽的照耀下萌發的對一個年輕銀行職員的愛欲衝動，表現了人性無法壓抑的思想，對封建道德摧殘人性、對資本主義金錢關係異化人性進行了比較深刻的揭露。《霧》寫28歲的神父女兒素貞偶然在火車上遇到了一位令她頗為中意的青年紳士，但當她得知這個男子是個電影演員時，竟「好像受到意外的襲擊」，內心裡罵他是「一個下賤的戲子」。小說通過對素貞的心理分析，說明封建等級觀念、守舊思想流布甚廣，已經深入骨髓。

　　1936年施蟄存出版最後一本小說集《小珍集》，反映的社會生活內容較前開闊。他運用心理分析方法描寫上海附近區域裡

發生的各種怪現象，表現出回歸現實主義的傾向，這時他中止了對施尼茨勒作品的譯介。

施蟄存的小說屬典型的心理分析小說，具有較多新感覺主義特徵的則是劉吶鷗、穆時英的作品。

劉吶鷗（1905～1940），原名劉燦波，台灣台南人。1920年入日本青山學院，經中學部和高等學部，於1926年畢業。畢業後即插入上海震旦大學法文班學習。結束學業後即滯留上海。1928年開始創作，著有短篇小說集《都市風景線》和未成集的《赤道下》等少量小說。劉吶鷗是中國新感覺派小說的開山作家。他利用自己日文、法文較好的基礎，介紹過給日本新感覺派較大影響的法國都市主義作家保爾・穆杭，翻譯過收有日本新感覺派作家橫光利一、片岡鐵兵作品的《色情文化》。收入《都市風景線》中的8篇小說也是較早運用感覺主義寫出的作品。如書名所示，這些小說是描寫上海這個大都市的現代「風景」的。它們採用與現代都市生活快速節奏相適應的跳躍手法（電影蒙太奇手法）、意識流手法著重暴露了資產階級男女放縱、刺激的色情生活，寫出了大都市的病態和糜爛。《遊戲》、《兩個時間的不感症者》、《禮儀和衛生》等都是以男女兩性關係爲題材，從都市街頭到家庭生活全面展示了現代都市裡逢場作戲式的情欲氾濫，說明現代都市人的人性已被金錢所異化，人已墮落爲毫無理性的行屍走肉。劉吶鷗曾自我評介：吶鷗先生是一位敏感的都市人，操著他的特殊的手腕，他把這……現代生活，下著銳利的解剖刀。有一兩篇也觸及到了階級的對立和鬥爭，在一定程度上暗示了新興階級的遠大前途（如《流》）。但劉吶鷗在暴露都市的病態和爛糜時，卻也不無欣賞，流露出病態的情調。

穆時英（1912～1940），浙江慈溪人。幼年隨銀行家的父

親來到上海，後畢業於光華大學中國文學系。1929年開始小說創作。小說集有《南北極》、《公墓》、《白金的女體塑像》、《聖處女的感情》等。穆時英第一個小說集《南北極》並沒有新感覺派的特徵。集中的5篇小說，大多以闖蕩江湖的流浪漢為主人公，寫出貧富懸殊、階級壓迫和自發反抗等內容，宣洩出一種破壞一切、佔有一切的流氓無產者的情緒。1932年前後，穆時英的創作開始轉向，用感覺主義、印象主義的方法狀寫上海社會中的形形色色的人物和紙醉金迷的生活。小說集《公墓》和《白金的女體塑像》集中反映出穆時英小說的新感覺派特徵。他醉心於描寫都市的愛情生活，表現愛情與死亡的主題。刊登在《現代》創刊號上的《公墓》以流暢、細膩的散文筆調抒寫了一個淒涼感傷的愛情故事，具有濃郁的抒情氣息。小說寫「我」和歐陽玲同來公墓上墳，祭奠各自的亡母。互通情愫之後，「我」暗暗地愛上了這個患有肺病的姑娘。後因故她南去香港，「我」轉學北平。等「我」公開向她表白愛情時，她已經長眠在亡母墓旁。小說結尾，「我」又來到公墓，「可是我遲了」。全文繾綣纏綿，哀情脈脈；把愛情和墳墓（死亡）聯結為一體，則表現了作者對愛情的現代主義的理解。不過，穆時英的這類純情、乾淨的作品並不多，他寫得較多的是「十里洋場」上海畸形的「風景」，這裡充滿著「戰慄和肉的沉醉」。《夜總會裡的五個人》將五個人物聚集到周末的夜總會，展示了他們的不同命運：金子大王胡均益破產，大學生鄭萍失戀，市政府一等書記繆宗旦失業，交際花黃黛茜顏色衰老，研究《哈姆雷特》版本的學者季潔自我迷失。他們帶著極大的苦惱湧進夜總會，在瘋狂的音樂中跳舞取樂，尋找刺激。最後，胡均益開槍自殺，其餘人為他送葬。《上海的狐步舞》則進一步揭露了上海這個半殖民地都市的本質：「造在地獄上面

的天堂」。小說沒有連貫的情節，而以感覺主義、印象主義和意識流的方法描寫了令人眼花撩亂的都市風景：黑社會的暗殺、後母與兒子的亂倫、富豪的嫖娼、工人的慘死、舞廳裡男女的調情……展示了都市的沒落瘋狂的狀態。在描寫人物的瘋狂、半瘋狂的精神狀態時，作者往往還能寫出人物內心深處的悲哀；這個特點也就是他說的「在悲哀的臉上戴了快樂的面具」㉑。《黑牡丹》裡那個外號叫做「黑牡丹」的舞女爲了逃避奸淫的厄運跳車奔逃，得到別墅主人的救護，終於成爲他的妻子，但她對自己以往的舞女身份始終諱莫如深、不敢公開。就是那夜總會裡的五個人在尋歡作樂中，哪個沒有內心的精神傷痕？在歡樂的假面具下寫出人物內心的悲哀，這是穆時英的深沉處。穆時英在《公墓》和《白金的女體塑像》這兩個主要的具有新感覺派特徵的小說集中，對畸形都市風景的描繪和其間流露出來的不無欣賞的心態造成了「海派文學」或「洋場文學」的風氣。穆時英也因此獲得「中國新感覺派聖手」的稱號。

中國新感覺派是在日本新感覺派與法國都市主義文學的影響下發展來的。劉吶鷗等人曾大量介紹了橫光利一、片岡鐵兵、川端康成、谷崎潤一郎的小說，介紹未來派、表現派、超現實派的文藝。他們還推出法國都市主義作家保爾·穆杭。保爾·穆杭小說以新的技巧表現人們普通的價值理念的毀滅及對於及時享樂的沉湎。「在他的著名的短篇（《夜開》，《夜閉》等），我們帶著一種世界大戰以後的貪婪而無法滿足的肉感，找到了他所描畫的這個時代所固有的這種逃避的需要，和一種教師風的術語——靠了這種術語，他把那些最接近，最稔熟或是最遼遠的異國情調的東西，描摹得像一組組的又強烈又非現實的圖像一般。」㉒因爲他的這些特點，「我們立刻就可以斷定他會作爲我們的時代底

一個最典型的短篇小說家而存留著。」㉓劉吶鷗等人創作的「都市文學則注意現代都市裡繁華、富麗、妖魅、淫蕩、沉湎享樂、變化、複雜的生活。」㉔日本新感覺派歷經了從提倡新感覺主義到提倡新心理主義兩個階段。其中劉吶鷗、穆時英較多地受到了前者的影響，施蟄存較多地受到了後者的影響。但作為一個流派，他們的創作又表現出一些共同的特色與傾向。

　　從題材上來看，新感覺派小說表現半殖民地大都市形形色色的日常現象和世態人情，並側重展現都市生活的畸形與病態，從而提供了另一類型的都市文學。與茅盾、樓適夷等作家創作的站在先進階級的立場，從政治經濟角度理性地描寫燈紅酒綠的都市黃昏的都市文學不同，中國新感覺派小說家喜歡感性地描寫富於現代都市氣息和特徵的人物：從舞女、水手、投機商、銀行職員到少爺、姨太太等；作家給這些人物活動安排的處所則是影戲院、賽馬場、夜總會、舞會、酒館等畸形繁榮的都市環境。在描寫處在這種畸形環境中的人物時，又突出了他們病態的行為和畸形的心理：賣淫、亂倫、暗殺和性放縱心理、沒落瘋狂心理、二重分裂人格等。而對於那本身就象徵著繁華和墮落、聯結著社會上層和下層的舞女，新感覺派尤擅長描寫，並由此造成了「海派文學」的甜俗之氣。新感覺派作家所創造的這種類型的都市文學，對30年代都市文學的崛起作出了一些貢獻，它在一定程度上也提供了半殖民地都市的真實畫面，揭示了資本主義的罪惡和對人性的戕害。

　　在藝術表現上，引進多種現代派手法，在小說結構、形式、方法、技巧等方面有所創新。新感覺派「刻意捕捉那些新奇的感覺、印象」㉕，並把主體感覺投諸客體，使感覺外化，創造出具有強烈主觀色彩的「新現實」（如寫天上的白雲「流著光閃閃的

汗珠」等）。有時，還進行感覺的複合，因此「通感」現象在新感覺派小說裡每每出現。如「鐘的走聲是黑色的」，「她的眸子裡還遺留著乳香」，「我聽得見自己的心的沉重的太息」等等。新感覺派還借鑑西方意識流手法來結構作品。如穆時英《上海的狐步舞》沒有貫穿的情節和人物，場景組切迅速，具有跳躍性。《街景》一篇時空顛倒，形式上亦有創新之處。

在人物刻畫上，新感覺派運用弗洛伊德精神分析學說注重開掘和表現潛意識和變態心理。在該派小說作者中，對人的「精神內涵」的開崛以施蟄存最爲深入。整本《梅雨之夕》集子均運用了這種心理分析方法；收在《善女人行品》中的《春陽》描寫嬋阿姨內心的隱秘活動，表現了她從情欲的甦醒、愛情的渴望到頹廢的失望這一完整的心理流程，寫得細膩入微，較有深度。

新感覺派小說是30年代海派文學中一個較有成就的流派。它不但促進了現代都市文學的發展，而且豐富了現代小說的表現方法。但是，它存在著的某些弊病也不可忽視。首先是對二重人格的描寫，雖有一些成功之作，但有些作品在刻畫人物時不是從生活出發，而是從弗洛伊德學說出發，教條主義地把人物弗洛伊德主義化，甚至於古人也難倖免。如施蟄存取材於《水滸》而作的《石秀》，就幾乎把《水滸》中的英雄寫成了一個現代色情狂和性變態者。其次，劉吶鷗、穆時英的一些作品在暴露大都市資產階級男女的荒淫、墮落時，同時流露出對這種腐朽生活方式的留戀、欣賞，表現出作家主體精神的某種頹廢。穆時英的《Pierrot》通過主人公潘鶴齡的曲折經歷所宣揚的人類不可信論，也正是作者悲觀主義思想的投射。西方現代派文學（包括日本新感覺派小說）的悲觀主義傾向對中國新感覺派作家的負面影響，在他們的作品中也留下了印記。

【注　釋】

① 茅盾：《〈玄武門之變〉序》。

② 宋雲彬：《玄武門之變》，開明書店1937年版。

③ 劉西渭：《九十九度中》，《咀華集》第66-67頁，花城出版社1984年重印本。

④ 朱璟（茅盾）：《關於「創作」》，《北斗》創刊號（1931年9月20日）。

⑤ 魯迅：《柔石作〈二月〉小引》，《魯迅全集》第4卷，第149頁，人民文學出版社1981年版。

⑥ 魯迅：《田軍作〈八月的鄉村〉序》，《魯迅全集》第6卷，第287頁，人民文學出版社1995年版。

⑦ 魯迅：《蕭紅作〈生死場〉序》，《魯迅全集》第6卷，第408頁，人民文學出版社1995年版。

⑧ 茅盾：《女作家丁玲》，《茅盾全集》第19卷，第434頁，人民文學出版社1991年版。

⑨ 茅盾：《女作家丁玲》，《茅盾全集》第19卷，第434頁，人民文學出版社1991年版。

⑩ 丁玲：《我的創作生活》，《丁玲文集》第5卷，第381頁，湖南人民出版社1984年版。

⑪ 馮雪峰：《關於新的小說的誕生——評丁玲的〈水〉》，《北斗》第2卷第1期，1932年1月20日。

⑫ 茅盾：《女作家丁玲》，《茅盾全集》第19卷，第437頁，人民文學出版社1991年版。

⑬ 丁玲：《我的創作生活》，《丁玲文集》第5卷，第381頁，湖南人民出版社1984年版。

⑭ 魯迅：《致張天翼信》，《魯迅全集》第12卷，第144頁，人民文學出版社1981年版。

⑮　張天翼：《論缺點——習作雜談之四》，《張天翼文集》第9卷，第93頁，上海文藝出版社1991年版。

⑯　吳福輝：《張天翼；熔鑄於英俄諷刺的交匯處》，見曾小逸主編《走向世界文學——中國現代作家與外國文學》，第294-295頁，湖南人民出版社1985年版。

⑰　顧仲彝：《張天翼的短篇小說》，《新中華》第3卷第7期（1935年4月）。

⑱　參見《1898～1949中外文學比較史》（范伯群、朱棟霖主編）下冊，第773-783頁，江蘇教育出版社1993年版。

⑲　施蟄存：《我的創作生活之歷程》，《創作的經驗》（魯迅等著），上海天馬書店1935年版。

⑳　施蟄存：《將軍底頭·自序》，新中國書局1932年出版。

㉑　穆時英：《公墓·自序》，《南北極·公墓》，第175頁，人民文學出版社1987年版。

㉒　倍爾拿·法意：《世界大戰以後的法國文學》（戴望舒譯），《現代》1卷4期。

㉓　倍爾拿·法意：《世界大戰以後的法國文學》（戴望舒譯），《現代》1卷4期。

㉔　蘇雪林：《中國二三十年代作家》，第422頁，台北純文學出版社1983年版。

㉕　嚴家炎：《中國現代小說流派史》，第146頁，人民文學出版社1989年版。

第四章　三十年代小說㈡

第一節　老舍創作道路

　　老舍（1899～1966），本名舒慶春，字舍予，原籍北京，滿族正紅旗人。他對於多種文藝體裁都進行過廣泛的實踐。小說作品中短篇與中篇不乏佳品，尤以長篇小說最有影響，與茅盾、巴金齊名，同為現代長篇小說大家。此外，還寫過雜文、鼓詞、新詩、舊劇、民歌。50年代以話劇作品蜚聲文壇。

　　五四運動前一年，老舍畢業於北京師範學校。他雖然沒有直接參加這一運動，但五四給他創造了做作家的條件，正如他自己所說：「沒有『五四』，我不可能變成個作家。」①1922年5月老舍發表了處女作《她的失敗》，次年初，又在他任教的天津南開學校的《南開季刊》上發表了《小鈴兒》（短篇小說），以及論文《兒童主日學和兒童禮拜設施的商榷》。老舍真正開始他的創作生涯，是1924年他赴英擔任倫敦大學東方學院中文講師以後。到1929年夏返國之前。他在英國完成了三部長篇小說：《老張的哲學》（1926）、《趙子曰》（1927）、《二馬》（1929），並接踵連載於《小說月報》。1926年，由許地山介紹，老舍加入了文學研究會。可以說，老舍最早是以文學研究會作家的身份在文學研究會的刊物上為文壇所認識的。

　　《老張的哲學》與《趙子曰》都以作者的故鄉北京為背景，分別展示了小市民和大學生生活的不同側面。前者集中批判了信

奉「錢本位而三位一體」市儈哲學的老張，通過半封建半殖民地社會中這個惡棍命運的描寫，沉痛地揭示了封建傳統道德觀念對國民的嚴重侵蝕。小說以老張為自己抓錢，不惜採取惡劣手段拆散兩對戀人的情節為主線，展現了20年代在黑暗勢力的摧殘逼迫下，北京普通市民的悲劇命運，在笑聲中暴露了社會的醜惡、腐朽。後者的主角是一群住在北京「天台公寓」裡的大學生，透過對趙子曰們喝酒、做官、玩女人的生活理想的觀照，剖析了他們卑微的心理和空虛的靈魂。作品中的歐陽天風與《老張的哲學》中的主人公堪稱一丘之貉，而有正義感和上進心的李景純則寄託著作者的希望。《二馬》是老舍早期三部長篇中的翹楚。它的背景與前二作相比，有所變化，以馬則仁（老馬）、馬威（小馬）父子從北京到倫敦的生活軌跡為經，以中英兩國國民性的比較為緯，展開了較為廣闊複雜的畫面。小說諷刺了老馬這個怯弱虛榮、思想僵化的「『老』民族裡的一個『老』分子」。他與趙子曰有某種相通之處（都有點阿Q性格的烙印），但是，老舍在《二馬》中從馬氏父子之間的衝突，引發了對歷史轉折時期新舊兩代人無可調和的撞擊的思考，通過揭示他們的不同心態，鞭撻了舊勢力對新事物的扼殺，反映了新生力量的掙扎，並且觸及了東西方不同民族之間要求心靈溝通的願望與這種願望和現實之間的矛盾。《二馬》使老舍前期創作達到了一個高度，他在新舊交替與中西對比的整體思維中透視了民族心態的各個層面。在對國民劣根性批判的同時，企望以現代精神對傳統素質進行調整，刻畫中國人的靈魂。以北京平民社會的平凡生活與日常細節為觀察描寫重點，用諷刺與幽默兼備的筆調表現生活，是這三部作品共同的特色。雖然作者的美學風格尚未臻成熟，時有為幽默而幽默，甚至流於油滑之處，但已見老舍整個現實主義藝術格局的端倪。

　　1929年老舍離英返國途中在新加坡勾留數月，寫作了又一部長篇《小坡的生日》。這部童話體的作品，雖然不無思想觀念上的模糊，但它借主人公小坡夢入「影兒國」的歷險奇遇，表現了作者對被壓迫民族的深切同情和「聯合世界上弱小民族共同奮鬥」的希望。

　　回國後到抗戰爆發前，老舍執教於濟南齊魯大學和青島山東大學，同時，創作了六部長篇，即《貓城記》（1932）、《離婚》（1933）、《牛天賜傳》（1934）、《駱駝祥子》（1936）、《文博士》（1936～1937），另有寫於1930～1931年間的《大明湖》，原稿被戰火所焚，未能出版；一部中篇《新時代的舊悲劇》（1935）及三個短篇小說集（《趕集》、《櫻海集》、《蛤藻集》），顯出旺盛的創作力。

　　《貓城記》寫一個漂流到火星上貓國裡的機師在貓國都城的所見所聞，在類似科幻小說的外衣下寄寓著明顯的政治諷刺意旨，爲一個行將沒落的社會（實指當時的中國）寫照。作品借貓人醜惡行徑的描寫，對中國這個古老民族的劣根性作了淋漓盡致、痛心疾首的剖析，並間接地抨擊了國民黨政府內政外交的腐敗、無能。作品的後半部分，又較多地對革命力量進行了嘲諷，把政黨都稱爲「哄」，在有的地方對「大家夫斯基哄」和信仰「馬祖大仙」的青年學生的諷刺，都表明了作者因回國伊始而對國內當時複雜的政治情況，特別是對革命政黨領導的革命鬥爭相當隔膜，缺乏正確的認識和態度。此外在對民族前途的瞻望上，又染有比較濃厚的悲觀色彩。這反映了作者不斷尋求真理過程的曲折和內心的矛盾痛苦。《貓城記》在思想傾向上的複雜性和藝術表現的特異性，使它長期以來引起不同的評論。

　　《離婚》通過對北平財政所幾個科員家庭風波的描寫，批判

了整個舊中國的社會制度和形成市民性格的文化系統。小說主人公之一張大哥身上，就集中了北平市民社會的凡庸空氣，他的生活主旨就是反對別人離婚，為此他整天忙忙碌碌。作品在暴露官場腐敗、社會黑暗的同時，以更為嫻熟的藝術技巧，悲喜交融的藝術形式和去掉了油滑的幽默筆觸，對於因循守舊、敷衍、妥協的生存哲學，給予了挪揄嘲諷與徹底否定，蘊含著深刻的社會歷史內容。至《離婚》出，老舍小說創作的核心思想——批判市民性格和造成這種性格的社會生活環境、思想淵源和文化傳統——得以全面而系統的確立。含蓄而機智，在幽默中「發出智慧與真理的火花」，適度而有節制，使《離婚》的幽默藝術趨於成熟。無論就思想性與藝術性來看，《離婚》都標誌著老舍創作一個新的高度。而《駱駝祥子》的問世則使老舍的文學成就在《二馬》、《離婚》等作品的基礎上又有新的發展。

從抗戰爆發到1949年，這十幾年，是老舍創作的又一階段。這一時期他的主要作品有長篇《火葬》（1944）、《四世同堂》（1944～1948）、《鼓書藝人》（1949），中篇《我這一輩子》（1947）、中篇小說集《月牙集》、短篇小說集《火車集》、《貧血集》、《東海巴山集》、《微神集》和話劇《殘霧》、《張自忠》、《面子問題》等九種以及相當數量的通俗文藝作品。這些作品內容廣泛，風格各異，顯示出老舍藝術創造的雄厚功力。

《四世同堂》是老舍40年代小說的代表作。《鼓書藝人》是老舍40年代末與曹禺一起應美國國務院邀請在美講學期間寫成的，由郭鏡秋譯成英文在紐約出版（1952），80年代才由英文回譯成中文重返祖國。小說以抗日戰爭時期一群由北方流落到重慶的鼓書藝人的遭遇為題材，著重寫了方寶慶和唐四爺兩個藝人之家。由藝人們的痛苦與抗爭，揭開了舊中國城市的又一個陰暗的角落，

成爲老舍所描繪的城市底層社會的生活長卷中不可或缺的組成部分之一。它樸素本色地描繪日常生活，卻又充滿了尖銳的矛盾衝突，在藝人們對舊世界、舊生活秩序的反抗、對新生活的積極尋求中，顯示了老舍從對小人物的同情或批判轉向注重他們的覺醒與反抗的重大變化。革命者形象的出現，更給老舍的作品加入了過去幾乎沒有的堅定昂揚的氣息。

老舍作爲一個傑出的長篇小說作家的地位是毋庸置疑的。雖然他自稱「才力不長於寫短篇」②，但應當說，他的爲數不少的短篇中確有一些佳作，《月牙兒》、《微神》、《斷魂槍》、《柳家大院》、《黑白李》、《上任》等作都有很高的藝術造詣或思想價值。許多短篇對人物的刻畫相當成功。

《月牙兒》是老舍根據自己被毀於戰火的長篇小說《大明湖》的主要情節改寫的。小說展示了母女兩代相繼被迫淪爲暗娼的悲劇，發出了對非人世界的血淚控訴。《月牙兒》結構精緻玲瓏，描寫精到入微。貫穿全作的「月牙兒」猶如一首樂曲的主旋律，是主人公命運的詩意象徵，具有渲染氣氛、烘托意境、組織素材、含蓄點題等多重作用，既加強了情節的韻律感，又使小說從頭至尾洋溢著一種淒清哀婉的情愫，頗有散文詩之風，其藝術魅力震撼人心，歷久不衰。《月牙兒》還顯示出老舍表現人物心理活動的功力，是新文學的短篇小說中的精品。

《微神》與《月牙兒》在表現被侮辱被損害者的精神特徵方面有相通之處。作品中的「她」與《月牙兒》中的「我」，都一樣地倔強，也一樣地閃爍著人性之美。她們在非人生活的逼壓下勇於向踐踏她們、奪去她們幸福的萬惡社會復仇。《微神》融化了現實和夢境，使之水乳交融。在以世俗生活的描寫見長的老舍小說中，它是一朵奇花。作爲老舍作品中唯一的愛情小說，《微

神》通篇籠罩著一種既眞切又空濛的似水柔情，甜美中混合著憂鬱，輕俏裡遮掩著哀傷。這種眞與夢、幻與眞的交迭，賦予作品濃郁的抒情風格。

　　老舍的短篇小說就像爲他的長篇作補充，展開了一幅幅小畫面。在這裡，縫窮的、保媒的、掌櫃、拳師、強盜、潰兵、教員、學生、刻薄的房東、虛僞的女善人、中西混合的博士……一一得到了「放大」，更清楚地把市民社會的各色人等推到讀者面前。作者不僅讚揚下層人民的人性美、人情美，頌揚他們以崇高的精神力量去戰勝傳統舊道德觀念，爲他們「一天到晚爲嘴奔命」的生的艱難而嘆息、不平，也爲一部分下層人民之間的冷漠、歧視，以至相互攻伐、殘害的歷史現象感到痛心。《柳家大院》的王家小媳婦就並非死於統治階級之手，而是在深受統治階級道德準則毒害的、與她地位相同的窮人們看熱鬧中走向絕路的。小說通過人物形象揭示出勞動人民心靈上精神奴役的巨大創傷，這是老舍這位平民出身的作家對自我的光輝超越。在《黑白李》中，老舍通過對比的藝術構思，熱誠地肯定了黑李這位革命者，說明老舍在無產階級的革命運動和革命文學影響下的某些轉變。而從基本傾向上看，老舍的短篇小說主要的仍然是對舊中國黑暗社會的批判和否定：依仗洋人欺壓百姓的惡霸（《柳屯的》），官即匪、匪即官的腐敗制度（《上任》），反動統治下混亂的社會面貌（《火車》），被人遺忘的拳師沒落的悲哀（《斷魂槍》），小市民、小知識分子的灰色生活（《馬褲先生》、《開市大吉》）……老舍的小說天地是十分寬廣的，而其主旨則是鮮明的。

　　縱觀老舍的長、中、短篇小說創作，可以看到一個似斷實續的基本主題，那就是對於民族傳統文化的反思、批判。老舍繼承了從魯迅開始的關於「國民性」的思考，在某些方面還顯出了自

己新的開拓與特色。從20年代到40年代的相當長的歷史跨度中，老舍始終熱忱地在自己的創作中堅持著多側面地探索這一重大文化問題。在《老張的哲學》、《趙子曰》和《二馬》三部最早的長篇中，老舍借著對老張、趙子曰、馬則仁等人物的描繪刻畫，就相當深入地剖析了中國國民（老張、趙子曰、馬則仁代表了不同的層面）的精神弱點，被金錢鏽損了靈魂的老張、渾渾噩噩的趙子曰、抱殘守缺的馬則仁，不僅個性都頗爲鮮明，而且由於被置放在中國民族的文化傳統之中加以表現，而顯示出一定程度的複雜性。老馬這個形象尤其值得注意，他的人生哲學是「好歹活著吧。」作者指出，這種好歹活著的混世哲學「便是中國半生不死的一個原因」③，這就刨到了民族性的一大劣根。而更爲難能可貴的是，老舍在《二馬》這篇小說中，憑藉著他對北平市民的了解和在英國留學的所見所感，獨具匠心地在老馬和小馬新舊兩代人的對比之外，又精心安排了馬氏父子與英國人溫都、瑪麗母女的橫向的不同民族文化性格、心態的對比，這就把中國國民性的解剖放進了世界民族之林這個大手術室中，具有宏闊的視野，也從獨特的角度對中國傳統文化進行了嶄新的透視。這種探討在現代文學史上幾乎只有極少數人（如林語堂）嘗試過。它爲「國民性」問題的思考率先找到了一個迥異的參照系，顯示了老舍開闊的文化意識，這是老舍獨闢的蹊徑，後來在《小坡的生日》中還有不同音色與形式的回響。而在《貓城記》這部帶點荒誕色彩的小說裡，老舍的「國民性」沉思曲中響起了變奏，雖然某些地方有點走調，但痛快淋漓。在「貓國」這個「異城」中，讀者處處可以發現中國社會現實、中國傳統文化母體身上的毒瘤，其剖析達到了相當深入的地步。《離婚》重又直面現實，把小市民的庸俗無聊、蒼白空虛與官府衙門的黑暗腐敗連結在一起，痛加排

擊。這是老舍對市民性格及造成這類性格的思想文化傳統反思的
碩大結晶。表現了作者的民族文化批判意識已經達到自覺的程度，
因而具有界碑意義。《駱駝祥子》、《月牙兒》等轉換了解剖對
象，填補了過去小說創作中的空白，對底層貧苦市民的熱情而極
具痛惜之情的關注，形成了文化批判的別一側面，深入到了抨擊
社會制度的層次。立體的、全方位、多系列的《四世同堂》表達
了老舍希望在民族戰爭的烈火中清算歷史遺傳病的新的思想高度，
滿懷著對民族性更新的信念。老舍是繼魯迅之後，堅持不懈地反
思民族傳統、以文化批判意識著稱的傑出作家。

　　以北京市民社會爲中心，是老舍爲自己的文化批判所開拓的
領域，他也因此而被稱爲「北京市民社會的表現者與批判者」④。雖
然在他的創作系統中不乏其他地域的穿插，但北京市民社會的芸
芸眾生確實撐起了老舍小說的巍峨大廈。老舍生於北京，長於市
民階層，這種新文學作家中少有的出身和經歷，是他作爲文學家
的極大幸運。中國人的國民性在市民階層中體現得相當充分與全
面，而北京又是保存中華民族傳統文化最爲典型、最爲突出的文
化古城。從某種意義上說，老舍的小說只有一個「主角」，那就
是北京。對北京的熱愛，對北京風俗人情和平民生活的稔熟，使
老舍的創作如魚得水、左右逢源。據統計，在老舍的作品中出現
過二百四十多個眞實的北京地名，其中大多集中在北京的西北角
（老舍的出生地就在其中）⑤。作爲北京人的老舍，自然對北京
口語（包括下層勞動人民的口頭語）很熟悉、有感情，加之留意
加工，提煉精粹，於俗白中求精工，眞正「燒」出了白話的香味，
也就是響脆曉暢、俗不傷雅的京味兒。老舍作品鮮明強烈的京味
兒在思想內容與語言形式的統一融合中獲得精湛自然的完美表達，
這不是一般的運用方言土語的那種淺表層次的追求所能達到的，

它最終來源於北京人老舍對北京深刻的理解與情愫。京味兒之於老舍，還「包含了滿族素質與旗人文化的內容」⑥，具有深廣的蘊含。

老舍所受的平民社會市井氣息、皇城帝都文化氛圍的薰陶，與他從母親那裡得來的遺傳，以及英國作家狄更斯等人的影響，結合在一起，爲他的文化批判找到了一種最爲適宜、含蘊豐富的、獨具一格的老舍式的幽默感。最初，老舍得益於狄更斯、康拉德等西方小說家。1924年老舍經推荐赴英國倫敦大學東方學院任中文講師。在英國，他由讀英法小說而懂得寫小說，「英國的威爾斯，康拉德，美瑞地茨，法國的福祿貝爾與莫泊桑，都佔去了我很多時間」⑦。老舍說：「設若我始終在國內，我不會成了個小說家——雖然是第一百二十等的小說家」⑧。《老張的哲學》、《二馬》的對市民社會與人物類型的取材與現實主義筆法顯然受到狄更斯《尼古拉斯·尼古爾貝》、《匹克威克外傳》與康拉德小說的影響。《匹克威克外傳》中「流浪漢」式的諷刺小說模式在《老張的哲學》中清晰可辨。狄更斯的俏皮、諷刺，康拉德的新奇敘述方式，被老舍吸取。他閱讀了大量世界文學名著後，確認「世界上最好的著作差不多也就是文字清淺簡煉的著作」⑨，小說語言的洗練、平易、機智、俏皮風趣與地方風味成爲老舍創作追求的目標。他尤其欣賞狄更斯等英國小說的幽默諷刺。老舍幽默的形成，同他曾較長期生活於英國文化氛圍中，受英格蘭文化影響有關，甚至影響到老舍的人格與處世心態。老舍把幽默看成是一種「心態」、一種生命的潤滑劑。他的幽默格調多樣，具有幾重性。既有溫厚的同情，又有峻厲的諷刺，視不同對象有所倚重。大體說來，對下層貧民與某些小人物（如《二馬》中的老馬、《老張的哲學》中的趙姑母、《趙子曰》中的趙子曰、《斷魂槍》

中的沙子龍、《四世同堂》中的祁瑞宣），他的嬉笑唾罵的筆墨
後面，不無辛酸、苦澀，有作者的正義感與溫暖的心，有時甚至
使人覺得沉重；而面對老張（《老張的哲學》）、張大哥（《離
婚》）、冠曉荷、大赤包（《四世同堂》），這些市儈、蛆蟲、
無賴、漢奸，他的筆端噴出了無情的憤火，在笑聲中充滿快意。
如果說早期的兩部長篇有點鋪排，誇張有失節制，還是「爲幽默
而幽默」；《二馬》則有所控制，是透出了靈氣的幽默，標示出
老舍的幽默風格趨於形成。《二馬》發表以後，他曾一度「故意
禁止幽默」，卻又發現藝術個性有可能失落，乃立意「返歸幽默」，
但已不再追求表面的笑料，使幽默「出自事實本身的可笑」，這
便有了標誌著他幽默風格成熟的《離婚》。30年代老舍在大學教
授文學概論與西方文學，接觸到俄羅斯文學，他受到果戈理、契
訶夫那「含淚的笑」的諷刺藝術的影響，還有福樓拜、莫泊桑小
說藝術的悲劇味。老舍筆下的幽默就以悲喜劇交融的形式、諷刺
與抒情的滲透，取得了笑中有所思的藝術魅力。老舍是中國現代
小說史上最有成就的幽默小說家。

第二節　《駱駝祥子》

　　長篇小說《駱駝祥子》最初連載於《宇宙風》雜誌（1936
年9月～1937年10月），1939年首版單行本。這是作者「作職業
寫家的第一炮」⑩，老舍自述，好比譚叫天唱《定軍山》，《駱
駝祥子》「是我的重頭戲」⑪。

　　長篇小說《駱駝祥子》的主要藝術成就是人物典型的成功塑
造，尤以祥子和虎妞最爲突出。

　　祥子作爲小說的主人公，是作者著墨最多的人物。他的經歷

與近代中國因農村破產而成批湧入城市的赤貧農民相似，因而頗具代表性。在祥子的不幸遭遇中，作者突出了他的性格的刻畫，體現了強有力的悲劇意味，這是通過主人公「精進向上──不甘失敗──自甘墮落」的命運三部曲展開的。小說開頭，祥子初到北平，懷抱著尋求新的生路的希望，開始了他的個人奮鬥史。這棵從鄉野的泥土中生長起來的「樹」，「堅壯、沉默、而又有生氣」，簡直就是希望的象徵。他年輕力壯，善良正直，樂於幫助與他命運相同的窮人。他堅韌、頑強，風裡雨裡地咬牙、飯裡茶裡地自苦，追求自己的生活目標，用孤苦的掙扎編織著美麗的夢想。他自信、自尊，鄙棄一班洋車夫的淪落。這時候的祥子，事業是積極的，形象是可愛的，作者對他也不吝讚揚之辭。

在小說的展開部分，祥子連遭厄運。這主要可以分為事業上的買車與個人生活上的娶妻兩方面。就前一方面說，是他積極地、千方百計地追求的，後一方面則是他避之唯恐不及的。然而命運的安排卻是他追求的（車）不可得，他躲避的（妻）被強加。買車與娶妻這兩方面，在願望與事實上恰恰掉了個個兒，這不能不說是祥子的失敗。儘管如此，面對著失敗，祥子不甘俯首認輸。他在可能的範圍裡，對於虎妞強加於他的性糾纏作了一定程度的反抗、掙扎，還迫使虎妞為他買了一輛車，即使他已經陷入了虎妞的圈套，他仍然不改自己做一個獨立勞動者的初衷，不願依靠虎妞的經濟優勢，在老婆手裡討飯吃，更不願受她的鉗制。所有這些，都表明祥子在命運的捉弄面前不甘失敗，竭力掙扎、抗爭的生活姿態。至此，祥子的形象仍然是使人同情，甚至令人起敬的，作者抱的也是悲憫的態度。

當虎妞病亡、祥子為葬妻不得不再次賣掉車子，此生已不復再有希望買車，又得知自己的意中人小福子也已不在人世的時候，

祥子終於不堪這最後的沉重一擊，再沒能站起來。長久以來潛藏在他人性下的野性、獸性，惡性發作。他吃、他喝、他賭、他懶、他狡猾、他掏壞、打架、佔便宜，為了幾十個大洋出賣人命，甚至連原來作為立身之本的拉車，他也討厭了。他形容猥瑣，舉止骯髒，如同行屍走肉。殘酷的現實扭曲了他的性格，吞噬了這個一度有著頑強生存能力的個人奮鬥者。昔日「體面的，要強的，好夢想的，利己的，個人的，健壯的，偉大的」祥子，成了「墮落的，自私的，不幸的社會病胎裡的產兒，個人主義的末路鬼！」祥子的遭遇是一個浸透了血淚的悲劇。在把這一切歸罪於萬惡的舊社會、惡勢力的同時，老舍的筆也毫不留情地對祥子的自甘墮落給予了尖銳的批判。作者清醒地意識到，祥子的命運悲劇具有警世的力量。

從客觀方面說來，造成祥子悲劇的原因主要有兩方面：一是把人變成鬼的舊社會的逼迫。祥子想自己買一輛人力車的願望，正像農民想擁有土地一樣，只不過是一個獨立的勞動者的最低願望，然而這一正當的願望在那個社會裡卻似乎成了奢望。祥子歷盡艱辛，飽嘗委屈，三起三落，欲獨立自主而終不可得，是因為他面對著一個強大的、罪惡的、病態的社會。人力車夫祥子只能成為這個病態社會的犧牲品。他不可能以一己之力（儘管這力量曾經迸發出多麼絢麗的火花）與這個黑暗社會抗衡，而這個社會卻把他從「人」變成了「鬼」——個人主義的末路鬼。二是車廠主女兒虎妞的誘騙。祥子的生活理想與虎妞的生活理想毫無共同之處，存在著尖銳的衝突。他們的婚姻是沒有愛情的「強扭的瓜」，有的只是虎妞對於祥子的性欲要求；對於祥子來說，虎妞的糾纏不啻是一種災難。這是一個資產者的醜女引誘與腐蝕（精神與肉體二方面的腐蝕）無產者的強男的悲劇。就作品的深層意蘊來看，

「祥子與虎妞」比「祥子與駱駝」具有更重要、也更內在的意義，構成了這部作品的基本情節線。在造成祥子悲劇命運的過程中，虎妞的介入無疑是不可忽視的重要因素，也顯示了作者對於城市底層社會生活中特有的粗鄙醜惡場景有豐富的知識，對於下層市民內心的痛苦有細緻的體察。

　　顯示老舍這部卓越長篇小說現實主義藝術深刻性的，還在於作者能從祥子自身發掘其悲劇的主觀方面的因素，寫出了生活對他的限制，揭示了他思想上的局限與性格心理上的弱點。祥子與生俱來的小農意識、狹隘的眼光，尤其是他的個人奮鬥的思想，是造成他悲劇主觀因素中最根本的一點。祥子不可能看清當時社會的本質，也沒有認識到個人奮鬥不是勞動人民擺脫窮困的求生之路。事實上，企圖僅靠自己個人的奮鬥不但不能改變一個人力車夫的命運，反而使他像跋涉在泥淖中一樣越陷越深，不能自拔。在祥子周圍的其他人身上，本來也已經提供了「此路不通」的前車之鑑，老馬也曾經擁有自己的車，到頭來還不是貧病交加，無法生活下去？祥子的悲劇恰恰在於：他從一開始就執著地自以為只要拚命苦幹，就可以改變自身的命運，長時期中他一直執迷不悟。很顯然，祥子的悲劇是對普通勞動者在當時社會中個人奮鬥道路的徹底否定。

　　其次是祥子個人性格上心理上的弱點，比如在接踵而來的打擊面前逐漸滋生的自暴自棄，在把握自己上他也缺乏足夠的自制能力，在虎妞影響下他的生活態度的某些改變，也是他走向深淵的原因之一。祥子婚前還力圖堅執自己的生活追求，而結婚之後，雖仍思抗爭，但也只剩招架之功。他曾經企圖反抗命運卻最終屈從於命運的安排，他曾經對虎妞干預他的生活目的的企圖有所抵制卻最終受制於她。最後在虎妞身亡、小福子自盡以後，他的理

性徹底泯滅，他的精神支柱徹底崩潰，終於自我放縱，跌入了流氓無產者之列。

祥子的悲劇，是強者沉淪的悲劇，是性格和命運的悲劇。它真切地展現了一個不該毀滅者的滅亡的全過程，具有典型的悲劇意義和深沉的悲劇力量。這是《駱駝祥子》在藝術上取得的主要成就。

虎妞在小說中兼有雙重的身份：車廠主劉四的女兒，人力車夫祥子的妻子。她的性格是在她與劉四和祥子的複雜關係中凸現出來的，因此也顯得頗爲複雜。剝削者的女兒與被剝削者的妻子，這似乎是矛盾的兩面兼於一身，使虎妞的性格呈現出二重性：一方面，她沾染了剝削階級家庭傳給她的好逸惡勞、善玩心計和市儈習氣，她缺乏教養，粗俗刁潑；另一方面，她被父親出於私心而延宕了青春，心中頗有積怨，直至鬧翻。她對愛情與幸福的追求長期被壓抑，身受封建剝削家庭的損害，心理也因之變態，虎妞是劉四的另一種壓迫對象和犧牲品。在她與祥子的婚姻問題上，她並不是真的甘心作一輩子車夫的老婆，而是在很大程度上企圖把祥子也拉上她理想生活的軌道：放棄勞動，做一個靠出租洋車來剝削他人的車廠主。當然，虎妞對於祥子，不能說沒有一些感情，也不能說這種感情都是虛僞的。祥子也得到過她的關心——一種虎妞式的、近似粗野的「疼愛」；而更多的，是她那種畸形的、祥子所接受不了的性的糾纏與索取，這是完全從她自身的需要出發，甚至也可以說，就是對祥子心靈與肉體兩方面的摧殘，她害了祥子。如果說她的初衷還沒有這樣明確的意識，而越到後來，她卻是有意無意地把祥子當做她的獵獲物了。那個不合理的社會和剝削家庭造成了她的不幸，而她介入祥子的生活，又造成了祥子身心崩潰的悲劇結局。虎妞是祥子向上進取的阻力和障礙，

是導致祥子走向墮落的外在原因之一。

　　《駱駝祥子》還展示了生活在祥子周圍的下層社會的小人物群像：老馬祖孫、二強子、小福子、綽號「白面口袋」的妓女等等，他們構成了祥子悲劇的深廣背景，給祥子的悲劇提供了更多的現實根據。其中小福子的形象尤為令人難忘。她與祥子之間有一種純真的感情，但卻終未能成為眷屬。母親去世以後，她為了養活酗酒的父親和年幼的弟弟，被迫嫁給一個軍官，又遭遺棄而淪為暗娼，最後冤死在白房子（妓院）裡。她曾受到虎妞的侮辱，卻不與之計較。她盡心盡意，對祥子懷著相濡以沫的情意。她的悲慘遭遇，對於祥子的悲劇命運是一個重要的延伸與補充，從另一側面展示了祥子的人生悲劇。

　　與小說展現主人公的悲劇命運這一中心內容相適應，《駱駝祥子》的結構是以祥子遭遇的一系列事件為主幹，一線串珠地組織構思，安排情節，顯得不枝不蔓、緊湊集中，落筆謹嚴，布局妥貼，使祥子的性格在廣闊的社會環境和人際關係中得以充分展開。以祥子的「三起三落」為發展線索，以他和虎妞的「愛情」糾葛為中心，兩相交織，單純中略有錯綜。既通過祥子與周圍人的關係，把筆觸伸向更廣大的不同階級、不同家庭的生活之中，真實地、較為全面地反映了當時社會的黑暗景象，又借此自然地揭示了祥子悲劇的必然性與社會意義。

　　在人物（特別是祥子）性格的塑造上，小說善於用豐富、多變、細膩的手法描寫人物的心理活動和心理變化。契訶夫刻畫小人物在平庸瑣碎凝滯的人生中的「幾乎無事的悲劇」藝術，尤其是陀思妥耶夫斯基對卑瑣人物的病態心理的精細剖析，這樣「殘酷的天才」對灰色人物的善惡交織、變態扭曲心靈的透視，都被老舍糅和進了對祥子形象塑造與心理刻畫中。而《駱駝祥子》的

心理描寫又是緊緊結合人物的行動與故事情節的，不像陀思妥耶夫斯基般的沉悶凝重陰沉。祥子的個性沉默、堅韌乃至木訥，心理描寫就補充了祥子不善言語（在整部作品中，祥子的話都不多，每次說話又很簡短）所留下的空白。尤其是祥子對於車的感情，就主要是通過在不同情況下祥子對於車的「態度」生動反映出來的。第一次買車時，他手哆嗦得厲害、幾乎要哭出來，這是以動作、情狀寫心理。買車的錢被孫偵探敲詐搶走以後，他攥緊了拳頭，說了一句話：「我招誰惹誰了？」這是從語言寫心理。有時則是通過作者直接的剖析，托出祥子心理的變化，在祥子眼看自己無法實現理想的時候，作者寫道：「對於車，他不再那麼愛惜了，」這表現出祥子對生活失望的心理。也有通過別人的眼睛觀察祥子見出他的心理的，也有借助於祥子眼中景物的變化來襯托心理的，手法多樣，真切生動，充分表現出老舍對北平洋車夫生活的深入透徹的洞察與理解。虎妞的心理描寫也很逼真，她對於劉四，又拉又抗，她對於祥子又騙又哄，玩夠了心計，寫得極為細膩、準確，使這個人物栩栩如生，個性十分鮮明。在老舍的解剖刀下，劉四的卑鄙自私、奸滑陰險，既要留住虎妞，又有點怕她；既不喜歡祥子做他的女婿，又不敢趕走他，那種微妙的矛盾心理都描寫得入情入理，筆墨不多而效果頗佳，足見老舍善於觀察人物、刻畫人物心理的藝術功力。

鮮明突出的京味兒，是《駱駝祥子》的一大特色。駱駝祥子及其周圍各種人物的描寫被置於一個老舍所熟悉的北平下層社會中。從開篇對於北平洋車夫「門派」的引言、到虎妞籌辦婚禮的民俗的交代，從對於北平景物的情景交融的描寫到駱駝祥子拉車路線的詳細敘述，都使小說透出北平特有的地方色彩。小說寫祥子在混亂的軍營中順手牽走幾匹駱駝，賣得了一些錢而後走到北

平城郊的時候，對故都那種平和、安謐的景物描寫，很好地襯托
了祥子此時的心情。在烈日與暴雨下拉車的祥子，對瞬息間變化
莫測的大自然的感受，既切合北平的自然地理情況，又與祥子這
個特定人物的身份相一致，表現出作者對故鄉瞭如指掌的熟諳和
駕輕就熟的描寫技巧。

　　京味兒還強烈地體現在小說的言語上。老舍融化了狄更斯、
契訶夫、莫泊桑、歐·亨利等小說語言的幽默、洗練、優雅，形
成了他從生活中提煉出來的獨具文化色彩的語言，他那通體光潤
圓澤中透露出的「斯文」、「雅謔」的「京味」，是從悠久歷史
與文明中所孕育出來的民族文化的智慧與外觀。老舍採用經他加
工提煉了的北京口語，生動鮮明地描繪北京的自然景觀和社會風
情，準確傳神地刻畫北平下層社會民眾的言談心理，簡潔樸實、
自然明快，文字「極平易，澄清如無波的湖水」又「添上些親切，
新鮮，恰當，活潑的味兒」⑫。老舍來自平民，他對學習中國民
間通俗藝術保持濃厚的興趣，並寫了鼓詞、戲曲，掌握了許多民
間語言藝術精華。據電腦統計，《駱駝祥子》全作近11萬字，只
用了2400多個漢字，出現頻率最高的都是常用字。認識621個字、
相當於小學高年級水平的讀者就可以通讀這部傑出的文學名著⑬。他
還善於有選擇地使用北京土語，增加語言的地方風味，比如寫祥
子身體「挺脫」、「硬棒」，寫劉四是個「放屁崩坑兒的人」，
祥子窮途末路，病體奄奄地為人家作喪事時，「在馬路邊上緩緩
的蹭」，曹先生家的女佣稱讚祥子是「老實巴焦」，都是取自北
平人的唇舌，又符合人物的身份、個性、教養。虎妞引誘祥子時
的一番話，更是聞其聲如見其人，使虎妞這個老處女、這個車廠
主女兒的潑辣、粗俗又工於心計的性格躍然紙上。可以說《駱駝
祥子》中的人物語言，都是個性化了的。作品的敘述語言也多用

精確流暢的北京口語，既不夾雜文言詞彙、也不採用歐化句法，長短句的精心配置與靈活調度，增加了語言的音樂感，在老舍手裡，俗白、清淺的北京口語顯示出獨特的魅力和光彩。作品在情節交代和人物介紹時，筆墨省儉，表現力強。在寫到劉四這個流氓無賴的經歷和性格時，小說裡敘述道：「年輕的時候他當過庫兵，設過賭場，買賣過人口，放過閻王賬，」「在前清的時候，打過群架，搶過良家婦女，跪過鐵索」，以結構相似而長短不一的句式，每句話裡都包含著豐富的內容，又都極為平易俗白，不假雕飾，為人物勾畫出一幅精彩的畫像。客觀敘述與主觀剖白的水乳交融，使《駱駝祥子》在平靜的外界景物襯托下寫活了人物的內心活動、心理波瀾。與虎妞結婚以後的祥子，漸漸地連拉車也厭惡了：「原先，他以為拉車是他最理想的事，由拉車他可以成家立業。現在他暗暗搖頭了。不怪虎妞欺侮他，他原來不過是個連小水桶也不如的人。」像是作者的敘述，又像是祥子心中的思量，二者有機地結合在一起。小說中那段關於烈日和暴雨的描寫，也同樣可以說就是祥子心中的感受。

《駱駝祥子》的語言造詣，充分表現了老舍是一位致力於民族化與大眾化的語言藝術大師。

【注　釋】

① 老舍：《「五四」給了我什麼》，《解放軍報》1957年5月4日。

② 老舍：《老牛破車》，《老舍文集》第15卷，人民文學出版社1990年版。

③ 老舍：《二馬》，《老舍文集》第1卷，人民文學出版社1989年版。

④ 趙園：《老舍——北京市民社會的表現者與批判者》，《論小說十家》，浙江文藝出版社1987年版。

⑤　舒乙：《談老舍著作與北京城》，《文史哲》1982年第4期。

⑥　樊駿：《認識老舍》，《文學評論》1996年5、6期。

⑦　老舍：《讀與寫》。

⑧　老舍：《我的創作經驗》，《老舍文集》第15卷，第291頁，人民文學出版社1990年版。

⑨　老舍：《我怎樣學習語言》，《老舍文集》第16卷，第285頁，人民文學出版社1991年版。

⑩　老舍：《我怎樣寫〈駱駝祥子〉》，《老舍文集》第15卷，第205頁，人民文學出版社1990年版。

⑪　轉引自亢德：《本刊一年》，《宇宙風》第25期。

⑫　老舍：《我怎樣寫〈駱駝祥子〉》，《老舍文集》第15卷，第208頁，人民文學出版社1990年版。

⑬　據黃俊杰等《利用微型電子計算機（電腦）對〈駱駝祥子〉進行語言自動處理》一文，轉引自曾廣燦《老舍研究縱覽》。

第五章　三十年代小說㈢

第一節　巴金創作道路

　　巴金（1904年～　　），原名李堯棠，字芾甘，「巴金」是他1928年寫完《滅亡》時開始使用的筆名。巴金出生於四川成都一個封建官僚地主家庭。他的曾祖做過縣官，曾著有《醉墨山房僅存稿》一卷，祖父也做過九年官，刊印過一冊《秋棠山館詩抄》，父親李道河，曾任四川省廣元縣知縣。童年時代的巴金基本上是在一種充滿「父母的愛，骨肉的愛，人間的愛，家庭生活的溫暖」①的環境中度過的。他的母親陳淑芬，是他童年時代的第一位先生，「她很完滿地體現了一個『愛』字。她使我知道人間的溫暖，她使我知道愛與被愛的幸福。她常常用溫和的口氣，對我解釋種種的事情。她教我愛一切的人，不管他們的貧或富；她教我幫助那些在困苦中需要扶持的人；她教我同情那些境遇不好的婢僕，憐恤他們，不要把自己看得比他們高，動輒將他們打罵」②。這種「愛的教育」實質上已帶有一定程度的民主及人道主義的色彩，它使巴金幼小的心田裡從此埋下「博愛」的種子，對巴金後來的思想發展起了重大的啓蒙作用。1914年母親的病逝與1917年父親的病故，這兩件事對巴金來說，是他人生道路上的一大激發。父親的死「使這個富裕的大家庭變成了一個專制的大王國。在和平的、友愛的表面下我看見了仇恨的傾軋和鬥爭；同時在我的渴望自由發展的青年的精神上，『壓迫』像沉重的石

塊重重地壓著」③。這些壓迫主要來自陳舊的封建家庭觀念以及長輩的威權。在這虛僞的禮教的囚牢中，巴金看到了自己的兄弟姐妹在掙扎、受苦以至死亡。於是，他心中燃起了「憎恨」的火苗。「接著『愛』來的就是這個『恨』字。」④年輕巴金的目光從僕人、從自己同輩人的不幸遭遇中，開始投向了社會，並從家庭的專制想到了社會的腐朽。同時我們也應看到，巴金後來的世界觀中的長處和弱點也都孕育在現在的胚胎之中：他在很多文章裡曾經反覆訴說過自己內心的「矛盾」，其實這在他幼年、童年、少年時期就已經以萌芽狀態出現了。不論後來產生的諸如制度與人的矛盾，思想與行爲的矛盾還是理智與感情的矛盾等等，這一切都是從「愛」與「恨」這一對基本矛盾中派生出來的。

　　五四運動爆發，喚醒了巴金。各種廣泛傳播的「主義」與思潮，在巴金眼前展開了一個嶄新的世界，而最先打開少年巴金心扉的就是克魯泡特金的政論《告少年》與廖·抗夫的劇本《夜未央》。《告少年》的作者克魯泡特金是19世紀70年代無政府主義思想家，巴金由於受到他的啓蒙而對他的人格以及他的全部著作推崇備至，從此巴金開始研究起安那其主義；而《夜未央》描寫的是俄國民粹主義者的革命鬥爭的生活，巴金對他們的爲人民解放而不惜犧牲自己生命的大無畏英雄氣概極爲欽佩，從此他就大量地閱讀了俄國革命民主主義者及民粹主義革命家的傳記與著作，這就使巴金早期思想中民粹主義的思想內容得到了加強。由此也產生了無政府主義與革命民主主義的「矛盾」。對於巴金早期世界觀中的這種「矛盾」現象，1949年以來理論界對此的認識和評價有過一個發展過程。50年代中期，揚風在《巴金論》中率先提出這個問題，把巴金的前期世界觀解釋成「革命民主主義」，指出，「巴金與無政府主義思想，無論是那基本的立足點，或其

他的政治觀點，那差別都是涇渭分明的。巴金所接受的只是無政府主義那些一般的抽象的思想影響，即反對一切束縛，無論是政治的、經濟的或道德上的；要求個性解放，即那『萬人享樂的新社會』。……這些思想影響大大地加強了和鼓舞了巴金反對舊制度舊禮教的信心和勇氣，幫助了巴金民主主義思想的發展和鞏固。所以，巴金把他的全部鬥爭鋒芒指向封建主義和帝國主義，而不是指向中國共產黨人；所以，巴金一直是中國共產黨人的朋友，而不是敵人」⑤。揚風的觀點很快就在1958年的「拔白旗」運動中遭到批判。1976年之後理論界對此問題重新審視，提出過一些更為科學的判斷，諸如，對巴金早期世界觀中那真正是屬於無政府主義的部分，應該給予具體分析和實事求是的評價。巴金早期世界觀實質是「把革命民主主義的內核裏藏在無政府主義的外衣之中」，「雖然他早期世界觀中有反動成分，但那革命民主主義的戰鬥精神卻是深深扎根在他的內心深處。由於我國反封建的任務相當艱巨，持續的時間又相當長，這就給他的熱情提供了一個廣闊的時間和空間。隨著歷史的發展，他的思想也更加成熟，而一個真正的民主主義者是能夠更容易地理解共產主義的。」⑥正由於巴金對我國進行民主革命的歷史任務有著深刻的理解，因此也就解釋了那屬於巴金創作風格所特有的火樣熱情何以歷久而不衰的原因。

　　1923年，巴金從家中出走，離開閉塞的四川來到上海、南京求學，1927年，為了進一步對無政府主義進行「深的研究」，巴金赴法國留學。旅法期間，國際國內發生的兩件大事給予巴金很深的刺激。一是國內北伐戰爭的勝利成果被葬送，使他陷入內心極度痛苦之中，他感到「生活完全失了目標」，「雙腳踏進那不可挽救的深淵裡去。」⑦另一件對巴金有重大影響的事件是，

1927年7月，兩個被美國政府誣陷犯有搶劫行凶罪的義大利工人，無政府主義者薩柯和樊塞蒂被宣判死刑。樊塞蒂的人道主義思想以及對人類未來社會的堅定信念曾給巴金以極大的鼓舞。他們的被處死這一嚴酷的階級鬥爭現實，和巴金頭腦裡所接受的那些思想發生了尖銳的矛盾，在極度痛苦之中，巴金開始了他那方式獨特的探索活動，他的第一部中篇小說《滅亡》就誕生在這樣的時刻。

巴金最早的創作始於發表在1922年7月至11月《文學旬刊》（《時事新報》副刊）和1923年10月《婦女雜誌》上的一些新詩和散文。《滅亡》的出世標誌著作家文學生涯的正式開始。小說反映的是1926年左右北伐戰爭之前軍閥孫傳芳統治下的上海的生活。作品從第一章開始就以陰沉的筆調刻畫了一幅階級對立的血淋淋的圖畫，在這個背景上，作者塑造了一個恨人類的主人公——杜大心。他有強烈的正義感，有無畏的獻身精神；他早年由於愛情生活的不幸離開了家，並「參加了社會主義的革命團體」。人民的苦難與個人的不幸齊集一身，使他變得異常陰鬱、孤僻。在一次偶然相會中，他愛上了朋友李冷的妹妹李靜淑。然而他所信奉的革命「宗教」卻是不容許他去談情說愛的，這就使他陷入了更深一層的痛苦之中。他平時從事工會革命工作，與他最為相投的是工會辦事員張為群。然而就是這樣一個熱心為群眾效力的好青年，卻在一次運送傳單的過程中被捕犧牲了。張為群的死使杜大心深感憤怒和內疚，他決心為朋友報仇，去刺殺戒嚴司令。然而刺殺未遂，他反而掉了腦袋，在他死後，李靜淑繼承了他的遺志，成功地組織了工人的罷工。

《滅亡》發表後，在當時尋求進步的青年讀者中間激起很大反響⑧。在杜大心身上，最突出的特點是「恨人類」，某些論者

認爲這便是「宣揚極端的個人主義」的典型特徵。其實這種「恨人類」的思想僅僅是作家面對著反革命陣營的瘋狂反撲所激起的無比憤懣、「絕望」的情緒。作品詳細表現了這個「恨人類」思想的成因。首先，它是植根在「人類愛」的思想之中的。杜大心的前後兩首不同的詩《撒旦的勝利》與《一個英雄底死》表現了憎與愛的兩種截然對立的態度。杜大心解釋說，「在我，這都是從一個共同點出發的」。那麼何以會由愛成恨？原因之一就是，殘酷的階級壓迫的現實使杜大心對「愛」產生了懷疑，特別是他發覺這種「愛」的理論過去在某些人的嘴裡分明含著欺騙的成分。第二個原因就是杜大心對群眾的不覺悟感到痛心和失望。在作品中，我們多次看到對落後群眾的描寫。其次，應該看到，杜大心的「恨人類」思想實際上是有著不很明確但又頗爲實在的階級內容的，因爲他所恨的基本上全是剝削者。因此這種「恨人類」的思想雖然被巴金表述得不準確，但基本上還是正確地反映了作者一種階級意識的新覺醒。明乎此，再來看《滅亡》的主旨，顯然不在於宣傳安那其主義，而「恰恰表現了作者在嚴酷的階級鬥爭歷史事實的教育下世界觀中產生的一個進步」⑨。

　　「《滅亡》當然不是一部成功的作品」，巴金自己這樣說過。然而，在巴金的創作中卻自有它的重要意義，它已經表現出巴金小說創作的某些基本特色。誠如作家所說，「我寫的是感情，不是生活」⑩，因此巴金早期作品中大多是作者感情的直接或間接的傾訴；作品並不注重人物個性的刻畫，對環境也只作一般的描寫，情節線索簡單，未跳出「革命＋戀愛」的公式，寫景大多帶有象徵色彩。所以說，它的創作方法還不是充分現實主義的。此外，值得注意的是，在藝術特色上，巴金已經在他的處女作中顯示了自己心理刻畫的技巧，包括運用「意識流」這種表現手法。

　　1928年底，巴金離法回國，仍然居住在上海。從1929年到
1949年底，他一共創作了18部中長篇小說，12本短篇小說集，
16部散文隨筆集，還有大量翻譯作品。在這當中，中長篇小說無
疑代表著巴金1949年前創作的主要成就。比較著名的有：《滅
亡》（1929），《死去的太陽》（1931），《家》（1933），
《愛情三部曲》包括《霧》（1932）、《雨》（1933）、《電》
（1935），《春》（1938），《秋》（1940），《火》的第一
部（1940）和第二部（1942），還有《憩園》（1944），《第
四病室》（1945），《寒夜》（1947）等。巴金本人在談到自
己的創作時，曾經使用過「前期」和「後期」的概念。在前期創
作中，巴金自己所喜愛的是總題爲《愛情三部曲》的三個中篇，
他曾說過這樣的話：「我不曾寫過一本叫自己滿意的小說。但在
我的二十幾部文學作品裡面卻也有我個人喜歡的東西，例如《愛
情三部曲》。我的確喜歡這三本小書。這三本小書，我可以說是
爲我自己寫的，寫給自己讀的。我可以毫不誇張地說，就在今天
我讀著《雨》和《電》，我的心還會顫動。它們使我哭，也使我
笑。它們給過我勇氣，也給過我安慰。」⑪《霧》寫於1931年夏
天，主人公周如水是一個傾向革命的新青年，但是由於封建思想
觀念的束縛與優柔寡斷、軟弱的性格特點，他於患得患失中自編
自導了一齣愛情悲劇。《雨》中的主人公吳仁民屬於某個「革命
組織」裡的成員。作品以較大篇幅描寫他與兩位女性的愛情糾葛，
並在其中穿插著幾位革命者之間圍繞革命道路的問題展開的爭論。
《雨》中所寫的愛情仍是悲劇性的，甚至有點悲壯的色彩，而革
命者所面臨的車爾尼雪夫斯基式的「怎麼辦」問題，仍然未有解
答。《電》是整個《愛情三部曲》的總結。如果說《霧》裡人物
在動搖著，《雨》裡人物在矛盾著，那麼在《電》裡人物則開始

懂得冷靜地行動。在《電》中，巴金讓革命與反革命的搏鬥白熱化，圍繞著 E 城開展鬥爭的敵我雙方，實際上就是革命者與國民黨方面的縮影。整個 E 城的最高統治者是一個新的軍閥旅長，反抗他的革命青年也都全部出場。所以巴金後來說：「《電》裡面的主人公有好幾個，而且頭緒很多，它很適合《電》這個題目，因爲在那裡面好像有幾股電光接連地在漆黑的天空中閃耀」⑫。作品以吳仁民從 S 地來到 E 城開始，引出了女主人公李佩珠。在她身上集中了作家關於革命者的理想。在經過一系列挫折之後，她終於成熟起來，並和吳仁民產生了眞正的愛情。

　　《愛情三部曲》的重要性在於：它是巴金早年對「革命」這一重大的社會問題進行痛苦緊張而又持久思索的總結，它是作家早期世界觀的形象化的展現。作品探索了革命的戰略、戰術、方式、道路，思考了革命者的人生觀、政治觀以及他們對友誼、婚姻、愛情、家庭等多方面的態度，涉及問題異常廣泛，因此是一部巴金心目中所認爲的革命者的「生活教科書」。這就是爲什麼作家早年特別喜愛它的眞正原因。

　　30年代是巴金中長篇小說的豐收期，也是巴金短篇小說創作的高峰期。從1929年他寫下第一個短篇小說《房東太太》起，到1936年冬寫完《能言樹》止，短短八年期間，他一共寫下63篇短篇小說，出版了《復仇集》、《光明集》、《電椅集》、《抹布集》、《將軍集》、《沉默集》㈠㈡、《沉落集》、《神・鬼・人》和《長生塔》十個短篇小說集。在同時代作家中，如此高產是少見的。這些小說的題材非常廣泛，涉及生活面也很寬：從國外到國內，從南方到北方，用作家的話說，「不僅是一個階級，差不多全人類都要借我的筆來傾訴他們的痛苦了」⑬。這些作品雖然寫得不夠深刻，但也反映了30年代的社會現實，傾吐了

人民的心聲，起了較大的進步作用。這些短篇小說如果按題材來劃分，大致上可歸爲四類。

　　第一類作品，數量較多又頗具特色，以反映外國人民的生活爲主。這可以說是巴金的一個獨特的貢獻。把外國人的生活作爲主要內容來寫並且數量如此眾多，在中國現代文學史上，巴金要數第一人。這類作品集中在《復仇集》中。此外，《電椅集》、《光明集》中也有一部分。這些作品大多取材於1927年作家在法國的所見所聞以及1935年作家在日本的經歷，另有幾篇則是取材於在中國活動的一些外國革命者的事跡。在我們研究作家30年代中長篇小說時，可以明顯地看出，凡是他描寫國內生活的作品，主旨都在於反帝反封建，反對三座大山對人民的壓迫；而在這些反映國外生活的短篇作品中，他卻是全力以赴地攻擊資本主義制度中一切醜惡的和不合理的現象，同時表達了中國人民和世界人民那種親密無間的友誼。正像作家在晚年寫的《隨想錄》中所說的那樣：「我開始寫作時有一個願望就是追求友誼」，「我談論友誼，絕不是使用『外交辭令』，我是認眞地追求它，嚴肅地對待它。」⑭正因爲作家懷著這個出發點，並帶著「人類愛」的豐富感情，他才能在自己作品中刻畫出如此眾多的栩栩如生的外國人形象。

　　巴金在這時期創作的短篇小說的第二大類，以反映國內各階層人民的苦難生活以及他們的反抗鬥爭爲主要內容。作家視野異常廣闊，他的筆幾乎涉獵中國社會底層的各個角落。其中，反映普通勞動人民生活的作品佔最大分量。描寫農民生活的主要收在《將軍集》和《抹布集》中。當然，由於作家對這方面的生活不很熟悉，因此總的說來，並沒有取得較大的成功，但凡與作家生活有過深刻聯繫的一些農民出身的人物都刻畫得相當眞切。比如

《抹布集》中的楊嫂以及《蘇堤》中的船工，作家從他們平凡的品格以及生活中看出了他們的不平凡之處，並且拿他們與小資產階級出身的知識分子對比，從而進一步看出後者的思想差距。作家把這些普通人稱爲閃閃發光的「抹布」，表現了自己的民主思想。在反映農民生活的作品中，還有一部分是直接描寫農民組織農會與地主階級鬥爭的作品，如《還鄉》、《月夜》、《星》等。除了表現農民的生活，巴金的筆觸還涉及到煤礦工人、小公務員以及不同類型的知識分子等形象。所有這些描寫，都表現了一個共同的主題：人民在掙扎，人民要反抗。透過它們，我們看到了30年代中國一幅慘淡而又嚴峻的圖畫。

巴金同期短篇小說的第三大類作品是童話，它們收在《長生塔》中。一般說來，童話可以直接作爲一種文學體裁單列爲一類，然而，巴金的童話有一些並沒有多少兒童文學的特點，它只是作家爲了便於對社會現實表達自己的看法而借助的一種形式，因此對孩子們並沒有多少藝術魅力。比如，《長生塔》中讓孩子吃人肉的情節，兒童們看了不僅會害怕，而且也不一定能讀懂。巴金在《長生塔》序言裡曾這樣表達自己寫這些「童話」的眞實目的：「我勉強稱它們爲童話，其實把它們叫做『夢話』倒更恰當」。其實它是「政治譴責小說」的變種。

巴金短篇小說的第四大類則是反映法國大革命的作品，它收在《沉默集㈡》中。這就是《馬拉的死》、《丹東的悲哀》和《羅伯斯庇爾的秘密》。就像作者在《沉默集》序言中所說，「寫三篇小說，將百數十年的舊事重提，既非『替古人擔憂』，亦非『借酒澆愁』。一言以蔽之，不敢忘歷史的教訓而已。」

綜觀30年代巴金的短篇小說，其藝術上與同期其他短篇小說家相比較，還是呈現出一些不同特點。在形式上，巴金多「用第

一人稱寫小說」。這是由於作家所寫的內容多半「寫的是感情，
不是生活」⑮，而第一人稱的寫法無疑比較適合抒發情感。在人
物塑造上，巴金注重對人的心靈的探索，並從人的心理的角度來
透視社會。因此他往往注意人的複雜性格，而不願作簡單的「好
人壞人」的倫理判斷。從小說的結構上看，巴金早期短篇小說中
往往由一個說故事的主人公來對讀者娓娓長談，有時大故事裡套
小故事，或幾個似乎互不相關的故事互相交織，但卻表現了共同
的主題。

第二節　《激流三部曲》

　　《激流三部曲》（包括《家》、《春》、《秋》）是巴金的
代表作品，特別是它的第一部《家》，具有永恆的藝術價值。
　　巴金在《〈激流〉總序》中聲稱，「在這裡我所欲展示給讀
者的乃是描寫過去十多年的一幅圖畫，自然這裡只有生活底一部
分，但已經可以看見那一股由愛與恨，歡樂與受苦所組織成的生
活之激流是如何地在動盪了」。作品所寫的正是這樣一股生活的
激流：一方面隨著封建宗法制度的崩潰，垂死的封建統治力量瘋
狂地吞噬著年輕的生命，另一方面深爲革命潮流所吸引的青年一
代開始了覺醒、掙扎與鬥爭的悲壯歷程。
　　《激流三部曲》所反映內容的時間跨度是1919年至1924年，
當時中國正處於一個風起雲湧的動盪的歷史轉折時期，背景是當
時中國還很閉塞的內地——四川成都。三部曲的第一部《家》，
集中展現了封建大家庭制度的典型形態。在高老太爺統治下，這
個家庭內部充滿著虛偽和罪惡，各種矛盾在潛滋暗長，逐步激化。
就在這一背景下，作品描寫了高氏三兄弟的戀愛故事。其中高覺

慧與婢女鳴鳳構成了第一個悲劇事件；高覺新與錢梅芬及瑞珏構
成了另兩個悲劇事件。這幾個悲劇事件雖然原因各異，但在一個
基本點上卻是共同的：她們都爲追求幸福的愛情而和封建禮教及
封建專制制度發生了不可調和的矛盾，從而導致了她們的悲劇命
運，特別是，她們的不幸都與高老太爺直接間接地相聯繫著。鳴
鳳的故事在全書中起著重要的作用，她的死激化了家庭內部的矛
盾，直接喚醒了它的第一個叛逆者——高覺慧。鳴鳳的死與覺慧
的叛逆標誌著這個家族已走向盛極而衰的轉捩點。在覺慧的直接
影響幫助下，高覺民起而抗婚，並取得了勝利，從而進一步暴露
了封建專制主義色厲內荏的虛弱本質，隨著全家至高無上的「君
主」——高老太爺的死亡，各種腐朽的東西統統明朗化、公開化
了，原先隱匿著的各種矛盾衝突統統爆發出來。於是，一方面是
封建勢力蛀蟲般地對高家的腐蝕，另一方面是以覺慧、覺民爲代
表的對高家統治原則的公然反抗，它們都在同時加速地進行著，
並構成了兩把各自向著相反方向撕裂的鉗子，把高家溫情脈脈的
情感紗幕撕得粉碎。《家》的巨大成功，有力地實現了作者寫作
的初衷：「我要反抗這個命運」，「我所憎恨的並不是個人，而
是制度」，「我要向一個垂死的制度叫出我的J'accuse（我控訴）！」
⑯

　　三部曲的第二部《春》主要描寫的是淑英抗婚的故事以及與
之相對的蕙表妹的悲劇事件。同樣寫的是愛情，但《春》和《家》
中所描寫的內容已有顯著不同。《春》不是表現爲對美好婚姻的
追求以及這一追求實際上不可能實現的矛盾，而是表現爲不合理
的、醜惡的婚姻制度對婦女的摧殘以及作者對封建專制的婚姻制
度的控訴與批判。淑英和蕙一樣，受父母、上司之命，要與自己
從未見過的、聲名狼藉的男人完婚，不敢反抗的蕙生病致死，而

淑英則因受時代、新思潮的影響，在覺民、覺慧的幫助下，逃出了封建大家庭的囚籠。這裡，《春》實際是表現了專制制度下婦女解放的主題，同時，在另一方面，它也使讀者看到，反叛者的隊伍擴大了。舊家庭的統治者也轉到第二代克明的身上。但統治力量已大不如前了。

　　三部曲的最後的一部《秋》，表現了舊家庭分崩離析、「樹倒猢猻散」的結局。這主要是通過對高家第二代、第三代的道德加速腐化以及整個高家已後繼無人的描寫顯示出來的，作品自然地把注意力放到第三代的命運上，描寫了周枚與高淑貞的悲劇以及覺英、覺群的墮落。在這裡，著重抨擊了專制主義假手封建禮教腐蝕、摧殘青少年的罪惡。隨著第二代家長克明的死亡，整個大家庭的重擔已經找不到任何人來承擔了，因為就連長房的承重孫覺新也起來反抗了。《秋》的主題可以說著重揭示了封建專制主義精神支柱的崩潰。

　　在《激流三部曲》所塑造的眾多人物形象群體中，高覺慧無疑是最具有重要意義的一個。他是一個新人的典型。他從樸素的對勞動者的愛和對封建制度的恨出發，走到改良主義和民主主義，最後又走向社會鬥爭。作者通過這個思想發展過程，展示了近百年來中國先進知識分子所共同經歷的思想歷程。

　　覺慧的形象是活生生的，富有真實感的，他身上的那些長處和短處都是那個時代的先進青年所特有的。他愛國，追求科學與民主，因而他不信神，反對專制主義。他平時不乘轎子，並能愛上婢女鳴鳳，歸根究柢還是出於民主精神的指導。但是，他並不是已經徹底樹立了無產階級世界觀、徹底背叛地主階級的英雄，他的思想裡仍然有少數剝削階級的東西。比如，他對鳴鳳的愛情就遠不及鳴鳳對他的愛那麼堅定和忠貞。在這個問題上，他一直

是猶豫不決的，最後在關鍵時刻他恰恰忘掉了自己先前的承諾，反而在痛苦之餘決定「把那個少女放棄了。」這樣的描寫完全符合當時的歷史條件。因為覺慧所處的環境僅僅是能夠形成具有民主思想的愛情觀念的環境，但還不是能夠實踐這種愛情觀念的環境。儘管覺慧的愛情觀念已完全擺脫了封建階級的情趣，開始把鳴鳳的價值即人的價值放到了中心位置，但他實際上卻不可能逾越那一道階級的壘塹。他最後離家出走前的心情也是十分真實的，他和高老太爺思想上雖屬不同的營壘，但他們畢竟是祖孫關係，他那戀戀不捨的心情正表現了他身上人性的一面。

覺慧在作品中的作用在於，首先他揭示了主題。這個形象表明，只有革命才是唯一的出路，逃離家庭、個性解放，僅僅是第一步而已。在這方面，巴金顯然超過了同時期一般作家的思想水平。其次是，覺慧作為高家的第一個掘墓人，以後在《春》、《秋》中仍不斷地給這個家庭以巨大影響，這就使他成為高公館內部這股洶湧「激流」的原動力。

質言之，覺慧是20世紀初在新思潮衝擊下由五四運動首先喚醒的中國人，是封建主義大膽的、勇敢的叛逆，也是滿懷熱情的、不成熟的革命者。

《激流三部曲》還塑造了一個在專制主義重壓下的病態靈魂——高覺新。他是一個重要的貫穿全書的中心人物。覺新的典型意義在於，他的軟弱動搖的性格完全是封建專制主義及封建家族制度所造成的，他的悲劇集中反映了這種制度對健康人性的戕害。覺新原先是一個相貌清秀、聰慧好學的青年，思想進步，心地善良、正直、忠厚，應該說是很有前途的。但是實際上他卻因為父親的一句話，因為擇偶時一次荒唐透頂的拈鬮而把前途斷送了。他的聰明才智被用來做三親六故的婚娶、喪葬、陪客、慶典的主

持或幫手，必須依著長輩的意志躬行他所反對的那一切。他會變成這樣，完全是由家族制度決定的。覺新是長房長孫，亦即「承重孫」，大家庭的未來這主要責任應由他來負。這種家庭結構就決定要覺新來維護這個制度，並處處對這種家庭機制起保證作用。這樣，現實和理想就出現了尖銳的衝突，於是就造成了覺新性格的兩重性。作品正是通過覺新人格的分裂來控訴這種大家庭制度。

覺新身上也表現出在封建專制主義重壓下我們民族的懦弱苟且的國民性。魯迅對這種性格生成的原因，有過精闢的論述。他認為根源就在於封建等級制度以及封建傳統思想的毒害，這兩者結合起來就成為強大的政治力量和思想統治的力量。覺新所處的環境，上邊有馮樂山、高老太爺，還有克明、克安、克定等長輩，他們像高高的金字塔重重地壓在他的頭上，使他動彈不得。除此之外，在覺新的周圍還有一個無形的劊子手，這就是封建觀念，這是覺新無法克服的又一道障礙。正因為處處怕別人說閒話，時時考慮光宗耀祖，擔心高家從他手中敗落，害怕承擔不孝的罪名，如此等等，他每次總是自告奮勇地把頭往絞索中伸去。覺新的事事退讓的心理就在這種環境裡形成了。

作為《激流三部曲》中塑造得最有個性的藝術形象之一，巴金對覺新的塑造很注意挖掘其內心的複雜性：從表面看來，覺新只是個動搖的人物，實際上他內心裡卻經歷著新舊兩種觀念的激烈衝突。巴金把這種衝突寫成是民族心理積澱在西方民主思想衝擊下的痛苦掙扎，從而體現出歷史的深度。為了寫好人物的心理活動，作者還讓覺新大段傾訴自己的內心情感，並用了很多富有人情味的細節回憶，強烈地襯托出人物心境。巴金也十分注意表現覺新的人性美，他與瑞珏在不幸中相濡以沫的愛情描寫構成了作品中極為動人的篇章。覺新作為新文學史上動搖型的代表，中

國「多餘人」的代表，其藝術魅力是不容低估的。

《激流三部曲》不僅在思想上達到了相當的高度，而且在藝術上也取得了高度的成就。這同巴金深厚的中外文學修養密切相關。《激流三部曲》顯示出《紅樓夢》的深刻影響。同時巴金也自述「在中國作家中，我可能是最受西方文學影響的一個。」⑰對巴金創作產生重要影響的外國作家中有左拉、羅曼・羅蘭、盧梭、伏爾泰、雨果、莫泊桑、屠格涅夫、托爾斯泰、陀斯妥耶夫斯基、赫爾岑、契訶夫和高爾基等等一長串名單。最早影響少年巴金思想的當然是克魯泡特金的《告少年》與廖・抗夫的《夜未央》。1928年巴金在法國開始發表小說，「我忘不了的老師是盧梭、雨果、左拉和羅曼・羅蘭。我學到了的是把寫作和生活融合在一起，把作家和人融合在一起。我認爲作品的最高境界是二者的一致，是作家把心交給讀者。」⑱巴金創作時最受影響的是歐美革命家的自傳及類似的作品，如《牛虻》、妃格念爾的《回憶錄》、赫爾岑的《往事與回憶》。通過體味這些作品，他開始懂得怎樣表達自己的感情。從《滅亡》到《愛情三部曲》，已形成了巴金小說創作的一些共性。這些作品中的重要人物往往是作家自我感情的投影。其中的生活帶有很強的作家主觀想像的色彩，有些甚至像是外國生活的翻版。這些作品中還形成了巴金所獨具的「憂鬱的」「哭訴的調子」⑲。這一抒情筆法表現了巴金多愁善感的心靈，感染了那一時代的青年。在巴金創作成熟期的代表作《家》中，托爾斯泰、屠格涅夫的影響依然可辨。巴金說：「主要是《復活》——我的《家》就受它的影響」⑳。《家》中的心理描寫、懺悔意識，高覺慧與鳴鳳關係的描寫都令人想到《復活》中聶赫留朵夫與瑪絲洛娃。屠格涅夫對巴金創作的影響之大，使巴金被稱爲「中國的屠格涅夫」㉑，形成了巴金小說的抒情筆

調和對少女心靈美的發現與抒寫。而左拉小說從《盧貢——馬卡爾家族的命運》到《崩潰》，借一個家族貫穿著展開了資產階級的盛衰史，托瑪斯・曼的《布登勃洛克一家》「他寫了一個家族的四代人，寫了這個家族的最興盛的時期，也寫到了最後一個繼承人的夭亡」⑫，以及中國古典家族小說《紅樓夢》，這些都直接啓發了巴金創作《家》以及整個《激流三部曲》的宏偉構思。《激流三部曲》圍繞高氏家族的盛衰史刻畫了衆多的人物，他們的悲劇命運給讀者以強烈的心靈震撼，小說的藝術特色是眞正屬於巴金的。

　　「家即社會」的情節典型化原則。在克魯泡特金等人看來，家庭就是社會的縮影。巴金接受這一看法，將高家作爲整個社會的代表或「縮影」來寫，從中反映出19世紀末20世紀初舊中國的整個社會動態，反映出時代的本質規律。高公館裡，發生在主僕之間，新老兩代之間，夫權統治和婦女反抗的鬥爭之間，新舊思想以及主子內部矛盾關係之間的錯綜複雜的對抗，就是當時社會上各種尖銳矛盾的縮影，而高家的金字塔形的權力結構就集中體現了幾千年中國社會封建專制主義的法則。這樣，作品就達到了很高的典型化程度。

　　注重發掘人情美與抒情化人物塑造方法。《激流三部曲》描寫的人物光有名有姓的就有60多個，他們性格鮮明，面目殊異。巴金塑造這些人物，不似茅盾寫人重在多側面表現，也不似老舍重在形神兼備上塑造人，而是重在刻畫人物的心靈美、人性美，重在傳情上。巴金筆下的人物，性格比較單純，但這是豐富中的單純，是外形和內心高度統一的單純。以鳴鳳、瑞珏和梅這三位女性爲例，作品讓她們都和「梅花」發生聯繫——鳴鳳在梅園探梅，瑞珏愛畫梅，梅表妹則以梅爲名，從而表現她們「質本潔來

還潔去」的梅花品格。同時又著重展示她們的內心活動——鳴鳳是大段內心自白，瑞珏通過日記，梅則是長篇的內心傾訴，這些心理活動都有一個共同點，即在最困難的時候也想到別人，想到對方，從而表達了巴金畢生以求的一個「愛」字。這就使這三位女性形象極其感人。這與巴金偏愛屠格涅夫作品有關。巴金與屠格涅夫在人生態度、藝術旨趣方面有許多相似之處，他比較多地吸收屠格涅夫抒情小說的藝術經驗。例如小說的鬆散化結構與散文語言，情節的發展是讓人物自己來行動並無預設的人物行動提綱，這同茅盾寫《子夜》像巴爾扎克先編詳細提綱的做法不同，巴金的長篇結構缺點是鬆散，長處在於便於人物抒情，獨具一格的抒情正是巴金的藝術魅力。他們都長於表現青年的心靈，特別是挖掘少女的心靈美。屠格涅夫擅長塑造一些哈姆雷特式的優柔寡斷的「多餘的人」的性格，他還「時常使軟弱、動搖的男子與精力充沛、意志堅強的女子結婚」。巴金小說中女性心理內涵往往強於男性。屠格涅夫的影響形成了巴金小說特具的抒情風格，「憂鬱的」「哭訴的調子」。這些，在《愛情三部曲》中已形成特色，在《激流三部曲》中對整體的現實主義藝術更成熟地融合了。

以事件為主線索，以場面串連故事的結構特點。《家》中的學潮、過年、軍閥混戰、鳴鳳之死……《春》中海兒之死、蕙的婚禮、淑英出走……《秋》中的梅的婚禮、蕙的安葬直至大火、分家，這些大大小小的事件聯結在一起，構成了網中的結，並通過場面的描寫把各種人物匯集攏來，再往下一個事件推去。而前後場面常有所呼應，形成作品的完整性。

帶有作家強烈道德判斷的風俗畫描寫。對吃年夜飯的描寫，對放花炮的描寫都異常精彩，但作家的目的全在於揭示這些風俗

畫面的階級對立，因此作家寫它的目的在於否定這些風俗畫。這同沈從文的風格就全然不同了。

《激流三部曲》在現代文學史上佔據著極其重要的地位。

《激流三部曲》是反映五四運動的長篇小說。五四運動是中國近代歷史上的偉大事件，遺憾的是文學作品卻沒能夠加以刻畫。《激流三部曲》雖然不是直接描寫五四運動的，這場運動僅僅是作品的背景，但是它卻充分表達了五四的時代精神，反映了那一代青年人的奮起和追求，表現了新觀念在我國土地上的誕生。因此，《激流三部曲》就成為我國現代文學中描繪五四時代的一幅傑出的社會生活的插圖。

《激流三部曲》是我國現代文學作品中描寫封建大家庭的興衰史並集中抨擊封建專制主義制度的小說。對封建專制主義及封建家族制度的攻擊是從魯迅就開始的，這一主題從我國現代小說誕生起，就吸引了進步作家的注意。然而，繼魯迅之後，真正把這一主題加以推進並取得重大發展的，也唯有巴金的《激流三部曲》。這部作品全面而深刻地揭示了封建專制主義的特徵、弊端和罪惡，指出了它必然滅亡的命運。《激流三部曲》就成了中國現代文學史上抨擊封建專制罪惡制度的一座豐碑。

《激流三部曲》對中國現代長篇小說這一體裁的發展具有重大的作用。《激流三部曲》以及老舍的《駱駝祥子》、茅盾的《子夜》、李劼人的《死水微瀾》、《暴風雨前》、《大波》三部曲在30年代先後問世，它們以各自卓異的藝術風格標誌著中國現代長篇小說的成熟。

【注　釋】

① 　巴金：《短簡㈠，我的幾個先生》。《巴金全集》第13卷，人民文學

出版社1990年版。

② 巴金：《短簡㈠，我的幼年》。《巴金全集》第13卷，人民文學出版社1990年版。

③ 巴金：《家庭的環境》，原載《憶》，文化生活出版社，1936年版。

④ 巴金：《短簡㈠，我的幼年》。《巴金全集》第13卷，人民文學出版社1990年版。

⑤ 揚風：《巴金論》。載《人民文學》1957年7月號。

⑥ 汪應果：《巴金論》，第60頁，上海文藝出版社1985年版。

⑦ 巴金：《我的眼淚》，《巴金自傳》江蘇文藝出版社1995年版。

⑧ 孫沫萍：《讀〈滅亡〉》，載《開明》1930年第2卷第24期。

⑨ 汪應果：《巴金論》，第78頁，上海文藝出版社1985年出版。

⑩ 巴金：《談我的短篇小說》，原載《人民文學》1958年6月號。

⑪ 巴金：《愛情三部曲·總序》，《巴金全集》第6卷，人民文學出版社1988年版。

⑫ 巴金：《愛情三部曲·總序》，《巴金全集》第6卷，人民文學出版社1988年版。

⑬ 巴金：《光明集·序》，《巴金全集》第9卷，人民文學出版社1988年版。

⑭ 巴金：《隨想錄·里昂》，《巴金全集》第16卷，第92頁，人民文學出版社1991年版。

⑮ 巴金：《談我的短篇小說》，《人民文學》1958年6月號。

⑯ 巴金：《關於〈家〉》，《巴金全集》第1卷，第442頁，人民文學出版社1986年版。

⑰ 巴金：《答法國〈世界報〉記者問》，《巴金論創作》，第684頁，上海文藝出版社1983年版。

⑱ 巴金：《我要奮筆寫下去》。

⑲　巴金：《答法國〈世界報〉記者問》，《巴金論創作》，第680頁，上海文藝出版社1983年版。

⑳　巴金：《答法國〈世界報〉記者問》，《巴金論創作》，第680頁，上海文藝出版社1983年版。

㉑　尼科尼斯卡婭：《巴金作品概論》。

㉒　巴金：《巴金論創作》，第246頁，上海文藝出版社1983年版。巴金稱這本書是「近代文學中不朽的名著」、「他的確是一個偉大的藝術家」。

第六章 三十年代小説(四)

第一節 茅盾創作道路

茅盾（1896～1981），原名沈德鴻，字雁冰，浙江省桐鄉縣烏鎮人。茅盾出生於一個世代書香門第，父親沈永錫是一位醫生，是當時的「維新派」人物，注重自然科學，希望兒子將來學「實業」。由於父親早逝，茅盾是在母親的一手教育下成長的。他自幼就受到較開明的家教，讀過家塾，學過《三字經》，也讀過「新學」。小時候尤愛讀「閒書」，《西遊記》、《三國演義》、《水滸》、《聊齋志異》等古典小説他很早就讀過。中學時代的茅盾便積極地投身到辛亥革命浪潮中去，但革命並沒有給人們帶來希望，茅盾在反對新學監「整頓」校風的學潮中被嘉興府中學斥退後轉入杭州的安定中學。1913年茅盾考入北京大學預科第一類。預科三年期滿後，由於家境窘迫，茅盾於1916年8月進入上海商務印書館任編輯工作，並開始翻譯、編纂中外書籍，在《學生雜誌》、《學燈》等刊物上發表文章。

五四運動時期，茅盾便以新文學運動的積極擁護和參加者的姿態爲之吶喊助威，他在1920年初就發表了《現在文學家的責任是什麼？》和《新舊文學平議之評議》等論文，較早地大力提倡「文學爲人生」的藝術主張。1921年「文學研究會」的成立以及它所倡導的文學主張，與作爲中堅力量的茅盾分不開。同年，茅盾接手了《小説月報》的主編工作，使得這個刊物成爲「文學

研究會」作家發表新文學創作，向封建文學進攻的堅固陣地。爲推動新文學運動的蓬勃發展，茅盾不僅編輯了大量的「新潮小說」，而且還從理論上予以支持，這一時期，茅盾寫了一大批文學論文，闡述和完善「爲人生的藝術」的觀念。

茅盾這一時期還致力於介紹和翻譯外國文學作品，對東歐、北歐被壓迫民族的文學尤爲注重。對俄國文學和前蘇聯文學，他做了大量的介紹和翻譯工作，並給予高度的評價。他不僅對現實主義作家給予關注，同時也對19世紀末和20世紀初出現的現代派作家進行介紹，並從藝術形式和技巧方面去推動文學運動的發展。

茅盾是最早從事中國共產主義運動的革命知識分子之一。1920年他參加了上海馬克思主義小組的活動，1921年成爲中國共產黨的第一批黨員，參與了黨的籌建工作，並積極地投身於黨所領導的社會鬥爭。1924年茅盾參加了黨所創辦的上海大學的教學工作，培養了一大批革命青年幹部和知識青年。1925年茅盾直接參加了五卅運動，寫下了許多雜文，鞭撻反動派，謳歌勇於鬥爭的戰士。1926年初茅盾離滬赴粵，參加了第一次國內革命戰爭。開始他在國民黨中宣部任秘書。「中山艦事件」爆發後，茅盾回到上海任國民通訊社主編。年底北伐軍攻克武漢後抵武昌，先任中央軍事政治學校教官，後調《民國日報》任主筆，兼任武漢中山大學文學院教授。從1925年到1927年，茅盾一直處在革命運動的漩渦中心，他接觸了大量的人和事，這一段豐富的政治生活，爲他今後的小說創作提供了素材。

1927年的四一二事件，給中國許許多多思想上沒有足夠準備的革命知識分子帶來了精神上的沉重打擊。不可否認，茅盾正是在血與火的鬥爭中經歷了幾番痛苦的精神鬥爭後，在一種極爲

痛苦的矛盾心境中轉入創作活動的。7月，汪精衛在武漢舉行反共會議，茅盾從武漢轉去南昌，結果在牯嶺受阻。直至8月才回到上海。從1927年秋至1928年6月，茅盾很快地完成了三部曲《蝕》。

《蝕》是茅盾小說的處女作，原稿筆名爲「矛盾」，可見作者的心境，後由葉聖陶改爲「茅盾」。這部小說是茅盾用血與淚的激情寫成的，它在《小說月報》上發表以後，很快就引起了巨大反響。這是一部反映動盪年代裡知識分子眞實心態的深刻之作，其中對革命知識分子心靈世界的描摹是當時的許多作品所不能企及的。它是由三個系列中篇所組成：《幻滅》、《動搖》、《追求》，各自獨立成篇，又有著內在的必然聯繫。整個作品是以1927年前後一群小資產階級知識青年的生活經歷和心靈歷程爲題材，深刻地揭示了革命營壘中林林總總的矛盾和在動盪鬥爭中的階級分化。作品表現「現代青年在革命壯潮中所經過的三個時期：(1)革命前夕的亢昂興奮和革命既到面前時的幻滅；(2)革命鬥爭劇烈時的動搖；(3)幻滅動搖後不甘寂寞尚思作最後的追求。」①在這一總主題的規約下，茅盾創造了一個個具有獨特性格的人物，從苦悶到熱情，從熱情到動搖，從動搖到幻滅……這一性格發展邏輯幾乎印證在他筆下的每一個主要人物身上。

在《幻滅》中，茅盾著力描寫了一位抱著美好幻想參加革命的小資產階級女性的悲劇。小說主人公靜女士從小就在充滿母愛的恬靜的家庭環境中長大，因此她把「革命」看作一件充滿詩情畫意的事情，然而每每一接觸現實的社會生活，就給這個毫無思想準備的女性帶來了精神世界的「幻滅」。從靜女士的生活過程中，我們可以清楚地看到小資產階級知識分子在踏上革命道路前後的思想境界，他們在毫無思想準備的情況下投身於革命，在革

命動盪中必然就會表現出個人主義的悲觀幻滅心態。革命給予他們更多的是思想的考驗和肉體的磨練，而非羅曼蒂克式的理想的勝利。

《動搖》反映的是1927年春夏之交，「武漢政府」蛻變之前，湖北一個小縣城裡的風波。茅盾認爲「小說的功效原來在借部分以暗示全體」②。作品以較大的場面反映了那一時期政治風雲變幻中的各色人等，但著墨最多、描寫得最好的是主人公方羅蘭。方羅蘭是革命隊伍中思想極不穩定的知識分子典型代表，身爲國民政府管轄下的縣黨部委員兼商民部長，在激烈的階級鬥爭面前，他表現出軟弱與動搖。對反革命勢力打擊不力（對胡國光混入商民協會的草率處理），階級立場不分明（在處理店員與店東的矛盾中表現得軟弱和猶豫），寬大中和的儒家思想（李克要鎮壓反動派時，他遲疑彷徨；反動派猖狂殺戮革命者時，他又企圖以寬大中和來消弭那可怕的仇殺），構成了方羅蘭「動搖」妥協的小資產階級「革命家」的性格內核。他「動搖於左右之間，也動搖於成功或者失敗之間」③。同時作者還將這一性格內核套上了一件「戀愛的外衣」，使人物形象更爲豐盈。方羅蘭在愛情上也充分顯示了其「動搖」的本性。一面是他被溫柔嫻慧具有傳統美德的結髮之妻陸梅麗的純情包圍；另一面是經不住浪漫風流具有時代特徵的新女性孫舞陽的性感誘惑。作爲一個從五四時代走過來的青年，方羅蘭是屬於那種既保留著傳統倫理道德，同時又渴望呼吸時代新鮮空氣的知識分子，在這兩者的選擇之中，他永遠處在矛盾和動搖之中（後來對孫舞陽失卻追求信心則應歸諸政治因素）。他的戀愛生活也深刻地揭示出許多小資產階級革命者性格特徵的本質方面。《動搖》中土豪劣紳胡國光的形象也刻畫得入木三分。胡國光混進了革命陣營，卻以極「左」的面貌製

造了許多「過火行爲」，他們以比共產黨人還要「左」的面貌出現，從而破壞共產黨的聲譽，破壞革命，然後本相畢露，血腥鎮壓革命。胡國光作爲一個反面人物形象，茅盾爲我們提供了現代文學史上頗具藝術性的性格典型。同時，這個人物的刻畫深化了作品的主題和背景，將一個危機四伏、犬牙交錯的革命與反革命的內在較量的複雜鬥爭局面描繪得很眞實。同是革命者，既有方羅蘭這樣的動搖分子，又有像李克那樣的有預見的強硬人物，也有像孫舞陽式的浪漫色調的革命者。這些正反面人物的描寫爲展示大時代風起雲湧浪潮中的各色人等的行狀作了非常概括的表現。在這錯綜複雜的人物矛盾中，暗示著革命的必然趨向。

《追求》是描寫在1927年後，一群小資產階級知識分子在各自的追求中所遭受的不同悲劇命運。在白色恐怖之下，他們來到紙醉金迷的上海灘，悲觀、頹廢、失望是他們流行的心理病。然而，不甘黑暗現實的壓迫，企圖作一次新的掙扎和追求，又是他們的共同願望。在這種心理矛盾中，作者勾畫出了形形色色的小資產階級的個性心理世界。張曼青，這個曾經受過革命風暴洗禮的戰士，在失望中還企圖以教育救國的方式來拯救下一代，他認爲自己這一代人是無望了，希望寄託在下一代。所以，一種神聖的責任感促使他爲教育而奔波，但在一個個新的打擊面前（連純潔無辜的學生都被冠以罪名開除）他變得愈來愈消沉頹廢。他的所謂救國夢被黑暗的現實無情地摧毀，從失敗到沉淪是他必然的歸宿：「我簡直不想當教員，現在我知道我進教育界的計劃是錯誤了！我的理想完全失敗，大多數是這樣的無聊，改革也沒有希望。」章秋柳是《追求》中描寫得最爲突出的一個女性形象，她在精神上受到折磨後，採取的是一條病態的反抗道路，她以「頹廢的衝動」來尋歡作樂，滿足感官上的刺激，以此來報復黑暗

的現實。「一條路引你到光明，但是艱苦，有許多荊棘，許多陷坑；另一條路會引你到墮落，可是舒服，有物質的享樂，有肉感的狂歡！」在這兩者之間，章秋柳選擇了後者。聯繫起前兩部小說中的女性形象來看，從五四到1927年，中國的小資產階級女性並沒有獲得精神上和肉體上的解放。從封建的禮教囚籠中跳出來，又轉到自甘墮落的瘋狂享樂之中去，新女性仍然沒有擺脫精神上的壓迫。章秋柳這個形象的個性特點正是和小資產階級軟弱的本質聯繫在一起的。在時代陰暗的籠罩下，他們難以掙脫精神上的枷鎖。只能用病態的反抗來宣告對黑暗社會的詛咒，他們不是不想有所作為，而是根本找不到前進的方向（就連章秋柳最後還想以自己豐滿的肉體去拯救史循那顆受傷的心靈呢），所以才在黑暗中盲目而消極地尋覓、追求新的出路，然而《追求》中的追求沒有一個是正確的。正確的道路在哪裡呢？這並不是《蝕》所能闡釋和交代的。

　　《蝕》是一個「狂亂的混合物」④，從它發表的第一天起，人們對它總是抱著各種各樣不同的看法。究竟怎麼看待這部充滿著複雜內涵的作品呢？首先應該清楚作者寫作時的「矛盾」心理。茅盾確確實實是想以客觀的描述視角去再現1927年前後一代小資產階級的心靈歷程的，然而由於一種熾熱的情感驅使，又不得不使他在客觀的描述基礎上融入了自己的主觀情緒。因此，《蝕》是採用了兩種不同的描寫視角（本意是客觀的；本能又是主觀的），就使得小說呈現出一種再現與表現相融合的形式技巧，這就是茅盾自己稱之為「狂亂的混合物」之因。我們可以看出，作者老老實實地描寫了一群小資產階級知識分子的形象，並相當逼真地反映了當時社會生活的動盪、革命運動的起伏，具有鮮明的寫實主義的創作特徵。但是，作者在表現人物心理世界的現實時，部分

採用了現代派的技巧和手法，尤其是採用了局部象徵主義的表現手段和多重視角的表現方法，使得《蝕》的心理描寫突破了現實主義傳統手法的局限，更爲深刻、逼眞地表現出小資產階級時代病的多種根源。

　　一方面是精神的苦悶，另一方面是國民黨的「通緝」。爲了「改換一下環境」，使「精神甦醒過來」，1928年7月茅盾東渡日本，先是居住在東京，後來遷至京都高原町。這一時期茅盾完成了短篇小說集《野薔薇》和《泥濘》、《陀螺》、《色盲》等短篇小說，以及《賣豆腐的哨子》等散文的寫作。同時他還潛心撰寫了關於中國神話和歐洲神話的論著。再就是以《從牯嶺到東京》、《讀〈倪煥之〉》等長篇論文積極參與了國內的關於「革命文學」的討論。

　　長篇小說《虹》是茅盾1929年4月至6月在日本所撰。作者本「欲爲中國近十年之壯劇，留一印痕。8月中因移居擱筆，爾後人事倥傯，遂不能復續。」⑤這部作品雖然只寫到五卅運動，但仍是一個整體感很強的現實主義作品。作品在較爲廣闊的歷史背景下表現了知識青年對新的生活道路的探求，深刻地描摹了一代知識分子從五四到五卅時期如何衝破囚籠，走上與人民大衆攜手戰鬥的艱難心靈歷程。

　　1930年4月，茅盾從日本歸國。這時正是左聯剛剛成立不久的時候，茅盾積極地參加了左聯的活動，並一度擔任執行書記，與魯迅並肩戰鬥，促進了左翼文學的蓬勃發展，抵禦了反動派的文化圍剿。

　　1930年冬，茅盾開始寫兩部以知識分子爲題材的中篇小說：《路》和《三人行》。茅盾想通過這兩部小說描寫小資產階級知識分子在新的革命鬥爭浪潮中的種種心態，以此來延續《蝕》和

《野薔薇》以及《虹》的主題內涵。由於作者從既定的概念出發，使得這兩部作品呈現出較爲明顯的斧鑿痕跡。

　　1932年前後到1937年抗戰爆發，是茅盾創作的鼎盛時期，長篇小說《子夜》的問世，奠定了茅盾在中國現代文學史上舉足輕重的重要地位。接著出現的「農村三部曲」（《春蠶》、《秋收》、《殘冬》）和《林家鋪子》等短篇小說則更是展示了茅盾作爲一個革命現實主義作家強大的創作生命力。這一時期他還寫了中篇小說《多角關係》和《少年印刷工》；出版了短篇集：《春蠶》、《泡沫》、《煙雲集》等；散文集：《印象·感想·回憶》、《速寫與隨筆》、《話匣子》《茅盾散文集》等。本時期茅盾還努力建設普羅文學，進行了大量的文藝理論批評工作，系統地評論和分析了五四以來現實主義作家作品的思想內涵和藝術風格。同時，爲發展革命文學提出了建設性的理論意見。

　　《林家鋪子》寫於1932年6月18日，它敘述的是一二八前後江南某小鎮林家雜貨小店倒閉過程的故事。小說以林老闆的掙扎與破產爲情節主線，以林小姐婚姻糾葛爲副線，兩者交織成一個有機的整體。整個作品的情節發展有起有伏，分層鋪開，又收放自如，首尾照應。作品以林老闆與黑麻子、卜局長之間的衝突爲主要矛盾，又以若干小事件作爲多頭線索，展開紛繁的細節描寫，使得情節發展有張有弛，有徐有疾，有主有次，而在紛繁複雜中又顯得井然有序，無懈可擊。《林家鋪子》雖然描寫的是江南的一個小鎮，實際上它是當時中國社會一個縮影，它展示了一二八抗戰前後的民族危機和經濟恐慌，從而挖掘了生活在水深火熱之中的中、下層百姓悲慘命運的根源。作品中的林老闆是一個熟諳生意經的老實本分的小商人，他的特性是：精明而不強悍，能幹而又懦弱。作爲一個小商人，他目光短淺，在日寇入侵、民族危

亡時，一心只顧自己「做生意、度難關」。作家的主要著眼點不
在於寫商人的「兩重性」，而是要寫出一個特定的環境中的小商
人在「捐稅重，開銷大，生意又清淡」的逆境中，又被敲詐勒索
搞得傾家蕩產的慘苦的結局，將主要矛頭指向不法官僚爲代表的
罪魁禍首。在這種特定的環境中，林老闆不僅無法「唯利是圖」，
而且還在做「無利可圖」，甚至「犧牲血本」的生意。茅盾著重
寫他的剜肉補瘡、飲鴆止渴的窘況。「出逃」是林老闆在萬般無
奈中的一種微弱的反抗形式，但他出走時沒有將心放在朱三太、
張寡婦等窮苦人身上，這是不可取的，儘管他以後也會被迫走入
他們這一大群中去。林老闆這一形象是茅盾從實際生活出發進行
創作的成功典範，它沒有導致一個階級或階層只許有一個典型的
不良後果。這一形象血肉豐滿、眞實生動，顯示出作者刻畫人物
的深厚功力。茅盾曾點明過《林家鋪子》的主題：國民黨「對於
民眾的抗日救亡運動從來是限制和鎮壓。他們自己大賣日貨，當
民眾自發起來抵制日貨時，他們卻又借抵制日貨之名來敲詐勒索
小商人，或沒收他們的日貨，轉手之間，勾通了大商戶，又把日
貨充作國貨大賣而特賣。國民黨的腐敗已到了這步田地！這就是
《林家鋪子》的主題」⑥。他還說過：「《林家鋪子》是我描寫
鄉村生活的第一次嘗試」⑦。他把《林家鋪子》看成「短短的五
年的文學生涯的『里程碑』」⑧之一。

　　《春蠶》、《秋收》、《殘冬》以三部曲的形式，深刻地反
映了中國農村階級矛盾的日益深化，農民迅速破產的悲慘命運以
及他們走上反抗道路的歷史必然。

　　《春蠶》通過描寫30年代中日淞滬戰役前後，江南農村蠶農
老通寶一家的養蠶「豐收成災」的悲慘事實，形象地揭示出帝國
主義經濟侵略給中國農民帶來的民族災難；展示了中國商業資本

家和官僚階級由於轉嫁危機與農民階級形成的尖銳矛盾；同時勾勒了兩代中國農民不同的思想與行為，預示著他們所走的不同道路。老通寶是受封建舊意識毒害很深的老一代農民形象。他勤勞儉樸，忠厚老實，具有中國農民那種對生活十分執著的韌性和忍受精神。雖然他搞不清是什麼力量把他們一家推到水深火熱的深淵，但是他仍然對前途抱有希望。這種希望支撐著他在整個養蠶過程中煥發出一個農民虔誠的熱情。一直到徹底破產，他仍然不能夠理解「世界變了，越變越壞」的原因。他只能憑直覺去仇恨一切帶「洋」字的東西，把家庭的衰敗歸結於封建迷信的因果報應之類。老通寶的悲劇就在於時代變了，而他的思想一點未變，他因循守舊，仍處在一個僵化封閉的封建意識的王國裡。他的悲劇正在於中國老一代農民固有的歷史惰性。多多頭卻是一個正在覺醒之中的中國新一代農民的形象。他具有朦朧的階級意識，對本階級的農民抱有同情心（從他對荷花的態度上可以看出他與眾不同），雖然他還弄不清世界上人與人之間關係的恩恩怨怨的科學規律，但他畢竟對農民的命運開始有所認識：「單靠勤儉工作，即使做到背脊骨折斷也是不能翻身的。」這個生活哲理使他日後走上了反抗之路。他在勤勞這點上與老一代農民有著共通之處。與老通寶相比，他顯得豪爽、熱情、樂觀，更有獨立見解，與父輩冥頑不化的封建意識形成了鮮明的對照。《春蠶》是一幅具有濃郁的江南水鄉風土人情味的風俗畫，作品中的景物描寫自然優美，在工細的筆墨中又有著深刻的象徵意蘊。如小火輪通過官河時把農民的赤膊船推入浪巔之中，農民們抓住岸邊的茅草等情景描寫，活畫出了30年代帝國主義經濟侵略給農民帶來的衝擊和產生的恐慌，景物描寫背後的寓意使人油然而想到 30年代的特殊時代背景。作者還用極為細膩的筆法描寫了養蠶的程序、禮儀等

民俗風情，爲烘托人物的心境作了殷實的鋪墊。

抗戰爆發後，至1938年底，茅盾創作了中篇小說《第一階段的故事》，散文集《炮火的洗禮》；主編過《吶喊》周刊和香港《立報》副刊《言林》，以及《文藝陣地》。

1938年12月茅盾攜家眷從香港出發，應杜重遠之邀赴新疆學院任教，於 1939年3月抵烏魯木齊。由於新疆督辦盛世才反動面目的暴露，在險惡的形勢下，茅盾離開新疆。赴內地途中，茅盾在延安魯迅藝術學院作了短期講學。 1940年初冬抵達重慶。1941年「皖南事變」前後，茅盾在重慶以飽滿的熱情寫下了一組歌頌延安精神的著名散文《風景談》、《白楊禮讚》等，隨後他按中共的指示離開重慶，1942年1月輾轉至香港，主編《筆談》。

《風景談》是一幅充滿著勃勃生機的生活圖畫，它反映出延安人民革命生活的風貌，謳歌了革命戰士的博大的胸懷。它不僅僅是對黃土高原雄偉壯觀的景物的抒寫，而且是對一種新生活的嚮往和讚美，是對延安精神的崇高景仰。它是對眼前那種「使得河水也似在笑」的大生產革命熱情的謳歌，是對創造著第二自然的「瀰漫著生命力的人」的頂禮膜拜。作品要表現的是：「自然是偉大的，人類是偉大的，然而充滿了崇高精神的人類活動，乃是偉大中之尤其偉大者！」

《白楊禮讚》也是一篇借景抒情，具有濃郁象徵色彩的作品。它蘊藏著詩樣的情愫，使一個客觀對應物在精湛的藝術描寫中賦有人格化了的生命力，洋溢著革命的樂觀主義精神。作品將寫景、抒情、議論三者融合得渾然一體，以細膩描寫白楊樹的外形來隱喻革命者的形象：「筆直的幹，筆直的枝……，參天聳立，不折不撓，對抗著西北風。」它的偉岸、正直、樸質、嚴肅、挺拔就是「象徵了北方的農民」，象徵在敵後「傲然挺立的守衛他們家

鄉的哨兵！」「象徵了今天在華北平原縱橫激盪用血寫出新中國
歷史的那種精神和意志。」作品用許多局部的細節描寫組成了一
組組象徵性的意象群，而最後又以「畫龍點睛」的筆法「點化」
出作品的象徵對應物，從而使題意異常鮮明豁亮。

　　1939年至1944年，茅盾創作了長篇小說《腐蝕》、《霜葉
紅似二月花》，中篇小說《走上崗位》，短篇小說集《委屈》、
《耶穌之死》，散文集《見聞雜記》、《時間的記錄》、《劫後
拾遺》、《歸途雜拾》等。《腐蝕》旨在暴露國民黨特務統治的
黑暗，作品以1940年至1941年的重慶爲背景，通過主人公趙惠
明的生活經歷和複雜的心靈歷程，抨擊了國民黨特務組織推行內
戰的醜惡行徑。

　　抗戰勝利後，茅盾受了朋友們的鼓勵，於1945年寫了劇本
《清明前後》。劇本揭露了國民黨統治的危機，反映民主運動的
高漲。然而這部作品因存在著明顯的概念化傾向，藝術上就顯得
比較粗糙。

第二節　《子夜》

　　1933年1月，《子夜》由開明書店出版，它標誌著茅盾創作
的一個高峰，也顯示了左翼文學的實績。正如瞿秋白所說：《子
夜》是「應用眞正的社會科學，在文藝上表現中國的社會關係和
階級關係」的扛鼎之作，「一九三三年在將來的文學史上，沒有
疑問的要記錄《子夜》的出版。」⑨

　　《子夜》原名《夕陽》，1931年10月開始動筆，於1932年
12月5日完稿。有些章節分別於1932年在《小說月報》和《文學
月報》上發表過。

在1930年的中國社會性質的大論戰中，托派認爲「中國已經走上資本主義道路，反帝、反封建的任務應由中國資產階級來擔任」⑩。作者決定用形象思維的作品來參加這次論戰，有了「大規模地描寫中國社會現象的企圖」⑪。 1930年夏秋之交，他走訪於企業家、金融家、商人、公務員、經紀人之間，整天忙於交易所、交際場之中，搜集材料。茅盾試圖在這部結構宏大的作品中反映出中國社會的三個方面：「㈠民族工業在帝國主義經濟侵略的壓迫下，在世界經濟恐慌的影響下，在農村破產的環境下，爲要自保，使用更加殘酷的手段加緊對工人階級的剝削；㈡因此引起了工人階級的經濟的政治的鬥爭；㈢當時的南北大戰，農村經濟破產以及農民暴動又加深了民族工業的恐慌。」從整個作品來看，茅盾集中筆力描寫了一二兩點，而第三點的農村線索寫得稍嫌薄弱一些（後來的短篇「農村三部曲」正是彌補了這條線索的不足）。作品在展示30年代初中國社會生活（尤其是都市生活）的廣闊畫卷時，爲我們提供的民族資產階級衰敗史，具有特定的歷史意義；在表現民族和社會的矛盾以及各階級各階層之間錯綜複雜的社會關係時，爲眞實地反映出那個時代的危機，突出描寫了中國民族資產階級在帝國主義、買辦資產階級和統治階級幾重壓迫下的必然的悲劇命運。

《子夜》的人物衆多，中心人物是民族資本家吳蓀甫。他是中國現代文學史人物畫廊中一個不可多得的典型形象。他在幾重擠壓的環境下爲求生存而形成的性格的多重性，使得形象有多側面的立體感。

吳蓀甫是半封建、半殖民地這一特定歷史環境中的中國民族資產階級的一個戰敗了的英雄形象。他遊歷過歐美，學會了一套現代資本主義的管理方法，有著18世紀法國資產階級的性格和氣

魄，他的理想是發展民族工業，擺脫帝國主義及買辦階級的束縛，最終在中國實現資本主義。因此，在與帝國主義經濟侵略的鬥爭中，他表現出果敢、冒險、剛強、自信的性格。從他兼併八個小廠，成立益中信託公司，接辦一個絲廠和綢廠的過程中，在整頓工廠的措施中，我們看到他的氣魄和能力。為了實現他的宏大計劃，在與趙伯韜的鬥法中，確實顯示了他法蘭西資產階級式的性格。他的沉著幹練、剛愎自用，似乎為民族資產階級的振興帶來了希望。吳蓀甫雖有魄力，有鐵的手腕和管理才能，卻無法擺脫世界性資本主義經濟危機的影響。在帝國主義、買辦階級、國民黨政府的聯合壓迫下，他感到心有餘而力不足。在公債市場上，他與趙伯韜拚死一搏而遭慘敗，虛弱、頹廢，甚至企圖自殺，充分暴露了民族資產階級的致命弱點。

　　吳蓀甫既有被壓迫的一面，又有壓迫者的一面。將經濟危機轉嫁給工人時，他採取的是殘酷的手段：減工資，加工時，裁減工人，分化瓦解，直至鎮壓工人的反抗運動。他收買工頭屠維岳，破壞工人罷工鬥爭，依靠軍警和流氓用武力鎮壓工人運動。但當工人包圍了他的汽車擋住了他的去路時，他在車裡嚇得臉色鐵青，充滿了恐懼。在對待雙橋鎮的農民暴動的態度上也充分暴露了他的另一面，他大罵國民黨不開殺戒，紅軍是土匪。在家庭生活中，他採用的是獨斷專橫的封建家長作風。

　　吳蓀甫的性格充分顯示出民族資產階級的兩重性：一方面是對帝國主義及買辦資產階級、封建主義的不滿，另一方面又對工農運動和革命武裝恐懼與仇視；一方面對統治階級的腐敗制度與軍閥混戰的局面不滿，另一面又依靠當局勢力鎮壓工人農民運動。這種兩重性使得他處在一個非常微妙的夾縫中，同時也決定了其命運必然的悲劇結局。

　　《子夜》刻畫了吳蓀甫的悲劇命運不僅僅是主觀因素造成的，更主要的是客觀的社會和歷史條件導致的必然結局，這一形象藝術地表現了中國並沒有走上資本主義道路，而是更加殖民地化了的深刻思想內涵。從這一意義上來講，吳蓀甫的形象塑造，精確地概括出了中國民族資產階級必然的歷史命運，回擊了「中國已經走上資本主義道路」的謬論。

　　作為吳蓀甫的對立面，趙伯韜這個買辦資產階級的形象也塑造得較為成功。他是帝國主義壟斷資產階級的走狗，並且與反動統治勢力有著千絲萬縷的聯繫，憑藉著這些後台的撐腰，他主宰著上海灘金融市場。他設下了一場螳螂捕蟬、黃雀在後的詭計；先讓吳蓀甫去吃掉一些中小民族資本家，然後再吃掉吳蓀甫這條大魚。他說「……吳蓀甫會打算，就可惜還有我趙伯韜要故意同他開玩笑，等他爬到半路就扯住他的腿」，「一直逼到吳老三坍台，益中公司倒閉。」他的邏輯就是：「中國人辦工業沒有外國人幫助都是虎頭蛇尾」，因此，作為帝國主義的鷹犬，他不遺餘力地要把民族工業置於死地而後快。作者還用他淫蕩腐朽的生活方式來揭示出他驕奢的性格特徵，像做公債一樣，他也玩弄各式各樣的女人，並以此為榮耀。從他的獸性的表演中，我們可以看出這個帶有流氓習氣的洋奴精神世界的卑鄙骯髒，那種強烈的私欲渴求與滿足，正是剝削階級本性的裸露。

　　屠維岳這個資本家的走狗形象是塑造得相當成功的。作為走狗，他竭盡全力，死心塌地地為吳蓀甫效力；但他又自詡是有著剛強、沉著、幹練和不屈於壓迫的性格。當吳蓀甫一開始要開除他時，他表現出一種反抗的情緒，體現了自己做人的價值觀，而當吳蓀甫「慧眼識英雄」重用他時，他又表現出一種為主子效死的奴才相。在破壞工潮運動中，他的「機智才幹」，使其性格中

陰險狡詐的一面得以充分的發揮。他利用黃色工會分化瓦解工人的鬥志，試圖以小恩小惠收買人心，這一切做得很體面而又不露聲色。作者絲毫沒有把他臉譜化，使他的性格內涵呈現出二重性。從這個形象的描繪中，我們看到了民族資產階級及其走狗壓迫工人階級的僞善而凶殘的本性。

從封建土地關係中爬到燈紅酒綠的資本主義世界裡的地主馮雲卿，爲了適應新的環境（他沒有像吳老太爺那樣的封建地主一樣，一接觸資本主義的空氣便『風化』了），他企圖重整旗鼓，立足於上海灘。爲達到其目的，他不惜讓自己親生女兒去賣色相，以美人計套取趙伯韜的公債秘密行情。由於他的投機帶有很大的盲目性，最終必然導致傾家蕩產的悲慘結局。從他身上我們可以看到中國的封建地主階級在新的經濟危機面前苟延殘喘的面目，他們爲了生存下去，甚至顧不得傳統封建倫理的禮規，從而進一步揭示出資本主義赤裸裸的金錢關係。

茅盾最初是從翻譯介紹外國文學開始步入文壇的，這爲他後來從事小說創作獲得了豐富的營養。他說：「我覺得我開始寫小說時的憑藉還是以前讀過的一些外國小說。」⑫他從1916年發表第一部譯作（美國卡本脫的科普讀物《衣》、《食》、《住》）開始，陸續翻譯了契訶夫、泰戈爾、巴比塞的作品，在《〈小說新潮欄〉宣言》中提出要譯介43部西方文學名著，在《漢譯西洋文學名著》與《世界文學名著講話》兩書中系統介紹了近40部西方文學名著，在 20年代他先後撰寫過10餘種介紹西方文學源流與文學思潮流派的著作。他喜歡讀19世紀現實主義大師的作品，也兼及浪漫主義、自然主義、象徵主義等新浪漫主義作品。他說：「我讀得很雜。英國方面，我最多讀的，是狄更斯和司各特；法國的是大仲馬和莫泊桑、左拉；俄國的是托爾斯泰和契訶夫；另

外就是一些弱小民族的作家了。」⑬當然他也喜讀《莊子》、《水滸傳》、《儒林外史》、《紅樓夢》、《海上花列傳》，並具有相當的古典文學修養。他曾經熱心介紹自然主義，「我愛左拉，亦愛托爾斯泰。我曾經熱心地──雖然無效地而且很愛誤會和反對，鼓吹過左拉的自然主義，可是到我自己來試作小說的時候，我卻更近於托爾斯泰了」⑭。其實，他筆下的所謂「自然主義」的描寫直到後期也仍相當多。「合理的解釋只能是一個，那就是當茅盾開始創作時，他的確把西方的現實主義（包括自然主義）一大古腦兒地拿了過來，以後則漸漸地疏遠了左拉而靠攏托爾斯泰」⑮。西方現實主義與自然主義文學對茅盾的最大影響是「爲人生」的文學觀的確立與現實主義眞實觀形成，「我嚴格地按照生活的眞實來寫」⑯。他像歐洲現實主義大師們一樣，「以冷靜、清醒的態度，鳥瞰式地諦視與剖析人生，借助於對現實人生的敏銳觀察與精細描寫，來展示舊中國的眾生相與百醜圖」⑰。對茅盾創作《子夜》影響最大的外國小說家是巴爾扎克與托爾斯泰。茅盾說：「我喜歡規模宏大、文筆恣肆絢爛的作品」⑱。茅盾鍾愛巴爾扎克的《人間喜劇》、托爾斯泰的《戰爭與和平》以及司各特、大仲馬等人的作品。《人間喜劇》這部史詩式的宏篇巨著的創作宗旨是「社會研究」，茅盾構思《子夜》也是力圖進行全方面、多角度的審視與表現，他選取十里洋場的上海作爲小說的中心地，聚焦於上海金融中心──股票市場，從中引發多條線索。巴爾扎克對資本主義世界金錢的罪惡及對資產階級上流社會形形色色悲喜劇的刻畫，對事件、人物與環境的因果關係的追尋的興趣，都會給茅盾創作《子夜》以啓發與借鑑，獲取了藝術典型的經驗。

　　《子夜》結構恢宏、嚴謹。紛繁的社會生活與歷史進程的展

示以及日常生活的描寫，形成了《子夜》內容的諸多頭緒，而各條線索合成一個龐大而複雜的藝術構架便成為作品首要的藝術特徵。作品以吳蓀甫為矛盾衝突的軸心，輻射出各種人物和事件。「作者能嚴格地遵循著結構藝術的一條最基本的規律，即根據主題的需要，根據中心人物性格發展的邏輯，來安排各種人物事件，矛盾衝突和環境場面，因而能從複雜的內容裡突出中心，從紛繁的線索中見出主次，做到波瀾起伏而有條不紊，同時，作者又善於根據矛盾衝突的各種不同發展階段的情況，運用借題牽線，烘托對比，虛實處理，前後照應等等藝術手法，來巧妙地安排故事情節，做到引人入勝而不落陳套」⑲。整個作品的情節發展十分緊湊，時間跨度小（三個月），而人物眾多，但作者採用了開門見山和盤托出的手法，一開始就在吳老太爺的弔唁儀式上把幾乎全部的重要人物都推上前台，組成複雜的人物關係網絡，以及設下情節因果關係的伏筆，從而經緯交匯的建成了《子夜》這部作品的「網狀結構」。這種藝術的膽識與氣魄，具有大家的風範。因此，這部小說的開頭就打破了一般小說描寫的常規，顯示出作品宏大嚴謹的結構特徵。這是《戰爭與和平》給茅盾以示範。《戰爭與和平》第一章，通過貴族安娜·巴芙洛芙娜家庭舞會，讓小說的主要人物與線索一一露頭，這場聚會描寫成了長篇結構的「綱」。茅盾曾經研究與介紹過的司各特《艾凡赫》的開頭也是一個熱鬧壯觀的比武大會，讓全書主要人物紛紛出場介紹，茅盾稱「這比武大會就成為全書的總結構」⑳。

　　茅盾是一個擅長於心理描寫的作家，他十分欣賞西方19世紀小說中「心理解析的精微真確」，「注重在心理的分析，務使事情入情入理」㉑。托爾斯泰尤其是一位刻畫人物心靈的藝術大師，他的「心靈辯證法」展示了人物內心極其曲折複雜的矛盾運動。茅

盾在《子夜》中有意識地學習托爾斯泰，運用「心靈辯證法」細
膩地刻畫人物心理。《子夜》中吳蓀甫召見屠維岳的場面，茅盾
寫吳蓀甫的內心就經歷了這番複雜的變化。其他如吳少奶林佩瑤
的內心失落，四小姐的心靈變化，都是循這一藝術來描寫。《子
夜》的心理描寫佔了很大的比重。尤其是對人物的下意識和幻覺
的描寫增強了整個作品心理分析的色彩，這種心理分析的藝術效
果並不僅僅駐足在傳統的寫實主義手法的應用上，而是明顯地運
用了象徵主義的手法。這在《蝕》、《虹》、《野薔薇》中都有
許多出色的運用。《子夜》中，這種象徵主義的手法或隱或現地
從作品的開頭貫穿至小說終結。小說第一章吳老太爺的一切言行
總是圍繞著一個總體象徵展開。我們可以通過許多象徵性細節描
寫窺見這個封建殭屍的內心世界。如作為象徵道具有黃綾套子的
《太上感應篇》就發揮了奇妙的作用；又如吳老太爺對快速節奏
的都市生活閉起雙眼，全身發抖的細節；豐滿的乳房、赤裸裸的
白腿刺激老太爺神經時的恐懼的描寫，……都強烈地表現出人物
此時此刻的巨大心理反差。這一切作者並沒有用旁白的手法來敘
述，而是通過張素素，李玉亭，范博文等人的言行去「點化」出
這具「古老社會的殭屍」的象徵內涵和特殊的心理特徵。此類的
帶有象徵主義色彩的心理描寫在《子夜》中屢屢出現，它無疑增
強了作品的表現力和感染力。

　　茅盾在《子夜》的寫作提綱中特別強調「色彩與聲浪應在此
書中佔重要地位，且與全書之心理過程相合」[22]。這也得益於茅
盾對西方小說中環境描寫的研究心得。這種富有象徵意味的色彩
和聲音的描寫，與小說中人物心理的刻畫非常和諧地交相輝映。
《子夜》第七章在描寫吳蓀甫內外交困的心境時，作者始終伴以
自然景象的描繪：灰色的雲塊、閃電、雷鳴、雨吼、濃霧、金黃

色的太陽、綠色的樹林、琴韻似的水滴……不同層次的音響效果和不同基調的色彩構成了吳蓀甫內心世界情緒起伏的流程。

《子夜》在描寫工人與革命者的形象時顯得比較單薄與概念化。這是因爲整個作品的筆力側重所致。當然也是由於作者擅長於描寫資產階級和小資產階級知識分子，對工人生活相對不熟悉。另外，在這部長篇中，小說原定的計劃中的農村線索並沒有得到充分的展開，也是一大遺憾。

《子夜》在中國現代長篇小說發展史上具有重要意義。《子夜》與老舍的《駱駝祥子》、巴金的《激流三部曲》、李劼人的《死水微瀾》、《暴風雨前》、《大波》在30年代問世，標誌著中國現代長篇小說及其現實主義的成熟。五四以後，中國新文學接受西方影響，各種文體都發生了巨大的變化。小說這一藝術形式也不例外，它在摒棄了中國舊傳統小說的內容和形式後，必須努力地去創造適應新觀念的新內涵和新形式。這種創造大體是沿著幾條路線進行的。一是以學習西方小說的藝術形式和技巧爲主，適當吸收我國傳統的表現手法，二是以學習我國民間口頭文學爲主，輔之以西方小說的表現手法，三是基本採用我國傳統的章回體形式來表現新的社會生活。第一類以茅盾和巴金爲代表，第二類以老舍爲代表，第三類以張恨水等通俗小說作家爲代表。在第一類中，茅盾和巴金又代表著兩種不同的路子：茅盾較多地吸取了歐洲文學的現實主義及自然主義的創作方法，巴金卻較多地吸收了法國資產階級人文主義和俄國民主主義對舊制度批判的巨大熱情。因此，茅盾的作品就常常偏重於客觀的描繪，而巴金的作品則常常偏重於情感的抒發。這些長篇小說的問世及其現實主義的成就，不僅標誌著我國現代中、長篇小說已走向成熟，而且也進一步推動了我國中、長篇小說現實主義的發展，使之更趨完美。

【注　釋】

① 　茅盾：《從牯嶺到東京》，《茅盾全集》第19卷，人民文學出版社
　　1991年版。

② 　茅盾：《從牯嶺到東京》，《茅盾全集》第19卷，人民文學出版社
　　1991年版。

③ 　茅盾：《我所走過的道路》（中），第9頁，人民文學出版社1984年版。

④ 　茅盾：《從牯嶺到東京》，《茅盾全集》第19卷，人民文學出版社
　　1991年版。

⑤ 　茅盾：《〈虹〉，跋》，上海開明書店1930年版。

⑥ 　茅盾：《〈春蠶〉、〈林家鋪子〉及農村題材的作品》，《新文學史料》
　　1982年第1期。

⑦ 　茅盾：《春蠶·跋》，《茅盾全集》，第9卷，人民文學出版社1985年
　　版。

⑧ 　茅盾：《我的回顧》，《茅盾自選集》，上海天馬分店1933年版。

⑨ 　瞿秋白：《〈子夜〉與國貨年》，《瞿秋白選集》，第227-280頁，人
　　民文學出版社1955年版。

⑩ 　茅盾：《再來補充幾句》，《茅盾論創作》，第64頁，上海文藝出版
　　社1980年版。

⑪ 　茅盾：《〈子夜〉是怎樣寫成的》，《茅盾論創作》，第59頁，上海
　　文藝出版社1980年版。

⑫ 　茅盾：《談我的研究》，《茅盾論創作》，第26頁，上海文藝出版社
　　1980年版。

⑬ 　茅盾：《談我的研究》，《茅盾論創作》，第26頁，上海文藝出版社
　　1980年版。

⑭ 　茅盾：《從牯嶺到東京》，《小說月報》19卷10號（1928年10月）。

⑮ 　范伯群、朱棟霖主編《1898～1949中外文學比較史》，下冊第651頁，

江蘇教育出版社1993年版。

⑯ 茅盾：《創作生涯的回顧》，《新文學史料》1981年第1期。

⑰ 葉子銘：《取異域精髓創建現代文學的豐碑──漫話茅盾與外國文學》，《葉子銘文學論文集》，第263頁，南京大學出版社1994年版。

⑱ 茅盾：《我閱讀的中外文學作品》，《中國現代文學研究叢刊》1982年第1期。

⑲ 葉子銘：《談〈子夜〉的結構藝術》，《茅盾研究資料》（中），第277頁，中國社會科學出版社1983年版。

⑳ 茅盾：《司各特的〈薩克遜劫後英雄略〉》，《世界文學名著雜談》，第307頁。

㉑ 劉貞晦、沈雁冰：《近代文學體系的研究》，《中國文學變遷史》。

㉒ 茅盾：《〈子夜〉寫作的前前後後》，《新文學史料》，1981年第4期。

第七章　三十年代小説(五)

第一節　沈從文創作道路

　　1933年至1934年，中國文壇上發生了一場有關「京派」與「海派」的論爭。1933年10月沈從文在其主編的《大公報·文藝副刊》第9期發表《文學者的態度》，指責「在上海賦閒」的作家商業化的「玩票白相精神」，引發了這場論爭。是年12月上海《現代》主編之一蘇汶在該雜誌4卷2期發表《文人在上海》，回敬了沈從文這個「北方的同行」，反對「用『海派文人』這名詞把所有居住在上海的文人一筆抹殺」。這場論爭引起了魯迅的批評，他指出：「要而言之，不過『京派』是官的幫閒，『海派』則是商的幫忙而已。」①其他左翼作家如胡風、姚雪垠等也撰文批評了這兩派的一些不良傾向。顯然，這場論爭涉及到的是分居北京、上海的一些作家（並非全體）身上的不良傾向。但到後來，「京派」與「海派」的外延、內涵有所變化，它們分別成為以作家居住地為劃分依據的作家群體和文學流派的代名詞。「京派」指30年代前後新文學中心南移上海後繼續在北京活動的一個自由主義作家群。其主要陣地有《駱駝草》、《大公報·文藝副刊》、《水星》、《文學雜誌》。「京派」作家追求藝術的健康與純正，多在鄉村與都市的對照中建構自己的審美天地，具有鄉野的平和質樸之美。「京派」小說的代表作家有廢名、沈從文、凌叔華、蕭乾等，其中以沈從文的成就為最大。「海派」除沈從文當年特

指的張資平、曾今可、章衣萍等海派商業文人外，在這裡主要指20年代後期開始活躍於上海的新感覺派。

　　沈從文（1902～1988），湖南鳳凰縣人。原名沈岳煥，筆名休芸芸、甲辰、懋琳、璇若、上官碧等。他出生於行伍世家，身上流淌著漢、苗、土家等民族的血液，湘西秀麗的自然風光和少數民族長期被歧視的歷史，使他形成了特殊的氣質，既富於幻想，又在心靈上積澱著沉痛隱憂。他6歲入私塾，小學畢業後入伍。此後在長達5年多的時間裡輾轉於湘川黔邊境和沅水流域，廣泛了解社會生活，積累了寶貴的生活經驗和創作素材。在這段時間裡，他當過衛兵、班長、司書、書記等，親眼目睹了湘兵的勇猛威武，也感受到了嗜殺者的殘酷暴戾。在沅州東鄉清鄉時，清鄉隊伍「殺了那地方人將近一千。懷化小鎮上也殺了近七百人」②，年輕的沈從文過早地直面著生活中的鮮血和陰暗，反促使他以後在形諸筆墨時形成了一種追求生活真、善、美的藝術品格。1922年受五四餘波之影響，隻身離開湘西來到北京，升學未成便開始學習寫作。1924年底開始發表作品。1928年在上海與胡也頻、丁玲合編文學刊物《紅黑》。 1930年起，先後在武漢大學、青島大學任教。1933年返回北京，9月接編《大公報・文藝副刊》，並主持《大公報》文藝獎，有力地擴大了京派的影響。抗戰爆發後任西南聯大教授，勝利後為北京大學教授，並主編《大公報》、《益世報》的文學副刊。1949年後被迫離開文壇，曾在歷史博物館為展品寫標籤，後從事文物研究，出版有《中國古代服飾研究》等著作，他的名字也在各種「中國現代文學史」中消失，直至80年代才又引起文壇關注。

　　沈從文是一位多產作家，30年代是作為小說家的沈從文創作最豐盛的時期，他一生中的30多個集子大都出於這個時期。而

1934年創作的中篇小說《邊城》、1938年創作的長篇小說《長河》（第一卷）及其他許多優秀短篇，則標誌著沈從文小說創作的成熟。他以自己的豐碩的創作成果為京派小說的發展作出了重要的貢獻。

　　與左翼文壇注目於社會歷史之「變」不同，沈從文卻潛心於表現「於歷史似乎毫無關係」③的人性之「常」。他認為「一個偉大作品，總是表現人性最真切的欲望！」④並稱自己創作的神廟裡「供奉的是『人性』。」⑤這種表現人性之「常」的創作宗旨，決定了他的創作疏政治而親人性，即主要不是從政治經濟的角度，而是從倫理道德的角度去審視和剖析人生。他在創作中正是高揚著這種道德意識去抨擊現代異化的人性，謳歌古樸美好的人性的。這構成了沈從文小說創作的主題。沈從文的這種審美選擇外化在小說題材領域中。他的小說可分為兩類：第一類是寫城市與知識階級的，第二類是寫鄉村與抹布階級的。沈從文的這種題材取向與他先鄉村後都市的獨特的人生道路相關，也與他自己的角色認知相關。他一再宣稱：「我實在是個鄉下人……鄉下人照例有根深柢固永遠是鄉巴佬的性情，愛憎和哀樂自有它獨特的式樣，與城市中人截然不同！他保守，頑固，愛土地，也不缺少機警卻不甚懂詭詐。」⑥事實上，經歷過五四啓蒙，已成為現代都市知識者的沈從文不可能再是嚴格意義上的「鄉下人」，但自稱「鄉下人」的角色認知，卻一方面使他依戀於對「鄉下人」生活的體認和再現，從而使之成為湘西生活的自覺的敘述者，另一方面又使他在打量自己躋身其間的都市生活時自覺地保有「鄉下人」的目光和評判尺度。「鄉下人」的目光既在一定程度上決定了沈從文小說的題材取向，也使其小說的兩類題材在對立互參的總體格局中獲得了表現。它們相互對比、相互發明，前者使後者

「具有了理想化了的形態」，而後者則使前者「眞正呈現出病態」。
⑦

　　展現這一病態世界的，可以《紳士的太太》、《八駿圖》、
《某夫婦》、《大小阮》、《有學問的人》等爲代表。《紳士的
太太》一文開頭寫道：「我不是寫幾個可以用你們的石頭打他的
婦人，我是爲你們高等人造一面鏡子。」這實際上可視爲沈從文
城市知識階級題材小說的一個總的序言。在這類小說中，他從一
個「鄉下人」的眼光出發，用這面鏡子映照出了上流社會道德淪
喪的種種面影，以自然人性的道德尺度鞭撻了衣冠社會人性的墮
落和扭曲。《紳士的太太》以冷雋的筆調揭露了兩個紳士家庭內
部紳士淑女們的種種醜行：紳士在外偷情，太太出於報復與另一
紳士家的少爺通奸；而那位少爺在與父親的三姨太亂倫的同時，
又宣布與另一名媛訂婚。物欲橫流的高等人精神空虛、道德墮落，
已異化爲兩足的低等動物。與《紳士的太太》揭露高等人的墮落
不同，《八駿圖》則以犀利的諷刺之筆畫出了八位教授的精神病
態（性變態）。受現代文明的壓抑，他們生命活力退化，性意識
已經嚴重扭曲；表面上道貌岸然，內心深處卻齷齪不堪。「八駿」
之一教授甲在蚊帳裡居然掛著一幅半裸體的香煙廣告美女畫；主
人公達士先生（也是「八駿」之一）在熱戀之中，竟因另一對美
麗眼睛的誘惑而推遲了歸期。這群「近於被閹割過的侍宦」急需
由作爲自然人生象徵的海來治療。在這篇小說中提出的「侍宦」
觀念，是沈從文笞撻中國文化傳統的最著痛處的一鞭。雖然它取
的只是性愛的視角，卻涉及到了中國文化生命力萎縮這一廣泛的
文化現象。自以爲深得文化眞諦的教授們被傳統文化的繩索牢牢
捆縛住，導致了人性的殘缺，並由此導致了人格的分裂，他們（
同時也是他們所代表的文化傳承）「營養不足，睡眠不足，生殖

力不足」，這是一種文化的倒退。既要恢復生命的活力，又不要墮落爲行屍走肉，這是沈從文這類小說從反面呈現出的道德價值取向。這種價值取向在第二類小說中得到了正面的顯現。

　　在這類由鄉村和抹布階級構築起來的「湘西世界」中，沈從文正面提取了未被現代文明浸潤扭曲的人生形式。作爲對這種人生形式表現的極致的，便是對所謂「神性」的讚美。在沈從文的美學觀中，「神性」就是「愛」與「美」的結合，這是一種具有泛神論色彩的美學觀念。他認爲：「我過於愛有生一切。……在有生中我發現了『美』」；而「美」即「或由上帝造物之手所產生」，它就是「可以顯出那種聖境」的「神」⑧。既然「愛」與「美」就是「神性」，因此可以說在沈從文作品中神性就是人性的最高表現。《龍朱》、《媚金·豹子·與那羊》、《神巫之愛》和《月下小景》以民間傳說和佛經故事鋪衍成篇，從未有現代文明之前的歷史中尋繹理想的人生形式，借此讚頌了人性的極致——「神性」，這些作品中洋溢著外化民族青年男女眞摯、熱烈、活潑的生命活力，作者借此謳歌了浪漫的野性的原始生命形態。《龍朱》敘寫白耳族王子龍朱與黃牛寨公主的戀愛故事。龍朱是美的化身，他「美麗強壯如獅子」，「是美男子中之美男子」；也是愛的載體，他愛得熱情，也愛得美麗。《媚金·豹子·與那羊》寫愛的英雄豹子與「頂美的女人」媚金約會，因發生誤會，先後拔刀自盡，爲「愛」和「美」雙雙殉葬。《月下小景》的男女主人公爲了愛的本能發生兩性關係，又爲反抗舊習俗服毒自殺。在這些小說中，沈從文借助於傳說、故事的素材，用浪漫的手法表現了自己對人性眞諦的思考，借「神性」宣揚了自己的生命哲學。這裡作者「蘊藏的熱情」是明顯可見的，但是，我們亦應看到「那作品背後隱伏的悲痛」⑨。把健全的人生形式放到帶原始

特徵的文化環境中去表現，這是作者的睿智，也是作者的無奈。當他把這種原始的生命形態放到「地方的好習慣是消滅了，民族的熱情是下降了」⑩的現代環境中來表現時，由這種生命形態所引發的人生悲喜劇就出現了。《柏子》、《會明》、《燈》、《丈夫》等篇，在對「鄉下人」性格特徵的展現中，對湘西鄉村兒女人生悲喜劇進行了價值重估。這些作品中的「鄉下人」，其道德風貌與人生形式與過去的世界緊密相連，儼然出乎原始的文化環境，他們熱情、勇敢、忠誠、正直、善良，德行品性純潔高尚，合乎自然。但是，與此相伴隨的理性的愚昧又使他們無法適應受半殖民地半封建文化形態衝擊的現實環境，無法把握自己的人生命運，從而導致其精神悲劇。這種精神悲劇不但表現在他們對悖於人性的僱傭制、童養媳制和賣淫制等醜陋社會現象的順應，更表現在對自我實存狀態的無知和對自我命運的無從把握上。作者以悲痛的心情寫出了他們身上極其平凡、瑣碎的一面。無論是柏子的「從不曾預備要人憐憫，也不知道可憐自己」，會明的為了「可以發三個月的津貼」而盲目「衝上前去」，還是老兵的奴隸式的忠誠，鄉下丈夫對失去丈夫權利的懵然，都反映了作者在價值重估中對鄉下人生存方式的沉痛反省。在對鄉下人生存方式的價值重估中，較有深度的是《蕭蕭》。主人公蕭蕭的生命始終處在被動的人生狀態。作為童養媳，她沒有人身自由，也無法把握自己的人生命運。在失身懷孕之後，面臨的將是沉潭或發賣的命運。只是因為偶然的原因，才倖免於難。作品結尾處，饒有深意地寫到蕭蕭的大兒子又在迎娶年長六歲的媳婦。生命的悲劇在不斷輪迴，根因就在於鄉下人理性的蒙昧；作品中祖父對女學生的嘲弄、奚落正說明了這些鄉下人與現代文明的隔絕以及由此而導致的理性缺失。

　　出於對過去人生形式追憶的茫然和對現實人生形式探索的失落，沈從文在想像中（這應該算是「未來」）用理想之光燭照湘西人生歷史圖景，再造了完美的人生形式，以《邊城》和《長河》唱出了理想的生命之歌。《邊城》是沈從文的代表作，也是支撐他所構築的湘西世界的柱石。它通過一個古樸曲折的愛情故事表現了對理想的人生形式的追求。與《邊城》描繪的靜態畫面不同，寫於抗戰時期的《長河》（第一卷）是在動態的現實中展現鄉野素樸的人生形式的。它描寫沅水辰河流域一個盛產桔柚的鄉鎮，鄉風淳樸，生活如一潭靜水。最初攪動這潭靜水的是傳聞中的「新生活運動」，天真單純的人們把「新生活」與兵荒馬亂相聯繫，心理上罩上了一層陰影。真正威脅桔鄉寧靜的，是駐鎮的保安隊和強買強賣、為非作歹、對夭夭動了邪念的保安隊長。沈從文在傾心營構理想的人生形式時，清醒地意識到了外在於湘西的現代世界的喧擾和威脅：「『現代』二字已到湘西」，湘西在變化中見出墮落趨勢：「最明顯的事，即農村社會所保有那點正直素樸的人情美，幾幾乎快要消失無遺，代替而來的卻是近二十年實際社會培養成功的一種唯實唯利庸俗人生觀。」⑪小說在較《邊城》更為廣闊的歷史背景中，寫出了社會歷史之變，以此映襯了鄉間素樸美好的人生形式之「常」；老水手的愚憨、質樸，滕長順的義氣、公正，三黑子的雄強、不屈，夭夭的活潑、樂觀，都表現了美好人性面對生活劇變時的不同對應形式。雖然這裡的農民的性格靈魂在時代的大力擠壓下不能不失去原有的素樸所表現的樣式，但人性之美好仍然令人神往，於此，《邊城》的神韻依然可見。這應該是沈從文為了「取得人事上的調和」而加上的「一點牧歌的諧趣」之所在。⑫他把對未來的希望寄託在幾個小兒女性情的天真純粹上，希冀借此重新燃起年輕人的自尊心和自信力，重造

民族品德。這是沈從文面對日益衰頹的現實所作的「莊嚴與認眞」的生命思索，是一種伴隨著沉痛感慨和深切憂慮的理想形式。作者就是這樣，通過對「這個地方一些平凡人物生活上的『常』與『變』，以及在兩相乘除中所有的哀樂」⑬的描寫，謳歌了具有樸素道德美的人性，同時也爲在時代大力擠壓下美好人生的行爲將失落唱出了一曲沉痛的輓歌。

沈從文是一位有著獨立性的作家。他的小說在過去、現在和未來的歷史長河中，在鄉村和城市的題材空間裡，通過人性世界（包括「神性」世界）和病態世界的對比，嚴肅地探討了人生，謳歌了健全的人生形式，從而構成了一個從倫理道德角度去表現人生之「常」的獨立自足的藝術系統。他的文學理想不是從政治經濟角度探索社會進步的道路，而是從人性角度去尋求重造民族品德的門徑。在充滿血與火的「變」的時代裡有意迴避從政治經濟角度去表現尖銳的社會鬥爭，既不可避免地與時代文藝主潮嚴重脫節，也不可避免地影響了剖析人性的深度。單純的道德評價極容易導致對宗法式社會的美化，對現代生活的否棄。從社會歷史的角度看，這不能不帶有一種落後的性質。但是，我們也應該看到沈從文文學理想的積極的一面。這首先造就了作爲文學家的沈從文的爲別人所難以替代的獨特性，使他在現代文學的交響樂中保持了自己的獨特的聲音。尤爲重要的是，他的小說在探索理想的人生形式時貫注了關於人的改造的思想，他繼承了「五四」時期「人的文學」的觀念和「改造國民性」的傳統，他所堅持的是現代意義上的人性立場和文化精神。雖然他借以展示自我現代理想圖式的是一個文化不發達的鄉村世界，因而往往只能對照病象、探索病因而很難令人信服地直接化爲變革現實的力量，但這觸及到了20世紀中國文學改造民族性格的基本命題。他企盼通過

民族品德的重造，進而探索「中國應當如何重新另造」⑭。這是他作品中富於積極意義的現代思想。正是這一點在使其作品題材偏離時代文藝主潮的同時，又保持了它的現代品格。這正是沈從文小說意蘊的複雜性所在。

　　儘管沈從文是一位從湘西山水中走出來的作家，他也一直自稱為「鄉下人」，但這並沒有影響他廣泛吸收外國文學的汁液，豐富自己的藝術表現手段。他在談到自己所受外國文學影響時曾自述「較多地讀過契訶夫、屠格涅夫作品」，尤其對屠格涅夫的《獵人筆記》「把人和景物相錯綜在一起」的手法頗為讚賞，「認為現代作家必須懂得這種人事在一定背景中發生」的情況⑮。如果說他對契訶夫的接受主要體現於對小人物、對平民眾生的關注，那麼，他對屠格涅夫的接受則主要體現於他小說的抒情性與自然性。在一定程度上，屠格涅夫小說中表現出的那種自然與人相契合而散發出的濃郁詩意激發了沈從文的創作衝動。正是湘西山水自然的孕育與外在因素的激發，才使沈從文建構了他的湘西世界，並逐漸形成了他獨特的藝術風格。他的小說呈現出一種溫柔淡遠的牧歌情調。在題材的選擇上，他不願寫「一攤血一把眼淚」，而喜歡用微笑來表現人類痛苦⑯。即使寫國民黨政府的殺戮青年，如《菜園》、《大小阮》等，也是把這一背景推遠，從側面寫去。他最擅長描寫的是本身就富有牧歌因素的愛情，如《雨後》、《三三》、《邊城》等。在描寫這類題材時，他又從「人與自然的契合」的泛神論思想出發，故意淡化情節，以清淡的散文筆調去抒寫自然美。如《邊城》對酉水岸邊的吊腳樓，茶峒的碼頭、繩渡，碧溪的竹篁、白塔等都作了細緻的描繪，精心勾畫出一幅湘西風景圖和風俗畫。加上作者在描寫時又喜歡用一種溫柔的筆調出之，這就創造出了獨特的審美意境，釀就了他的小

說的清新、淡遠的牧歌情調。這種牧歌情調是對應於其理想的人生形式的。但是沈從文深知理想的人生形式只能存在於「理想」之中，現實中這種樸素的人性美正在日漸泯滅，因此在歌唱這些牧歌的同時，他又滲進了一絲沉鬱、一縷隱痛，致使其溫柔平和的牧歌中又混合著一層淡淡的悲愁。如《長河》在展現30年代初湘西社會的寧靜被打破的現實中，就帶上了一種感傷的情調。

重視創作主體情緒的投入，追求小說的抒情性，也是沈從文小說的重要特色。沈從文非常重視創作主體的情緒對於創作的作用，認為「真正搞文學的人，都必須懂得『五官並用』，不是一句空話！」作家應「習慣於情緒體操」⑰。沈從文的小說常常直截地把主體情緒投注到人像和物像之中，使之帶上鮮明的情緒色彩；或者借助於記「夢」和象徵曲折地表達主體的情感評價，醞造濃郁的抒情性。沈從文在《燭虛·小說作者和讀者》中認為小說包含兩個部分：「一是社會現象」、「二是夢的現象」；寫小說「必須把『現實』和『夢』兩種成分相混合」。從總體上看，沈從文小說有很強的寫實性。《柏子》、《蕭蕭》等對人生實存狀態的描寫，都是一種現實主義的把握。在這些寫實性小說中，沈從文把自我情緒投注到柏子和蕭蕭等人物的身上，使之均著我之色。同時，沈從文小說為了追求理想的人生形式又自覺地摻入了「夢」的成分，因而又具有鮮明的浪漫主義特徵。《月下小景》寫愛情悲劇，卻用男女主人公含笑殉情作結；《邊城》將人物和環境都作了理想化的處理，都可以分明看出作者主觀理想的張揚。為了強化抒情性，記「夢」之外，沈從文小說還善用象徵。《荣園》裡的菊花，《夫婦》中的野花，《八駿圖》中的大海，其涵義都超越了形象本身。至於《邊城》更是一種整體的象徵。不但白塔的坍塌和重修分別象徵著古老湘西的終結和新的人際關係的

重造，而且翠翠的愛情波折和無望等待從整體上成了人類生存處境的象徵。作者主觀情緒的投射，大大豐富了小說的抒情容量，使之具有了一種詩化效果。

豐富多樣的結構體式，古樸簡約的語言風格，是沈從文小說的又一個顯著特徵。沈從文有文體作家之稱。他文體不拘常例，故事也不拘常格。他的小說在結構上追求自由，隨物賦形，採用過對話體、書信體、日記體、童話、神話等多種體式。與結構上刻意求新相表裡的，是講究「文字組織的美麗」，他因此被稱爲「文字的魔術師」。他的小說語言具有獨立的風格，「格調古樸，句式簡峭，主幹凸出，少誇飾，不鋪張，單純而又厚實，樸訥卻又傳神」⑱。他的小說很少用「的」、「了」等虛詞，既有淺近文言的簡約凝練，又有口語的生動活潑。例如《邊城》描寫翠翠的一段文字：「翠翠在風日裡長養著，把皮膚變得黑黑的，觸目爲青山綠水，一對眸子清明如水晶。自然既長養她且教育她，爲人天眞活潑，處處儼然如一隻小獸物。人又那麼乖，如山頭黃麂一樣，從不想到殘忍事情，從不發愁，從不動氣。……」這段文字句式參差簡峭，繪形傳神，古樸清新，富有表現力。沈從文語言風格的形成受到古典文學的影響，但根本上還是得力於豐富的湘西生活的經驗。他說：「我文字風格，假若還有些值得注意處，那只是因爲我記得水上人的言語太多了。」⑲無論是敘述語言的流動飄逸，還是人物語言的生動風趣，都源自於他湘西水上語言的積累。他的小說語言是在雜糅古典文學的句式，提煉湘西方言基礎上形成的。沈從文以其獨特的風格爲京派小說的發展作出了重要貢獻。

第二節　《邊城》

　　《邊城》是沈從文最負盛名的代表作，原載於1934年《國聞周報》第11卷中，1934年9月由上海生活書店出版單行本。它是沈從文創作的一首美好的抒情詩、一幅秀麗的風景畫，也是支撐他所構築的湘西世界的堅實柱石。關於這篇小說的創作動機，沈從文說得很明白：「我要表現的本是一種『人生的形式』，一種『優美，健康，自然而又不悖乎人性的人生形式』。我主意不在領導讀者去桃源旅行，卻想借重桃源上行七百里路酉水流域一個小城小市中幾個愚夫俗子，被一件普通人事牽連在一處時，各人應有的一分哀樂，為人類『愛』字作一度恰如其分的說明。」⑳貫串在作品中的「一件普通人事」就是湘西一個古樸的愛情故事，它構成了小說的情節線索。

　　在小說中，地處湘川黔三省交界的邊城茶峒，青山綠水，美不勝收。秀麗的自然風光教化著茶峒白塔下兩個相依為命的擺渡人。外公年逾古稀，卻精神矍鑠。翠翠情竇初開，善良而清純。他們依著綠水，伴著黃狗，守著渡船，向來往船客展示著邊城鄉民的古道熱腸。小說在古樸而又絢麗的風俗畫卷中，鋪衍了一個美麗而又淒涼的愛情故事。小說所欲表現的卻是一種理想、一種健全的人生形式。作者無意開掘這一愛情故事的悲劇內涵，刻畫悲劇性格，而是意在創造出一支理想化的田園牧歌。因此，作者以詩情洋溢的語言和靈氣飄逸的畫面勾畫出的這新奇獨特的「邊城」，是一個極度淨化、理想化的世界。這裡最引人注目的是理想的人生形式和古拙的湘西風情的有機結合和自然交融。在端午節賽龍舟的盛會上，翠翠與外公失散，幸得奪魁少年、當地船總

的小兒子、被人譽爲「岳雲」的美少年儺送相助，順利地返回渡口。從此翠翠平添了一件不能明言也無法明言的心事。而儺送的哥哥天保也愛上了翠翠而虔誠地派人說媒。此時，儺送也被王團總看上，他情願以碾坊爲女兒的陪嫁與船總結爲親家。在這樣的情況下，儺送不要碾坊要渡船，與哥哥天保相約唱歌讓翠翠選擇。天保自知唱歌不是弟弟的對手，也爲了成全弟弟，遂外出闖灘，不幸遇難。儺送因哥哥的死悲痛不已，他無心留戀兒女之情也駕舟出走了。疼愛著翠翠並爲她的未來擔憂的外公終於禁不住如此打擊，在一個暴風雨之夜溘然長逝，留下了孤獨的翠翠。翠翠守著渡船深情地等待著那個用歌聲把她的靈魂載浮起來的年輕人，「這個人也許永遠不回來了，也許明天回來！」

　　在邊城明淨的底色中，作者把自己飽滿的情緒投注到邊城子民身上，重點描繪了鄉村世界中的人性美和人情美，塑造了作爲「愛」與「美」化身的翠翠形象。翠翠在茶峒的青山綠水中長大，大自然既賦予她清明如水晶的眸子，也養育了她清澈純淨的性格。她天眞善良，溫柔恬靜，在情竇初開之後，便矢志不移，執著地追求愛情，痴情地等待著情人，不管他何時回來，也不管他能不能回來。翠翠人性的光華，在對愛情理想的探尋中顯得分外嬌艷燦爛。結尾處所狀白塔下綠水旁翠翠佇立遠望的身影，是具有著熠熠動人的人格力量的。作品中其他人物如老船工的古樸厚道，天保的豁達大度，儺送的篤情專情，順順的豪爽慷慨，楊馬兵的熱誠質樸，作爲美好道德品性的象徵，都從某一方面展現了理想人生形式的內涵。作爲這些人物的活動背景，作者還濃墨重彩地渲染了茶峒民性的淳厚：這裡的人們無不輕利重義、守信自約；酒家屠戶，來往渡客，人人均有君子之風；「即便是娼妓，也常常較之講道德知羞恥的城市中紳士還更可信任。」總之，這裡的

「一切莫不極有秩序，人民也莫不安分樂生」，儼然是一派桃源仙境。沈從文之所以對邊城人性美和人情美作理想化的表現，其意就在於從道德視角出發，爲湘西民族和整個中華民族的文化精神注入美德和新的活力，並觀照民族品德重造的未來走向。他在談到《邊城》的創作時說：「擬將『過去』和『當前』對照，所謂民族品德的消失與重造，可能從什麼方面著手。」㉑他期待著將這種理想化的生命形式「保留些本質在年輕人的血裡或夢裡」，去重造我們民族的品德。作者的這一創作追求無疑是建立在批判現代文明扭曲人性的基礎之上的。聯繫沈從文全部小說來看，與《邊城》相對立的，正是那個物欲橫流、道德淪喪的「衣冠社會」。

　　古拙的湘西風情既是健全的人生形式借以寄託的不可或缺的背景，又是這一理想本身有機的組成部分。小說開頭三章集中筆力描繪了湘西山水圖畫和風俗習慣。幽碧的遠山、清澈的溪水、溪邊的白塔、翠綠的竹篁等山水風景與端午賽龍舟、捉鴨子比賽及男女唱山歌等民俗事象相互交融，呈現出未受現代文明浸透的邊城整體生活風貌，既爲故事的發展、人物的刻畫作了環境的鋪墊，又使邊城茶峒擁有了自己獨特的文化品格。整整三章用萬字篇幅介紹湘西風情，而沒有進入情節敘事，使我們充分感受到了邊地的安靜和平、淳樸渾厚的文化氛圍。在作了充分的靜態描述之後，才在整體諧和的文化氛圍中，較爲集中地描寫了一個美麗得令人憂愁的愛情故事。面的渲染與點的凸現，故事的推進與情感的濃化，畫面的組接與意境的轉換，以及對樸拙的古語和流利的水上語言的使用，共同推動著《邊城》走進圓熟靜穆、完美和諧的審美境地。《邊城》是一顆晶瑩圓潤的藝術之珠，其人性美與藝術美珠玉生輝，達到高度的一致。

【注　釋】

①　魯迅：《「京派」與「海派」》，《魯迅全集》第5卷，第432頁，人民文學出版社1981年版。

②　沈從文：《從文自傳・清鄉所見》，《沈從文文集》第9卷，第159頁，花城出版社、香港三聯書店1984年版。下引《沈從文文集》版本皆同此。

③　沈從文：《湘行散記・一九三四年一月十八日》，《沈從文文集》第9卷，第254頁。

④　沈從文：《創作雜談・給志在寫作者》，《沈從文文集》第12卷，第110頁。

⑤　沈從文：《〈從文小說習作選〉代序》，《沈從文文集》第11卷，第42頁。

⑥　沈從文：《〈從文小說習作選〉代序》，《沈從文文集》第11卷，第43頁。

⑦　參見趙園：《沈從文構築的「湘西世界」》，《論小說十家》，第126頁，浙江文藝出版社1987年版。

⑧　沈從文：《燭虛》，《沈從文文集》第11卷，第277頁。

⑨　沈從文：《〈從文小說習作選〉代序》，《沈從文文集》第11卷，第44頁。

⑩　沈從文：《媚金・豹子・與那羊》，《沈從文文集》第2卷，第395、396頁。

⑪　沈從文：《〈長河〉題記》，《沈從文文集》第7卷，第2頁。

⑫　沈從文：《〈長河〉題記》，《沈從文文集》第7卷，第6頁。

⑬　沈從文：《〈長河〉題記》，《沈從文文集》第7卷，第5頁。

⑭　沈從文：《若墨先生》，《沈從文文集》第4卷，第299頁。

⑮　凌宇：《沈從文談自己的創作》，《中國現代文學研究叢刊》1980年

第1期。

⑯　沈從文：《廢郵存底·給一個寫詩的》，《沈從文文集》第11卷，第303頁。

⑰　沈從文：《廢郵存底·情緒的體操》，《沈從文文集》第11卷，第329頁。

⑱　凌宇：《從邊城走向世界》第318頁，三聯書店1985年版。

⑲　沈從文：《廢郵存底·我的寫作與水的關係》，《沈從文文集》第11卷，第325頁。

⑳　沈從文：《〈從文小說習作選〉代序》，《沈從文文集》第11卷，第45頁。

㉑　沈從文：《〈長河〉題記》，《沈從文文集》第7卷，第4頁。

第八章 四十年代小說(一)

第一節 四十年代小說概述

　　40年代國統區、「孤島」和淪陷區小說，從內容和主題的取向上來看，大致可分為如下幾種類型：

　　抗戰題材小說，直接反映抗戰現實，富有戰地實感，留下了時代剪影。丘東平的《第七連》、《一個連長的戰鬥遭遇》取材於淞滬抗戰，對愛國軍民浴血奮戰的壯舉作了真實描寫，注重抗日將士的心理刻畫，顯示了悲壯之美，有較大影響。姚雪垠的《差半車麥秸》、《牛全德與紅蘿蔔》，語言通俗，內涵深刻，表現了在戰火中鍛造國人靈魂和民族新性格的新主題，顯示了抗戰小說的逐漸深化。他的長篇《長夜》寫20年代中原地區農村土匪的活動，取材獨特，人物生動，擴大了新文學表現的界域。此外，《春雷》（陳瘦竹）、《劉粹剛之死》（蕭乾）、《烏蘭不浪的夜祭》（碧野）、《北運河上》（李輝英）、《東戰場別動隊》（駱賓基）等，也是抗戰小說的名篇。

　　以社會剖析和世情諷刺為主要內容的小說，上承30年代左翼作家傳統，直面民族解放戰爭的大時代，以分析的眼光深入反映社會現實，剖析各式人等的性格心理，標誌著作家對現實認識的深化。張天翼的《速寫三篇》（《譚九先生的工作》、《華威先生》、《「新生」》），沙汀的《在其香居茶館裡》、《堪察加小景》、《淘金記》、《還鄉記》，艾蕪的《山野》、《石青嫂

子》，吳組緗的《山洪》等，刻畫了個性鮮明的人物形象，展示並分析了由於民族矛盾刺激而迅速變動中的社會人群之間的複雜關係，容納了相當豐富的社會歷史內容。其中一些小說則顯露了犀利、辛辣的諷刺鋒芒，並進而形成了又一波諷刺、暴露文學的浪潮。政治的積弊，歷史的陳垢，從官僚到豪紳，從政客到「儒生」，乃至落後的農民，都在作家的冷峻審視下，被淋漓盡致地顯露其眞相。這方面的作品還有茅盾的《腐蝕》，蕭紅的《馬伯樂》，張恨水的《八十一夢》、《五子登科》，黃藥眠的《陳國瑞先生的一天》等，都是一時之選。

注重文化分析的小說，是作家對民族歷史與現實進行文化探詢與反省的結晶，它把抗戰初期高昂的民族激情，深化到了理性的層次。廢名的《莫須有先生坐飛機以後》、沈從文的《長河》，或比較東、西方文明的不同，或追索傳統的田園生活方式在現時代的「常」與「變」，隱現了對民族文化命運的沉思。巴金的《憩園》、老舍的《四世同堂》則對中國式的家族文化進行了叩問。一度深切關懷鄉土文化的師陀，在《結婚》中，抨擊了畸形的現代都市文明毀滅人性的罪惡。系列短篇小說集《果園城記》以「果園城」爲封閉的傳統文化的象徵，從多角度對果園城人生活方式、生活情調的表現中，流露出處於文化過渡時代國人所共有的愛恨交織的文化情結，含蓄深沉，極富韻味。蕭紅的《呼蘭河傳》與之有異曲同工之妙。師陀還有《馬蘭》、《無望村的館主》等。他對小說敘事視點與結構藝術，作了精心的試驗。馮至的《伍子胥》將歷史題材作詩化處理，將古代的傳奇故事與眞實的人生體驗融合，以散文詩的敘事方式表現出一個存在主義的命題。自此可窺見存在主義對中國現代小說的最早影響（馮至留學德國時受到凱爾郭凱爾、里爾克的影響）。

　　側重於人生探索的小說，主要表現知識者對人生與生存意義的求索追尋。錢鍾書的《圍城》朝向人本的、形而上的層次，而路翎以《財主的兒女們》為代表的作品，著重於社會範疇內的人生選擇，顯示了兩種不同的傾向。路翎是「七月派」的小說重鎮。他的小說，注重主觀感情的滲入，追求心理描寫的深度，富於慷慨悲壯的悲劇美，寫出了愛好思索的知識者在人生道路上的艱苦探索及痛苦緊張的精神歷程。《財主的兒女們》以蘇州巨室蔣捷三一家的風流雲散、分崩離析和其子少祖、純祖的人生歷程為中心，展現了廣闊的生活畫面，具有很大的概括性，最終昭示：知識者唯一光明的出路，只有與人民結合。路翎小說展開的是「一個獷野、雄放、不同程度地染著原始蠻性的世界」，「漲滿在上述意象中的『渴欲』、『追求』的心理傾向，自然引出路翎小說『擾動』、『狂躁不安』的情緒特徵；這種情緒特徵必然在他的形象世界裡造成『動盪感』」①。

　　40年代上海文壇有一批女作家引人矚目，有張愛玲、蘇青，還有楊琇珍、曾文強、程育珍、湯雪華、施濟美等。張愛玲、蘇青的小說都是從女性視角探視女性人生，卻各有特色。她們是繼廬隱、馮沅君、丁玲之後，又一代新女性作家，其女性主義的視角與意識，更為明確。張愛玲深受《紅樓夢》影響，又糅合西方現代心理分析小說藝術，在《金鎖記》、《傾城之戀》中刻畫女性的變態性愛心理，精細深刻又纏綿沉醉。蘇青的長篇自傳體小說《結婚十年》（1944年）以紀實筆法寫現代女性掙脫家庭主婦走上職業婦女的道路，其幻想、失落、痛苦、情欲飢渴的心理被表露得相當直率透徹。她表現女性人生道路，以其「赤裸裸的直言談相」而聲名鵲噪，《結婚十年》與《蛾》等短篇小說都是專寫女性的性欲心理的，主人公都在為性欲滿足而苦苦掙扎。當

年有評論認為：「除掉蘇青的爽直以外，其文字的另一特色是坦白。那是赤裸裸的直言談相，絕無忌諱。在讀者看來，只覺得她的立筆的嫵媚可愛與天真，絕不是粗魯與俚俗的感覺。」②女作家梅娘的水族系列小說《蚌》（中篇）、《魚》（短篇）、《蟹》（中篇），描寫大家庭的女性追求獨立、自由的道路，以女性細緻敏感的筆觸敘寫女性的人生處境，富有可讀性。李廣田的《引力》、齊同的《新生代》、夏衍的《春寒》、王西彥的《古屋》、郁茹的《遙遠的愛》、駱賓基的《北望園的春天》等，也是當時有影響的作品。

此外，40年代出現的被稱為「現代羅曼史」小說，是指以徐訏和無名氏為代表的都市大眾傳奇小說。這類小說往往以時髦趣味和媚俗效果為目的，在大眾化中又見現代性色彩，以傳奇化情節，男女性情結和異域情調見長。徐訏有《鬼戀》、《吉普賽的誘惑》、《精神病患者的悲歌》等小說。《風蕭蕭》於1943年連載於《掃蕩報》，很快風靡大後方，文壇也因此而稱1943年為「徐訏年」。《風蕭蕭》寫「我」由結識史蒂芬醫生而認識白蘋、梅瀛子、海倫三位女性，由此展開富有傳奇性的感情糾葛與人生際遇，至後半部則又由愛情傳奇轉為間諜傳奇，將浪漫情感生活與驚險刺激的間諜生活糾結在一起描寫，這是作者浪漫心態的另一面。徐訏被稱為中國現代小說界最善於編織故事的人。富有生動性和傳奇性的纏綿、奇特的故事，是徐訏小說藝術魅力的一個重要因素。他到香港後又有長篇小說《江湖行》、《時與光》等問世。1943年底，無名氏（卜乃夫、卜寧）在報紙連載長篇小說《北極艷遇》四天後改名為《北極風情畫》，1944年，無名氏的又一浪漫言情長篇《塔裡的女人》問世。這兩部小說「以新奇艷麗的書名，風流倜儻的愛情故事，跌宕多姿的人際悲歡，

以及迷亂蒼茫的哲理思索」③，顯示出無名氏的獨特魅力。「在
徐訏展示西歐的柔情，晃動著若隱若現的梅里美的倩麗的影子之
時，無名氏從抒寫北國的強悍開始，呼喚著一個慘痛欲絕的靈魂，
閃動著乍明乍暗的陀思妥耶夫斯基的悲戚面容。」④無名氏描述
浪漫艷情故事，致力於追求情感的深度、靈魂的深度與愛的境界，
論者指出，這「體現在《北極風情畫》中是剛烈，體現在《塔裡
的女人》中則蘊蓄了更多曲折委婉和壓抑，理智與情感的矛盾，
單純與世故的衝突，任性與眞摯的混雜。熱烈不是一覽無遺，憂
鬱仍有火熱激情。」⑤在男女主人公忍受的煎熬中讓讀者體味到
愛情的浪漫、委婉、雅麗。兩書立即風靡青年界。近50年來，兩
書各銷百萬冊以上，達五百餘版。無名氏後來以十五年時間完成
的《無名書稿》包括《野獸、野獸、野獸》、《海艷》、《金色
的蛇夜》、《死的岩層》、《開放在星雲以外》和《創世紀大菩
提》，其主要部分寫於50年代、60年代，當時無法出版，直至
80年代由台灣遠景出版公司全部出版。《無名書稿》塑造了一個
浮士德式的人物——印蒂，從而爲20世紀中國文學史提供了一個
新的主題和人物形象。

第二節　錢鍾書與《圍城》

　　錢鍾書（1910～1998），字默存，號槐聚，曾用筆名中書
君，出身於江蘇無錫一個書香門第家庭。早年接受過良好的中國
古典文學的薰陶。1933年畢業於清華大學外文系，1935年入英
國牛津大學學習，獲B.Litt（Oxon）學位。後赴法國巴黎大學進
修。回國後，曾任西南聯大外文系教授、國立藍田師範學院英語
系主任、上海暨南大學外語系教授、中央圖書館編纂等職。

1949年後任清華大學外語系教授。1953年轉任中國科學院文學研究所研究員。在文學創作方面，錢鍾書於1941年出版散文集《寫在人生邊上》，1946年出版短篇小說集《人‧獸‧鬼》。次年，發表長篇小說《圍城》。此外，尚有詩學著作《談藝錄》（1948年6月上海開明書店印行）。1949年後有學術著作《宋詩選注》、《管錐編》、《七綴集》等。

短篇集《人‧獸‧鬼》包括《上帝的夢》、《貓》、《靈感》與《紀念》。在這些小說裡已經顯示了作者諷刺文化人和進行心理描寫的才能。《貓》的女主人公愛默在北平的文藝家與教授的社交圈子中以好客聞名。她慣於操縱友情，操縱丈夫與朋友，遂與力圖重建主人地位的丈夫發生糾葛，終致各自以追求婚外情證明自己的價值，但是愛默面對的是個害羞而毫無經驗的大學生，丈夫面對的則是一個平庸的少女。這結局對小說的主人公構成一層絕妙的諷刺。與這家庭內小悲歡相對的，是小說中寫到的北平所面臨淪陷的時局危機。這裡寄寓了作者對於知識分子瑣屑空虛精神世界的深切批判。《紀念》裡的少婦曼倩，大學畢業後就成了一位管領柴米油鹽的小家庭主婦，丈夫又是一個不善鑽營的老實人。在一潭死水般的生活裡，她玩弄著微妙的婚外戀，以為自己可以超然物外，結果陷入自己所厭惡的肉體接觸的現實。小說對女主人公在婚外情中由冷漠、迷惑、嫌惡和最後如釋重負的感覺、心理有生動的表現，顯示了心理描寫的才華。《上帝的夢》與《靈感》，幽明雜陳，殊多戲謔，然而在機趣橫生的挖苦揶揄中自不乏對於人生、藝術的關懷。《靈感》顯示了作者對於文壇流俗的批判。小說主人公「作家」床前圍著的一群淚汪汪的崇拜者，他的使文化企業家折壽的肉麻的祝壽文，在「中國地府公司」被一群小說中的人群圍住討命的場景，以及最後被罰充笨蛋的靈

感的命運，都是對於中國文學界惡濫趣味的絕妙諷刺。從《靈感》可以了解作者對於流行文藝界的警惕，瞥見其獨立不倚的自由創作的身影。短篇集《人·獸·鬼》昭示的是作者對於主流文壇的疏離。

《圍城》⑥，最初發表時並未引起文壇重視，直至夏志清在其《中國現代小說史》中特闢專章給予高度讚譽，才使這部小說獲致文壇刮目相看。《圍城》是中國現代傑出的諷刺小說。《圍城》的內容首先是一個流浪漢的喜劇旅程。留法青年方鴻漸從海外歸來，歸來卻總是不能安頓，一再踏上漂泊旅程。作者借他一路漂泊的機會，涉筆成趣，廣泛描繪了社會的形形式式：郵船上留學生們的熱中於麻將、家鄉父老們的守舊與摩登作派、在上海褚家寶之改名褚慎明而言必「菩蒂」、董斜川之言必稱「老世伯、同光體」、「我你他」小姐與Jimmy張家的以打牌考驗女婿的獨特方法、內地旅程中金華歐亞大旅館的牛奶咖啡與跳蚤、李梅亭的滿貯卡片與藥品的大鐵箱、鷹潭的客棧與下等妓女、作為近代產物的大學的機關化官場化江湖化（拉幫結派）、劍橋導師制的中國版、方鴻漸家人的計較與心機、二人的小家庭卻又總是被雙方的親戚牽制……林林總總，寫盡了處於歷史轉型期的中國在文化、價值方面的斷裂、錯位、顛倒與衝突。20世紀的中國現代作家每每注目於中國社會政治經濟層面的騷動與變亂，注目於階級與階級鬥爭的發展，關懷被侮辱受損害的人們、被剝削受壓迫的階級，唯有錢鍾書在《圍城》中對於現代化途中中國的現代文化與傳統文化的對立與衝突、文化價值的混亂與尷尬，予以了深切的關注與深廣的表現。同時，這一社會面貌，構成了小說中人物與故事展開的特定背景。在這個特定的背景上，小說展示了傳統對於現代中國自我圍困的主題⑦。圍困的主題不僅在社會制度與

機構方面（點金銀行、大學和報館）展開，而且在方鴻漸與孫柔嘉的關係中充分展開。作者更重視在家庭婚姻關係的世俗方面表現圍困主題。孫柔嘉精明、柔韌、工於心計，在羞縮緘默的外表有著「專橫的意志和多疑善妒的敏感」，是「中國文化的典型產品」⑧。方鴻漸起初以為孫柔嘉只是個女孩子，事事都要請教自己；待到訂婚，方才發現她「不但很有主見，而且主見很牢固」，直似「彷彿有了個女主人」，結婚之際一經高辛楣提醒，方才警醒，卻已經深陷圍城。從此他們二人陷入受支配於強大傳統的瑣碎纏繞的日常生活，傳統與其守護人孫柔嘉相輔相成，相得益彰，日益成為方鴻漸的暴君與精神囚籠。方鴻漸最後與孫柔嘉破裂，準備到重慶去，而重慶未必不是另一個圍城。

　　小說同時是一部新「儒林外史」。近代中國始產生的新型的知識分子階層是其表現的中心，對於他們的勾心鬥角、爾虞我詐，他們的貧乏、卑微和空虛，對於他們的種種畸形性格和醜惡靈魂，痛加摘發：滿口仁義道德、滿腹男盜女娼的李梅亭，外形木訥、內心齷齪、偽造學歷、招搖撞騙的假洋博士韓學愈，道貌岸然、老奸巨猾、口稱維護教育尊嚴，其實卻是酒色之徒的偽君子高松年，依附官僚、意在結黨自固、終於自蹈覆轍的汪處厚，一心攀龍附鳳、專事吹拍、淺薄猥瑣的勢利小人陸子瀟與顧爾謙。此外，還有雖然混跡學界，卻以在情場上施展手段、爭強鬥勝為己任的大家閨秀蘇文紈、范懿……。尤其是方鴻漸、高辛楣、蘇文紈等留洋歸來的學生們，接受了西方文化的影響，但他們有的沉淪，有的墮落，有的一事無成，在傳統的圍困中消磨著人生。作品通過他們，對中國西式知識分子和中國化了的西方文明，從文化的中、西，現代、傳統的多重背景上，從哲學與思想的多重角度作了精心審視。高辛楣與方鴻漸、蘇文紈與唐曉芙既有他們的洋裝

與中國心（蘇文紈只能躲在法文裡說「吻我！」）的尷尬，又不妨視爲自我分裂、知行歧出的人物分身正副法，而鮑小姐與蘇小姐正可視爲感性與理性的分歧對立。

　　方鴻漸的旅途也正是一個精神追尋的歷程。主人公方鴻漸隱喻了一場猶豫不定的追尋遊戲。在與鮑小姐追求與引誘的遊戲中，在蘇小姐、方鴻漸、唐小姐的錯位追求中，在與孫柔嘉的婚戀中，在謀職中，無一不是以追求始，以幻滅終。小說中借人物的口說：「結婚彷彿金漆的鳥籠，籠子外面的鳥想住進去，籠內的鳥想飛出來」，「是被圍困的城堡，城外的人想衝進去，城裡的人想逃出來」。方鴻漸更說到「他們講的什麼圍城，我近來對人生萬事都有這個感想」。在這個「反英雄」的小人物（方鴻漸唯一的英雄行爲是當他服務的華美新聞社被敵僞收買後，第一個毅然離開了報館。他也因此陷入了「生活」的圍困）的尋夢過程中，透露出作者對於人生的形而上的思考。

　　小說對於人物的隱秘心理和心理轉折有深入細緻的把握與表現，尤其是作者深入把握和表現了人物情感變化中生理心理因素的影響。同時，細膩的心理描寫與獨特的諷刺藝術巧妙地結合在一起。作者諷刺自成一體，與革命作家的暴露性諷刺不同，舉凡道德、風俗、人情，無不籠罩在他諷刺之下，古今中外的警句妙喻，隨手拈來，織成充滿機智和書香的諷刺文章。小說的敘述語言自成特色。就敘事、議論而言，議論成爲小說中不可缺少的組成要素，通過議論，作者由具體的生活細節舉一反三，旁逸斜出，引申至對於社會人生的批評，在表現人生中發揮作者批評人生的智慧。作者善於經營新奇、犀利、多樣的比喻，比喻往往發展爲象徵，形成貫通全書的反諷。作爲一部「學人小說」，《圍城》從《神曲》、《堂·吉訶德》以及英國諷刺作家菲爾丁的《湯姆

‧瓊斯的歷史》等作品中汲取了養分。夏志清認爲，「《圍城》稱得上是『流浪漢』的喜劇旅程錄」，即《圍城》有18世紀英國「浪蕩漢小說」的風險味道⑨。有研究指出，錢鍾書《圍城》中採用了菲爾丁式的夾敘夾議、連類引譬的諷刺性敘述模式，借鑑了《湯姆‧瓊斯的歷史》的「引誘與追求」的情節結構⑩。《圍城》的成功，與作者的學貫中西、廣泛借鑑有著密切的關係。

第三節　張愛玲

　　張愛玲（1920～1995），筆名梁京，原籍河北豐潤。生於上海，本名張煐。祖父張佩綸是晚清名流，其父則已經是遺少型人物，有通常遺少的惡習。張愛玲母親卻是崇尙西洋文明的新女性。張愛玲的童年與青年時代，「是由父母的遷居、分居、復合、離婚這條主線貫串起來的。」1928年全家遷回上海。1937年畢業於上海教會中學聖瑪麗亞女校。1939年入讀香港大學，1942年因戰事中斷學業回上海，開始從事文學創作。1943年張愛玲在《紫羅蘭》創刊號發表《沉香屑——第一爐香》，引起文學界廣泛關注。張愛玲的文學創作，在短短兩三年內登上輝煌頂峰，迅速紅遍上海文壇。1952年張愛玲赴香港。1955年赴美國，致力於中國文化與文學的研究工作。張愛玲的主要創作有，中短篇小說集《傳奇》（1944年），散文集《流言》（1945年），長篇小說《十八春》（1952年）、《赤地之戀》（1955年），中篇小說《小艾》（1950年）、《秧歌》（1954年），電影劇本《多少恨》、《太太萬歲》（1947年拍攝上映），《紅樓夢》的研究論集《紅樓夢魘》（1977年）等。

　　張愛玲的女性寫作是主流文學之外的重要收穫。張愛玲在《

自己的文章》中說：以往的文學「向來是注重人生飛揚的一面，而忽視人生安穩的一面。」⑪她要從「安穩」「和諧」的方面把握人生；她「不喜歡採取善與惡、靈與肉的斬釘截鐵的衝突那種古典的寫法」，「喜歡參差對照的寫法」；她的人物也常是「不徹底」的，「軟弱的凡人」。從小說的語言及人物形象來看，相對於新文學的啓蒙話語與革命話語，張愛玲是富於個性的話語，也就是現代都市女性的話語。

　　由現代都市女性的視角，張愛玲達成了她對於過渡時代或一階層女性人生的表現與批判。在張愛玲的創作中，貫串著都市女性的悲喜劇。她們的悲喜劇，一方面與衣服、房子、錢、首飾相連，另一方面與她們的情欲、嫉妒、虛榮、瘋狂緊緊相連。普遍的人性凝定在普通的人身上。《沉香屑──第一爐香》中的主人公葛薇龍是個有過上進心，也想「行得正，立得正」的少女，她的墮落，從客觀上看，似是爲了求得「飲食」的生存而被姑母──荒淫無恥的富孀梁太太誘作色餌的，如果順著經濟壓力層面開掘，可以得到社會制度批判的主題，但是事情並不如此簡單，導致其墮落的還有複雜的因素，即葛薇龍對於好吃好穿好玩這些「普通女孩子所憧憬著的一切」的迷戀，是止不住的欲望，這正是人性的弱點。然而物質的享受更加劇靈魂的飢餓，爲了愛，爲了喬琪，她只能用色相賺錢，儘管她在理智上一直清醒地知道墮落的危險，知道自己與街頭妓女沒有多少分別。

　　《金鎖記》可以稱之爲「女性情欲的研究」，是張愛玲小說中最具代表性的作品。哥哥爲了攀上高宅大院的姜家，也爲了省掉一筆嫁奩，將親妹妹曹七巧送進了姜家癱瘓少爺的新房裡。作者正是通過這個故事研究了一個健康的生命在正常情欲得不到滿足後的形態。這個情欲得不到滿足的少婦爲了黃金，熬了半輩子，

才熬到「夫死公亡」的時刻，分得一大筆遺產。這黃金是以愛欲的禁錮換得的，畸形的情欲竟然需要三四個人的幸福與生命來抵償。最初為黃金而鎖住愛欲，結果卻鎖住了自己；愛欲折磨了她一生，也折磨了她一家。人是可憐憫的，是情欲的奴隸。相對於七巧健康而強烈的情欲，長安、長白是蒼白的生命，他們似乎不是有情欲的人，幸福的得失對於他們遠遠沒有對於七巧那樣重要。長白早就給麻醉了，麻木無知覺；長安雖然有過幸福，也努力過，但一遇阻力，就用「一個美麗而蒼涼的手勢」自願捨棄了。

由對於女性人生的表現與批判，張愛玲達到了對於腐敗文明批判的歷史高度。葛薇龍、曹七巧的悲劇人生除了她們自身弱點，主要還取決於那個腐爛了的文明。在《傾城之戀》中作者通過流蘇的喜劇對這腐爛腐化的文明作更加深入的揭露。白流蘇在娘家的遭遇，將解體途中大家庭的腐敗與不堪作了赤裸裸的表現。然而白流蘇在香港與范柳原所置身的文明乃是另一種腐敗：身陷其中的白、范身不由己，言不及義，言不由衷，他們只有在毀滅一切的戰爭籠罩下才能有一絲真情。這一情節，寄寓了作者對於「文明」的徹底批判。

張愛玲的小說具有亦雅亦俗，既現代又傳統，既先鋒又通俗的特徵。

張愛玲的小說具有清晰的時代感。作家不僅描繪了特定時代的人物形象（白流蘇、葛薇龍等人的家世、人生都深深烙有時代的印記），而且還精細地描寫了人物的衣飾及各種場所的環境。在衣飾與環境的描寫中，準確地體現了時代、地域的特色以及歷史的變遷。注意時代、環境的變化及其與人物性格、命運的關係，是近代西洋小說的傳統，但是作者對時代環境的關注不是茅盾《子夜》式的，她全然從家庭這個窗口，從家庭糾紛、男女婚戀的

悲歡離合中，從人物衣著，家庭擺設中透視。在傳統小說的材料
中寫出現代感，現代意趣。

　　張愛玲小說的故事是通俗而傳統的。故事完整，情節曲折，
線索清楚，繼承了傳統小說的故事性、傳奇性，她的故事也不外
男歡女愛以及他們的嫉妒、痴狂，與當時流行的通俗小說有共通
之處，但是，她的小說始終圍繞人生、人性的描寫展開，通過俗
世紅男綠女的描寫，表現和批判畸形的人生、病態的人性，並進
而表現她對於文明社會的反思與批判。在一個個女性的悲喜劇中
透露了作者對於人性、文明的焦慮，顯示出現代的先鋒的特徵。

　　在小說的藝術上，作者注重心理分析，注重表現人物意識的
流動，注重暗示、象徵，這些又與富於舊小說情調的俗白而華美
的語言揉合無間。

　　張愛玲小說中具有繁複、豐富的意象。張愛玲的意象具有鮮
明的都市特徵。她曾說過：「生長在都市文化中的人，總是先看
海的圖畫，後看見海；先讀到愛情小說，後知道愛；我們對於生
活的體驗往往是第二輪的，借助於人為的戲劇，因此在生活與生
活的戲劇化之間很難劃清界線。」⑫「第一次看見香港的海的時
候，聯想到明信片上一抹色的死藍的海」⑬。這生動地說明了她
作為一個出生於都市中人的感覺、聯想習慣。自然成了本體，人
工物品成了喻體，自然人工化，環境物品化，世界裝飾化。比如
「天完全黑了，整個世界像一張灰色的聖誕卡，一切都是影影綽
綽」。這種獨特的意象，帶來了張愛玲小說獨特的風貌。

【注　釋】

① 趙園：《路翎小說的形象與美感》，《論小說十家》，浙江文藝出版社
　　1987年版。

②　譚正璧：《當代女作家小說選・敍言》，第8頁，上海太平書局1944年版。

③　楊義：《中國現代小說史》第三卷，第501頁，人民文學出版社1986年版。

④　楊義：《中國現代小說史》第三卷，第501頁，人民文學出版社1986年版。

⑤　汪應果、趙江濱：《無名氏傳奇》，第88頁，上海文藝出版社1998年版。

⑥　1946年2月至1947年1月連載於《文藝復興》，1947年5月上海晨光出版公司初版，1949年3月第三次印刷。1980年中國大陸始有人民文學出版社重印。引文依據人民文學出版社之重印本。

⑦　參見（日）中島長文：《〈圍城〉論》，《錢鍾書研究》第2輯，文化藝術出版社出版。

⑧　夏志清：《中國現代小說史》，第382頁，劉紹銘等譯，香港友聯出版社有限公司1979年版。

⑨　夏志清：《中國現代小說史》第十六章，香港友聯出版社1979年版。

⑩　范伯群、朱棟霖：《1898～1949中外文學比較史》，第1060-1063頁，江蘇教育出版社1993年版。

⑪　張愛玲：《自己的文章》，《張愛玲文集》第4卷，第176-181頁，安徽文藝出版社1992年版。

⑫　張愛玲：《童言無忌》，《張愛玲文集》第4卷，第92-93頁，安徽文藝出版社 1992年。

⑬　張愛玲：《走，走到樓上去！》，《張愛玲文集》第4卷，第76頁，安徽文藝出版社 1992年。

第九章　四十年代小說㈡

第一節　沙　汀

　　沙汀（1904～1922），原名楊朝熙，後改名楊子青，曾用筆名沙汀、尹光，四川安縣人。早年曾經參加革命，後來流落於上海與艾蕪相遇，曾就寫作問題共同向魯迅請教，魯迅的回信後以《關於小說題材的通信》發表。當時困擾著他們的是自己並非無產階級而如何創作革命文學的問題。魯迅針對他們提出的問題指出「別階級的文藝作品，大抵和正在戰鬥的無產者不相干。小資產階級如果其實並非與無產階級一氣，則其憎惡或諷刺同階級，從無產者看來，恰如較有聰明才力的公子憎恨家裡的沒出息子弟一樣，是一家子裡面的事，無須管得，更說不到損益。……倘寫下層人物（我以為他們是不會「在現時代大潮流衝擊圈外」的）罷，所謂客觀其實是樓上的冷眼，所謂同情也不過空虛的布施，於無產者並無補助。」不過魯迅還是主張寫作家自己熟悉的題材的：「但就目前的中國而論，我以為所舉的兩種題材，卻還有存在的意義。如第一種（即所謂「就其熟悉的小資產階級的青年，把那些在現時代所顯現和潛伏的一般的弱點，用諷刺的藝術手腕表示出來」），非同階級是不能深知的，加以襲擊，撕其面目，當比不熟悉此中情形者更加有力。如第二種（即「把那些在生活重壓下強烈求生的欲望的朦朧反抗的衝動，刻畫在創作裡面」），則生活狀態，當隨時代而變更，後來的作者，也許不及看見，隨

時記載下來，至少也可以作這一時代的紀錄。所以對於現在以及
將來，還是都有意義的。」但是魯迅特別提出，就自己熟悉的題
材進行創作，要有嚴肅的創作態度，「選材要嚴，開掘要深」①。

　　沙汀是一位深受俄國文學影響的作家。普希金、果戈理、契
訶夫、托爾斯泰、陀思妥耶夫斯基……都曾對他的創作產生過不
同程度的影響。沙汀在學習外國作家方面，特別注重學習其寫實
精神、批判諷刺精神和人道主義精神。陀斯妥耶夫斯基沉雄的筆
調，契訶夫幽默的風格，以及果戈理飽含譏諷的語言等，都在沙
汀作品中留下了深深的印記。

　　30年代，沙汀與艾蕪一起作為文學新人登上文壇。先後創作
有短篇小說集《法律外的航線》（又名《航線》，1932年）、
《土餅》（1936年）、《苦難》（1937年）、《播種者》（
1946年），長篇小說《淘金記》（1943年）、《困獸記》（
1945年）、《還鄉記》（1948年）、《堪察加小景》（1948年），
另外還出版有中篇小說《奇異的旅程》（即《闖關》，1944年）。

　　沙汀在30年代的成名作是《法律外的航線》，它與《老人》、
《戰後》等都是意在「反映當時的土地革命運動」的。《法律外
的航線》以富有地方色彩的語言，在一艘外國商船長江航行的經
歷中，以景觀、議論和槍聲將船上與岸邊相交織，既勾勒了帝國
主義分子對中國人民的欺凌，也反襯了30年代中國農村土地革命
的生動情景。這些作品作者基本依據間接經驗，而且受寫群像觀
念的影響，不重視性格豐滿的人物形象的塑造，故而藝術成就受
到影響。在《丁跛公》、《代理縣長》、《凶手》、《獸道》等
作品中，作家已經開始轉向對自己熟悉的四川農村社會的表現。
這類創作中對於中國農村黑暗生活的表現，川西北的世態人情透
出的濃重的地方色彩，白描為主的刻畫人物的功力，諷刺的鋒芒，

使他的創作在30年代的左翼小說中具有獨特的價值。

抗戰爆發之後，沙汀從上海回到了四川，他表現中國農村黑暗生活的創作也有了長足的發展，傑出的成就使其得以躋身於抗戰後最傑出的諷刺小說家之列。

《防空——堪察加的一角》描寫某縣城糧紳們圍繞防空協會會長的小小的位子而發生角逐的醜劇，也是抗戰開始後較早諷刺大後方的作品。短篇小說《在其香居茶館裡》（1940年），是沙汀歷來為人稱道的作品。小說敘述的是川北回龍鎮因兵役問題而引起的一場鬧劇。聯保主任方治國因新任縣長揚言要認真整頓兵役，出於自保，將土豪邢幺吵吵已經緩役四次的二兒子密告到縣上，並將其抓了壯丁。而邢幺吵吵則是鎮上有錢有勢的頭面人物，一見兒子被抓，當眾在茶館裡與方治國大吵大鬧，以致兩人打得鼻青臉腫。然而，正當方、邢鬧得不可開交時，卻傳來了縣裡邢大老爺與新任縣長交易成功的消息，邢幺吵吵的二兒子已被「開革」出來。新任縣長的「整頓兵役」，也仍然不過是一個騙局。作品深刻揭露了國民黨兵役制度的腐敗本質。在藝術結構上，明寫實寫茶館，暗寫虛寫邢大老爺與新任縣長的交易，虛實明暗相互生發，形成絕妙的諷刺結構；作者從矛盾衝突最尖銳處入手，在雙方激烈的交鋒中通過人物自己的言行，將方治國的「軟硬人」、邢幺吵吵「不忌生冷」的「火炮性子」表現得淋漓盡致，「吃講茶」的特定場面描寫，富有生活氣息和地方色彩，對假醜惡的冷峻的描寫中透出辛辣的諷刺力量。

「從1941年到1949年這段時間，是我學習寫作以來生產力較為旺盛的年代。」②這一時期沙汀的主要作品是合稱「三記」的三部長篇小說：《淘金記》、《困獸記》和《還鄉記》。

《淘金記》③是作者「三記」中的第一部，也是影響最大的

一部。曾被卞之琳譽爲「抗戰以來所出版的最好的一部長篇小說」④。小說以1939年冬四川農村北斗鎭開探笆箕背金礦的事件爲線索，集中描寫了地主劣紳們爲發國難財而掀起的內訌，清晰地勾畫出一個陰森森的如同地獄般的黑暗世界。金礦在女地主何寡婦家的墳山上，她寧可不要金子，也要保住何家的風水，但是他們家族已經漸趨沒落，所以開金廠的流氓頭子林幺長子、依附於地方上層勢力的惡霸白醬丹敢於背著何家動手挖金。何寡婦雖依靠哥老會力量制止他們，但白醬丹聯合聯保主任龍哥，排斥了競爭對手，依靠政府法令逼得何寡婦就範，奪得了笆箕背金礦的開採權。但此時惡性通貨膨脹所掀起的投機市場的風浪，卻使淘金已不再是最能賺錢的行當，使他白忙了一場。作品在這個充滿諷刺和喜劇意味的故事中，精心刻畫和展示了性格各異的地主階級的群醜圖。奸刁歹毒、詭計多端的白醬丹，鄙俗驕橫、凶悍無賴的林幺長子，精明慳吝、刻薄殘忍而又溺愛的何寡婦……一個個都寫得生動鮮明。

　　《淘金記》具有鮮明的藝術風格。作者努力退隱到小說的背後，在不動聲色的敘述中，讓生活場景自身發言，用人物自己的言行完成性格塑造，以嚴謹客觀的現實主義手法，描繪了一個含蓄深沉的藝術世界。這是沙汀小說的現實主義特色，「冷靜、客觀的描寫筆鋒直插生活的底蘊。他的理解力，表現爲一種控制力，不是感情的放縱，而是感情的潛藏。不露聲色，卻使你更感覺到深層的心之躍動」⑤。作家善於在構思精巧的戲劇性的情節中運用生動的細節，刻畫眾多的喜劇形象，富於地方色彩的語言幽默質樸。

　　1938年至1939年，沙汀還在敵後生活過一段時間。從四川到延安，並隨軍去過晉西北和華北抗日民主根據地。傳記性報告

文學《隨軍散記》（又名《記賀龍》，1940年）和散文集《敵後瑣記》就是此行的收穫。

《困獸記》是寫於1943年與1944年間，小說出版前曾以《奈何天》、《兩家庭》爲題於《文藝雜誌》、《青年文藝》發表，表現了四川某小城鎮中一群知識分子，在抗戰初期的熱情消退之後陷入無法自拔境地的苦悶抑鬱生活。小學教師田疇、牛祚等不甘寂寞，準備搞一次暑期演劇活動，但終因不容於當局而歸於失敗。在煩悶中發生了田疇、吳楣、孟瑜三人的家庭愛情糾葛，結局只是各各受到傷害。作品從客觀環境的壓迫和知識分子主觀思想狀態兩個方面，深刻揭示了造成這種悲劇的社會原因，眞實地反映出部分進步知識分子共同的抑鬱、憤怒、苦悶和追求，具有一定的時代意義。《還鄉記》完成於1946年。小說以戰時四川農村的社會現實生活爲背景，通過青年農民馮大生從國民黨軍隊逃回後的遭遇與鬥爭，深刻地反映了在民族矛盾急劇上升的情形下階級矛盾的尖銳性。馮大生被迫賣了壯丁，逃回故鄉後發現妻子已被霸佔。他試圖個人復仇，經過多次碰壁，終於丟掉幻想，從切身體驗中認清了政治污濁的眞面目。小說以馮大生的再次逃出故鄉結局，顯示了馮大生思想的發展和成熟。小說反映了國民黨政權的罪惡本質和在抗戰後期處於動盪中的農村的複雜關係，展現了馮大生由個人反抗走向集體鬥爭的思想歷程。

抗戰勝利前後及國共戰爭時期，沙汀有短篇小說集《呼嚎》（1947年）和《醫生》。

第二節 《四世同堂》

《四世同堂》的創作歷時五年（1944～1948），是老舍作

品中規模最大的長篇巨構，全書一百章，80餘萬言；分三部，第一部《惶惑》、第二部《偷生》寫於抗戰時期，並開始於報上連載，出版於抗戰勝利之後，第三部《飢荒》寫於勝利後赴美講學期間，1949年曾在美國出版節譯本，書名為《黃色風暴》，被譽為「好評最多的小說之一，也是在美國同一時期所出版的最優秀的小說之一。」⑥1982年才得以全貌為中國讀者所知。

這部以古都北平廣大市民的亡國之痛為題材而寫成的被征服者的痛史、恨史、憤史，在反映全民抗戰的現代文學作品中，堪稱別開生面的力作，彌補了抗戰文藝中反映市民生活的不足，在老舍的創作歷程中是一塊高聳的界碑。它以新的超越標示著老舍現實主義創作藝術的成就。

與一般同類題材的作品不同，《四世同堂》並沒有著重暴露日本侵略者的罪行，描寫他們殺人放火、奸淫虜掠的劣跡，而是通過描寫戰爭八年之間，故都北平家家戶戶，每日每時都經歷著的痛苦與屈辱的境遇和精神折磨，從而有力地鞭撻了那些瘋狂崇尚武士道的戰爭狂人和「有奶便是娘」的民族敗類，代表著中國人民發出了強烈的控訴。

小說選取北平西城一條普普通通的小羊圈胡同，作為故都這座「亡城」的縮影，以舊式商人祁天佑一家四代的境遇為中心，展開了廣闊的歷史畫面與錯綜的故事情節。據考，小羊圈胡同正是老舍本人的出生地，以它為作品的背景無疑寄託著作者的家國之痛。

小說真實反映了北平人在外族侵略者的統治下靈魂遭受凌遲的痛史，剖示了他們封閉自守、苟且敷衍、惶惑偷生的思想精神負累，並進而對民族精神素質和心理狀態進行了清醒透剔的反省，提供了映現40年代淪陷區人民心態的一面鏡子。正因為《四世同

堂》這部恨史，不僅恨敵人的凶殘，恨民族敗類的無恥，而且也恨「國民性」，恨國民的惶惑與偷生，這就使作品的愛國主義顯示出了不同凡響的音調與難得的深度，它沒有停留在膚淺的抗敵愛國、民族自尊的表層意義上，在貌似滯緩蹣跚的生活裡折射出時代之光。祁天佑老者為侵略者的槍炮打碎了他安度晚年的希望而痛苦，他雖僅求安分守己和一家人的溫飽卻不可得，祁瑞宣儘管也有報國之志，又被家庭倫理的繩索拖住了後腿，而祁瑞豐，竟恬不知恥地倒入了敵人的懷抱，成了漢奸。戰爭像一塊試金石，考驗著北平的每一個人。在嚴峻的現實面前，「亡國奴」的奇恥大辱與深刻痛苦也咬嚙著他們的良知，然而更多的卻是「惶惑」和「惶惑」中的「偷生」！作者在揭示這一切時候，筆尖上「滴出了血和淚」。

　　《四世同堂》和《駱駝祥子》的基調不同，如果說《駱駝祥子》是對一個奮鬥、抗爭者被毀滅的嘆息，那麼，《四世同堂》就是激勵人民起而奮鬥、起而抗爭的吶喊，它顯示了抗戰期間參加了全國文藝界抗敵協會工作的老舍在 40年代思想的長足發展。這表現在老舍的作品中，以飽滿的熱情和信念，反映了北平下層人民緩慢而艱難的覺醒過程，讚揚了他們以多種方式表現出的反抗意識和反抗行動。處世謹慎的祁老者也敢於橫眉怒斥侵略者和民族敗類，往日閉戶讀書的詩人錢默吟雖身陷囹圄卻堅持操守氣節，青年司機錢仲石勇敢地與敵人同歸於盡，連農民也拒用偽幣，學生雖然被迫參加敵偽組織的遊行卻誰也不肯舉校旗，相聲藝人則巧妙地以隱語宣洩對敵人無情的譏刺……有些事情雖然細小，卻體現了中華民族不甘淪為亡國奴的精神。

　　老舍最熟悉北平市民社會，他曾為新文學的人物畫廊貢獻了祥子這樣令人難忘的城市貧民的形象，而《四世同堂》在人物塑

造上比《駱駝祥子》有新的發展。它突破以《駱駝祥子》、《月牙兒》爲代表的每部作品一般集中塑造一兩個人物的構思框架。在《四世同堂》中表現了開闊的視野和宏大的氣魄，推出了幾個市民形象系列。全書描寫了一百幾十個人物，其中重要的也有三四十個。以祁家爲主，冠家爲輔，而錢家則穿插其間，旁及幾個大雜院中的家庭，一類屬小康之家，一類是處於最底層的個體勞動者。芸芸眾生中，老派市民、新派市民和城市貧民三大形象系列，最爲突出。而在這些形象系列內部，又有各種不同個性、不同傾向、走了不同道路的差異。

祁老人是四世同堂的祁家的長者。他思想守舊，膽小怕事，頑固地想照陳舊的法規維持全家族的生活。當侵略者點燃的戰火燒到家門口的時候，他還一廂情願地力圖保住自家的安寧。國家和民族的危亡，他似乎置若罔聞，卻爲廟市上沒有了兔兒爺傷心良久。他持有傳統觀念的偏見，瞧不起大雜院的普通人家。當戰爭初起時，他認不清日本侵略者的野心，但隨著殘酷的戰爭現實擊碎了他想在戰火硝煙中安度晚年的幻夢，他的心中逐漸萌生了仇恨和反抗的種子，並敢於怒斥侵略者的罪惡和賣國者的醜行。老一輩北平市民覺醒的過程，在祁老人身上得到了令人信服的反映，使這個人物顯得血肉豐滿、光彩照人，體現了鮮明的時代特點。

錢默吟與祁老者有同有異。作爲一個知識分子，他曾經是個名士氣十足、埋頭於詩書花草之中的老夫子，「好像一本古書似的……寬大、雅靜、尊嚴。」後來，他卻勇敢地跨入了反抗者的行列，與以前的他判若兩人。可惜作品沒有能眞切地寫出錢默吟這種轉變的內在心理依據，顯得有些突兀，形象似有失眞之處，不如祁老者那樣自然感人。

　　祁瑞宣作爲四世同堂的祁家的第三代，既有從老一代市民身上留下來的性格特徵，又接受了前輩所不曾接受過的新式教育，這就使他的內心和行動都充滿了矛盾。他是祁家的長房長孫，在他的思想和性格的發展過程中，存在著來自新與舊兩方面的作用力。他善良、正直，具有愛國思想，卻又軟弱忍從，受著傳統文化思想的束縛；既想盡孝，又想盡忠，只得在不能兩全的境地中優柔寡斷、苦悶不已。在他身上集中體現了家庭觀念與民族意識之間的矛盾，但是在他的思想中愛國思想還是佔主導面。存在於他周圍的愛國救亡的激流有力地沖激著他，教育著他，他終於從矛盾、苦悶中得到解脫，走上反侵略的新生之路（甚至爲地下革命刊物寫稿）。瑞宣從苦悶中覺醒走向反抗的過程，是體現在他身上的國民精神弱點被逐漸清除的過程，是他不斷擺脫傳統文化影響的過程。在他的身上寄託著老舍對苦難民族在戰爭的血與火中自救新生的希望。因此瑞宣是一個不同於也是長房長孫的覺新的典型形象，成爲老舍市民形象系列中有獨特新意的創造。其豐厚的思想內涵，堪與祥子並論。瑞宣的弟弟瑞全是個熱血青年，在瑞宣的支持下，他較早地覺醒，較早地走上反抗的道路，在他的身上，寄託著作者的熱情和理想，這新生的一代是四世同堂的祁氏家族的未來和希望。不過，這個形象的塑造，也與錢默吟一樣，傳奇化，顯得不是那麼血肉豐滿，眞切自然（瑞全處決過去戀人的情節，眞實感就不強）。

　　瑞豐這個祁家的敗家子（也是民族的敗類）與小說中另一個人物冠曉荷刻畫得相當成功，並不臉譜化。老舍懷著對這類蛆蟲的極大鄙夷，剔挖出這些醜類骯髒發臭的靈魂，達到了一定的深度。祁瑞豐一身的市儈氣，卻想附庸風雅；冠曉荷一肚子的小算盤，卻收穫不多，兩個漢奸都俗不可耐，結局也同樣地不妙，但

都有自己的個性，相互不會混同。冠曉荷的老婆大赤包，粗鄙、
勢利、沒心沒肝、奸詐狠毒，也被作者剝露得入骨三分。作品中
的其他漢奸形象塑造，也都互不重複，在全書宏大的結構中起著
各自的作用。

　　小說中還有一批生活在淪陷區故都最底層的貧苦市民。在國
破家亡的年頭，他們有著更多的痛苦，更多的屈辱，還有寒冷、
飢餓，他們飽嘗了亡國奴的苦楚。在這些最普通、最平凡的老百
姓身上，既有著自尊自重、誠實仗義的美德，又有著忍辱偷生、
敷衍苟且等等的陋習，作者都給予了恰如其分的表現，同時也透
視出蘊藏在他們心中的復仇的憤火。人力車夫小崔的形象，最能
代表下層市民的反抗意識。小崔的反抗不無盲目之處，他的思想
中也不乏傳統倫理觀念，然而在大是大非面前，在民族存亡的危
急關頭，小崔對敵人沒有絲毫的糊塗認識，他看清了祁瑞豐、冠
曉荷、大赤包、藍東陽這些漢奸的真面目，絕不與他們同流合污，
絕不給他們一點方便，最後，他被無辜地殺害了。在小崔的身上，
普通老百姓的愛國精神和民族氣節閃耀出光彩。

　　這部作品幾乎跨越了八年抗戰的全過程，從珍珠港事件爆發
到日本侵略者繳械投降，它都有或直接或間接的反映，這是就時
間跨度而言；從空間範圍來說，它的筆觸遍及北京的小胡同、大
雜院、街頭、城郊、鄉村、廣場、商店、戲院、監獄、刑場、旅
館、妓院、古廟、學校乃至日偽機關、大使館……簡直就是一幅
淪陷了的北平社會的全景圖。這種全景式、多線索的廣闊場景，
突破了老舍過去長篇小說（更不用說中、短篇了）大多寫一、兩
個主要人物，只用一條主線的格局，在廣度、深度、力量和氣勢
上都富有史詩的氣魄。它的鏡頭雖然只集中對著一個具體的、特
定的、有限的小天地，那個名不見經傳的小胡同，卻牽連著整個

社會，有限的天地中見出了無限的風雲。在人物關係的設置上，它以小羊圈胡同中的祁家四代人爲中心，呈輻射型、網絡狀展開。間以多重矛盾，既有中國人民與外國侵略者的矛盾，又有維護民族尊嚴者與出賣民族利益者的矛盾，也有同一個家庭內部的上與下之間、正與邪之間的矛盾，還有同一市民階層中的其他矛盾，紛繁錯雜，頭緒繁多，但結構嚴謹、勻稱、完整，修剪得恰到好處，脈絡清楚，敘事寫情極有層次，充分顯示了作爲長篇小說大家的雄健的筆力。爲了突出人物的性格，老舍大量運用人物的對比法，祁老者與錢詩人，都是老派市民，但是他們的處世待人、氣質修養、以及他們對敵人的反抗方式，都不相同。同是祁家的第三代，祁瑞宣、祁瑞全、祁瑞豐走上了不同的道路，弟兄分道揚鑣，性格也判然有別。即使在大赤包與冠曉荷之間，兩個漢奸，面目、作派的區別也很明顯，至於同住大雜院的下層群衆和相與爲鄰的漢奸賣國賊之間，更是涇渭分明。

　　《四世同堂》鮮明的特色是有比較濃厚的文化反思色彩。作爲小說中心的祁家，實質上是中國封建禮教堡壘的象徵，祁老者引以自豪的四世同堂正是傳統家庭倫理的理想結構。老舍抓住了維繫這個堡壘的內在文化紐結，把它置於小羊圈胡同的具體環境和民族抗戰的歷史文化背景上加以表現，對體現了民族文化精髓的北平文化進行了沉痛的反思。小說以明確的批判意識揭露了浮游在北平市民中的民族劣根性，以理性審視的目光，對「民族的遺傳病」作了穿透性的剖析。企望在戰火中焚毀國民的劣根性，顯示了改造與重塑「國民性」的努力。從這個意義上說，作者選擇的小羊圈胡同就成了北京近代思想文化變遷的縮影。即使在冠曉荷、大赤包這類人身上，作者也沒有放棄從文化的角度對他們加以觀照。他稱冠曉荷「是北平文化裡的一個蟲，可是他並沒有

鑽到文化的深處去，他的文化只有一張紙那麼薄。」老舍對國民性根源的剖析不能說已經非常深刻、準確，但《四世同堂》對於獨具韻味的多層次的北平文化的描寫與議論，使作品具有厚重的歷史感和文化感。

《四世同堂》是一部洋溢著作者強烈感情傾向的作品。老舍認為，小說應該成為「感情的紀錄」。創作這部作品的時候，老舍遠在重慶，對故鄉北京深切真摯的愛戀與懷念，是這部作品創作的原動力之一。《四世同堂》展示的四世同亡的悲劇所觸發的哀痛，使作者感慨深沉，又於深沉中見激憤，憤懣中透出傲然正氣和壯烈情懷。

幽默沒有成為《四世同堂》的基調，雖然作品中也有對下層市民充滿生活情趣的帶有幽默感的描寫，但幽默作為一種基調顯然是與作品選擇的血與火的背景不相協調的。而老舍以辛辣的諷刺、漫畫式的誇張對漢奸們無情地暴露、鞭撻，收到了強烈的效果。

第三節　《寒夜》

《寒夜》是巴金的最後一部長篇小說，這是巴金繼《激流三部曲》之一《家》之後的又一部力作，也標誌著作家在藝術上進入了新的發展階段。作品動筆於1944年一個寒冷的冬夜裡，完成於1946年12月31日。書中寫了一個小公務員的生離死別、家破人亡的悲劇，並且通過他揭示了舊中國正直善良的知識分子的命運，暴露了抗戰後期的黑暗現實。

作品裡的人物並不多，主要人物僅三個：汪文宣和他的母親以及妻子曾樹生。他們都是讀書人，汪文宣在一家「半官半商的

圖書公司」擔任校對工作，曾樹生則在私立大川銀行裡當職員。抗戰期間，一家人從上海來到四川。然而由於國民黨政府的腐敗，他們的生活每下愈況，這種困苦的環境加深了婆媳之間的不和，於是汪文宣便處於兩頭受氣的地位，這種家庭糾紛再與冷酷的社會現實結合起來，就成爲汪文宣的不可抵抗的沉重壓力，他生了肺病，但是他還掙扎，還敷衍，還捱著日子過。然而妻子畢竟離開了他，單位裡也把他辭退了，他的生命之血就這樣一點一滴地流去。就在宣布日本投降、歡慶抗戰勝利的日子裡，他孤寂地死去了。

　　作品出色的現實主義成就主要表現在：善於通過小人物的平凡生活瑣事揭示重大主題，從而表現出作家非凡的藝術功力。巴金在《寒夜》裡描寫了小公務員汪文宣的生活。它的最大成就在於詳盡細膩地描寫一個人的屈辱心理，深刻地表現了一個被侮辱被損害的病態靈魂，並以異常冷峻的筆調剖析這個家庭悲劇的社會原因。汪文宣過去是上海某大學教育系畢業的大學生，曾有過高尚的理想和宏偉的抱負。他爲人正直，絕不願巴結上司；他善良，即使身陷困境也還要關心朋友，同情在寒風中瑟縮的流浪兒；他愛國，直至生命最後一息還念念不忘抗戰的勝利……然而他又是個有著病態心理、人心分裂的人。他自卑自戕自輕自賤，當妻子被別的男人帶走時，他都不敢出面阻止；他在家庭鬧糾紛時，只敢自己打自己；他自己毫無主見，一切都要看人眼色行事……作家正是通過汪文宣性格的扭曲來尖銳抨擊萬惡的舊社會的，因爲人的性格是社會關係的反映，汪文宣的卑怯懦弱以至變態也正是當時小公務員卑微社會地位的反映。他的死首先來自物質方面的社會原因：日本發動的侵略戰爭，國民黨官員的橫徵暴歛、大肆搜刮，造成了他生活的極度貧困，以至最終累得吐血；其次才

是家庭的精神方面的原因；大後方風氣的腐敗促使他的妻子曾樹生給人家當「花瓶」，從而造成了家庭內部的不和，無休無止的爭吵造成他極度的心靈痛苦。這樣，巴金就在這個小公務員的悲劇中總體揭露了政治的罪惡，從而使作品具有極大的批判力量。

作品對人物內心世界的發掘，尤其是病態心理的刻畫達到了異常細膩深刻的程度，它表明作家已掌握了「心靈的辯證法」。在《寒夜》裡，人物的心理描寫再不是靜態的、孤立的，而是透徹地揭示了那些隱秘的心理過程，並且揭示出人物的心理活動是怎樣在對立的情勢下運動的。比如，曾樹生決定離家去蘭州，這個決定是在各方影響下做出的，然而這些影響卻常常使她的心理朝著相反方向運動。當她回家徵詢丈夫意見時，出乎意外的是丈夫同意她走，而這反倒使她猶豫了，反倒促使她違心地說出「我不走」這句話來。

對現實社會生活解剖的深刻，對人物內心世界發掘的細膩，這兩方面是《寒夜》現實主義成就的最重要部分。對人生的深入理解，使巴金本時期的現實主義藝術更靠近陀思妥耶夫斯基與契訶夫。契訶夫曾說過「寫蘇格拉底比寫小姐或廚娘容易」，契訶夫善於從生活中小人物、卑瑣人物身上，從那些日常的、平淡無奇的生活瑣事中挖掘出人生的悲劇性衝突。而汪文宣，不由令人想起契訶夫《一個小公務員的死》裡的切爾維亞科夫。巴金掌握了由果戈理開始，經由陀思妥耶夫斯基發展，繼而由契訶夫做出傑出成就的俄羅斯現實主義精神與藝術。他透過汪文宣的悲劇，不是指責任何個人，而是譴責制度。巴金說：「契訶夫首先譴責的不是個別的主人公，而是產生他們的社會制度；他悲悼的不是個別人物的命運，而是整個民族──祖國的命運。」⑦「他通過他那些『小人物』寫出了他那個時代和社會的病史。」⑧陀斯妥

耶夫斯基善於描寫那些逆來順受、委曲求全的人物的卑瑣心理，他是那些卑瑣的小人物的病態心理的解剖者，《寒夜》中汪文宣正是這類病態心理的卑瑣、委屈、孤獨、忍辱負重的小人物。「《寒夜》，我們甚至可以說，就是契訶夫與陀思妥耶夫斯基兩種風格的完滿的結合。」⑨

如果將《寒夜》與巴金的另一部現實主義傑作《家》作一番比較，則不難看出，其藝術風格在很多方面已經發生了很大的變化，主要表現在：由「熱」到「冷」。在《家》中，構成巴金藝術風格的主旋律是巨大的熱情。作品通過鳴鳳、梅、瑞珏這三位女性的悲劇向封建專制制度發出憤怒的「我控訴」，並通過覺慧、覺民和琴這幾位新人形象表達了對新生活的熱烈追求。而在《寒夜》中，作家對舊社會的不共戴天的仇恨和猛烈的抨擊，開始變為對黑暗社會現實的更為冷靜、客觀，同時也更為深刻的剖析。作品的筆調是冷峻的，氣氛是肅殺的，就像作品的標題一樣，給予讀者的感受是逼人的冬夜的寒氣。這正是契訶夫、陀斯妥耶夫斯基影響的結果。

作品的主題、題材也發生了變化。在《家》中，巴金著力於刻畫一群青年人的命運，表現他們的追求和抗爭，反映封建大家庭內部的「父與子」的衝突，總的基調仍然是對革命、變革和反抗、鬥爭的呼喚。在契訶夫現實主義藝術精神的影響下，《寒夜》中，巴金所展示的只是一幅灰色的、充滿家庭瑣事的平常的圖畫，它的主人公也盡是一些普普通通的小人物。這裡雖然也是家庭內部的衝突，但這種衝突並不代表著兩種對立的思想體系——民主主義同封建專制主義的鬥爭，而是反映外在的社會壓力造成的家庭內部的分裂。它的基調並不在於對革命、反抗的呼喚，而在於對舊社會的批判。

　　刻畫的重點由外部事件轉入內心世界。在《家》中，雖然也寫了很多人物的內心活動，但作家較多注意的還是那些悲劇事件、那些動人的情節。而到了《寒夜》，情節的因素已退居極為次要的位置，作家著力於「發掘人心」的工作，著重刻畫汪文宣那病態的靈魂，以他的人格被「撕裂」、扭曲的過程來震撼讀者的心。在心理刻畫上，作家也改變了《家》中的那種直抒胸臆的寫法，而是像陀斯妥耶夫斯基、托爾斯泰那樣，揭示人物隱秘的內心活動並且展示人物內心的矛盾運動的過程。這些地方，都表明了作家現實主義藝術的深化。

【注　釋】

① 《二心集・關於小說題材的通信》，《魯迅全集》第4卷，第366-369頁，人民文學出版社1981年版。

② 沙汀：《踏青歸來・序》，《讀書》1981年第10期。

③ 作於1940年至1941年，曾以《筲箕背》、《北斗鎮》為名分別在《文藝陣地》第7卷和《文學創作》第1卷發表。1943年5月重慶文化生活出版社出版單行本時始題名為《淘金記》。

④ 卞之琳：《讀沙汀〈淘金記〉》，《文哨》第1卷第2期，1945年7月。

⑤ 吳福輝：《怎樣暴露黑暗——沙汀小說的詩意和喜劇性》，《帶著枷鎖的笑》，浙江文藝出版社1991年版。

⑥ 見《美國文壇對老舍及其〈四世同堂〉的評論》，《文學研究參考》1986年第1期。

⑦ 巴金：《談契訶夫・前記》，平明出版社1955年版。

⑧ 巴金：《談契訶夫》，《巴金談創作》，第637頁，上海文藝出版社1983年版。

⑨ 汪應果：《巴金論》，第375頁，上海文藝出版社1985年版。

第十章　四十年代小說㈢

第一節　現代通俗小說概述

現代通俗小說一時還很難明確界定，大致說來是有別於新文學作家小說的一種文學樣式。相對而言，從文學觀念方面看，現代通俗小說的政治功利性要弱些，商業目的性要強些；從趣味上說，現代通俗小說更傾向於消遣、娛樂、遊戲；從創作方法上講，現代通俗小說更有明顯的古典小說特徵，模式化、程式化的傾向比較突出。

在小說領域，新文學產生以前，通俗小說曾是小說正宗。創作隊伍和作品頗為壯觀。清朝以降的諷刺小說、人情小說、狹邪小說、俠義小說及公案、譴責小說（或「擬古派」、「諷刺派」、「人情派」、「俠義派」）①等小說類型，為現代通俗小說的發展鋪就了平坦的大道。現代通俗小說常見的幾種類型諸如社會小說、言情小說、武俠小說、歷史小說等都基本上是對舊的傳統小說的繼承、延續和拓展。現代通俗小說領域幾乎很少存在傳統與現代的對立困惑。

新文學的異軍突起，使得現代通俗小說在應戰中不得不調整自己的步伐。幾乎與胡適等人大力倡導白話文同步，由包天笑主編的《小說畫報》就在「例言」中宣稱：「小說以白話為正宗，本雜誌全用白話體，取其雅俗共賞，凡閨秀學生商界工人無不咸宜。」②在「短引」中，包天笑也得出了胡適式的結論：「文學

進化之道必由古語文學變而爲俗語之文學。」③

　　文學研究會的「宣言」和《小說月報》的全面「革新」，是新文學對通俗文學的公開挑戰和對壘。茅盾把「遊戲的消遣的金錢主義的文學觀念」視爲通俗文學在「思想上的一個最大錯誤」（《自然主義與中國現代小說》），鄭振鐸則把消閒的、鴛鴦蝴蝶派的通俗文學作品看成是「冷血的產品」（《血和淚的文學》）。其後的創造社對《禮拜六》、《晶報》一流的東西，也嗤之以鼻，一如成仿吾的毫不留情：「我們一方面要與全國的同志們建設我們的新文學，一方面對於我們前面的妖魔也應當援助同志們，不惜白兵的猛擊。這醜惡的妖群，固然不免可惜了我們很貴重的彈藥。然而，他們的橫奔，是時代的污點，是時代的奇辱，時代要求我們把他的污點揩了，把他的奇辱雪了。朋友們！請來同我們更往前方追擊，把他們的戰線一條條的奪了，把他們由地球上掃除了罷！」④

　　面對新文學作家的挑戰與批判，通俗小說界開始建構攻守的堤防。1922年 8月，范煙橋、趙眠雲、鄭逸梅、顧明道、范君博、屠守拙、孫紀于、姚蘇鳳、范菊高等9人，在蘇州留園成立星社。星社雖沒有正式的宣言書和嚴密的組織法，但日後卻逐漸壯大。到1932年時，已有36人。周瘦鵑、程小青、程瞻廬、嚴獨鶴、徐卓呆、江紅蕉等人也加入了這個團體。到1937年，陸續加盟的人已達68人。包天笑、姚民哀、趙苕狂、張枕綠、陸澹庵、施濟群、陳蝶衣等人也成了社員。抗戰爆發後，星社星散。在中國現代文學史上，作爲文學社團，它的支撐時間可說是最長的，從中可見它的集團凝聚力。在它十周年紀念之際，范煙橋在《星社十年》一文中流露了他們的心跡：「……我們三十六天罡，有何作爲？有何貢獻？實在惡於落筆。我們應當自勉，雖不能像梁山

上朋友橫行諸郡，也得分文壇一席地來掉臂遊行。」⑤可見星社同仁在新文學界猛烈批判之下，並沒有完全失卻自信和抗爭。

在組建社團的同時，通俗小說界也紛紛拓展他們的陣地。在《小說月報》被新文學界接編前後，《禮拜六》翻新，《遊戲新報》、《小說日報》、《星期》、《半月》、《紅》、《笑》、《快活》、《長青》、《小說世界》等報刊雜誌紛紛出版發行，通俗小說界呈現一派繁榮景象。

通俗小說界也力圖在理論上尋找自己的立足點。他們首先指責革新後的《小說月報》算不上是什麼創作：「海上某大書店出的一種小說雜誌，從前很有點價值。今年忽然也新起來了，內容重要的就是新的創作。所謂創作呢，文法學外國的樣，圈點學外國的樣，款式學外國的樣，甚至連紀年也用的是西曆一千九百二十一年。它還要老著臉皮，說是創作。難道學了外國，就算創作嗎？」⑥其次，他們也指責新文學的猛然批判是「黨同伐異」和「村嫗罵街」：「如今所見的批評家，不是一個什麼文學會或什麼文學社裡的『作譽頌文者』，就是專為一黨一會裡的作品『作注腳者』，專為具同黨同會裡的分子『作捧場者』。所以，這些名為批評家眼光專注在同黨同會裡的作品上。對於形式不同的與異黨的創作，簡直是個故犯的盲子。他們既執著成見，不肯細讀，又秉著牢不可破的謬想，閉著眼亂罵。所以，他們的批評文學，並不是公平無偏的指導的評語，乃是他們成見謬想亂罵的結晶。他們在一方面是作譽頌文者、作注腳者、作捧場者，在一方面又兼做罵街的村嫗。」⑦與此同時，他們也以其人之道還治其人之身，回敬新文學的「創造自由」論：「小說既沒有什麼新舊，也原無什麼主義。而現在有些不徹底的批評家，徒以形式上的不同，專罵不用新式標點的小說為惡劣下等，沒有主義。一方面則竭力

批評、頌揚、讚美、恭維同其黨類的小說爲最高尙的小說,有主義的小說。他們專事攻擊異黨的小說,謾罵異黨的作者,明明是藐視作者的個性和創造自由了。而自己一黨的小說被人家攻擊,被人家指出缺點和不通之處時,卻又大書特書道:『我相信創造的自由,該得尊重,但我尤其相信要尊重自己的創造自由,先須尊重別人的創造自由。』(見《小說月報》13卷第9號)我不明白他們爲什麼只知尊重自己(不如說同黨)的創造自由,而不先尊重別人的創造自由呢?難道說只有他們同黨的創造自由,該得尊重麼?」⑧

實際上,在應戰中,通俗小說並沒能樹立起自己的理論大旗,並沒能超越已有的對文學的認識水平。「遊戲」、「消閒」、「世俗」,是他們固守的天地,他們走不出這個精神世界。直到1949年寫回憶錄,現代通俗小說的代表性作家張恨水還是抱定這樣的看法:「中國的小說,還很難脫掉消閒的作用,除了極少數的作家,一篇之出,有他的用意。此外大多數的人,絕不能打腫了臉裝胖子,而說他的小說,是能負得起文藝所給予的使命的。」⑨由此可見,現代通俗小說並不像新文學那樣急速多變,時時更新,責任感、使命感強。

現代通俗小說當然也不是一成不變的,也經歷了幾個階段的變化。1912年,徐枕亞《玉梨魂》出版,風靡一時,先後銷量竟達數十萬冊。隨後的《雪鴻淚史》、《余之妻》、《雙鬟記》等也很暢銷。這是個言情的時代。吳雙熱的《孽冤鏡》、《蘭娘哀史》,李定夷的《霣玉怨》、天虛我生(陳蝶仙)的《玉田恨史》等也使讀者傾倒一時。「卅六鴛鴦同命鳥,一雙蝴蝶可憐蟲」成了讀者的口頭禪,「畫蝴蝶於羅裙,認鴛鴦於墜瓦」成了作家創作的最佳興奮點。以前被人們稱爲「鴛鴦蝴蝶派」的,應該適

用於這個時代的專以建構「鴛鴦蝴蝶」式的言情世界的作家。

以《小說月報》全面革新爲標誌，現代通俗小說跨入了20年代初期到30年代中期的發展成熟期。這一時期，現代通俗小說創作與新文學的創作並駕齊驅，雙方在不同的讀者群獲得了穩定的地位，取得豐碩的成果。這一時期同時也是現代通俗小說全面發展期，多種類型的創作都有成熟的具有代表性的作家作品，言情類小說作家有周瘦鵑、劉雲若等，武俠類小說作家有平江不肖生、朱貞木、白羽、王度廬、還珠樓主等，社會類小說作家有包天笑、李涵秋、畢倚虹等，偵探類小說作家有程小青、孫了紅等，歷史類小說作家有蔡東藩、許嘯天等。

1936年10月，以魯迅、郭沫若、茅盾等領銜的文藝界各方面代表人士共 20人共同簽署了《文藝界同人爲團結禦侮與言論自由宣言》。通俗小說代表作家包天笑、周瘦鵑也列名其中。以此爲標誌，通俗文學爲新文學所接納並獲得高度評價，新文學創作有意識地借鑑通俗小說的創作手法和經驗（如老舍、趙樹理等），文學的雅俗競爭漸漸演變成雅俗合作。30年代末到40年代，雅俗文學漸趨合流。

第二節　　張恨水

張恨水可以稱得上是中國現代通俗小說史上的集大成作家。

張恨水（1895～1967），原名張心遠，出生在江西廣信一個小官吏家庭。原籍安徽潛山，其父是江西景德鎮的一個稅務官。這個家庭至少也稱得上個小康局面。1901年，張恨水即入景德鎮一家私塾。唸的是《三字經》、《百家姓》、《千字文》。隨後，還唸過四書五經、《左傳》。而能吸引他的倒是《紅樓夢》、

《三國演義》之類的書。《千家詩》也使他唸得「莫名其妙的有味」。十三四歲時，張恨水就跌進小說圈，「著了魔」。於是，自己動手布置了一間「書房」，上得樓去，「用小銅爐焚好一爐香，就作起斗方小名士來。這個毒，是《聊齋》和《紅樓夢》給我的。《野叟曝言》也給了我一些影響」⑩。這時的張恨水，用他日後的話來說，就是「專愛風流才子高人隱士的行為」⑪。15歲時，張恨水進了學堂，接受了一些新教育。校長是個維新人物，教書時，常譏笑守舊分子，抨擊滿清政府的腐敗。張恨水受到了很大的刺激。於是，他也「極力向新的路上走」。而這「新」的傾向，無非就是「除了小說，也買些新書看，」《經世文編》、《新議論策選》之類而已。當然，上海新出版的報紙也給了他思想上的觸動，但沒帶來根本性的改觀。他嗜好依舊，讀小說，把玩那風花雪月式的詞章，難怪他日後自稱是個「禮拜六的胚子」。16歲時，他開始嘗試通俗小說創作。1912年，年僅17歲的張恨水想到英國留學，而他的父親恰在此時去世，「家裡立刻變窮了」，他母親帶著子女回到安徽潛山老家，靠數畝薄田過活。他自稱這是他「終身大悲劇」。

隨後，生活的貧困，使得在蘇州蒙藏墾殖學校就讀的張恨水不得不想辦法自找出路。1913年《小說月報》的徵稿啟事上，注明每千字3元。於是，18歲的張恨水在三天工夫裡，趕寫了《舊新娘》、《桃花劫》兩篇通俗小說，寄到商務印書館《小說月報》編輯部，這是他第一次投稿。雖然後來並沒有刊載出來，但卻得到編者惲鐵樵的讚揚和鼓勵。這年，他還「模仿《花月痕》的套子」，開始創作第一部章回體長篇白話小說《青衫淚》，共寫了17回。但最終「覺得這小說太不夠水準，自己加以放棄了」⑫。

　　1914年，張恨水實習英文不成，就去漢口爲某小報補白，入文明劇團演戲。然而，貧病交加的張恨水適應不了漂泊流浪者的生活，不得不重返故里，鑽進自己營構的「黃土書屋」，自學自修起來，成果是文言中篇小說《紫玉成煙》在蕪湖《皖江日報》上刊載。1918年，張恨水經人推荐到《皖江日報》任總編輯。長篇小說《南園相思譜》隨後在該報副刊上連載。

　　1924年，張恨水接編《世界晚報》副刊《夜光》。在這前後，張恨水的第一部有影響的長篇小說《春明外史》在該副刊上連載。他開始眞正踏上通俗文學的創作之路。隨後，一發不可收，一生竟創作一百多部中長篇通俗小說，發表的文字超過二千萬。其代表作有《春明外史》、《金粉世家》、《啼笑姻緣》、《八十一夢》等。

　　《春明外史》1924年4月12日起在《世界晚報》上連載，直到1929年1月24日才收尾。1930年由上海世界書局出版單行本。小說以才子佳人的愛情故事爲貫穿的線索，將20年代北京社會的上自總理大帥下至嫖客妓女各色人等串在一起，形成了一個鬆散性的單珠連結的建構方式。中心情節是才子楊杏園與雛妓梨雲一見傾心，但一場好姻緣隨美人的香消玉殞而化爲一縷煙塵。日後，楊杏園又愛上雖出身大家庭卻因非正出而飄零的李冬青，柳蔭花下，一雙蝴蝶，一對鴛鴦，才子佳人心心相印。但李冬青因先天的疾病不能和楊杏園結合，就荐史科蒂以代己，想促成楊史婚姻。這無疑是套用徐枕亞《玉梨魂》中的情節。結局是楊杏園始終戀著李冬青，史科蒂只得悵然離開北京，從此，楊杏園心灰意冷，一心學佛。等到李冬青來看望時，楊杏園已圓寂了。

　　張恨水在《寫作生涯回憶》中曾說過：「《春明外史》的人物，不可諱言的，是當時社會上一群人影。但只是一群人影，絕

不是原班人馬。這有個極好的證明。例如，主角楊杏園這人，人家都說是我自寫。可是，書中的楊杏園死了，到現在我還健在。宇宙沒有死人能寫自傳的。」楊杏園並非等同於作者本人，是真實的；但楊杏園和作者之間「驚人的相似」，也是真實的。尤其是在精神氣質上更是一脈相承。這一點張恨水本人似乎也不否認：「《春明外史》主幹人物，仍然帶著我少年時代的才子佳人氣，少有革命精神（有也很薄弱）。」⑬

楊杏園是客居北京的皖中才子，是在新與舊之間尋求兩棲居中的過渡人物。他為人正直誠懇，老成持重，置身於首善之區這個污濁黑暗的環境中，出污泥而不染，絕不願與這個骯髒黑暗的社會同流合污。但僅僅是堅守一己的清白而已。而與這個不合理的環境抗爭，非楊杏園這個「過渡人物」所敢為和能為。他的處世哲學是忍耐。楊杏園所處的是新舊勢力和思想急劇衝突交戰的20年代，新與舊的不可調和與不可折中，使得人們無法回避這「二難選擇」。而楊杏園卻輕鬆地完成了自己的抉擇，他只想在新與舊之間尋一條不新不舊、亦新亦舊的中間道路。他對理想的婚姻的追求是「新舊得兼」，而對時代反傳統的新潮流的最大不滿，也就在於新潮流不符合這「新舊參半」的中間標準，「解放過度」的事物顯然不會得到楊杏園的首肯。而最終在這災難深重的不合理世道上，環境的迫壓，情場的失意，楊杏園在古卷青燈下學佛得道，大徹大悟：「五侯螻蟻各空回，到此乾坤萬事灰。今日飽嘗人意味，他生雖有莫重來。」於是，「圓寂」成了楊杏園解脫的最佳方式。這實質上是兩重人格最終破產的結果。

張恨水在《〈春明外史〉續序》中斷言：「信夫，天下之事有相對而無絕對的也。」因而，《春明外史》也是「樂與戚各半焉。」作家這樣形容自己寫作過程中的內心體驗：「或曾欣欣然

有若帝王加冕之莊焉，或曾戚戚然有若死囚待決之悲焉，亦有若釋家所謂無聲無色嗅味觸法，木然無動，而不知身所在焉。」從中我們可以窺見作者與《春明外史》中人物同呼吸共命運的「心律」。

　　《春明外史》以報人的眼光，揭示了20年代中國社會政界、軍界、學界以至娛樂圈等社會各階層的種種醜惡污濁的怪現狀。小說在言情的同時，也滲透著社會諷刺的特點。因而，有人認為，《春明外史》「大體上，這是以《二十年目睹之怪現象》為藍本的一部譴責性小說」⑭。但實際上，《春明外史》充其量不過是社會言情小說，張恨水走的是鴛鴦蝴蝶派的創作路子，而非晚清譴責小說的途徑。

　　《金粉世家》連載於1927年2月至1932年5月的《世界日報》副刊《明珠》上，1933年由上海世界書局出版單行本。小說以巨宦之子金燕西與平民之女冷清秋的相愛——結婚——離異的人生悲劇為主線，展現了一個「香消了六朝金粉」的豪門貴族的盛衰史。小說寫了國務總理金銓及其四子四女的配偶外遇，下及男僕使女凡三四十人的顯赫華貴的龐大家庭，外及他們的姻親女友、政客軍閥、坤角妓女，形成一個枝葉婆娑、盤根錯節的社會倫理關係網絡，並揭示他們在樹倒猢猻散之後的淒涼景象。

　　在《金粉世家》中，張恨水把豪門貴族的成員劃為兩類。一類是以金銓為代表的創業者，一類是以金氏四兄弟（金鳳舉、金鶴蓀、金鵬振、金燕西）為代表的敗家子。對前者作者也有揭露和諷刺，但主要還是寬容、袒護甚或美化居多。對後者則一律視為紈袴子弟，對他們寄生的腐朽沒落的生活予以尖銳的諷刺和批判。在這裡，豪門貴族的興衰被理解成敗家子單方面的品德和行為所致。因而，《金粉世家》雖然多少「揭示了宗法家族親子承

續蔭蔽所造成的子輩依賴性的危機，揭示了由『大樹底下好乘涼』
到『樹倒猢猻散』的家庭衰落過程，揭示了『君子之澤，五世而
斬』的嚴峻法則」⑮，但缺少時代的深刻性。

　　冷清秋是《金粉世家》中著力刻畫的一個主要人物，並且是
作家理想中的人物。她美麗清高，才學出眾，忍辱負重，淡泊自
甘，潔身自好。她雖然多少有點虛榮心，但隨後就理性清醒地認
識到了這點。在金燕西要準備拋棄她另娶軍閥之妹白秀珠時，冷
清秋顯示了人格的堅強：「我為尊重我自己的人格起見，我也不
能再向他求妥協，成一個寄生蟲。我自信憑我的能耐，還可以找
碗飯，縱然找不到飯吃，餓死我也願意。」冷清秋多次談到自己
悲劇的教訓：「歸根結蒂，還是齊大非偶那四個字，是自己最近
這大半年來的錯誤。」一個帶有很深刻的社會內涵的個人命運的
悲劇，作者僅僅在「齊大非偶」的層面上作了世俗的理解，這是
通俗小說的常情常理。有研究者認為，「《金粉世家》如果不是
章回小說，而用的現代語法，它就是《家》；如果不是小說，而
且寫成戲劇，它就是《雷雨》。」這只能說是「阿私所好的偏見」。
《金粉世家》在思想的深刻性上是無法與《家》、《雷雨》相比
的。

　　《金粉世家》深受《紅樓夢》的影響。它曾被譽為「民國《
紅樓夢》」：「承繼著《紅樓夢》的人情戀愛小說，在小說史上
我們看見《繪芳圖》、《青樓夢》……等等的名字，則我們應該
高興地說，我們的民國《紅樓夢》──《金粉世家》成熟的程度
其實遠在它的這些前輩之上。《金粉世家》有一個近於賈府的金
總理大宅，一個摩登林黛玉冷清秋，一個時裝賈寶玉金燕西，其
他的賈母、賈政、賈璉、王熙鳳、迎春、探春、惜春諸人，可以
說應有盡有。這些人物被穿上了時代的新裝，我們並不覺得有勉

強之處，原因是他寫著世家子弟的庸俗、自私、放蕩、奢華，種種特點，和一個大家庭的樹倒猢猻散，而趨於崩潰，無一不是當前現實的題材，當前眞正的緊要問題。作者張恨水，在描寫人物個性的細膩及布局的精密上是做得綽綽有餘的。作者所有作品中也惟有這部是用了心血的精心傑作。」⑯

《金粉世家》從結構布局、人物心理分析、白描手法、細節描寫等，都有很深的《紅樓夢》的影子在。不過，日後張恨水對自己的創作有較爲清醒的估價：「有人說，《金粉世家》是當時的《紅樓夢》，這自是估價太高。我也沒有那樣狂妄，去擬這不朽之作。而取徑也各有不同。《紅樓夢》雖和許多人作傳，而作者的重點，卻是在幾個主角。而我寫《金粉世家》，卻是把重點放在這個家上，主角只是作個全文貫穿的人物而已。就全文命意說，我知道沒有對舊家庭採取革命的手腕。」⑰

因爲小說重點放在家族，所以《金粉世家》雖與《春明外史》同屬社會—言情小說，但前者帶有更多的社會性，而後者則帶有更重的言情性。其實，就現代通俗小說的範疇而言，《春明外史》走的是徐枕亞《玉梨魂》的創作路子，才子佳人爲主，社會寫實爲輔；而《金粉世家》走的是李涵秋《廣陵潮》的創作路子，社會性壓倒言情性。

《啼笑姻緣》連載於1930年3月至11月上海《新聞報》副刊《快活林》，1931年12月由上海三友書社出版單行本。「在《啼笑姻緣》刊登在《快活林》之第一日起，便引起了無數讀者的歡迎了：至今雖登完，這種歡迎的熱度，始終沒有減退，一時文壇中竟有『《啼笑姻緣》迷』的口號，一部小說，能使閱讀者對於它發生迷戀，這在近人著作中，實在可以說是創造小說界的新紀錄。」⑱

　　《啼笑姻緣》的故事情節大致如下：在北京遊學的青年樊家樹，先後結識俠客關壽峰父女和賣藝女沈鳳喜。樊家樹對沈鳳喜一見傾心，關壽峰的女兒秀姑愛上了樊家樹，而樊家樹的表兄嫂卻一心想撮合他與財政部長何廉的獨女何麗娜的婚事。於是，樊家樹陷入了與沈鳳喜、關秀姑、何麗娜三人之間的多角戀愛網中。樊家樹南下探母回京後，沈鳳喜禁不住軍閥劉國柱的誘騙，成了劉府的太太。秀姑爲了成全樊家樹能見上沈鳳喜一面的心願，去劉府做幫工，促成樊沈相會。樊沈兩人雖再度尋盟舊地，但情感的裂痕卻再也無法彌合。劉將軍得知樊沈約會，便憤怒地將沈鳳喜毒打成瘋。劉見秀姑青春貌美，一心想佔有她。秀姑將計就計，洞房花燭夜，刺殺了劉將軍後逃之夭夭。劉被刺，北京城風聲鶴唳，樊家樹爲暫避風聲，去天津探望叔父，巧遇何麗娜。叔父力勸樊何婚事。樊家樹不答應，何麗娜負氣出走，不知去向。樊家樹想重新回到學校生活，途中遇暴徒綁票，關壽峰、秀姑及時趕到，解救了他。在關氏父女的精心策劃下，樊家樹與何麗娜終結百年之好。

　　《啼笑姻緣》的故事核心還是張恨水擅長的言情，但它不僅糅合了社會內容，同時也帶上了武俠的招數。因而《啼笑姻緣》幾乎囊括了通俗小說所有的套路，使它成爲一個兼容並包的小說樣式庫。按照張恨水的理解，在他創作《啼笑姻緣》前後，「上海洋章回小說，走著兩條路子，一條是肉感的，一條是武俠而神怪的」。而他自以爲「《啼笑姻緣》完全和這兩種不同」⑲。而實際上，《啼笑姻緣》與當時流行的通俗小說的不同，只不過是不屬於單純的某一通俗小說樣式，而是社會──言情──武俠小說。

　　《啼笑姻緣》富於社會批判的色彩。小說對軍閥的強橫霸道、

窮奢極欲的醜惡面目的展示，以沈鳳喜作爲一個社會底層的小人物悲劇命運的描寫，對豪門小姐何麗娜畸形時髦畸形生活的展現，都多少顯示出社會批判的意味。《啼笑姻緣》對老北京的天壇、先農壇、什刹海、北海、西山等地的風俗景觀多方面的描繪，具有較高的民俗學價值。

《啼笑姻緣》在藝術上還比較注重人物心理的細緻分析和白描手法的運用，這是張恨水創作最爲得心應手的地方。《啼笑姻緣》的結構布局也特別講究，嚴獨鶴曾這樣評價：「全書廿二回，一氣呵成，沒一處鬆懈，沒一處散亂，更沒有一處自相矛盾，這就是在結構布局方面很費了一番心力，也可以說，著作方法特別精彩。此外，還有兩種特殊的優點：㈠暗示，如鳳喜之愛羨虛榮，在第五回上學以後要樊家樹購買自來水筆、眼鏡，已有了暗示。㈡虛寫，第十二回鳳喜還珠卻惠以後，沈三玄分明與劉將軍方面協謀坑陷鳳喜，而書中卻不著一語，只有警察調查戶口時，沈三玄搶著報明是唱大鼓的，這一點略露其意，而讀者自然明白。第廿二回關壽峰對樊家樹說：『可惜我對你兩分心力只盡了一分。』只此一語，便知關氏父女不僅欲使樊家樹與何麗娜結合，並欲使鳳喜與家樹亦重圓舊好。」⑳

《八十一夢》連載於1939年12月至1941年4月重慶《新民報》副刊《最後關頭》，1943年9月由重慶新民報社出版單行本。小說雖然號稱「八十一夢」，但實際上除了《楔子》、《尾聲》外，作者只寫了十四個夢。作者在楔子中有所交代，云小說原稿因沾了點油星，「刺激了老鼠的特殊嗅覺器官」，乘著天黑，老鼠鑽進故紙推「磨勘」一番，書稿大遭蹂躪。作者隨後感慨云，「耗子大王雖有始皇之威，而我也就是伏生之未死，還能拿出《尚書》餘燼呢。好在所記的八十一夢是夢夢自告段落，縱然失落了中間

許多篇,與各個夢裡的故事無礙」。這是小說家言,卻也暗示著小說觸犯了時忌,爲當局者所不容。

《八十一夢》以犀利的鋒芒批判了社會的黑暗,作者以夢的形式,來建構小說。張恨水曾這樣「夫子自道」:「……我使出了中國文人的老套,『寓言十九託之於夢』。……既是夢,就不嫌荒唐,我就放開手來,將神仙鬼物,一齊寫在書裡。書中的主人翁,就是我。我作一個夢,寫一個夢,各夢自成一段,互不相涉,免了做社會小說那種硬性熔化許多故事於一爐的辦法。這很偷巧,而看的人也很乾脆的得一個印象。大概書裡的《天堂之遊》、《我是孫悟空》幾篇,最能引起讀者的共鳴。……事過境遷,《八十一夢》無可足稱。倒是我寫的那種手法,自信另創一格。」[21]其實,以夢境的方式來建構小說,也非張恨水首創,唐人傳奇《枕中記》、《南柯夢》和近代小說《鏡花緣》等作品都以夢的形式展開故事情節。張恨水顯然從這些作品中吸取了藝術的營養。

《八十一夢》曾被當時人譽之爲「一切傑作中的傑作」。有研究者也認爲:「這是繼張天翼《鬼土日記》、老舍《貓城記》、王任叔《證章》之後,現代文學史上的一部奇書。它表明作家已同一批優秀的新文學家一道,對民族命運、社會陰影進行慧眼獨具的省察和沉思。」[22]這些評價未免過譽。其實,《八十一夢》的創作無非顯示出張恨水的通俗小說又重新回到了20年代創作老路。《八十一夢》在技巧豐富的外表下,實則故事與人物簡單排列組合,浮光掠影,缺少精心的小說結構布局,《啼笑姻緣》的嚴謹緊湊精巧不見了,充其量不過是捨棄了言情、增強了譴責的《春明外史》。

張恨水時常給自己「加油」:「我不能光寫而不加油,因之在登床以後,我又必擁被看一兩點鐘書。看的書很雜,文藝的,

哲學的，社會科學的，我都看看。我所以不被時代拋棄得太遠，就是這點加油工作不錯」㉓。20年代、30年代，他擔心自己落伍於時代，不斷企圖超越自己。40年代，他已不再把文學僅僅視為謀生的手段，而是與新文學作家一樣具有強烈的責任感、使命感：「我們這部分中年文藝人，度著中國一個遙遠的過渡時代，不客氣的說，我們所學，未達到我們的企望。我們無疑的，肩著兩份重擔，一份承接著先人遺產，固有文化，一份是接受西洋文明。而這兩份重擔，必須使它交流，以產生合乎我們祖國翻身中的文藝新產品。」㉔

　　然而，真正的文藝新產品並沒有在張恨水的筆下出現。他堅守自家的創作天地，一如他當年堅守自家的小書屋：「我覺得章回小說，不盡是可遺棄的東西，不然，紅樓水滸，何以成為世界名著呢？自然，章回小說有其缺點存在，但這個缺點，不是無可挽救的（挽救的當然不是我）；而新派小說，雖一切前進，而文法上的組織，非習慣讀中國書，說中國話的普通民眾所接受。正如雅頌之詩，高則高矣，美則美矣，而匹夫匹婦對之莫名其妙，我們沒有理由遺棄這一班人，也無法把西洋文法組織的文字，硬灌入這一班人的腦袋，窮不自量，我願為這班人工作。有人說，中國章回小說，浩如煙海，盡夠這班人享受的了，何勞你再去多事，但這有兩個問題：那浩如煙海的東西，他不是現代的反映，那班人需要一點寫現代事物的小說，他們從何覓取呢？大家若都鄙棄章回小說而不為，讓這班人永遠去看俠客口中吐白光，才子中狀元，佳人後花園私訂終身的故事。拿筆桿的人，似乎要負一點責任。」㉕張恨水就是為「負一點責任」，一生也沒走出傳統章回小說的窠臼。

【注　釋】

① 採用魯迅《中國小說史略》中的小說分類。

② 《小說畫報》第1號，1917年1月。

③ 《小說畫報》第1號，1917年1月。

④ 成仿吾：《編輯餘談》，《創造季刊》第1卷第3期，1922年10月。

⑤ 范煙橋：《星社十年》，《珊瑚》第8號。

⑥ 寒雲：《關創作》，《晶報》1921年7月30日。

⑦ 張舍我：《批評小說》，《最小》第5號。

⑧ 張舍我：《創造自由》，《最小》第6號。

⑨ 張恨水：《寫作生涯回憶》，《張恨水研究資料》（張占國、魏守忠編），
天津人民出版社1986年版。

⑩ 張恨水：《寫作生涯回憶》，《張恨水研究資料》。

⑪ 張恨水：《寫作生涯回憶》，《張恨水研究資料》。

⑫ 張恨水：《寫作生涯回憶》，《張恨水研究資料》。

⑬ 張恨水：《寫作生涯回憶》，《張恨水研究資料》。

⑭ 張友鸞：《章回小說大家張恨水》，《張恨水研究資料》。

⑮ 楊義：《中國現代小說史》（第三卷），人民文學出版社1986年版。

⑯ 徐文瀅：《民國以來的章回小說》，《萬象》第1卷第6期，1941年12
月。

⑰ 張恨水：《寫作生涯回憶》。

⑱ 嚴獨鶴：《〈啼笑姻緣〉序言》，《張恨水研究資料》。

⑲ 張恨水：《寫作生涯回憶》。

⑳ 侯榕生：《簡談張恨水先生的初期作品》，《張恨水研究資料》。

㉑ 張恨水：《寫作生涯回憶‧八十一夢》。

㉒ 楊義：《中國現代小說史》（第三卷）。

㉓ 張恨水：《寫作生涯回憶‧加油》。

㉔ 張恨水：《郭沫若‧洪深都五十了》，重慶《新民報》1943年1月5日。

㉕ 張恨水：《總答謝──並自我檢討》，重慶《新民報》1944年5月20日。

第十一章　四十年代小説（四）

第一節　延安地區小説概述

　　1942年以後，延安地區（泛指共產黨領導的各抗日根據地）小說創作發生了變化，不再如早期作品那樣單薄、粗糙。如趙樹理的《小二黑結婚》、《李有才板話》和《李家莊的變遷》，孫犁的《荷花淀》，丁玲的《太陽照在桑乾河上》，周立波的《暴風驟雨》，馬烽、西戎的《呂梁英雄傳》，孔厥、袁靜的《新兒女英雄傳》，柳青的《種穀記》，歐陽山的《高幹大》，草明的《原動力》，劉白羽的《無敵三勇士》、《政治委員》，邵子南的《地雷陣》，柯藍的《洋鐵桶的故事》，王希堅的《地覆天翻記》，華山的《雞毛信》，管樺的《雨來沒有死》，康濯的《我的兩家房東》、《春種秋收》，馬加的《江山村十日》和《開不敗的花朵》等。這些作品雖然都是反映抗日根據地各方面生活的，但在對生活開掘的層次與藝術創新的側面上，卻各有倚重。如《呂梁英雄傳》、《新兒女英雄傳》、《地覆天翻記》、《洋鐵桶的故事》都在結構上和寫法上借鑑傳統章回體小說，但創新程度有明顯的多寡之別；再如《高幹大》、《種穀記》、《我的兩家房東》等都表現了抗日根據地人民精神面貌的各方面變化，但藝術切入的角度選擇各不相同。抗日根據地生活的各個側面──從前線戰鬥到尋常生活，從將軍到百姓，從社會變革到人的精神蟬蛻，42年以後的小說創作都給予了及時的體現。

　　延安地區小說創作中最有特色的是趙樹理和孫犁。

　　孫犁（1913～　　），出生於河北省安平縣，1938年投身於抗戰洪流，長期在晉察冀根據地從事抗戰文化宣傳工作，1939年開始正式發表小說、散文，至1949年，先後出版了《荷花淀》、《蘆花蕩》、《囑咐》等作品集，以其清新而又細膩的藝術格調，受到讀者廣泛喜愛和讚賞。

　　孫犁的創作側重於從人的心靈、情感和生活詩意層面上表現人物性格的豐富與優美。他傾心於根據地普通勞動者在爭取民族自身解放過程中顧大局、識大體的品格和闊大寬廣的胸襟，陶醉於一旦翻身做了主人的人民那種善於在艱苦奮鬥中尋找詩意、創造幸福的人性美，欣慰於他們家國一體、用眞誠與柔情呼喚美好未來的平凡而又豐富的內心世界，描繪出抗日根據地人民在艱苦環境中樂觀、健康、純潔的人情美、人性美。《荷花淀》就是他這種風格最具有代表性的作品。作品寫的是抗日戰爭勝利前夕冀中人民的鬥爭生活。小說涉及到了戰爭，但只是把人民英勇抗擊日寇的戰爭作爲背景，側重描寫主人公的美好心靈和質樸純潔的精神世界。全篇四個場面：「月夜織席」，充滿著詩情畫意的開篇文字，爲整篇作品奠定了純淨、澂醇的基調。「夫妻話別」，於似水柔情之中托出剛毅的萬般情懷，被表現得簡潔俐落，耐人尋味。「中途遇險」，是女性群體的立體展示。「葦塘殲敵」，經過戰鬥洗禮的女人們，「因過於刺激和興奮，他們又是說笑起來」，她們不僅親眼目睹了丈夫的英勇，也油然湧起一種從未有過的自信與自豪。秋季裡，她們已成長爲「配合子弟兵作戰，出入在那蘆葦的海裡」的英勇的戰士了。他寫出一系列性格鮮明的女性人物，如水生嫂（《荷花淀》、《囑咐》）、秀梅（《光榮》）、二梅（《麥收》）、小菊（《碑》）、香菊（《澆園》）、慧秀

（《鐘》）、劉蘭（《蒿兒梁》）等。這些人物都是新人形象。孫犁賦予她們純潔的心靈、崇高的情操、豐富的情感和質樸厚道、歡樂的情懷。對敵人她們勇敢無畏，對親人則柔情似水，識大體、顧大局，兒女情與愛國情融爲一體，充分表現了新一代勞動婦女的精神風貌。描寫時代風雲中堅挺不屈、樂觀向上的農民是孫犁自覺的藝術選擇，他筆下的人物，總是在民族解放的環境中成長、鬥爭、生活著的。這些人沒有文化，但他們的個人選擇總是和民族的選擇保持著高度的一致。孫犁用清新俊麗的語言，勾勒生活的詩意，探尋心靈的奧秘。他在繼承五四以來新小說傳統的基礎上，融合中外及民間藝術精華，在共產黨領導地區文學中形成了獨特的藝術風格。

在共產黨領導地區大規模的「土地改革」運動中，產生了一些反映與表現「土改」的小說，其中最具代表性的是丁玲的《太陽照在桑乾河上》和周立波的《暴風驟雨》。

《太陽照在桑乾河上》（1948），是丁玲深入農村生活後創作的一部反映共產黨領導地區土改運動的長篇小說。在這部小說中，丁玲完全告別了《莎菲女士的日記》時代的藝術個性，轉而運用階級分析的觀點，表現了農村階級關係的複雜性與立體感，形成了丁玲創作的現實主義新特點。小說寫的是華北一個名叫暖水屯的普通村子，這裡的階級關係保持著生活本身所特有的感性形態，各個階級之間存在著錯綜複雜的社會關係。小說以工作組領導群眾如何揭露出狡猾、隱蔽的大地主錢文貴爲線索，突出地表現了當時土改運動中農村階級鬥爭的複雜性和人際關係的微妙性。張裕民、程仁爲代表的貧苦農民和錢文貴爲代表的豪紳惡霸之間的矛盾，是這場土改運動中的主要矛盾，也構成了小說情節發展的主體。圍繞這一主要矛盾，又安置了多種不同性質的矛盾

衝突，在有限的篇幅內，盡可能表現了生活的複雜性。作品試圖通過藝術表現向人們說明：土地改革，不僅改變了農村各階層的利益關係，更主要地引起了人們精神世界的巨大變化。作者沒有把人物「標籤化」，而是盡力加以生活化。一方面隨著土改鬥爭的深入，逐漸展開人物性格；另一方面又通過精細而富有歷史深度與生活真實感的心理刻畫，寫出人物思想、性格、心理的複雜性及其現實依據，如地主錢文貴、中農顧湧、貧苦人黑妮等人物形象的描寫，都具有相當的心理層次。在對農村先進人物如支部書記張裕民、農會主席程仁的刻畫上，作者既寫了他們的革命積極性，也寫了他們長期在農村宗法制社會關係中形成的諸種性格弱點，把人物置於土地改革的歷史大變動中去考察，突出描寫他們逐步成長的過程與心理狀態。這部作品以其對農村階級鬥爭描寫的複雜性和人物性格展示的複雜性，顯示了它的現實主義水平。馮雪峰曾稱這部小說的意義是「我們社會主義現實主義的最初的比較顯著的一個勝利」①。《太陽照在桑乾河上》這部小說與小說《暴風驟雨》、歌劇《白毛女》曾於1951年同獲前蘇聯斯大林文學獎，可見其政治性是很符合那個時代的特徵的。

　　在題材上與《太陽照在桑乾河上》相同的另一部長篇小說《暴風驟雨》（1948），則側重於表現土改時期農村階級鬥爭的殘酷與尖銳性。小說描寫了土地改革工作隊進駐東北一個叫元茂屯的村莊後，給這個偏僻鄉村所帶來的社會制度與階級關係暴風驟雨般的深刻變化，著重表現了以貧苦農民趙玉林、郭全海爲代表的翻身農民與凶惡地主韓老六、杜善人之間你死我活的殘酷較量。作品的基本主題是，土地改革不僅推翻了地主封建統治，而且更重要的是有力地啓發和提高了農村各階層農民的階級覺悟。這一點集中表現在老孫頭這個人物身上。他的風趣而又狡點、善

良而又自私的性格得到了充分的表現。老孫頭是作品中的次要人物，卻是這部作品中最為生動的人物。而農民形象的塑造，則是《暴風驟雨》重點所在。作者描寫這些人物著力於表現農民積極分子階級覺悟的覺醒，根據描寫對象不同的出身、經歷，選擇富有特徵性的細節來表現他們階級覺悟的不同特點，塑造了郭全海、趙玉林、白玉山、李常有等生動的人物形象。同《太陽照在桑乾河上》相比，《暴風驟雨》一定程度上把當時農村複雜的階級關係簡單化了，地主與農民的矛盾成為小說中的唯一矛盾，未能揭示現實生活中社會矛盾和鬥爭的複雜狀態。這與周立波所堅持的揚棄生活中的消極、複雜現象的「典型化」原則有關，這在一定程度上削弱了作品現實主義的感染力量。當然，《暴風驟雨》也有它獨到的優點，它在敘述上吸納傳統小說和民間藝術的特點，以簡潔明快的語言風格，重現真實生動的生活場景，既善於描寫壯闊的群眾場面，也長於描繪日常生活細節，突出了濃郁的地方色彩與生活氣息，體現出農村日常生活本身所具有的生動性。它展示了土地改革運動的全過程，是當時又一部反映土改和推動土改的小說，它的現實政治功效已經超越了一般的文學作品。這部小說的「典範性」，正如作者自述，在於體現當時對文藝的要求：「把政策思想和藝術形象統一起來」②。小說所描寫的土改工作隊工作方式，曾一度被讚為可作為土改工作的參考。由此可見這部小說的政治性及其當時受重視的原因。需要一提的是，《暴風驟雨》受到了蕭洛霍夫《被開墾的處女地》的一些影響，不僅它的開頭以兩輛馬車載著不同政治傾向的人物先後進村有著明顯的借鑑痕跡，而且小說中最豐滿的人物老孫頭，與《被開墾的處女地》中集體農莊的馬夫和車夫西奚卡老爹的氣質也頗為相近。《暴風驟雨》分上、下卷，上卷出版於1948年，下卷出版於1949

年。如果說第一部是以人物性格支撐著情節的發展，那麼第二部則以運動發展來代替性格的描摹，明顯沒有第一部成功，兩部之間有著明顯的脫節，這也是《暴風驟雨》主要不足之一。

第二節　趙樹理

　　趙樹理（1906～1970）原名趙樹禮，山西沁水縣人，出生於一個貧苦農民家庭。他的父親是農村識字人，酷愛地方戲曲上黨梆子等民間音樂，工作之餘還常幫人看病、測卦。趙樹理的許多鄰里都是民間藝術組織「八音會」的成員，這使他從小便受到民歌、民謠、鼓詞尤其是評書和地方戲曲等民間藝術的薰陶，自幼年就醉心於此，直至終生。他早年讀過短期私塾，從12歲起參加工作，工作之餘常借閱《施公案》、《七俠五義》等當時流行的小說唱本。1925年，20歲的趙樹理考入長治省立第四師範，從此開始大量地接觸新文學。1929年起開始創作，小說《悔》、《鐵牛的復職》和長篇《盤龍峪》等都在太原報刊上發表，並在理論與實踐兩方面開始對文藝大眾化進行思考。抗戰爆發後正式參加革命，在太行根據地從事抗日文化工作。先後擔任《黃河日報》路東版副刊《山地》、《人民報》副刊《大家幹》、《新華日報》隸屬的通俗小說《中國人》及副刊《大家看》等報刊的主編，創作了大量的各種體裁的文學作品，此間，他還改編、創作了一些戲劇作品，《萬象樓》是這方面的代表作品。

　　1943年5月趙樹理創作了成名作《小二黑結婚》，同年10月又一代表作《李有才板話》面世。自此後佳作連連：《來來往往》、《孟祥英翻身》（1944），《地板》、《李家莊的變遷》（1945年），《催糧差》、《福貴》（1946年），《劉二和與王

繼聖》、《小經理》（1947年），《邪不壓正》（1948年），
《傳家寶》、《田寡婦看瓜》（1949年）等。

　　《小二黑結婚》是趙樹理確立自己藝術風格的名作。作品描
寫了抗日根據地太行山區一個名叫劉家峧的村莊，一對青年男女
——小二黑、小芹自由戀愛過程中遇到各種阻撓並最終在新政權
的支持下取得婚姻勝利的故事。作品六個人物分為三組，形成兩
對矛盾鬥爭。小二黑、小芹顯然是根據地新生民主力量的代表，
二諸葛、三仙姑則是當時農村封建意識的體現者，金旺、興旺兄
弟倆無疑是當時混進鄉村政權裡的壞分子。小二黑、小芹與二諸
葛、三仙姑及金旺、興旺兄弟倆的衝突鬥爭，反映了40年代抗日
根據地農村中民主意識與封建意識和鄉村惡勢力的衝突，揭示了
40年代特定區域裡鬥爭的新動向。作品中小二黑、小芹在新政權
支持下喜結良緣，說明了作者對歷史進步趨向的把握。作品以其
內容的貼近、形式的大眾化，一出版就獲得廣泛好評和熱烈歡迎，
在延安地區可謂家喻戶曉，婦孺皆知。

　　作品的成功是多方面的，首先是表現了新的生活和主題。與
五四以來的農村題材創作相比，趙樹理筆下的生活區域既不是魯
迅筆下毫無生氣的「未莊」世界，也不是茅盾、葉紫等人作品中
黎明與黑暗頻繁替代的30年代。在趙樹理筆下的農村，新的政權
形式，新的經濟利益分配關係的文化意識導向，共同構成了共產
黨領導地區農村的新時代。這些都決定了趙樹理筆下的農村衝突
已不再是明顯的封建地主階級對農民階級的政治、經濟壓迫，而
是表現為新的意識與各種封建性意識殘留的衝突。這些衝突的力
度不是以雙方的你死我活來顯示的，而體現為隱蔽化、倫理化、
日常化和微妙化，這些衝突已明顯昭示出根據地農村的歷史變化
和生活發展，並且形成了新文學農村題材創作的層次。

　　作品所著力刻畫的小二黑、小芹，無疑是又一農村的新人形象。他們的性格突出地體現了新時代農民的諸多特徵。小二黑、小芹的戀愛，不僅要面對金旺、興旺兄弟的明目張膽的破壞，而且還有來自父母家人基於迷信、舊婚姻意識而產生的阻撓，這構成了對他們──也是對新一代農民進步意識的雙重考驗。在鬥爭中表現了他們敢愛、敢恨、敢於鬥爭、善於鬥爭、意志堅定、不達目的誓不休的性格和情感力量。二諸葛、三仙姑顯然是作為主人公的陪襯者出現的。然而實際上從人物性格的豐滿度上看，塑造得卻極其出色。他們都是農村封建意識的代表人物，作者顯然並沒有把他們作為「壞人」，而是突出地刻畫他們性格中迷信式愚昧、愚昧式荒唐和自私式滑稽的特徵。作者懷著善意讓他們「出乖露醜」，目的是揭示出他們的心態與行為的「不合時宜」。二諸葛對兒子小二黑的戀愛，不同意的理由是「命相不對」，三仙姑則希望女兒出嫁帶來錢財，以便再利用裝神弄鬼來招蜂惹蝶。作者正是以這些包含善良的調侃、嘲弄，達到對封建舊意識、舊思想、舊觀念的批判，從而也使作品擁有了一份難得的鄉村幽默風味。

　　趙樹理小說成功地確立了一種「評書體」的小說樣式。這種評書體小說結構上吸收評書藝術以人物帶出故事、以小故事構成情節的方法。《小二黑結婚》中前五節都是為人物命名，在介紹人物中埋下故事進一步發展的伏線，後六節雖是以故事衝突設題，但是結尾仍是以人物性格的介紹入手。由此人物引出彼人物，人物的行為方式的設定，為以後的衝突埋下伏線。由於人物之間在結構上和衝突上的雙重聯繫，又使得每一個小故事圍繞主情節展開並給讀者在閱讀中留下「聯想空間」。敘述上作品多用「白描」，即抓住特徵，簡約幹練。每個故事都是特定人物最明顯特徵的形

象注釋，不枝不蔓，辭達而已。作品語言的通俗化是明顯的，作者以「聽得懂」來作為敘述選擇的基本標準。通俗化即平實，用平常實在的口語進行人物刻畫和情節演繹。趙樹理在作品中對他所熟悉的北方農民的口語進行加工、篩選、改選、提煉，使之成為一種雅俗共賞的「農民普通話」，具有通俗曉暢，簡潔生動，質樸明快，幽默風趣的特點。故事相綴，情節連貫，結構單線，語言通俗，正是「評書體小說」的基本要素特徵。

《李有才板話》可謂是趙樹理「問題小說」類型的代表作品。農民階級和地主階級的衝突是這部作品的中心衝突。故事展開的具體背景是富有代表性的山西農村——閻家山。階級矛盾和鬥爭圍繞1943年共產黨領導地區農村進行的減租減息運動和村政權改選活動而展開。作者的創作動機是因「問題」而生發的。他曾回憶說：「例如我寫《李有才板話》時，那時我們的工作有些地方不深入，特別對狡猾的地主還發現不夠，章工作員式的人多，老楊式的人少，應該提倡老楊式的作法，於是，我就寫了這篇小說。這篇小說裡有敵我矛盾，也有人民內部矛盾。」③這說明作者是把這個作品作為「問題小說」來創作的。這部作品反映的問題很多，諸如黨的農村工作者的官僚主義作風問題如章工作員；村幹部的蛻化變質問題如陳小元；如何提高農民覺悟如老秦；基層村政權的構成成分的純潔與鞏固的問題；如何切實做好減租減息、保護貧苦農民的利益，以及怎樣發動群眾，揭露狡猾敵人的問題，如閻恆元等等。這些問題成為作品人物之間聯繫、衝突的焦點，也是作品故事情節發展的內在動力，作者試圖通過這些問題的提出和解決，來揭示 40年代延安地區農村利益衝突和階級矛盾的實際狀況。與《小二黑結婚》相比，這部作品少了一些幽默式的喜劇色彩，多了一些衝突的複雜和峻烈。人物關係、衝突

式樣也大大複雜化了。單就人物來看,不但類型多,而且同類人物形成對比:如章工作員與縣農會主席老楊,陳小元與小順、小保、小福、小旦、小明,閻恆元與閻喜富、閻家祥、劉廣聚,老秦與張得貴等等,每組人物在性格上都呈現出或正或反的相襯關係。李有才是作品具有特殊色彩的人物,他是一個農村識字人的形象,在閻家山他是外來戶,無兒無女,了無牽掛。他是從艱難生活底層中掙扎過來的中年人,閱歷豐富,目光深邃,對農村的眞實性了然於懷。和老秦等老一代農民相比,他沒有萎瑣、卑怯和奴性,而是不屈不撓地以自己特有的策略進行鬥爭;與小福、小順等「小字輩」相比,他顯得更加成熟、沉著、老練、有勇有謀。他用自己所擅長的快板,及時地對各種現象進行揭露、分析,是閻家山窮苦農民的精神領袖。

　　趙樹理作爲延安地區文學的一個代表,他對中國現代文學的貢獻是獨特的。他的小說創作以新的生活和新的主題開拓了現代文學的新層面。他的小說反映了共產黨領導地區農村的歷史性變革,既寫了新的時代條件下農村各階層的衝突,又重點表現了民主思想與封建觀念——這一「五四」以來就貫穿現代文學史的文明與愚昧的衝突。趙樹理在小說藝術的通俗化、大眾化方面,爲中國現代小說提供了藝術經驗。他的小說吸取了中國古典小說和民間說唱藝術中有生命力的因素,融合了五四以來新小說的長處,視故事、情節爲小說的基本結構方式,他在平實的故事講述和人物行動的點化中刻畫人物性格,作品的完整性是和情節的連貫性聯在一起的。故事是情節的基本構成因素,故事發展、人物出場、矛盾揭示、性格凸現等都是在有頭有尾的故事情節中得以實現的,從而形成一種雅俗共賞的評書體小說樣式。他把北方農民的口語融會在人物對話和敘述過程之中,通俗而不庸俗,口語化而又有

藝術感染力，看似淺近卻耐人尋味，無論講故事或評論人物，都能運用地道的農民口吻。

　　趙樹理把現代審美與傳統的民間審美成分有機地融合在一起，把「五四」文學精神與鄉村文化調製在一起，以現代知識分子特有的理性意識和憂患意識寫出了中國農民在現代革命中那痛苦艱難的精神變革歷程。

【注　釋】

①　馮雪峰：《〈太陽照在桑乾河上〉在我們文學史上的意義》，《文藝報》1952年5月第10期。

②　周立波：《關於寫作》，1950年6月《文藝報》第7期。

③　《當前創作中的幾個問題》，《趙樹理文集》第4卷，第1651頁，工人出版社1980年版。

第十二章　五十、六十年代小説

第一節　五十、六十年代小説概述

　　50年代、60年代的小說，以所謂革命現實主義爲主潮。其曲折發展的過程，顯示了50年代、60年代的文學軌跡，爲以後總結小說乃至整個文學創作的規律，提供了經驗教訓。50年代、60年代的小說在歷史和現實兩類題材方面，有一些作品可以一提。

　　在歷史題材方面，本時期小說以反映民主革命爲主，描寫了中國共產黨領導的革命鬥爭的各個歷史階段。杜鵬程的《保衛延安》、吳強的《紅日》、曲波的《林海雪原》和羅廣斌、楊益言的《紅岩》，是四部反映國共戰爭的長篇小說。《保衛延安》以西北戰場爲背景，通過描寫沙家店等著名戰役，再現了共軍擊潰數十萬國軍的圍剿，從戰略防禦轉入戰略進攻的態勢。《紅日》以萊蕪戰役、孟良崮戰役爲中心，反映了華東戰場共軍由弱到強，反守爲攻的戰局轉折。《林海雪原》和《紅岩》，沒有如上述兩部作品那樣展開正規部隊大兵團作戰的畫面，前者描寫一支智勇精悍的小分隊剿滅東北土匪的鬥爭，後者描寫重慶渣滓洞、白公館地下工作者，爲保衛山城重慶迎接黎明而進行的一場嚴酷複雜的獄中鬥爭。同樣取材於40年代後期的國內戰爭，峻青的《黎明的河邊》、茹志鵑的《百合花》，則是本時期短篇小說的代表作。前者正面展開濰河岸邊小陳一家與敵鏖戰的悲壯故事，後者側面鋪展一床灑滿「百合花」被子的故事，共同揭示了戰爭的偉大力

量存在於民衆之中的主題。

　　本時期許多作家以抗日戰爭和20年代、30年代的革命鬥爭作爲長篇小說的題材，使這段時期的鬥爭生活得到充分的反映。孫犁的《風雲初記》用抒情筆調，再現了滹沱河畔的抗日風雲。知俠的《鐵道游擊隊》、馮志的《敵後武工隊》、馮德英的《苦菜花》、李英儒的《野火春風鬥古城》，分別反映魯南、冀中、膠東、保定等地區複雜的敵後鬥爭，情節曲折，富有傳奇色彩。高雲覽的《小城春秋》，記錄了30年代廈門大劫獄事件，反映了第二次國內革命戰爭的一角。楊沫的《青春之歌》，通過敍寫林道靜的成長過程，展示了30年代前期北平抗日救亡運動的面貌，概括了一代知識分子寓個體於集體，寓人生於革命的生活道路。歐陽山的《三家巷》，透視一條胡同三個家庭的矛盾糾葛，重現了20年代包括省港罷工、廣州起義在內的南國風雲。梁斌的《紅旗譜》，氣度恢宏，筆墨酣暢，富有層次地反映了從本世紀初葉開始的中國三代農民，由自發反抗走向自覺革命的歷史途程和必然命運，概括了中國農民的生存狀態，塑造了我國新文學史上共產黨領導下的農民革命英雄的形象。在短篇小說方面，孫犁的《山地回憶》，感喟50年代初期人際關係的變化，拾掇戎馬生涯軍民之情的片段，憑藉生活的本色叩擊讀者心扉。王愿堅的《黨費》、《七根火柴》，則是革命鬥爭生活的速寫，熱情刻畫了長征時期英勇悲壯的共產黨員形象。

　　新政權成立之初，楊朔的長篇《三千里江山》，陸柱國的長篇《上甘嶺》，以及路翎的短篇《窪地上的「戰役」》，及時地描寫了抗美援朝戰爭，也具有一定的影響。本時期，近代歷史題材方面，出現了李六如的長篇《六十年的變遷》。古代歷史題材方面，出現了徐懋庸的《鷄肋》、陳翔鶴的《陶淵明寫〈輓歌〉》

等短篇。而較有影響的，則是姚雪垠反映明末農民起義的長篇《李自成》（第一卷）。

　　與歷史題材相輝映，現實生活成爲本時期小說創作的另一個突出的題材。而在現實題材中，又以反映農村生活的小說最多。從土改到「農業合作化」，從「大躍進」、「人民公社」到共產黨對農村政策的調整，50年代、60年代農村所進行的一系列變革，都在這些小說中得到了充分的表現。

　　以短篇開端，馬烽的《一架彈花機》、趙樹理的《登記》、谷峪的《新事新辦》，傳達了因土地關係的變動，翻身農民在家庭、婚姻觀念方面要求從封建束縛中解脫出來。繼土改以後，農業合作化是又一場深刻的社會革命，它給農村生活所帶來的巨大變化，爲小說創作提供了豐富的源泉。李准的《不能走那條路》從貧富兩極分化的角度，敘寫兩個農民打算買賣土地的故事，在個人發家與共同富裕的衝突中，提出了久經貧困的農民獲得土地以後，如何脫貧致富的問題，率先揭示了所謂互助合作的問題。接著，秦兆陽的《農村散記》、康濯的《春種秋收》、馬烽的《三年早知道》、西戎的《宋老大進城》等，記錄了這種趨勢如何變成了農村的現實。用長篇的形式反映農業合作化而具有代表性的作品，是趙樹理的《三里灣》、周立波的《山鄉巨變》和柳青的《創業史》。《山鄉巨變》以鮮明的時代色彩描繪湖南鄉村的風土人情，側重表現合作化對農村生活的影響，讚美建立在新的生產關係之上的農村景觀和農民的精神世界。《創業史》旨在表現農村社會主義革命中農民放棄私有制，接受公有制的思想、心理的複雜變化過程，其反映農村生活的廣泛性和政治寓意的深入性，以及對合作化運動中各個階層的細緻描寫，使它成爲一部反映農業合作化運動的「活化石」式的代表作。由於時代的局限，

這些作品都在一定程度上留下了簡單反映那個時代「左」傾政治的印痕。

農業合作化之後出現的短篇，如王汶石的《新結識的伙伴》、李准（後該作者改名為李隼）的《李雙雙小傳》，在一定程度上抒寫了中國大陸農村勞動婦女由家庭走上社會，從奴隸到主人的宿願，個性化的藝術形象具有一定的歷史價值。但她們畢竟是活躍於「大躍進」時代的人物形象，作品又難免打上「左」的時代烙印。馬烽的《我的第一個上級》、茹志鵑的《靜靜的產院》、趙樹理的《實幹家潘永福》、張慶田的《「老堅決」外傳》、西戎的《賴大嫂》，力圖與虛飾、浮誇的頌歌相悖逆，張揚求實精神，進行典型形象的創造，具有較為深厚的生活基礎，不同程度地回答了現實生活中提出的問題。60年代前期問世的兩部長篇，浩然的《艷陽天》、陳登科的《風雷》，根據當時的政治鬥爭環境，描寫了所謂兩條道路的對立和兩個階級的鬥爭，反映農村社會主義變革的尖銳性、複雜性。反映工業建設的長篇，有周立波的《鐵水奔流》、雷加的《春天來到了鴨綠江》、艾蕪的《百煉成鋼》、周而復的《上海的早晨》、草明的《乘風破浪》等；中篇有杜鵬程的《在和平的日子裡》。這些作品在描寫中國大陸工農業建設成就的同時，也不乏圖解政治的某些特徵，明顯地受到日益強化的階級鬥爭理論的影響。

在現實題材中，本時期還有兩類作品不可忽視。一類是王蒙的《組織部新來的青年人》①、劉紹棠的《田野落霞》、李國文的《改選》、李准的《灰色的帆篷》、白危的《被圍困的農莊主席》等短篇小說。這類作品敢於正視現實矛盾，揭露生活的陰暗面，大膽干預生活，觸及人的靈魂，表現了強烈的探索精神和批判意識。還有一類是蕭也牧的《我們夫妻之間》、鄧友梅的《在

懸崖上》、宗璞的《紅豆》、豐村的《美麗》、李威倫的《幸福》、
陸文夫的《小巷深處》、高纓的《達吉和她的父親》等短篇。這
些作品打破表現人情、人性的禁區，細膩地描寫人的豐富而複雜
的內心世界，充滿濃郁的人情味。但它們和前一類正視現實問題
的作品一樣。卻遭到了不同程度的粗暴批評。可見這一時代想在
創作上略有突破是相當難的。

　　50年代、60年代的小說，塑造了一批具有時代特色的人物
形象。其中，有新的英雄人物形象，如朱老忠、楊子榮、江姐、
許雲峰、林道靜、梁生寶、李雙雙；有性格比較複雜的「中間人
物」，如嚴志和、梁三老漢、盛佑亭、賴大嫂、「常有理」、「
小腿疼」、「吃不飽」。本時期小說之所以取得一些成就，還與
建立了一支龐大的專業創作隊伍密不可分。這支隊伍分爲兩個層
面，一個層面以趙樹理、周立波爲代表，包括路翎、歐陽山、康
濯、艾蕪、馬烽、西戎、孫謙、梁斌、柳青等一批文學素養深厚，
創作經驗豐富的作家，他們在49年前就從事小說創作，在本時期
譜寫了新的篇什。另一個層面，包括曾經參加革命，積累了大量
生活素材的楊沫、杜鵬程、吳強、峻青等作家，以及李准、王汶
石、王愿堅、茹志鵑、劉紹棠、王蒙、陸文夫、鄧友梅、馮德英、
高曉聲、方之、林斤瀾、劉眞、李喬、胡萬春、瑪拉沁夫等。後
者大多是50、60年代嶄露頭角的新秀，是本時期小說創作的骨
幹，他們的湧現給當代文壇注入了新鮮血液。在追求時代性、民
族化、大衆化的前提下，兩個層面的小說家的大多數逐漸形成了
較爲獨特的或比較鮮明的個人風格。

　　50年代、60年代小說，具有曲折變化的發展軌跡。這個時
期，正值社會生活和文藝領域「左」傾思潮逐漸興盛之際。怎樣
理解大陸整個十七年「左」傾文藝思潮逐步升級，而小說創作卻

仍能取得一些成績？這是一個值得思考的問題。「左」的政治運動、文學批評與文學創作，畢竟分屬兩個範疇，前者對後者有影響，但不總是或者絕對地決定後者的全部狀況。「左」傾思潮本身有一個萌發、演進、膨脹的過程，一方面它不斷惡化，一方面在文藝工作者的努力下，又促使當時的文藝政策斷斷續續地有所調整，如提出「雙百」方針，糾「左」抑「左」。一些作家採取各種方式抵制「左」傾思潮，或公開，或隱蔽，或清醒直接地，或聽從生活召喚地在創作實踐中進行非自覺的抗衡。另外，一個重要的原因是，一些有成就的作家與現實題材保持了距離，沉入了歷史題材的精心構築。

　　50年代、60年代小說的缺失是顯而易見的。簡單、機械地理解文藝與政治的關係，把文藝社會服務的功能，等同於直接服務於政治。從新政權成立初期的「趕任務」，到1958年以後的「寫中心」、表現「尖端題材」，外部環境要求作家強化自身的政治意識，過多地考慮迅速及時地配合現實鬥爭，闡釋黨的具體政策，宣傳歷次政治運動。這不僅設置了描寫內容的禁區，限制了題材的多樣化，而且影響了作家的創造精神，使他們不能獨立地對生活進行深刻的思考，而往往急功近利，把關於歷史和現實的現成的政治結論奉為創作宗旨，小說家的任務只是賦之以圖像，故而許多作品缺乏來自生活的獨到發現，缺乏經得起時間嚴格檢驗的思想深度。由於從抽象的政治結論出發，一些小說不是採用文學的構思方法，而是採用非文學的構思方法，或者停留在生活表象的描述，注重事件的鋪敘，糾纏生產方案之爭，對素材提煉不夠；或者演繹政治運動的過程，設置人為的衝突，用人物的言行去證明先驗的思想，等等，這樣形成同一的圖解理念的思維模式，造成了公式化、概念化傾向。對現實主義的理解狹隘，創作

方法和表現手法不夠多樣。本時期小說由於以社會主義現實主義
爲主潮，使它幾乎變成包容一切的惟一的創作觀念。同時又片面
地理解現實主義的含義，只承認肯定性的歌頌是對現實生活的眞
實客觀的反映，是對社會本質規律的揭示，而排斥敢於正視生活
矛盾，揭露生活陰暗面的作品；把典型化僅僅歸結爲塑造高大完
美的無產階級英雄形象，指責「中間人物」，非難人性、人情，
使作家不能眞正重視人，寫人的心靈、人的情感，不能按照人物
命運的線索，構成以人物性格爲中心的藝術整體，刻畫豐富多彩
的藝術形象，揭示人物複雜的精神世界，因而不少人物形象類型
化、模式化。尤其是英雄人物，常常被拔高爲理想化的超人，雖
然在他們身上傾注了作家的感情與寄託，但終因缺乏堅實的生活
基礎，而缺少較高的審美價值。在表現手法上，片面追求民族化、
大眾化，注意故事的完整、情節的生動和語言的通俗，注意通過
人物的言行、外貌，用環境氣氛的烘托來塑造形象，忽視了豐富
多樣的藝術技巧手法與方法，作家的創作個性、風格特色也因此
沒能得到更廣泛、更充分的表現。當然，上述不足並非表現在所
有的作品之中，但從總體上看，題材內容、人物形象、創作方法、
表現手法、藝術風格等缺乏多種色彩，卻是不容避諱的。

第二節　《創業史》等小說

　　柳青（1916～1978），原名劉蘊華，陝西省吳堡縣人。青
少年時期即參加革命活動。30年代開始從事文學創作和文化宣傳
工作。1938年赴延安。1943年至1946年，深入陝北米脂縣擔任
鄉政府文書，1947年創作了第一部長篇小說《種穀記》，反映
陝甘寧邊區的大生產運動。1951年完成第二部長篇小說《銅牆

鐵壁》，描寫沙家店糧站護糧支前的鬥爭，表現人民群眾是革命戰爭的銅牆鐵壁的主題。1952年起到陝西省長安縣安家落戶，歷時14年，其間曾任長安縣委副書記。在親身經歷從互助組到合作化的過程中，他悉心體驗現實生活，細緻觀察、研究各類人物，積累了豐富的創作素材，終於在1956年出版散文集《皇甫村的三年》，1958年發表中篇《狠透鐵》之後，又於1960年6月由中國青年出版社出版了第三部長篇小說《創業史》（第一部），樹起了他文學道路的里程碑。

　　《創業史》是一部探索中國農民歷史命運和生活道路的長篇小說。它落筆於1929年，陝西大旱，關中地區餓殍遍野。坐落於渭河南側的下堡村，湧來無數災民，蛤蟆灘佃農梁三從中帶回一個拖帶小孩的寡婦，偶合成家。從此，梁三繼承父輩遺願，決心創立家業。他租種田地，拚命苦幹10年，結果一身重病，創業失敗。漸漸長大的養子梁生寶，又繼承梁三之志，繼續創立家業，但地租沉重，兵荒馬亂，又宣告了他們創業的幻想破滅。

　　49年後，梁家分得土地和農具，梁三老漢猛然挺直彎曲多年的腰桿，梁生寶入了共產黨，父子重新燃起創業之火。但梁三老漢只想蓋一幢三合頭瓦房院，做瓦房院的長者。梁生寶卻熱心組織互助組，帶領貧雇農共同富裕，這使梁三傷心，父子產生矛盾。為了與困難戶一道度過春荒，實現一年兩熟的種植計劃，梁生寶奔波百里，省吃儉用，引進高產稻種，率領組員進秦嶺割竹子，扎掃帚換錢買糧。與此同時，舊時代的富農姚士傑、郭世富等不擇手段分裂梁生寶互助組，使其原來的八戶剩下三戶。郭振山也組織富裕戶成立一個互助組，與梁生寶比試高低。梁生寶互助組進山割竹子、實行新法育秧，都獲得成功，用實績顯示了團結互助的優越性，打擊了姚士傑、郭世富、郭振山的囂張氣焰，教育

了梁三老漢等人，吸引村民加入了新成立的燈塔農業生產合作社，
寫下了一部集體化的創業史。

　　作者以強烈的歷史意識和真誠的階級意識，通過描寫梁家父
子兩代人不同的創業道路及其結局，概括了中國農民在動盪時代
裡的生活歷程，反映了他們要求改變苦難命運的強烈願望，指出
只有在共產黨領導下，堅持社會主義方向，走共同富裕的集體化
道路，翻身解放後的農民才能開始真正的「創業史」。穿過歷史
的霧靄，如今我們來重新審視這部作品時，也不能不看到農業合
作化給中國大陸農業生產力帶來的某些弊端，以及給中國農民心
理帶來的創痛。作為受著時代局限的作家是難以超越歷史困圍的，
但是，從作品中透露出來的人道主義的平民本位意識和對生活現
實的真誠感，卻是一個作家的難能可貴之處。

　　《創業史》在探索農民歷史命運和生活道路的同時，還描寫
了合作化前後錯綜複雜的社會關係與尖銳激烈的矛盾鬥爭，試圖
反映農村社會主義改造的複雜過程，其基本內容是遵循對現實生
活的真實摹寫原則的。小說圍繞四條線索展開了大陸50年代前期
農村廣闊的生活與鬥爭的畫面。一是梁三老漢、王二直槓等貧苦
農民，迷戀舊時代的創業道路，企圖依靠傳統的生產方式發家致
富，而與互助合作運動格格不入。二是富裕中農郭世富，憑藉優
厚的經濟實力，與互助組公開較量，頑固維護私有制，幻想再度
雇工剝削。三是富農姚士傑，刻骨仇恨新社會，暗中施展陰謀，
妄圖扼殺互助組，實行階級報復。四是黨員、村代表主任郭振山，
熱中個人發家，幕後支持互助組的反對勢力，曲線干擾、抵制互
助合作運動。這四種力量自覺不自覺地相互交織、糾合，阻礙著
合作化運動。然而，梁生寶、高增福等積極分子，依靠集體力量
衝破重圍，最終使蛤蟆灘農民放棄私有制，接受公有制，走上了

合作化道路。

　　在所有的矛盾鬥爭和各種人物關係中，梁生寶始終處於軸心位置。這是一個50年代農村社會主義創業者的英雄形象。作爲世代貧窮的農民的兒子，他從父輩血脈中繼承了與窮苦命運抗爭的進取精神，而父輩慘敗的事實和個人受窮的生活經歷，使他很快接受黨的教育。質樸的進取精神，在他身上昇華爲堅定的社會主義信念，它主導人物的全部行動，支配梁生寶拋棄個人的一切，把肉體與靈魂毫無保留地獻給集體事業。他渴望走共同富裕的道路，謀求全體農民的幸福，創社會主義大業，這是梁生寶思想性格的核心，也是區別於以梁三老漢爲代表的老一代創業者的本質所在。小說緊緊圍繞這一性格核心，對人物進行了多側面的刻畫。在創業過程中，面對來自各方面的困難與阻力，不管是社會的，還是自然的，不管是物質的，還是精神的，不管是公開的較量，還是隱蔽的破壞干擾，他始終毫不動搖，一往無前，表現了「黨的忠實兒子」②聽黨話、跟黨走的政治品質，反映了創業者堅韌不拔的毅力和頑強的拚搏精神。外出買稻種、推廣新法育秧、進山砍竹子等情節，表現了他勤勤懇懇、任勞任怨的務實作風。吸收白占魁入組，耐心幫助繼父梁三老漢，正確處理與郭振山的矛盾，又表現了他的忠厚、善良、眞誠、淳樸性格。總之，這是一個完全擺脫了小生產者私有觀念羈絆的新人形象，在他身上體現了作家的社會政治理想和美學觀念。現在貫穿小說的主要事件已經成爲可以檢討的歷史陳跡，作品中反映的那一段生活由於種種原因，暴露出某些政治上的偏誤，梁生寶的形象帶有明顯的英雄化、理想化傾向。但那個時代作家對藝術追求和對生活的虔誠與執著，卻給人深刻印象。

　　梁三老漢是《創業史》塑造得最精彩的中國老一代農民的典

型。在舊社會他經歷了發家成夢的辛酸史，1949年後他憑直覺感激新社會給他帶來新的希望，但這希望僅僅是做一個「三合頭瓦房院的長者」。作為背負著幾千年私有觀念的小生產者，他傾向於個人發家致富。當梁生寶不願聽從他的安排而組織起互助組時，他便自發地反對集體事業，同妻子大吵，發洩對兒子的不滿，暴露了自私、落後、狹隘、保守的小生產者意識。同時，他又具有普通農民勤勞、善良、質樸的品質。土地的獲得，痛苦的回憶，以及父子之情，使他在精神和感情上接近梁生寶及其所從事的事業。如他時刻關注互助組的命運，為進山割竹子的梁生寶擔心，幾次偷看新法育秧，對梁大老漢和王瞎子退出互助組沒有好感，等等，反映了梁三老漢一方面不滿意梁生寶，一方面又希望梁生寶成功，內心深處充滿矛盾，其性格具有明顯的兩重性，是一位動搖於集體致富與個人發家兩條道路中間的人物。從這個形象的塑造中，我們才能真正體驗到一個真正的中國農民性格的本質內容。梁三老漢精神世界的複雜性，是老一代中國農民的藝術寫照，具有典型意義。

蛤蟆灘的「三大能人」郭世富、姚士傑、郭振山，也是性格鮮明、各具特色的形象。他們都反對互助合作，自覺地維護私有制，熱中於個人發家致富，與梁生寶所代表的社會主義方向尖銳對立，但所採用的手段、方式又互不相同。郭世富公開對抗，為新瓦房上梁大擺慶祝宴席，八面威風，神氣活現，善於進行「合法鬥爭」。姚士傑表面老實，暗施陰謀，詭計多端，心狠手辣，慣於背地較量。郭振山身為共產黨員、村代表主任，卻處處阻撓合作化的事業，背離為人民謀利益的宗旨，利用郭世富曲折干擾互助合作，既善於隱蔽，又鋒芒畢露。這些形象的成功塑造，也顯示了《創業史》在人物塑造方面的藝術成就。

　　將宏大的結構與精細的描寫、心理的刻畫與哲理性的議論相結合，是《創業史》顯著的藝術特色。作家試圖站在歷史高度，探索中國農民的歷史命運，概括中國農民的生活道路，繪製50年代前期農村生活的全景，使作品氣勢磅礴，構架宏偉。而在具體展開生活畫面，刻畫梁生寶、梁三老漢、「三大能人」等人物形象時，又能夠做到精細入微。尤其是對人物心理流程的狀寫，常常淋漓盡致，入木三分。在進行歷史概括和精細描寫時，作者又善於將自己的情感，對事物的評價，對生活的認識，對人物的剖析，化爲哲理性的議論，或者融化於情節之中，或者直接站出來面對作品中的人物和讀者抒情議理，表明作家鮮明的傾向性。

　　運用對比手法，突出人物的不同性格，也是《創業史》顯著的藝術特色。小說創作了許許多多的人物，他們代表了當時農村各個階級、階層的思想、心理、政治態度和經濟狀況。對於這些人物，作者堅持運用對比手法，突出各自的鮮明個性。在眾多對比中，又以梁生寶爲主體，與梁三老漢、高增福以及郭振山等「三大能人」形成對比。同時，這些人物相互之間、每個人物的前後變化，又形成對比。通過對比，增強了人物的立體感，從某種程度上反映出50年代中國大陸農村社會主義革命中社會的、思想的和心理的變化過程。

　　按照柳青的創作計劃，《創業史》全書共分四部。第一部寫互助組織階段，第二部寫農業生產合作社的鞏固和發展，第三部寫農業合作化運動高潮，第四部寫全民整風和大躍進，直至農村人民公社建立。但整個計劃未能實現，作者便去世了。就已經問世的前兩部而言，從第一部開始，便存在著明顯的不足。這主要是以社會政治運動的全過程作爲小說的描寫線索，在反映中國大陸農村社會主義革命，強調社會主義方向時，過分誇大農村兩個

階級、兩條道路的鬥爭，簡單化地用階級分析的理論和方法配置人物。處理農業合作化運動中的矛盾衝突，把新政權成立初期一般貧苦農民勞動致富的要求，當作資本主義傾向加以批判；對富裕中農的描寫，過分強調他們自私、落後的一面；對富農的描寫，是簡單化的，這些既是《創業史》不可逾越的歷史局限，又是時代所留下的「左」的印記。

梁斌（1914～1996），原名梁維周，河北省蠡縣人。大陸新政權成立之前主要從事地方黨政工作和文化宣傳活動。30年代中期開始創作反映故鄉生活的短篇小說《夜之交流》、《三個布爾什維克的爸爸》，以及由後者擴充而成的中篇小說《父親》。它們所反映的高蠡暴動、保定二師學潮等一連串震撼人心的事件，久久感動著作者，使他逐漸不滿足原先那些生活片段的描寫，而計劃寫作五部連續的長篇，構成一幅威武雄壯、絢麗多彩的農民革命鬥爭的宏偉長卷。第一部《紅旗譜》，1957年12月由中國青年出版社出版，寫反割頭稅和二師學潮鬥爭，後被改編為同名電影。第二部《播火記》，1963年出版，寫高蠡暴動。第三部《烽煙圖》（又名《抗日圖》、《戰寇圖》），1983年出版，寫七七事變前後北方抗日救亡運動。「文革」期間，他被迫中斷原定創作計劃，改寫反映土改運動的長篇《翻身記事》，1978年出版。在梁斌的整個文學創作中，《紅旗譜》佔有重要的地位，它由短篇發展到中篇，又從中篇發展到長篇，醞釀時間長，準備工作細，投注力量多，可謂嘔心瀝血。它是十七年文學的少數優秀之作。

《紅旗譜》是一部具有民族風格的農民革命鬥爭的史篇。作品開篇於清朝末年，長工朱老鞏、嚴老祥阻止惡霸地主馮蘭池毀鐘侵田大鬧柳樹林，揭開了 20世紀冀中農民鬥爭的序幕。馮蘭

池得勝，朱老鞏嘔血身亡，嚴老祥漂泊異鄉，朱老明串連28戶窮人三告馮蘭池失敗，埋下了兩個階級的世仇，孕育了子輩朱老忠、嚴志和與馮家的矛盾。朱老忠帶著復仇的火種出走關東，挖參、打魚、淘金、歷盡磨難。25年後重返故土，繼續與馮家抗爭，並讓兒子大貴去當兵，資助嚴志和次子江濤去讀書，他憑直覺，寄希望於「一文一武」報仇雪恨。但殘酷的鬥爭，使他遭受一系列打擊，給予他很大的教育。後來他找到了黨，在黨的領導下，組織起來進行反割頭稅和保定二師學潮等集體鬥爭，才真正改變了與馮家乃至兩個階級之間的鬥爭形勢，結束了悲劇命運。這是一部中國農民尋求自身改變之路的曲折歷史。這部歷史的展開，立足於滹沱河畔，反割頭稅和保定二師學潮等鬥爭，反映了冀中農民運動的風貌，同時它們又與全國範圍的農民運動、北伐戰爭、四一二事件等遙相呼應。這樣，冀中平原的風雲，不僅成了當時中國革命的寫照，而且把農民的反抗和中國新民主主義革命結合起來，通過農民反抗過程的描述，概括了民主革命鬥爭的歷史，藝術地說明了億萬農民是中國民主革命的主體力量，農民的反抗鬥爭，如不匯入無產階級革命洪流，就不可能獲得成功。作者說：「一部具有民族風格的小說，首先是小說的主題。在我來說，主題思想又是和小說的內容同時形成的。」③《紅旗譜》所描寫的一系列重大事件，它對農民的生存狀態、鬥爭方式和歷史命運的反映，在十七年文學創作中是不多見的。小說所寫內容的廣度和深度，具有農民革命鬥爭史詩的性質。

就人物而論，《紅旗譜》在特定的歷史內容和深厚的地域土壤基礎上，塑造了性格鮮明的具有民族文化心理特點的人物形象。朱老忠的形象尤為醒目。他的性格集納了中國農民英雄的傳統要質。第一，家族乃至階級的世仇，孕育了他強烈的反抗性。朱老

忠生長在慷慨悲歌的燕趙之地，少年時期親睹了父輩與馮家的鬥爭，家破人亡的悲慘遭遇，使他直觀地感受到沉痛的壓抑，其父留下的「只要有口氣，就要為我報仇！」的遺言，滋生了他出於階級本能的反抗性。這種反抗性貫串其一生，鑄成他嫉惡如仇、剛正不阿的主導性格。第二，20餘年闖蕩江湖的傳奇經歷，造就了他「為朋友兩肋插刀」的俠義性。他對鄉民窮人救危扶困，不惜用血汗錢給朱老明治眼病；賣掉心愛的牛犢資助江濤上學，以及替嚴家操辦喪事，冒險探監等情節，都表現出朱老忠的粗獷豪爽、慷慨仗義。第三，不尋常的人生磨難，曲折的鬥爭歷程，使他逐漸加深了對現實生活的認識，養成了「出水才看兩腿泥」的堅韌性。他經受了大貴被抓去當兵、運濤被捕、嚴家喪失「寶地」等一系列打擊而堅韌不拔；面對敵強我弱的局勢，他沒有硬拚蠻幹，而是一切從長計議，抱定「大丈夫報仇，十年不晚」，講究鬥爭策略，顯得深謀遠慮、沉著鎮定。總之，朱老忠是一個生活在20世紀初葉，新舊兩個時代交替時期的農民英雄的形象。他的身上既保留了舊時代豪俠的特徵，又融入了新時代英雄的精神。他所走過的道路，既是舊時代農民自發反抗鬥爭的終結，又是新時代農民自覺革命的開始。他的俠義性，從對少數窮人的患難救助，發展到謀求整個階級的解放，心胸更為寬廣。他的堅韌性，由僅僅依靠朱、嚴兩家孤軍奮鬥，發展到盼望井岡山的烈火燒到冀中平原，從而最終成為一名農民革命鬥爭的英雄。這個形象的政治意義是明顯的。

　　嚴志和是另一種性格的形象。與朱老忠的性格相映照，小說主要刻畫了他內向、軟弱、善良的特徵。打官司敗訴、老奶奶暴死、丟失「寶地」、兒子被捕等，沉重的生活磨難，時時激起他內心反抗的火花，加之革命鬥爭的鍛鍊，也使他的性格逐漸堅強

起來。但他總難徹底擺脫因襲的歷史重負，經常表現出逆來順受、安分守己的心理。他具有反抗意識，卻又忍辱負重，小生產者的保守性與狹隘性使他患得患失，在鬥爭中表現得軟弱、動搖，走過了一條曲折的人生道路。如果說朱老忠體現了中華民族精神不屈不撓的一面，是一個傾注了當時政治理想的「民族脊樑」式的高大的英雄；那麼嚴志和則更植根於現實，體現了我們民族性格中超穩定性的另一面。

《紅旗譜》在藝術上重視文學的民族形式。小說以鎖井鎮兩戶農民三代人與一家地主兩代人之間的尖銳衝突，組織並提煉故事情節，結構雖然不是章回體，但有意借鑑了中國古典小說的布局技巧，每部分六七千字，相對獨立，各部分之間環環相扣，引人入勝。刻畫人物形象，則主要採用古典小說常見的通過人物的行動，特別是通過人物的對話，以粗線條勾勒人物的性格。同時又適當吸收外國小說的表現手法，通過靜態的敘述和人物的心理活動描寫，工筆細描，發掘人物的內心世界。因此，作品「比西洋小說的寫法略粗一些，但比中國的一般古典小說要寫得細一些。」④在語言方面，小說從詞匯到語法，都注意語言的個性化、口語化、生活化，來自農民群眾，又進行必要的提煉加工，盡可能通俗易懂，充滿濃厚的鄉土氣息。對於語言的民族化，梁斌作了很有意義的嘗試。此外，小說還注意描寫中國北方農村的風俗畫與風景畫，使作品深深扎根於厚實的民族土壤之中。

《紅旗譜》的不足，主要是革命者形象的描寫顯得薄弱，這包括共產黨的領導者賈湘農、入黨以後的朱老忠、嚴志和，以及大貴、二貴、運濤、江濤，似乎他們一投身革命，便成為堅定的革命者，其思想、感情、心理、行動，便為抽象的革命者的「質」所規定，性格隨之平面化單一化起來，不再具有堅實的豐富性、

複雜性。馮蘭池、馮貴堂作爲小說中的反面人物（地主），也是按照當時的政治理論塑造的。

　　楊沫（1914～1995），原名楊成業，抗日戰爭後期開始使用「楊沫」之名。出生於北平。祖籍湖南省湘陰縣。中學時期，因家道中落及爲了逃避包辦婚姻，被迫輟學，離家出走河北鄉間等地，先後擔任小學教員、家庭教師和書店職員。其間開始接觸共產黨人，在他們的影響下，逐漸參加革命活動。49年後，曾從事婦女工作、報刊編輯與電影編劇，後爲專業作家。1958年1月由作家出版社出版代表作《青春之歌》。新時期以來，又有其續集《東方曉欲》、《芳菲之歌》以及《我的日記》等長篇小說問世。

　　《青春之歌》是一部探索青年知識分子道路問題的長篇小說。中國現代知識分子是現代中國社會的一個複雜群體，他們在各個時期的生存狀態、精神面貌與命運歸宿，一直是新文學創作的重要主題。《青春之歌》以林道靜的生活軌跡爲主線，展現了她從爭取個性解放到走向獻身於社會解放的革命事業，最終實現人生價值與生命意義的政治旅程。

　　林道靜的成長道路是艱難而曲折的。掙脫包辦婚姻，憤然離家出走，是林道靜追求個性解放的開端，從中可以窺見五四青年的面影。她出身於官僚地主兼大學校長的家庭，但其生母是一位被侮辱被殘害的佃農的女兒，林道靜在繼母的虐待下長大成人。這種特殊的家庭際遇，一方面使林道靜從小就養成了反抗壓迫和同情弱者的品格，一方面又使她獲得前往北平求學的機會，得以提高文化素養，開闊眼界，接受時代潮流的薰陶，從而萌發個性解放的思想。因此，當繼母陰謀將她作爲供品，奉獻給公安局長胡夢安時，她沒有屈從就範，而是毅然出走，流落北戴河，投奔

楊莊小學的表哥張文清，企圖走自食其力的道路，取得獨立的人格尊嚴和做人的權利。但迎接她的社會現實，比其家庭更加黑暗。校長余敬唐見其風姿不凡，又想把她獻給縣長作姨太太。林道靜孤立無援，反抗無門，只得縱身跳進狂濤茫茫的大海，以自殺的方法控訴社會的黑暗與罪惡。小說這樣處理是爲了表明她對個人奮鬥道路的絕望。

　　愛情的希望及其破滅，是林道靜由個性解放走向獻身社會解放的轉折。正當林道靜自絕時，北大青年學生余永澤伸出了多情的拯救之手。對方美麗動聽的詞句及其「騎士兼詩人」的風度，重新燃起她對人生的希望之火，乃至從感恩、欽佩，發展到相愛，並與之同居。但不久，她發覺自己並未因此而實現自由、自主的人生追求。余永澤需要她，只是把她當作欣賞的花瓶，供其享受的玩物，用來專門服侍丈夫的主婦。於是林道靜陷入苦悶、彷徨之中，羅曼蒂克的玫瑰色慢慢褪去臆想的光澤，由於余永澤粗暴干涉林道靜的行動，直接導致了共產黨人盧嘉川的被捕，促使她將盧嘉川等人的獻身精神，與余永澤的自私卑瑣進行對比，加劇了夫妻感情裂痕。經過痛苦的情感矛盾，她不斷克服女性的柔弱、纏綿，與余永澤徹底決裂，邁出了走向新生活的關鍵一步，開始了「不能讓他毀滅我的一生」的人生轉折。小說的這些描寫，明顯具有政治色彩。

　　這部小說所要說明的林道靜追求個性解放的歸宿是，投身於社會解放事業，在革命鬥爭中實現個人的生命價值。經過「恨」與「愛」的磨難，林道靜在審愼地尋求新生之路。1933年除夕，以盧嘉川等爲首的熱血青年縱論時局與抗戰救亡的出路，喚醒了迷惘的林道靜，解除了她思考良久未得其解的困惑，使她認識到只有把個人的前途與社會的命運相結合，首先爭取民族和階級的

解放，自己才有真正的希望。從此，她積極參加革命活動，從中感受到了生命的充實與歡欣，但也暴露了對革命不切實際的幻想、狂熱和鬥爭經驗的缺乏，以及某些個人英雄主義的弱點，以至被叛徒戴愉出賣，被特務發現，兩次被捕。第一次在獄中，她曾想「殺身成仁」，以倔強的死來表明自己對選擇革命道路的義無反顧，顯示自己堅定的革命信念。後在盧嘉川、江華、林紅等革命者的幫助、教育下，她不斷克服自身弱點，經受住了複雜鬥爭的考驗鍛鍊，逐漸變得成熟起來，加入了中國共產黨，英勇地站到了革命鬥爭的前列，實現了自己的人生價值與生命的意義。

《青春之歌》的政治意義在於，以林道靜個性解放道路的失敗否定了五四新文化所倡揚的個性主義精神，小說富層次地描寫了林道靜的成長道路，細緻入微地展示了主人公林道靜告別舊「我」的複雜的心路歷程，塑造了一個從追求個性解放到獻身社會解放，在革命鬥爭中實現人生價值與生命意義的中華民族青年知識分子的形象。其政治意義在於證明青年的人生追求與個性解放，只有投身社會解放事業，才能真正實現。

《青春之歌》的藝術特點，一是以林道靜為中心，組織情節結構，貫串眾多的人物、複雜的事件和紛繁的生活場景，從而概括大量的社會內容。小說把人物置於九一八到一二九的背景上，既展示了30年代初期、中期尖銳激烈的民族矛盾、階級矛盾以及複雜的社會關係，再現了以北平青年學生為中心的抗日救亡運動的歷史背景，同時又通過簡筆勾勒其他形形色色的知識分子群像，揭示了時代對人物性格和命運的深刻影響。其中，有曾經徘徊、猶疑，終究覺醒的王曉燕、許寧，有追名逐利、庸俗卑瑣的余永澤，有縱欲虛榮、沉淪墮落的白莉萍、陳蔚如，有喪失脊樑、背叛革命的戴愉，等等，他們分別代表了當時知識分子的各種類型。

這些人物的出現與存在，無不與林道靜發生聯繫，並通過他們來突出林道靜的形象。

　　濃郁的抒情筆調，是《青春之歌》的又一藝術特點。無論是描繪社會環境、自然環境，還是敘寫事件、渲染氣氛，作者總筆墨含情，使情景交融。尤其是表現人物的心理活動和情感世界，如對林道靜與余永澤、盧嘉川、江華的關係描寫，對林紅在獄中傾吐與李偉的夫妻之情，對盧嘉川、林紅慷慨就義的描寫，筆鋒均頗為細膩，滿貯詩情，雖含稚拙與盲目，但也顯示出了楊沫作為一位女作家所特有的纖細陰柔情愫。

　　由於上述成就和特點，小說問世後，受到讀者歡迎，引起了熱烈反響。 1959年《文藝報》、《中國青年報》，就《青春之歌》展開討論。有人從極「左」的理論出發批評作品「沒有很好地描寫工農群眾」，表現了「小資產階級情調」，指責林道靜始終未能真正地與工農相結合。作者又是「站在小資產階級立場上」，進行「自我表現」⑤等等。茅盾、何其芳分別撰文《怎樣評價〈青春之歌〉？》⑥、《〈青春之歌〉不可否定》⑦，批評這種簡單、粗暴的論調，對小說作出了比較公正的評價。然而因受「左」傾文藝思潮的影響，作者對原作進行了增補、修改。1960年，修改本由人民文學出版社出版，主要增加了林道靜赴深澤縣接受農村工作鍛鍊，進行思想改造的七章，以及組織北大學生運動的三章，意在突出知識分子與工農相結合，強化共產黨人的高大形象。新增內容描寫得不夠成功，與全書不很協調，帶有圖解政治的某些斧鑿痕跡。

　　大陸新政權成立後表現農村的新進作家中，一度享有較高知名度的是李准。李准，原名木華梨，蒙族，80年代改名為李隼，1928年生於河南孟津縣。從小生活在農村，參加過農業勞動，

當過學徒、職員、教師。1952年開始寫作。1953年中共中央提出「對農業、手工業、資本主義工商業的社會主義改造」的過渡時期的總路線後，李隼創作的《不能走那條路》在《河南日報》上發表，因其率先在文藝創作中正面提出了土改後農村中社會主義與資本主義兩條道路鬥爭的問題，形象化地宣傳了「資本主義道路行不通」的理念，受到中央黨報的注意。1954年1月26日《人民日報》轉載了這篇小說並加「編者按」，予以肯定。此後被全國數十家報刊相繼轉載，並改編爲各種通俗文藝形式廣泛傳播，在社會上產生了廣泛影響，作者亦因之在文壇嶄露頭角。作者創作的主體性也就集中體現在努力體會黨的意圖並尋找形象進行間接地表現的範圍。李隼有短篇小說選集《不能走那條路》、《兩匹瘦馬》、《蘆花放白的時候》、《夜走駱駝嶺》、《車輪的轍印》及中短篇小說代表作選集《李雙雙小傳》等。

　　李隼早期小說創作中所揭示的問題，有一定的社會現實生活的基礎。《不能走那條路》中強調走合作化道路的主旨，基於農民獲得土地後貧富差異重新出現的實情；《冰消雪化》、《冬天的故事》涉及了農業社會之間或社內社員利益上的矛盾，觸及了農村經濟生活中個人、集體利益上的基本矛盾；《沒有拉滿的弓》中社長獨斷專行導致冬季農業副業生產失敗的故事，則從正面提出了農業社民主建設的重大課題。作者往往囿於政治化的定性推衍，如《不能走那條路》中將貧富差異的出現和《冰消雪化》中將勞四地六與勞六地四的分配形式的分歧簡單歸結爲社會主義與資本主義兩條道路鬥爭的問題，未能從歷史的聯繫中深入開掘人物的精神世界，亦不能專注於人物形象的塑造，成就因此受到局限。

　　1957年前後，在「寫眞實」、「干預生活」理論的倡導下，

李隼發表了短篇小說《灰色的帆篷》、《蘆花放白的時候》。前者是對於無自己主見的文化官僚的諷刺，後者則從道德層面鞭撻了遺棄農村妻子的喜新厭舊的幹部。這兩篇小說不迴避生活中尖銳的矛盾，干預生活的色彩，在「反右」後作者的創作中，不再出現。

1958年後，作者努力寫作符合當時思想、政治傾向的作品。《「0」的故事》虛構了「革命」的「進步」的幹部以每畝單產5000公斤的產量戰勝了每畝單產500公斤的保守農民的情節；《夜走駱駝嶺》讚頌了為爭奪早送公糧名次而不惜勞民的主人公；《耕耘記》則建構了一個剛脫盲的村姑只經過3個月速成訓練就準確預報天氣的故事。

為作者贏得廣泛聲譽的《李雙雙小傳》（1960）雖然其背景是大辦農村食堂，其主題也在於歌頌「三面紅旗」，與當時的政治相聯繫，但作者多少掙脫了寫事件、寫具體政策的模式，致力於人物性格塑造。小說人物刻畫細膩，性格鮮明，在夫妻關係的線索中，以一系列生動的細節揭示人物的性格，而喜旺的性格既是夫妻矛盾構成不可缺少的，又是雙雙性格的襯托和對照。小說前半部分「筆墨簡練而又精神飽滿地表現了解放後李雙雙在家庭中和社會中地位的變化」，「並從此變化中刻畫了雙雙的形象和性格」⑧。作品的語言富於鄉土氣息和生活情趣。

李隼小說中的人物大致可以分為兩類：老一輩落後一點的農民和農村新人。老一代的農民形象具有較高認識價值。宋老定（《不能走那條路》）、董守貴（《白楊樹》）、孫喜旺（《李雙雙小傳》）作為一個形象系列，雖然在具體的作品中被用來闡明特定的主題，但是由於作者對於農村生活的熟悉，仍然真實地反映了傳統中國農民經歷以家庭為生產單位的生產方式變為人民公

社集體所有制生產方式時的精神衝突歷程，具有一定的認識價值。一定的生產力水平與一定的生產方式相適應，以犁、鍬爲代表的生產力水平與以家庭爲單位的小生產方式相適應，故而大大提升生產者的積極性。宋老定對於土地的深深眷戀、置業的熱情，他的節儉、勤勞、善良的美德正是農民對於特定生產方式的歷史反應。宋老定這樣的農民在參加互助組時就必然像董守貴一樣地說：「爲啥要跟他們互助？咱吃迷藥了？咱現在『人強馬壯』，跟他們『糊塗』啥？」到了人民公社這樣一大二公的生產方式中，生產者的勞動積極性受到挫折，孫喜旺就代表了農民典型的精神特徵：明哲保身，一切由他人操心、支配，這正是對於盲目革新生產方式的一種無意識的抗議。

茹志鵑（1925～1998），生於上海。兩歲時喪母失父，隨祖母輾轉於上海、杭州，祖母死後曾一度入孤兒院。40年代初隨兄參加新四軍。長期在部隊從事文藝工作。1957年從南京部隊轉業到中國作家協會上海分會，任《文藝月刊》編輯。有短篇小說集《高高的白楊樹》、《靜靜的產院》、《百合花》等。最早以《百合花》的「清新、俊逸」風格受到茅盾稱讚⑨。

茹志鵑清新俊逸的風格由一系列因素決定。

茹志鵑青少年時代長期無家可歸、無人可依靠的特殊經歷，使她到部隊後產生了「有了家」的強烈感受。因此她總是以「非常熱情的、信賴的、毫無異議的、單純的這麼一雙眼睛去看待生活」⑩。這一視角意味著作家面對生活時不可能保持有警醒的心態，決定了茹志鵑50年代、60年代小說創作的基調。

茹志鵑的取材和切入生活的角度是別致的。作家50年代、60年代的短篇小說，和許多作家一樣，主要反映40年代後期國內戰爭年代和社會主義建設時期的生活，但是在反映戰爭年代的

《關大媽》、《百合花》、《澄河邊上》、《三走嚴莊》等作品中，無一展開戰爭血與火的殘酷場面的正面描寫。她總是以戰爭作為背景，著力於揭示戰士和群眾的美麗的心靈；反映社會主義建設年代的生活的作品如《春暖時節》、《如願》、《靜靜的產院》等，作者亦不從正面寫階級鬥爭或生產競賽，而往往在夫妻之間、母子之間、同事之間，以人物的思想性格差異構成衝突，在衝突的解決過程中表現時代和人的精神變化。

作家具有比較細膩的情感，善於把握人物內心世界的一起伏、一迴旋，並以生動的細節描寫予以表現。《百合花》中安排了「破洞」、「饅頭」、「菊花」、「百合花被子」等一系列細節，於表現心理、塑造人物頗為有益。她的小說有抒情味。

她善於運用第一人稱敘事。《百合花》中，「我」既是敘事者，又是一個充滿情感具有性格的人物，「我」與通訊員由生氣、好奇、捉弄而至於親熱、牽腸掛肚地關愛的情感變化貫串始終，譜寫了一曲「沒有愛情的愛情牧歌」。相對於50年代、60年代小說創作中普遍寫事件跟政策的呆板粘滯，茹志鵑的作品無疑為文壇帶來了一股清新俊逸之風。

然而時代的局限在茹志鵑的作品中也明顯存在。比如《靜靜的產院》中，潘奶奶的捉癩蛤蟆煮了餵雞的競賽，生產隊用蘆席擋住吹向棉田的大風的情節（杜書記說「大風想吹掉我們的棉鈴，我們絕不答應」），學過一個月接生法的譚嬸嬸不向醫院求助而自己動手作難產手術的「革命精神」（譚嬸嬸做手術時「耳畔只聽見杜書記那堅決響亮的聲音」！）都透出那個年代不顧客觀規律的弊端。

進入新時期，茹志鵑有《剪輯錯了的故事》、《草原上的小路》、《她從那條路上來》等作品。《剪輯錯了的故事》對於「

大躍進」有所反思，在寫法上引入了現代小說的某些技巧，一度引起文壇關注。

第三節　《組織部新來的青年人》等小說

　　50年代、60年代，由於政治運動或藝術觀念狹隘的原因，接連有小說受到批評或批判。1949年8月《文藝報》曾就文學作品可不可以寫小資產階級展開討論，結論是少寫，批判地寫，作為改造對象來寫。1950年4月起，《人民日報》、《文藝報》、《中國青年報》和一些地方性報刊接連以宣揚小資產階級的思想情調、趣味為由，批判了《讓生活變得更美好罷》（方紀）、《金鎖》（孟淑池）、《改造》（秦兆陽）和《工作著是美麗的》（陳學昭）等小說。結果是作者以及發表作品的報刊編輯部均作了公開檢討。次年在批判《武訓傳》的浪潮中，蕭也牧的《我們夫婦之間》也因其人情、趣味、技術等小資產階級創作傾向而遭到批判。在這場批判中被涉及到的小說還有《海河邊上》（蕭也牧）、《關連長》（朱定）、《戰鬥到明天》（白刃）、《我們的力量是無敵的》（碧野）、《腹地》（王林）等。

　　1956年5月，毛澤東在最高國務會議的講話中，提出了「雙百」方針，同月，時任中共中央宣傳部部長的陸定一在懷仁堂向文藝和科學界人士作題為《百花齊放，百家爭鳴》的報告。1957年2月，毛澤東在《關於正確處理人民內部矛盾問題》中，進一步闡釋了「雙百」方針。「雙百」方針，使文藝工作者「鬆了一大口氣」，「在『百家爭鳴』的口號出來之前，有五六年的時間我沒有寫一篇學術性的文章，沒有讀一部像樣的美學書籍，或者是就美學裡的某個問題認真地作一番思考。其所以如此，並

非由於我不願，而是由於我不敢。……『百家爭鳴』的號召出來，我就鬆了一大口氣……」⑪。正是在這一背景下，小說界出現了兩類讓人耳目一新、啓發人深入思考的作品：一是大膽干預生活，揭示我們工作中的「陰暗面」，塑造較爲複雜的人物形象的小說，例如白危的《被圍困的農莊主席》、劉眞的《英雄的樂章》、劉紹棠的《田野落霞》、蕭平的《三月雪》等即屬其例，而王蒙的《組織部新來的青年人》則是其中最突出的代表；二是勇於衝決一些人爲設置的「禁區」，展示愛情生活本身的複雜性的小說，如鄧友梅的《在懸崖上》、宗璞的《紅豆》、豐村的《美麗》、李威倫的《幸福》、陸文夫的《小巷深處》等。這些作品曾激起文藝界的強烈反響與爭論，可是在反右開始後，它們都受到了批判，有的甚至被打成「反黨反社會主義的毒草」，從此遭遇到長期禁錮，直到粉碎「四人幫」之後才重見天日，1979年上海文藝出版社曾將其中有影響的篇章收進題名爲《重放的鮮花》的集子裡。

　　王蒙19歲時就創作了充滿青春激情的長篇小說《青春萬歲》，1956年在《人民文學》9月號上發表了《組織部新來的青年人》⑫，當時曾引起廣泛關注與激烈爭議：《文藝學習》從1956年12月起，連續4期刊發了關於這篇小說的討論文章，其他報刊如《人民日報》、《文匯報》、《光明日報》、《中國青年報》等也都發表了討論文章。爭論主要圍繞兩個問題展開：一是作品是否眞實地反映了現實生活？二是對其塑造的人物形象應如何理解？而問題的核心是對劉世吾與林震這兩個人物怎樣評價。關於劉世吾，王蒙指出：「我著重寫的不是他工作中怎樣『官僚主義』（有些描寫也不見得宜於簡單地列入官僚主義的概念之下），而是他的『就那麼回事』的精神狀態。」⑬劉世吾的口頭禪是「就那

麼回事」，他好像已看透了一切，對任何事情都沒有激情，顯得冷漠、麻木。劉世吾所匱乏的正是林震所擁有的。林震是剛剛來到組織部的青年人，他滿懷激情，他發現這裡的實際情形與自己的理想與想像距離甚遠，對劉世吾冷漠、麻木的精神狀態深為不滿，對韓常新等人的作風大惑不解，在他身上有著娜斯嘉那樣的英雄特質。但是，他的心地單純，眼光稚嫩，方法簡單，因此到處碰壁。林震的激情多半來源於前蘇聯的小說，用小說來指導生活，其本身就是對生活規律的背離。王蒙當時與林震一樣年輕，他是滿懷激情地塑造林震這一形象的。這篇對生活頗有創造性發現而藝術上也頗為幼稚的小說，在「反右派」鬥爭中被批判，作者亦因之被劃為「右派」。

　　鄧友梅的短篇小說《在懸崖上》採用第一人稱手法，描述了設計院技術員「我」在婚後又愛上了年輕活潑、對男性頗有吸引力的加麗亞，並萌生了與妻離婚而和加麗亞結婚的念頭，最後「我」因加麗亞拒絕了自己的求婚而又與妻重歸於好，終於從「懸崖上」回到人生坦途。作品發表後，引起了激烈爭議，其焦點則是如何評價加麗亞這個人物。現在看來，加麗亞形象本身以及她和「我」的情感糾葛十分複雜，既涉及到個體的人生價值觀、倫理道德觀等問題，又牽扯到愛情本身的豐富性與複雜性，任何非此即彼或非彼即此的評判都失之於簡單、偏頗，後來把這一作品打入冷宮則是一大冤案。宗璞的《紅豆》則牽扯到如何看待愛情與階級性的矛盾關係問題而引起廣泛爭議。作品最感人的地方就在於準確地把握了少女初戀時的心態，展示了「剪不斷，理還亂」的感情矛盾，非常有分寸地處理了個人戀情與革命事業的輕重關係，但個體心靈的隱秘在那時也是犯忌的。陸文夫的《小巷深處》則因寫了新生共和國不僅挽救了在舊社會淪為妓女的徐文霞，而

且使她獲得了真摯的愛情而受到了廣泛矚目，可其作者因「探求者」一案而獲罪⑭，這個作品也因此受到了批判。

　　1962年8月在大連農村題材短篇小說座談會上，邵荃麟提出了「寫中間人物」的主張，受到邵荃麟讚賞的《賴大嫂》（西戎）、《鍛鍊鍛鍊》（趙樹理）、《老堅決外傳》（張慶田）等作了有益的嘗試，但不久即被作爲「中間人物」的標誌而受到批判。

【注　釋】

①　《組織部新來的青年人》發表於《人民文學》1956年第9期，後更名爲《組織部來了個年輕人》（90年代的《王蒙文集》亦延此名）。

②　柳青：《提出幾個問題來討論》，《延河》1963年8月號。

③　梁斌：《漫談〈紅旗譜〉的創作》，《春朝集》，上海文藝出版社1980年版。

④　梁斌：《漫談〈紅旗譜〉的創作》，《春朝集》，上海文藝出版社1980年版。

⑤　郭開：《略談對林道靜的描寫中的缺點》，《中國青年》1959年第2期。

⑥　《中國青年》，1959年第4期。

⑦　《中國青年》，1959年第4期。

⑧　茅盾：《1960年短篇小說漫評》，《茅盾評論文集》（上），人民文學出版社。

⑨　茅盾：《談最近的短篇小說》，《人民文學》1958年6月號。

⑩　茹志鵑：《漫談我的創作經歷》，《新文學論叢》1980年第1期。

⑪　朱光潛：《從切身的經驗談百家爭鳴》，《文藝報》1957年第1期。

⑫　後改名爲《組織部來了個年輕人》，見《王蒙文集》第4卷「說明」，華藝出版社1993年版。

⑬　王蒙：《關於〈組織部新來的青年人〉》，《人民日報》1957年5月8

日。

⑭　參見《他們「探求」些什麼？——駁「探求者」啓事》、《「探求者」
　　文學月刊社啓事》，均載《文藝報》第27期。

第十三章　八十年代小說

第一節　八十年代小說概述

　　整個80年代，可以說是本世紀末期中國大陸小說家熱情最爲高漲、探索最爲積極、所取得的實績最爲可觀的十年。

　　80年代小說發展緊承著70年代末期的「傷痕小說」。1976年10月，「四人幫」被粉碎，「文化大革命」宣告結束。經歷了十年動亂，從「四人幫」專制主義桎梏下解放出來的人民，懷著再生的喜悅和強烈的義憤，立即投入到了揭批「四人幫」的運動。1977年11月，劉心武的短篇小說《班主任》在《人民文學》上發表，立即引起轟動。《班主任》是新時期文學的開山之作，在當代文學史上具有特殊的地位和價值。不久，《文匯報》（1978年8月11日）發表了盧新華的短篇小說《傷痕》，「傷痕文學」和「傷痕小說」的得名便源於此。小說寫的是「文革」時期的「革命小將」王曉華和「叛徒」母親劃清界線去遼寧插隊，後得知「叛徒」罪名爲「四人幫」所強加，於是帶著悔恨的心情趕回上海，看望八年未通音信的母親，不料母親卻在「文革」中飽受摧殘、重病纏身，待她趕到時，已經與世長辭了。小說從母女感情亦即中國人最爲注重的倫理情感角度入手。揭露了「文化大革命」給大陸無數普通中國人的生活和心靈帶來的無法彌合的創傷。劉心武的《班主任》最早通過藝術形象來揭露「文化大革命」給大陸人民帶來的累累傷痕，尤其是給青年一代的心靈所造成的

毒害。當時，產生較大社會反響的「傷痕文學」的代表作，還有張潔的《從森林裡來的孩子》、王蒙的《最寶貴的》、王亞平的《神聖的使命》、蕭平的《墓場與鮮花》、李陀的《願你聽到這支歌》、宗璞的《弦上的夢》、陳國凱的《我該怎麼辦》、韓少功的《月蘭》、從維熙的《大牆下的紅玉蘭》、周克芹的《許茂和他的女兒們》等。儘管多數「傷痕」作品還僅僅停留在對社會與人生傷痕的表層描寫上，尤其是由於很快就有人提出了所謂「向前看」的口號，致使「傷痕文學」幾乎半途夭折，而沒有能出現包容更深廣的歷史內容和具有重大悲劇美學意義的作品，但「傷痕文學」在中國大陸當代文學史上仍然具有不可或缺的開拓性意義。它衝破了「四人幫」極「左」文藝的種種清規戒律，突破了一個個現實題材的禁區，提出了一系列重要社會問題，並創造了中國大陸當代文學史上第一次大規模反映社會主義時期悲劇的創作景觀；它在中國當代文學史上第一次真正遵循現實主義美學原則，「按照生活的本來面目描寫生活」，開啓了80年代文學現實主義深化的道路；它在大陸當代文學史上第一次真正地從社會主義人道主義立場來塑造文學人物，描寫了人性遭受專制主義與極「左」路線摧殘的悲劇，成為新時期社會主義人道主義文學思潮的先導。

　　還是在「傷痕文學」興盛之時，一批敢於思考、富有人生閱歷的作家，尤其是一批因著共產黨在革命進程中的失誤而歷盡坎坷的作家，如王蒙、李國文、從維熙、張賢亮、方之、高曉聲等，就率先突破了一般地提倡「恢復現實主義創作方法」的口號的局限，提出了現實主義深化的主張，並以自己的創作實踐，寫出了一批具有相當思想深度和歷史深度的作品。茹志鵑於1979年2月在《人民文學》上發表的短篇小說《剪輯錯了的故事》，是「反

思文學」的起步標誌。「反思文學」在創作上的一個重要特徵，是從政治、社會層面上還原「文革」的荒謬本質，從一般地揭示社會謬誤上升到歷史經驗教訓的總結，比之傷痕小說，其目光更爲深邃、清醒，主題更爲深刻，帶有更強的理性色彩。代表作主要有魯彥周的《天雲山傳奇》，劉眞的《黑旗》，高曉聲的《李順大造屋》，古華的《芙蓉鎮》，張弦的《被愛情遺忘的角落》，路遙的《人生》，葉文玲的《心香》，張一弓的《犯人李銅鐘的故事》，韓少功的《西望茅草地》，李國文的《月食》、《冬天裡的春天》，王蒙的《布禮》、《蝴蝶》、《相見時難》，諶容的《人到中年》，張賢亮的《靈與肉》、《綠化樹》、《男人的一半是女人》，梁曉聲的《這是一片神奇的土地》、《今夜有暴風雪》、《雪城》，方之的《內奸》，史鐵生的《我的遙遠的清平灣》和李存葆的《高山下的花環》等等。值得注意的是，當一個時代即將消逝，人們愉快地「與過去的生活告別」（馬克思語）時，文學往往呈現出喜劇性特徵。於是，在反思文學最後的延宕階段，出現了兩部喜劇性地總結「文革」的作品：王蒙的《名醫梁有志傳奇》和張宇的《活鬼》。前者通過所謂「名醫」梁有志在「文革」中的種種荒唐而奇特的遭遇以及其一生奇奇怪怪、可笑而又可嘆的命運，抨擊了當代中國曾經走過的那一段可笑而又可悲的歷史；後者描寫的是一個農村社會常見的「阿混」竟然憑藉著「文革」期間的派系林立、爭鬥大發「語錄財」、「標語財」，其混水摸魚的賺錢方式與那些「神聖」、「崇高」的舉動擺放在一起，越發襯出後者的虛妄、無稽。

1978年，中共十一屆三中全會召開，全黨的工作重心開始由原來的抓階級鬥爭轉移到抓經濟建設上來。與此相應，作家們紛紛將熱情投注於沸騰的現實生活。天津作家蔣子龍率先推出了

《喬廠長上任記》。這部作品不僅大膽地暴露了十年浩劫對中國大陸的工業戰線造成的嚴重創傷以及積弊如山的現實，而且大膽暴露了新的歷史時期出現的新問題、新矛盾，從而開了「改革文學」的先河。此後，一大批改革文學作品，如張鍥的《改革者》，張一弓的《趙鑣頭的遺囑》，水運憲的《禍起蕭牆》，柯雲路的《三千萬》、《新星》，張潔的《沉重的翅膀》，李國文的《花園街五號》，張賢亮的《男人的風格》，蔣子龍的《燕趙悲歌》，王潤滋的《魯班的子孫》，張煒的《秋天的憤怒》、《古船》，賈平凹的《雞窩窪人家》、《臘月‧正月》、《浮躁》，何士光的《鄉場上》，王蒙的《堅硬的稀粥》，路遙的《平凡的世界》等相繼出現。總體上看，改革小說側重反映的是新舊體制轉換時期的社會矛盾，記錄了改革的艱難及其導致的倫理關係和道德觀念的變化，在創作方法上以現實主義爲主，注重人物形象特別是改革者形象的塑造。

「改革文學」作爲大陸新時期文學中最早「回到當下」的創作，以及作爲本世紀文學發展進程中最後一次功利主義色彩突出、功利話語與審美話語結合得較爲完美、表現得較有力度的小說思潮，蘊含著較爲豐富的美學內容。這主要體現在：一是高曉聲、賈平凹等作家對農村改革的阻力作出了發人深省的描繪。 1980年，高曉聲發表了《陳奐生上城》。這篇小說是高曉聲復出後創作中一個比較明顯的分水嶺。在此之前他創作的《李順大造屋》、《「漏斗戶」主》主要是從物質方面揭示新中國農民在極左路線的統治下，在政治風雲的撥弄下極其艱難的生存狀態，側重反思的是農民悲劇命運的外部原因，是對歷史的前瞻。從《陳奐生上城》開始，高曉聲的筆觸轉而伸向農民靈魂的深處，探索新時期農民階級的精神狀態，尋繹其悲劇命運的內部原因。通過陳奐生

形象的刻畫，作品深刻地揭示了新的歷史時期現代化的歷史要求同農民精神現狀之間的巨大矛盾。陳奐生上城的「奇遇」充分說明了當代農民還沒有從阿Q的翅膀下飛出，新時期嚴重的問題仍然是教育農民，如果農民在精神上不獲得真正的解放，農村經濟改革、農村現代化是根本不可想像的。對於農村經濟改革，賈平凹最初是持熱情肯定態度的，其《小月前本》、《雞窩窪人家》熱情洋溢地肯定了改革給農村青年思想感情、愛情婚姻等所帶來的可喜變化，但作家其後所寫的《臘月・正月》則較爲冷峻。作品中的韓玄子是一個封建秩序的維護者與封建道德的體現者，在鄉村社會備受尊敬，具有著極大的誘惑性與欺騙性，然而作家將其擺放到改革的洪流中展示其種種可悲而可笑的言行，從而在展示這個人物必將爲歷史無情拋棄的同時，醒目地凸現這個人物所具有的極大的危害性。二是「山東作家群」對改革進程作出了多方位的思考。其中矯健的《老霜的苦悶》、《圓環》、《快馬》，王潤滋的《賣蟹》、《魯班的子孫》等主要是對農村改革中出現的唯利是圖現象表達了一種道德憂慮。改革是必要的、必須的，但改革進程給中華傳統美德所帶來的衝擊亦值得關注。王兆軍的《拂曉前的葬禮》則從政治文化的角度剖析了中國大陸農村社會土壤中所孕育的「農民政治家」的複雜性格，以及這種「政治人格」必將爲歷史所淘汰；張煒的《秋天的憤怒》、《古船》等作品孜孜以求的，是從農民自身中挖掘、尋繹那些可以衝破現狀、引領未來的正面因子，其所塑造的李芒、隋抱樸等形象可以說是新時期農村小說畫廊中較有力度的正面人物。三是柯雲路的《新星》對現階段物質文化環境中所能提供的推動改革的正面力量作出了全面而集中的開墾與整合。在主人公李向南身上幾乎凝聚了同時期改革者形象身上的一切優秀品質，其對現實社會的批判以

及對舊有官僚體系的衝擊，在當時富有震撼性，從而將改革小說推向了一個高峰。然而，李向南這一形象在展現了該階段現實條件所能賦予的最高美學價值的同時，也鮮明地暴露了其創作與社會接受的文化局限性——清官意識。可以認為，《新星》在將改革文學思潮推向某種高峰的同時，也將這種文學思潮帶入了某種危機，即現階段物質、文化環境中可以借鑑、運用的精神資源與物質力量的局限性。當代小說實踐也由此進入了一個反思、謀求新路的階段。

從80年代中期開始，或整個80年代中後期，圍繞著對傳統價值觀念的反思、批判與重建，藝術觀念的解放與轉型，當代小說家們展開了多元的探索。

紀實文學觀念悄然興起。代表作主要有劉心武的《公共汽車咏嘆調》、《5.19長鏡頭》，張辛欣的《北京人》系列。與傳統現實主義小說相比，那種用作家的主觀意圖強烈干預小說內容的特徵在這批作品中淡化了。換言之，傳統現實主義小說在文本具體操作中往往「直奔主題」，強調小說具有某種明確的宣喻功能，而這批作品則有意識地淡化這種宣喻目的，通過純「紀實」的描繪讓生活本身說話。嚴格地說，這種做法顯示的是作家主體在失去了某種既定的價值理念之後乾脆迴避觀念的參與，而僅以現實生活本身所顯示的意蘊吸引讀者，其中已經隱伏了稍後出現的「新寫實小說」的某些美學特徵。

回歸自然。在現實主義精神受挫，作家們在窮盡探索未能找到新的力量源之前，有一批作家不甘就此消沉，轉而把目光投向了大自然，濃墨重彩地描繪了大自然的偉力、野性與崇高，人與大自然的對峙、搏鬥，希圖在大自然的崇高與偉力的襯托下弘揚人的主體力量。代表作主要有張承志的《春天》、《北方的河》，

鄧剛的《迷人的海》，劉艦平的《船過青浪灘》，鄭萬隆的《老棒子酒館》，王鳳麟的《野狼出沒的山谷》等。這批作品的意義在於：自然，在此之前的中國小說中一直是作為環境因素的，而在這批作品之中自然具有了主題的意義。其局限性在於：其所描繪的人物在面對大自然時往往表現出一種大無畏的英雄氣概，但一旦進入社會卻同樣顯示了精神上的扭曲與委瑣，因而並不能充當這批作家所理解的推動社會前進的精神動力。作為一種思潮，它很快在文壇上銷聲匿跡。

「傷痕」、「反思」和「改革」小說的基本言說，正是其所處的「撥亂反正」和「改革開放」的社會情境之下的主導性社會政治話語，其所從事的啓蒙工作主要還立足於社會政治層面。它們的敘事目的主要還是為當時的社會政治實踐進行「文學」的論證。而1985年前後形成潮湧的「尋根小說」創作，則「超越社會政治層面，突入歷史深處而對中國的民間生存和民族性格進行文化學和人類學的思考」①。尋根小說的前奏可以追溯至80年代初汪曾祺、鄧友梅、吳若增等所寫的一些小說如《受戒》、《大淖紀事》、《那五》、《翡翠煙嘴》等，但其真正興盛，卻是在1985年。韓少功、賈平凹、李杭育、鄭萬隆、阿城、張承志、王安憶等是尋根小說的代表作家，其主要作品有：韓少功的《歸去來》、《爸爸爸》、《女女女》，陸文夫的《美食家》，阿城的《棋王》、《孩子王》、《遍地風流》，張承志的《黑駿馬》、《北方的河》，鄭萬隆的《異鄉異聞》，賈平凹的《古堡》、《遠山野情》，李杭育的《最後一個漁佬兒》、《沙灶遺風》、《土地與神》，王安憶的《小鮑莊》等。尋根小說最為顯著的特點在於：以現代意識觀照現實和歷史，反思傳統文化，重鑄民族靈魂，探尋中國文化重建的可能性；作品題材和文化反思對象呈鮮

明的地域特點；在表現手段上既有中國傳統文學的手法，又運用
現代派的象徵、暗示、抽象等方法，豐富和加深了作品的文化意
蘊。

　　綜覽尋根小說，這批作家對自己所尋的「根」究竟是什麼，
「文化」這一概念究竟是什麼等並不甚了然，其對「根」或「文
化」的態度也較矛盾，概括地說大致有這樣三類：一是持肯定態
度。代表作主要有阿城的《棋王》，鄧友梅的《煙壺》、《那五》，
鄭萬隆的《異鄉異聞》系列等。以阿城的《棋王》爲例。《棋王》
寫了一個「吃」和「下棋」的故事，作品揭示了我們這個民族憑
藉著極其簡陋的「吃」和「下棋」，亦即物質與精神的最低層次
需求度過了許多動亂的年代。作品中的那個十年動亂只不過是中
國歷史上無數動亂年代的一種，而「吃」和「下棋」貫穿其中，
充分讓我們領略到了民族的韌性。作品流露了這樣的暗示：道家
文化傳統是中國人應付亂世的有效工具。二是持否定態度。代表
作有韓少功的《爸爸爸》、《女女女》，王安憶的《小鮑莊》、
《大劉莊》等。韓少功本來是要從民族文化教育中尋找美質的，
他在《文學的「根」》一文中曾經呼籲「絢麗燦爛的楚文化哪裡
去了？」②然而他在《爸爸爸》中所尋出的卻是我們這個民族文
化傳統中深植的一個醜陋不堪的「老根」：丙崽。丙崽是一個白
痴，卻被全村人奉若神明，他的胡言亂語導致了全村人在一場大
戰中傷亡慘重。作者在這裡批判了我們這個民族常常將自身的命
運交付給某種荒誕而抽象的異己物，進而導致了整個民族行爲常
常陷入一種無理性的盲動之中。三是持續辯證態度。代表作有馮
驥才的《神鞭》，李杭育的《最後一個漁佬兒》、《沙灶遺風》、
《土地與神》等「葛川江」系列小說。《神鞭》中的主人公「神
鞭」曾經打遍天下無敵手，這是我們民族曾經有過的輝煌，但在

八國聯軍的槍炮面前，「神鞭」卻不堪一擊。於是主人公毅然決然地拋棄了神鞭，投入了北伐軍，練就了雙槍神槍手等等。作者在這裡，表現了對民族文化傳統的一種唯物辯證的歷史態度，以及一種歷史樂觀主義。

70年代末在宗璞的《我是誰》、茹志鵑的《剪輯錯了的故事》、王蒙的《春之聲》等一批小說中所出現的現代主義因素，到80年代中、後期獲得了長足的發展。早期的《我是誰》、《剪輯錯了的故事》、《春之聲》等僅著重於對現代主義技巧的吸收，較少現代派的真正內核即「現代意識」，而80年代中期出現的劉索拉的《你別無選擇》、《藍天綠海》、《尋找歌王》，徐星的《無主題變奏》，莫言的《紅高粱》、《球狀閃電》、《透明的紅蘿蔔》，殘雪的《蒼老的浮雲》、《黃泥街》，洪峰的《奔喪》等一批「現代派」小說，則無論在思想意識、文學精神和表現手段等方面，均具備了較爲明顯的現代主義特點。

在「尋根小說」和「現代派」小說並行推進的同時，一種激進的敘事實踐初露潮頭，這便是以馬原的《拉薩河女神》（1984）、《岡底斯的誘惑》（1985）和《西海的無帆船》（1985）等小說肇始的「先鋒小說」潮流。先鋒小說的代表作家，除馬原外，還有洪峰、蘇童、余華、格非、葉兆言、孫甘露、潘軍、北村、林白、海男等，代表作分別是洪峰的《極地之側》，格非的《迷舟》、《褐色鳥群》，蘇童的《平靜如水》、《我的帝王生涯》，孫甘露的《訪問夢境》，余華的《現實一種》、《鮮血梅花》、《古典愛情》等。先鋒小說具實驗性，創作上的特點主要有：一是在文化上表現爲對意識形態的迴避、反叛與消解；二是在文學觀念上顛覆傳統的真實觀，一方面放棄對歷史真實和歷史本質的追尋，另一方面放棄對現實的真實反映，文本只具有

自我指涉的功能；三是在文本特徵上，體現爲敘述遊戲，更加平面化，結構上更爲散亂、破碎，人物趨於符號化，性格沒有深度，通常採用戲擬、反諷等寫作策略。

　　80年代後期最爲引人注目的文學現象，是「新寫實小說」思潮的崛起。「新寫實小說」的興起雖比「寫實小說」略晚，但一出現就產生了廣泛的影響。新寫實小說的創作特點主要表現在：創作方法雖仍以寫實爲主，但特別注重對現實生活「原生態」的還原，強調作品中所呈現的現實生活應有一種毛茸茸的原生狀態的感覺；主題意蘊更多的是表現現實的荒誕、醜惡、灰暗與無奈；大多採用客觀化的敘述態度，提倡作家應「退出小說」、「零度介入」，即有意採用一種缺乏價值判斷的冷漠敘述等。新寫實小說的主要作家有劉震雲、劉恆、池莉、方方等。此前的先鋒小說作家蘇童、葉兆言等也寫了不少新寫實小說。一般認爲，劉震雲的《一地雞毛》、《單位》、《官場》，池莉的《煩惱人生》、《不談愛情》、《太陽出世》，方方的《風景》、《桃花燦爛》等，是新寫實小說的代表作。

　　從整個文化思潮背景來看，80年代中國大陸文壇受西方哲學、美學影響最大、最廣、最深的是西方現代主義文學，尼采、弗洛伊德、薩特是對80年代中國文學影響最大的西方思想家，「上帝死了」、「力比多」、「他人即地獄」、「存在先於本質」的思想觀念或多或少地滲透於80年代的小說創作之中。

　　具體地說，20年代、30年代曾對中國新文學產生重要影響的西方18、19世紀現實主義、浪漫主義文學，對於80年代中國大陸文壇的影響已漸去漸遠；從易卜生、巴爾扎克、托爾斯泰、契訶夫到別林斯基、車爾尼雪夫斯基所提倡的傳統現實主義美學，已爲中國文壇所熟知與普遍接受。那麼，到了1980年，由上海

文藝出版社推出的《外國現代派作品選》（袁可嘉、董衡巽、鄭克魯選編），則開啓了80年代中國文壇引進西方現代主義文學的先河。19世紀末、20世紀在西方勃興的現代主義各種流派、重要作家都先後被譯介，後期象徵主義的里爾克、瓦雷里、艾略特、勃洛克、安德列耶夫、梅特林克、霍普特曼，表現主義戲劇家斯特林堡、奧尼爾，意識流小說家伍爾夫、普魯斯特、喬伊斯、福克納，日本新感覺派川端康成，荒誕派文學家卡夫卡、貝克特、尤奈斯庫，黑色幽默小說家海勒，存在主義文學家卡繆、薩特，拉美魔幻現實主義文學家馬爾克斯、博爾赫斯，以及勞倫斯、海明威、布萊希特、迪倫馬特、昆德拉等等，都曾引起80年代中國文壇的強烈興趣與熱切關注。

　　弗洛伊德精神分析學一系列著作中譯本的出版，與弗洛伊德精神分析學相關的一批西方小說《查特萊夫人的情人》、《洛麗塔》、《生命中不能承受之輕》、《一個女人一生中的24小時》等的問世，再發現的郁達夫、沈從文、施蟄存、張愛玲小說，以及臺灣作家白先勇的創作，一起推波助瀾掀起了氾濫於80年代中期的「弗洛伊德」。弗洛伊德主義在當代中國文壇以被誤解的「泛性論」滲透在眾多作家的創作中，張賢亮、王安憶、劉恆、蘇童、莫言、王朔、張弦、張潔、路遙、張辛欣、張抗抗、劉索拉、殘雪、孫甘露、賈平凹乃至王蒙的創作中都有深入的影響痕跡。尼采張揚個人自我價值、「重新評估一切」的徹底反傳統反偶像精神，以及克羅齊、叔本華、柏格森等所建構的非理性主義思想，科林伍德、蘇珊·朗格的表現主義美學，以及隨著朱光潛、陳鼓應等人的一批著作的問世，在當時引起了「尼采熱」與「表現派熱」。意識流包括無意識理論，成為文學中的非理性主義傾向的基礎，伍爾夫的《牆上的斑點》、普羅斯特的《追憶似水年華》、

福克納的《喧嘩與騷動》、喬伊斯的《尤利西斯》,引起中國文學界的熱切關注。自80年代末,海德格爾的代表作《存在與時間》中譯本問世,圍繞著海德格爾、薩特的「存在主義熱」逐漸取代了「弗洛伊德熱」,「尼采熱」。「存在先於時間」、「自由選擇」等的理念,深入中國文學創作界,人的異化、人與社會的對立、個人自我的尊嚴、當代人的失落感、孤獨感,這些存在主義思想滲透在80年代後期與90年代的文學創作中。「存在主義熱」又一次激盪了持續於整個80年代創作中時隱時現的現代主義思潮。艾略特、卡夫卡、卡繆、福克納、伍爾夫、勞倫斯、奧尼爾、斯特林堡、貝克特、尤奈斯庫等一大批西方現代主義作家及其作品被持續引進中國。現代主義,同長期在中國文壇雄踞主流的現實主義思潮形成相峙相補。在後續重點論述的作家中,王蒙、劉心武、張潔、諶容、王安憶、張承志、張辛欣等小說家以及戲劇家高行健、魏明倫,詩人顧城、舒婷、江河、楊煉等,都受到西方現代主義文學的深刻影響。自1985年劉索拉的《你別無選擇》、徐星的《無主題變奏》發表以來,馬原、洪峰、莫言等先鋒派小說興起,小說創作的先鋒、實驗意識日益強烈,現代主義傾向日益明顯,馬爾克斯的《百年孤獨》、海勒的《第二十二條軍規》、米蘭·昆德拉的《生命中不能承受之輕》以及巴塞爾姆、巴思、品欽、馮尼戈特、博爾赫斯、塞林格等現代主義與後現代主義作家的影響日益增強。王朔、余華、蘇童、莫言、劉恆、格非、孫甘露、葉兆言等作家在80年代後期與90年代小說創作中,所從事的淡化時代背景、情感冷漠(或稱「零度情感」)、注重敘述方式與語言策略的實驗,都顯示中國實驗小說的現代主義傾向中包孕了後現代主義因素。

從小說創作方法和形式技巧方面來說,從70年代末開始的王

蒙小說對西方現代派「意識流」小說技巧的借鑑運用，到80年代中期「尋根小說」對「拉美爆炸後」文學觀念、創作方法，乃至形式技巧的借鑑和運用；從「性意識」文學的勃興，再到80年代中、後期「先鋒小說」對純形式、純技術、純敘述的「小說技術革命」，可以說，80年代的小說創作幾乎是將西方現代小說演化發展的形式技巧過程像電影一樣演練了一遍。

　　可以認爲，儘管80年代的小說還存在著種種缺憾，但其在思想價值與藝術探索方面已展示了豐富的內涵，在中國當代文學發展史上佔有重要的地位。

第二節　王　蒙

　　王蒙，（1934～　）出生於北京沙灘一個知識分子家庭。1948年王蒙便加入中國共產黨並擔任青年團幹部工作。工作之餘，他以極大的熱情從事創作。成名作《組織部新來的青年人》直指官僚作風，成爲他被劃爲右派的一大罪證。1958至1962年，王蒙被下放到北京郊區勞動，中止了創作。1963年被調到新疆維吾爾自治區文聯工作。1979年王蒙的右派問題得到平反。復出後的王蒙在很短的時間內便奉獻出了一批式樣別致的小說。其中，短篇小說《最寶貴的》、《悠悠寸草心》、《春之聲》，中篇小說《蝴蝶》、《相見時難》都在全國小說評比中獲獎。

　　王蒙之所以能如此快地恢復創作力，在很大程度上得益於在新疆的一段生活。王蒙曾在新疆巴彥岱公社以普通農民的身份生活了六、七年，這期間他與農民結下了深厚的友誼，學會了維吾爾語，閱讀了大量維吾爾族文學作品，特別是「他生活在最底層，在最邊遠的地方與人民同甘共苦、共呼吸，站在人民的立場上看

那些年的戲法魔術、風雲變幻、翻手雲雨、孰是孰非、孰勝孰敗，洞若觀火！」③在新疆的這段經歷使王蒙的思想完全走向了成熟。「故國八千里，風雲三十年……我的小說的支點正是在這裡。」④王蒙復出後創作的作品三分之一都直接寫到了新疆，新疆成為他創作重要的源泉。

在新疆長達16年的生活經歷也使王蒙真正貼近了勞動人民，思想意識中滲透進了平民思想，正因如此，「在當代的廟堂與廣場之間，王蒙始終以低調的姿態穿行其間。」⑤王蒙的小說大都涉及政治，《青春萬歲》中那飽滿的政治熱情得到較為充分的抒發；《悠悠寸草心》表現的是人民群眾對黨的領導幹部的殷切期望；即便是他後來借鑑西方現代派創作技巧創作的一批被稱為「意識流」的小說，如《春之聲》、《夜的眼》、《布禮》、《蝴蝶》、《海的夢》、和《風箏飄帶》，從創作的主題來看仍是屬於意識形態範疇，只不過作者創作的姿態與以往相比顯出了矛盾性：「一方面，整個身心被這種意識形態所浸透，他的藝術構思中不由自主地會流露出對為此奉獻了他青春、理想和愛情的歲月最真誠的抒情，……可另一方面，他也為自己曾經付出過，然而被歷史證明是無所謂的代價惱怒不已。」⑥

《春之聲》是寫工程物理學家岳之峰出國考察後乘火車返回闊別二十多年的家鄉時沿途所思所感。小說一開始，伴隨著「恍地一聲」，主人公進入了思維活動狀態。車身的搖擺使他想起了童年和故鄉的情景，他由車輪撞擊鐵軌的聲音聯想到人們要「尋找的生活」，由「像沙丁魚擠在罐頭盒子裡」似的乘客擁擠的情景聯想到「斯圖加特的奔馳汽車工廠的裝配線」和規模巨大的「西門子公司」，由一位青年婦女學外語的情形聯想到西北高原的故鄉和那逝去了的北平，因而想起青春時代的活力，進而用感激

的目光，看著一代新人爲建設四化，刻苦學習外語，勇於奔向前方的勁頭……最後還從施特勞斯的《春之聲》聯想到「如今每個角落的生活都在出現轉機，都是有趣的，有希望的和永遠不應該忘懷的。」小說從情節來看時間跨度很短，但主人公的心理活動卻跨過了三十餘年，王蒙在這裡是借鑑了西方現代派的創作技巧，運用了心理結構的藝術方式，這一心理結構與現實情節的觸發點是春節探親。《風箏飄帶》是王蒙又一部重要的作品，這是一部多主題的小說，它既深入反映出70年代末一些青年人的心靈世界，也涉及到代溝問題以及「文革」殘毒對社會風氣的不良影響，但作品最主要的還是以女主人公的心理活動爲經線描寫了一對熱戀中的年輕人生存的艱難以及他們對美好生活的嚮往和對理想的追求。

王蒙的這一類政治色彩濃烈的小說，大多是以一種寓言化的方式構成的，《雜色》是這類小說中最有意味的一篇。從表層上看，這篇小說只不過是寫由北京下放到邊疆牧區當統計員的曹千里騎馬去夏季牧場時一路上起伏的思潮，但在作品的深層意義上，曹千里、灰色老馬都是符號化的，都有著隱喻意義，它們都指向剛跨過兩個歷史時代的中華民族，尤其是最後老馬說話，發出「最後的呼喊」，既是寓言，也是預言。這種寓言化的寫作方式在王蒙後來的作品中也一直延續著。《活動變人形》是一部超越政治話語而上升到文化層面的作品，其中倪吾誠、靜珍、靜宜之間的家庭焦慮指涉著整個中華民族的焦慮，倪吾誠的心靈歷程正是20世紀很大一部分中國知識分子心靈歷程的縮影。

有評論者指出，「少共精神」是貫穿王蒙50年代至80年代初期創作的一根主線。確實，政治上特別早熟、有著特殊政治經歷的王蒙對中國「十七年」的精神追求還是懷有感情的，這使他

在長時間內很難擺脫這種情感，但王蒙本質上又是一位非常詩意的知識分子，新時期以來知識分子的民間化也影響了他，況且王蒙哪怕是位居廟堂之上也始終是願意並且善於體察民情的。在幾十年的歷程中王蒙自身完成了由政治家到作家的角色轉變。對應於這種角色的轉變，他的創作也逐漸突破凝固的意識形態話語，這從1982年他發表的《相見時難》中就表露出來。小說《相見時難》已涉筆歷史，並引出了中西文化的衝突，《名醫梁有志傳奇》鞭笞了落後的民眾心理，直至1986年發表的《活動變人形》，王蒙完全拋棄了傳統的政治背景設置，將人物放在文化層面進行審視。這相對於單純政治學的角度來看，無疑是擴大了視野。最終王蒙又將審視的目光轉向了知識分子自身，這從「季節」系列小說中透露出來。「季節」系列小說是王蒙近年來著力創作的系列長篇小說，王蒙計劃共寫六部，現已發表的兩部分別爲《戀愛的季節》和《失態的季節》。《戀愛的季節》寫新政權成立初期北京市一個青年團區委一群剛參加革命工作的學生幹部們的政治生活與愛情生活，可以說它是王蒙第一部長篇小說《青春萬歲》在90年代的重寫。不同於《青春萬歲》的是作品中多了一種立足於90年代的對往事的冷靜思悟，這使小說呈現出了歷史感和悲劇感。《失態的季節》是「季節」系列長篇小說第二部，是一部既與《戀愛的季節》有某種內在的情節和精神的聯繫，又相對獨立的長篇小說。小說中王蒙對自己的那一段「右派」生活進行了充滿理性和反思色彩的全面觀照與審視。它相當逼眞地重現了那場歷史風暴的原始風貌，以及在那場歷史風暴的襲擊下，錢文、蕭連甲等「右派」知識分子各種各樣的「失戀情形」。這部小說突破了作者自己以往類似題材作品以及其他作家同題材作品中那種人爲矯飾與拔高的「浪漫化」的表現方式，對知識分子內在的精

神世界進行了自審。在這兩部小說中，王蒙仍不重視人物的肖像描寫和性格刻畫，「戀舊與反省，真誠與嘲諷，嗜痂成癖與掏心自剖，幾乎都混合成一個難分難解的整體。」⑦

王蒙在當代文壇地位的確定不僅在於他的作品顯示出的思想、文化方面的厚度，而且也在於他是小說創作藝術探索道路上的急先鋒。早在寫作《夜的眼》時，他便嘗試著借鑑西方「意識流」的創作技巧，常常用主觀感受、內心獨白、自由聯想、夢幻等藝術手法來表現生活。1979年到1982年，正如王蒙自己所總結的，從《夜的眼》到《相見時難》，「都有遠遠大於相應篇幅的時間和空間的跨度。」在借鑑西方的創作手法的同時，他也注重吸收中國傳統小說的創作手法，注重故事情節的展開。另外，王蒙特別看重語言在揭示主題方面的作用。王蒙對語言有過人的敏感和把握，他具有「以最公開的語言，傳達最不宜公開也不易公開的靈魂秘密的說話藝術。」⑧他喜歡運用和敘事語境不協調的過時的政治辭令造成反諷的效果。探討灌開水的階級屬性在今天的讀者看來無疑是極其荒誕的，然而在《名醫梁有志傳奇》中恰恰有這麼一段語言：「又有人說梁有志的進步恐怕還只能算是一種表面的現象，從本質上看他的問題不少。再說，他的進步是包含著不純正的動機。不能只看給暖瓶灌開水。同樣的暖瓶，同樣的水，有些人這樣灌水的動機是無產階級的，另一些人這樣灌水的動機是資產階級的。」這種反諷修辭在王蒙其他的小說，如《說客盈門》、《冬天的話題》、《一嚏千嬌》等小說中都得到很好的運用，使小說閃爍出刺人的光芒。

第三節　劉心武、陸文夫、高曉聲

　　劉心武，（1942～　）生於四川省成都市。1961年畢業於北京師範專科學校，其後在北京市任中學教師至1976年10月，1980年調入中國作協北京分會當專業作家。劉心武從中學時代就開始發表文學作品與評論。1977年底，他在《人民文學》上發表短篇小說《班主任》，作品反響巨大，被譽爲是新時期「傷痕」文學的開端。劉心武因之一舉成名，並逐漸成爲80年代文學中具有貫穿性和代表性的作家。

　　劉心武文學創作的最突出特點是社會性強，具有強烈的社會責任感和使命感。他的成名作《班主任》就是借一名中學教師的眼光對在「文革」文化中長大的中學生的心靈予以審察，由於作品塑造了謝惠敏和宋寶琦這兩個心靈被嚴重戕害和扭曲的中學生形象，並發出了振聾發聵的「救救孩子」的焦灼的吶喊，從而引起了社會的注目。《班主任》之後，劉心武繼續關注時代社會問題，創作了一系列被稱爲「問題小說」的文學作品。他於1978年發表的小說《愛情的位置》，提出了「愛情應在革命者的生活中占有一席之地」的觀點；同年他的《醒來吧，弟弟》，則關注「文革」結束之後社會性的、尤其是青年思潮中出現的信仰缺失、思想迷亂問題，作品以「哥哥」的身份對陷入思想迷失的「弟弟」發出了情理交織的呼喚。這些作品在發表當時都引起過較強的社會反響，充分體現和發揮了文學的社會化功能。但是從文學審美的角度看，由於作品爲「問題」所拘圍，從而不同程度存在著議論過多、形象性欠缺等問題，損害了作品的文學價值。對此，劉心武也有深刻的自覺：「我強迫自己在每一篇新作品當中都提出一個重大的社會問題，最後我就遭到了文學本身的沉重反擊。」⑨在創作實踐中劉心武也進行了自我調整，但社會關注仍然是他的一個重要特徵。

　　1981年劉心武發表了中篇小說《如意》，這是他走出「問題小說」模式，向人物心靈深處開掘的重要一步。作品以普通工人石義海和前清貴族小姐金綺紋的的傳奇式相知相愛故事爲線索，既透射出強烈的歷史風雲變幻，更塑造了眞誠、忠厚、質樸的石義海這個人物形象，對人物體現出的美德予以了充分歌頌。同時，作品也對主人公的有情人終未能成眷屬的結局的原因進行了追問，表達了對時代扭曲和社會心理一定的批判。由於作品呈現出的關注點的變異，更由於作品濃郁的人道主義精神，作品問世後曾受到一些非議，但劉心武依然執著地表示對「人」的關注和思考。

　　1981年，劉心武發表了《立體交叉橋》，它標示著劉心武向人物心靈世界的掘進更深了一步。「他把目光進一步地伸向人物內心的深層世界之中，把人性的複雜性、差異性更充分地表現出來。」⑩作品以北京市一戶普通居民侯家的生活爲中心，展現了城市居民住房的壅塞，更描寫了經歷「文革」毒害之後某些人心靈的變異和相互之間嚴重的隔閡與壓抑。作品中的人物也多富於立體性，呈現出複雜多面的性格特徵。如侯家的二兒子侯勇，是作品予以批判與揭露的人物形象，他的金錢原則、自私自利、淺薄市儈，都得到較充分的暴露，但作者並不是對之予以簡單地否定，而是在暴露他的卑污靈魂的同時，也發掘他污泥中埋藏著的內心良知，使人物呈現出善與惡、美與醜相糅雜的眞實複雜狀貌。正如作者所說的：「我堅信這個世界上的絕大多數人總是能夠變得美好起來的。我只對極少數喪失良知、滅絕人性的醜惡不抱任何期望。」⑪作品對人物的理解和寬容是其中重要的一個特點。作品標題也在雙重含義上喻示作品的題旨，作者不僅希望能建造起一座現實中的立交橋緩解人們的居住緊張問題，更希望能在人與人的心靈之間架上一座座「立交橋」，使人與人之間多一

些相互了解、溝通與寬容。

　　1984年，劉心武發表長篇小說《鐘鼓樓》。這部榮獲第二屆茅盾文學獎的作品，是劉心武80年代文學創作中的最高成就。作品在結構上頗具特色。全書以薛家的婚禮為主要線索，貫串起北京一座九戶人家的四合院居民在12個小時內發生的故事。同時，作品還對許多人和事作了縱向歷史回溯，從而構築起一幅縱橫交錯的北京市民社會生活生態景觀圖。作品中敘述的許多小故事，相互之間並無必然聯繫，但共同體現著這一景觀特色，蘊涵著作者的歷史文化思考。作品描述的老、中、青三代形象，更是北京市民的現代縮影，他們的生活和文化心態的歧異，折射著時代的發展，又鑴刻著北京獨特歷史文化的深深印記。所以，它的結構藝術，不僅具有民俗畫的作用，更體現出了作者強烈的現實和文化關注特徵。

　　獨特的藝術結構和深沉的文化感與歷史感，把人們帶入到當代北京社會的普通居民中，領略到人物的生活、思想，體會到歷史與文化的深邃奧秘，同時，還可借以觀賞北京意蘊獨特的地域風情。對北京地方建築的詳盡描畫，對市井生活風俗風情的豐富組合，以及地道的、生動活潑的人物語言，共同營造起作品濃郁的京味特色，顯示出地域文化風情畫價值。

　　《鐘鼓樓》之後，劉心武重返其對社會現實問題的關注與思考領域。在　1985年至1988年間，他先後創作了《5‧19長鏡頭》、《公共汽車的詠嘆調》、《王府井萬花筒》、《私人照相簿》等作品，立足於現實新聞題材和對世態人情的文化思考間的結合，開創和倡導出「紀實小說」這一新的文學形式，並取得了一定成就。這些作品注重虛實結合，以理性思考統率感性材料，對人物內在心靈予以拷問，其中對人的靈魂世界和社會倫理道德的關注

是相當深刻的。

劉心武是一個自我不斷進行蛻變和更新的作家，正如他對自己「掘一口深井」的自我鞭策。從《班主任》等社會問題小說，到《鐘鼓樓》，不但藝術上有了大的進步，其中的藝術思考也有了深刻拓展。他的發展和成熟道路是顯著的。但同時，較強的理性思考仍然是他始終一致的創作特徵。對於生活的熱情參與，對於人的心靈和社會道德的執著關注，以及思想探索的不斷深化，使劉心武的創作具有較強的思辨色彩和理性意義。但同時，也導致了他的作品始終未脫離思想勝於形象的藝術上的弱點。

陸文夫（1928～　），出生於江蘇泰興。1945年考入蘇州高級中學。1949年後，在新華社蘇州支社當記者時開始文學創作。1957年蒙冤下放。1978年，調回蘇州市文化局創作組進行專業創作。

「文革」前，陸文夫著有《榮譽》、《二遇周泰》兩個短篇小說集，反映了大陸新政權成立初期人們在社會生活和精神面貌上的變遷。1956年的短篇小說《小巷深處》，則通過妓女徐文霞在新社會中的新生歷程，大膽地拓新了題材的表現領域，受到好評。陸文夫小說細膩清新的心理描寫風格，也在此初露端倪。茅盾曾在《文藝報》發表專論《讀陸文夫的作品》給予分析與獎掖。

陸文夫復出文壇的第一篇小說《獻身》，反映了知識分子在歷次運動受到摧殘的事實，提出了尊重知識、尊重人才的重大問題，發人深省。小說靜中寓動的細膩的心理描寫，顯示出陸文夫的藝術風采和創作才能。可貴的是，作者沒有將筆觸停留在對傷痕的申訴上，而是以知識分子神聖的獻身精神催人奮進，顯示了作者不入流俗的藝術眼光。《崔大成小記》對創作中造假的流弊

作了深刻的反省。崔大成寫稿的秘密就是「悉心研究報紙上的各種報導」，隨著形勢的風雲變幻而任意捏造事實，他竟憑藉炮製假報導的功夫一時成了炙手可熱的人物。作者借崔大成現象提出了一個發人深省的社會問題。這兩篇作品是陸文夫創作前後期的過渡性作品。

從《小販世家》、《特別法庭》開始，陸文夫的創作有了明顯的變化。他注重將廣闊的社會背景與深邃的歷史感結合起來，「宏觀著眼，微觀落筆」，力圖挖掘歷史文化的深層底蘊，對半個多世紀以來的社會現實進行深刻反思。《小販世家》反映的是餛飩攤販朱源達大半輩子的遭際。朱源達以辛勤的勞作維持一家人的生計，在寒冷的冬夜裡，他為人們送去熱氣騰騰的享受，體驗著自食其力的喜悅和信心。然而，在30年中，作為個體攤販，他備受磨難和痛苦。朱源達最後的歸宿是到工廠裡掃鐵屑混日子，端起了省心思、省力氣的永遠也不會滿的鐵飯碗，小販世家從此成了工人世家。作品不僅揭示了「左」的頑症對一個普通小販的摧殘，還獨特地揭示出悲劇的根源在於每個人心中過分厚重的傳統觀念的霧障。從而形象地啟迪人們：改革不僅是表層的政治經濟體制的變動，而且是深層民族精神的蛻變。

《特別法庭》通過對師兄弟汪昌平和許立言不同的處世態度及不同的遭遇的審視，表達了囿於傳統社會心理積澱的悲哀，以及擺脫傳統束縛獲得自由的願望。《一路平安》裡的戀人華家乙和范萍幾十年前毅然掙脫封建家庭的羅網，投身革命。幾十年後他們重逢時，華家乙試圖將范萍再一次從世俗的大網中掙脫出來。小說留下了一個餘味未盡的結尾，傳統與世俗是那麼容易掙脫的嗎？《不平者》裡的小汪，以武力打抱不平，橫掃鄉間的關係網，結果非但沒有成功，自己也成為關係網中牢固的一角，將網織得

更嚴密。小說的反諷意味是不言而喻的。《唐巧娣》則從另一角度提示了傳統勢力有時表現爲撲朔迷離的怪圈，置人於身不由己的尷尬境遇。沒有文化曾經是唐巧娣值得炫耀的資本和消災免禍的法寶。然而，當倒置的價值觀念重新翻新過來之後，唐巧娣終於嘗到了沒有文化的苦。在《萬元戶》中，陸文夫通過孫萬山幾天內從「萬元戶」變成「零元戶」的鬧劇，揭示了平均主義的傳統觀念、浮誇風和吃大戶所帶來的危害。陸文夫針砭世俗的目光具有很強的穿透性。他不僅把批判的目光指向文化落後而造成的愚昧無知，也指向了知識分子中潛藏的惰性。《圍牆》中，作者嘲笑了那些只尚空談，不思進取，一有成績便搶在前面的空談家們，指出正是這種習慣勢力和惰性擋住了改革前進的道路。這些作品反映了民族傳統心理的根深柢固，人們可以用暴力手段摧毀舊的社會結構和建立新的社會結構，但很難人爲地消除一種源遠流長的傳統。陸文夫通過反思民族的傳統文化心理，提出了一個個意味深長的命題。

　　《美食家》是陸文夫小說創作的一個高峰。小說通過對一位嗜吃如命的吃客朱自冶的描繪，藝術地概括了1949年以來幾個歷史階段的經驗教訓，具有深廣的歷史內涵與社會內容。朱自冶在舊中國是一個房屋資本家，除了吃一無所長。1949年後，高小庭針對他這樣的「美食家」發起了「飯店革命」，從形式到內容採取了一系列革命行動。原以爲可以阻止朱自冶紙醉金迷的生活，卻革去了飯店的傳統特色，革去了飯店的正常秩序和工作人員的事業心、責任感。朱自冶轉而與燒得一手好菜的孔碧霞結婚。困難時期，他只能以吃飽爲最大享受。「文革」後，朱自冶又身價陡漲，當上烹飪學會會長。作品以人們的美食欲望爲切入口，通過朱自冶吃客生涯的一波三折，反映了國家歷史命運的變動，

具有深遠的社會歷史意義。作家在《美食家》和其他作品中也精緻描摹了古城蘇州的風土人情，園林風景、吳越遺跡、風味小吃、吳儂軟語、石板小巷、小橋流水……無不栩栩如生。這些蘇州特有的文化與風俗，成爲他小說中的重要的情節要素，具有獨特的文化與地域魅力，使其小說贏得了「小巷文學」和「蘇州文學」的美稱。

1985年發表的《井》，是陸文夫繼《美食家》之後的又一次創作高峰。他試圖從民族文化心理多種角度考察社會生活。女主人公徐麗莎因家庭成分不好和海外關係的陰影備受歧視，家庭生活的不幸更使她鬱鬱寡歡。改革後，她重新撿起了自己的專業，成爲事業的強者，與此同時，也萌發出追求新的愛情生活的渴望。這種正常的人性的舒張卻因其丈夫捏造桃色新聞而橫遭挫折，流言蜚語不僅扼殺了她剛剛萌生的愛情，也無情地摧毀了她事業上的一切成功與努力。更可怕的是，這一切壓力都是無形的，她無從對質，也無處投訴，只得投向深井。徐麗莎的悲劇在於她所反抗的不是某一個具體的人或機構，而是沉重的集體無意識的壓迫。《畢業了》也反映了類似的主題，陸文夫通過揭露長期形成的習慣勢力和心理惰性對人性的壓抑與束縛，折射出其考察生活的新視角。

陸文夫小說的創作特色首先在於針砭時弊的準確與深刻。他善於從歷史的變遷角度考察生活，小中見大，反映出深廣的社會歷史內涵和思想意蘊。其次，他的作品具有濃郁的幽默感，陸文夫戲稱爲「糖醋現實主義」⑫。他善於從普通人帶喜劇色彩的日常生活中挖掘深層的悲劇因素，輕鬆中見鋒芒，笑聲中有反省，顯示出一種機智幽默的風格。顯然，他吸收了蘇州評彈的幽默風格與語言藝術。蘇州評彈藝術講究「理、味、趣、細、技」，運

用輕鬆風趣幽默的生活化語言敘述故事，十分細膩傳神。這對於陸文夫80年代的小說創作產生影響，細膩的心理描寫與機智幽默的敘述藝術獲得奇妙的結合。再次，陸文夫的小說中有著深厚的文化地域特色。他不僅著力於蘇州的地方風物的描摹，更關注這一地域居民的情感態度與生存境況。他的小說創作，準確傳達了變化中的蘇州的文化情境，成為具有代表性的地域文化小說。

高曉聲（1928～1999），江蘇省武進人。1948年考入上海法學院經濟系，1950年5月畢業於無錫蘇南新聞專科學校，先在蘇南文聯、江蘇省文化局從事群眾文化工作，後調至《新華日報》任文藝副刊編輯。1954年發表處女作短篇小說《解約》。1954年初，與方之、陸文夫、葉至誠等人籌辦《探求者》文學月刊社，主張「運用文學這一戰鬥武器，打破教條束縛，大膽干預生活，嚴肅探討人生」，並發表體現這一主張的小說《不幸》，被劃為「右派」，下放原籍勞動。1979年「右派」平反重返文壇後，高曉聲陸續發表了短篇小說《「漏斗戶」主》、《李順大造屋》、《陳奐生上城》、《水東流》和長篇小說《青天在上》等。而《李順大造屋》和由《「漏斗戶」主》、《陳奐生上城》《陳奐生轉業》、《陳奐生包產》、《陳奐生出國》等所組成的「陳奐生系列」小說是其創作中最有影響的作品。

在70年代末和80年代之初，高曉聲的鄉土題材小說以其「表現的深刻和格式的特別」而獨樹一幟。這些小說相當真實地反映了1949年以來中國農民的生活歷程，深刻揭示了造成他們辛酸命運的政治、經濟、歷史及民族性格和民族心理等深層根源，形象地顯示了極「左」路線給人民造成的苦難，同時，新時期的社會變革所帶來的農民性格和心理方面的變化在其小說中也有著大量細緻逼真的描繪。尤其深刻的是，高曉聲通過李順大、陳奐

生、劉興大（《水東流》）等一系列典型形象的塑造，深入探討了「左」傾錯誤和封建殘餘得以蔓延的溫床（即民族「劣根性」）。這樣，他便繼續了五四以來中國現代文學對於「國民性」問題的探討。從魯迅、趙樹理而至高曉聲，他們所塑造的農民形象，恰好構成了中國農民從民主革命到80年代的命運變遷和靈魂的演進史。這不僅是其現實主義成就的一個重要方面，同時，也是其小說在思想主題方面的深刻之處。

　　高曉聲的小說創作堅持了現實主義的美學原則，以深刻的「探求者」的眼光，塑造了一大批被稱為「中國農民的靈魂」的人物形象。他們有著中國農民善良、樸實、忠厚的傳統美德，也有數千年的歷史傳統所積澱下來的民族「劣根性」。在李順大（《李順大造屋》）身上，我們可以發現柳青的《創業史》中梁三老漢一樣的以「造屋」作為自己的最高理想並且為其奮鬥終身的辛酸與苦難，在某種意義上，《李順大造屋》正是對於柳青《創業史》的重新改寫。而其筆下的陳奐生形象，則更有著鮮明生動的性格特點和深厚的歷史內涵。陳奐生的形象最早出現於小說《「漏斗戶」主》之中，這裡的陳奐生，是一個像李順大一樣以滿足一家人的基本生存即吃飽肚子作為自己最高願望的底層農民，而其勤勉一生，卻仍然食不果腹，只是在實行了新的經濟政策之後，他才擺脫了幾十年的窮困與飢餓。陳奐生的性格特點在《陳奐生上城》中得到了最為集中的展示。中共十一屆三中全會之後，農民的物質生活有了很大改善，陳奐生的「囤裡有米，櫥裡有衣」，「肚裡吃得飽，身上穿得新」，「身上有了肉，臉上有了笑」，「無憂無慮」，「滿意透了」，他在「自由市場開放了」的形勢下，也有了空閒去上城賣油繩。小說在真實反映農民物質生活發生重大變化的同時，極其敏銳地表現了他們的物質生活改善之後

精神面貌所發生的變化，提出了新時期農民應該有著怎樣的精神生活、精神狀態以至性格的重要問題：在生活改善之後，陳奐生的「精神面貌和去年大不相同了」，他在精神生活方面出現了新的需求：「哪裡有聽的，他愛去聽，哪裡有演的，他愛去看，沒聽沒看，他就覺得沒趣。」但是，作為一個沒有文化的底層農民，陳奐生自然不可能嚮往某種更加豐富和文明的精神生活，他只希望自己「要是能碰到一件大家都不曾經過的事情，講給大家聽聽就好了，就神氣了」。而其和縣委書記的巧遇卻給了他這一資本，因此後來，「陳奐生一直很神氣，做起事來，要比以前有勁多了」。在後來的幾篇「陳奐生系列」小說中，作家始終將筆墨集中於刻畫人物的精神、性格。就作家對陳奐生這個形象的主體姿態來看，他顯然是以「哀其不幸，怒其不爭」的複雜情感來進行寫作的。

在《且說陳奐生》一文中，高曉聲曾經指出：「我希望我的作品，能夠面對人的靈魂」，「一個作家應該有一個終身奮鬥的目標，有一個總的主題。就我來說，這個總的主題就是促使人們的靈魂完全起來。」而他又清醒地自覺到，「人的靈魂扎根於歷史的、現實的社會生活之中，它受歷史和社會生活的制約，但又無時無刻不想突破這種制約前進」。顯然，繪寫、改造和重鑄受到歷史「制約」的民族靈魂，已經是作家的自覺追求，而這正是對以魯迅為代表的五四啟蒙主義寫作新的繼承。長期的小農經濟方式和封建殘餘的影響造成了李順大和陳奐生們巨大的性格缺陷，這種缺陷最為集中地表現為他們的「奴性」意識和「阿Q」式的「精神勝利法」。在他們應該做主人的時代，他們一方面沒有做成主人，另一方面沒有當家作主的意識和才能，陳奐生承蒙縣委書記善待便感恩不盡，更給了他足以驕人的資本，而且返鄉之後，其身份也確實有所提高。不但村民們對其敬羨有加，連大隊幹部

甚至公社農機廠的採購員也對其友好得多了……。作者有力地諷刺和揭示了仍然引人注目地存在於陳奐生及廣大農民們思想深處的封建等級觀念和落後愚昧的心理，活畫了他們的靈魂；在陳奐生身上，一樣表現出「阿Q」式的精神遺存，其「只要不是欺他一個人的事，也就不算是欺他」（《「漏斗戶」主》）的自我欺騙，他在「上城」之中以「五元錢就買到了精神的滿足」的自我安慰，既使人忍俊不禁，又令人深思。

　　高曉聲的創作手法雖然主要是現實主義的，但他並未故步自封，而是「寓洋於土，土洋結合」，採用「中西合璧」式的藝術手法，成功借用西方小說表現人物心理活動的方法細緻入微地繪寫人物的精神世界和心理歷程，而且，它又和人物的活動、故事情節緊密結合。

　　高曉聲的小說基本上以情節的自然發展為線索，但也並非全然按照時空順序，有時也採用類似於「意識流」的時空跳躍與切入。《陳奐生上城》中的陳奐生在招待所醒來之後作者所運用的補敘和回憶，便是如此。

　　在人物刻畫上，高曉聲善於運用多種手段，使人物形象豐滿而生動。首先，作者善於通過個性化的細節來表現人物的性格和精神世界，如《「漏斗戶」主》之末尾陳奐生百感交集的淚水和《陳奐生上城》之中的他在招待所房間裡的舉動及其付款時的著名細節。其次，作者還善於通過個性化的人物語言來刻畫人物性格。另外，人物之間以及人物自身的前後對比、心理描寫的細緻生動也有助於人物形象的刻畫。

　　高曉聲的小說語言富於幽默感，這主要是通過大詞小用等方法來實現的，如陳奐生的「偵察有沒有他想買的帽子」等。由於其一生的主要時間都生活於其家鄉武進，而他又極善吸收鮮活的

群眾語言，因此，他的小說語言極富鄉土氣息。如「一夜天」、
「太晏了」和「困覺」等蘇南方言的頻繁運用等。

第四節　蔣子龍、張　潔、諶　容

　　蔣子龍，1941年出生於河北省滄縣。1960年入伍，復員後
到天津重型機器廠工作，先後任過工人、廠長秘書、車間主任等
職，因而對工廠生活非常熟悉，擁有扎實的生活基礎。60年代中
期發表第一篇小說，1976年發表短篇小說《機電局長的一天》，
因其塑造了在極「左」時代敢於衝破阻力致力於工作的老幹部霍
大道形象而初具影響。粉碎「四人幫」後，創作力量更見旺盛，
1979年發表成名作《喬廠長上任記》，此後在新時期反映現實
工業題材的創作中獨領風騷，成為這一題材作者的優秀代表。其
《喬廠長上任記》、《一個工廠秘書的日記》、《拜年》、《開
拓者》、《赤橙黃綠青藍紫》、《燕趙悲歌》等分獲數年的全國
優秀小說獎。

　　在80年代文學中，蔣子龍的名字與工業改革題材小說密不可
分。與新時期文學幾乎同步的社會改革運動，對於傳統的生產方
式、人際關係和社會價值觀都有著極大的衝擊，傳統的工業生產
與管理、工業觀念也發生了巨大的變化。蔣子龍立足於工業生產
實際，以宏廣的視野和敏銳的觀察力，對當代中國工業改革進行
了細緻的描繪和深入的思考，使工業改革題材小說創作與現實改
革緊密相連，並博得社會廣泛的關注。

　　蔣子龍工業改革題材小說最突出的特色是其強烈的時代意識
和現實關注。蔣子龍對現實工業改革具有強烈的敏感性，能夠深
切把握到改革的意義及其對社會生產全方位的促動。他將工業改

革置於當代中國乃至國際社會的客觀宏大背景中予以考察，既凸現出他的現實憂患感和對現實改革的迫切渴盼，又展示出現實社會發展的律動和人們生活文化變遷的縱深圖畫。深廣的現實視野和對現實的熱烈關切，使蔣子龍的創作充滿理想和激情，表現出強烈的感染力。

典型改革人物形象的著力塑造是蔣子龍工業改革小說第二個突出的特點。 1979年蔣子龍發表（《喬廠長上任記》），塑造出喬光樸這個具有典型性的工業改革家形象。喬光樸是一個中年幹部，他面對「文革」所遺留下來的種種困難，迎難而上，主動請纓到某電機廠任廠長。他一上任，就表現出了高度的責任感和不屈不撓的工作精神，他採取了一系列大刀闊斧、雷厲風行的改革措施，對阻撓勢力進行了堅決有力的鬥爭，使工廠在短時期內改變了面貌，並充滿了發展的生機。喬光樸在工作上敢於開拓，在生活與愛情上也表現出了相應的性格。在作品多角度的展示下，喬光樸的正直高尚、堅韌不拔的人格精神，果敢善斷、不畏艱險的性格特徵和傑出的企業管理才能等得到了充分的表現，其光彩照人的形象躍然紙上。這個形象是新時期工業改革題材中較早出現的改革者形象。因其人格魅力而博得了廣泛的讚譽，成為當代工業改革家的代名詞，也成為後來同類形象的難以超越的一個模式。

喬光樸之後，蔣子龍又塑造出車篷寬（《開拓者》）、高盛五（《人事廠長》）、牛宏（《鍋碗瓢盆交響曲》）、宮開宇（《悲劇比沒有劇要好》）等同類文學形象。這些形象雖然從總體而言未脫離喬光樸模式，但也各有性格各有特點，他們與喬光樸一起共同構成了蔣子龍作品中被人們稱為「開拓者家族」的人物形象系列。

　　蔣子龍塑造上述「開拓者家族」人物形象時，主要側重點是將人物置身於激烈矛盾的中心，通過人物同外部世界的衝突表現人物。但是，蔣子龍同時也還注意展現人物生活的多側面，並對人物內心世界也有一定挖掘，所以，儘管上述形象系列不同程度存在著理性色彩過強、形象豐滿性欠缺的不足，但人物的個性還是得到了一定表現的，也顯示出一定的形象魅力。他們從總體上給新時期工業改革題材小說人物形象系列中添上了一道燦爛的風景。

　　蔣子龍的工業改革題材小說，還關注改革中出現的現實問題，具有現實的針砭性。如中篇小說《開拓者》，就提出了經濟體制的改革和幹部制度的改革問題，德才兼備的車篷寬具有改革遠見，對現實經濟體制的缺陷有明確體察並提出改革設想，但結局卻是以無奈退出政治舞台而告終。《拜年》也對現存幹部體制的弊端有所揭示和抨擊，從作品中可以明顯看出，對權力的追求與維護已經異化了不少領導幹部的心靈。此外，《一個工廠秘書的日記》也提出了幹部體制改革的問題，《赤橙黃綠青藍紫》則關注工廠青年的思想和生活，展現當代青年工人的新的風貌和思想現狀，要求社會予以理解和關懷。蔣子龍的這些作品，表明蔣子龍對改革的思考具有相當的深度，也顯示了他在強烈激情之下蘊含的內在理性。

　　1984年前後，蔣子龍的創作有所變異和發展。在創作題材上，他將描畫改革的筆觸深入到鄉村改革上來。《燕趙悲歌》就表現了改革大潮中的鄉村新貌，並塑造了武耕新這個具有現代農民氣質的當代農民企業家形象。《蛇神》更是脫離了改革小說的軌跡。作品塑造了「蛇神」邵南孫這個人物形象。他有重情崇美的理想主義個性，亦有遊跡於現實的人情練達，更有與白露嬋的

情緣、鐵弓嶺行醫的傳奇經歷。「文革」前,他以善良者多情者形象出現,「文革」後,卻表現出惡意報復與道德的淪喪。善與惡、美與醜的循環,交織在他的身上,使這一形象充滿了悖反性,也引起了廣泛的爭議。

工業改革題材小說中,1985年發表的《陰差陽錯》和1986年發表的《收審記》也呈現了新的面貌。與蔣子龍以往改革小說的理想主義和著重描寫改革先行者不同,這兩部作品重點展示了改革中的困境,並借對這些困境造成原因的挖掘,對民族文化、民族社會心理等問題進行了深入思考。顯然,這兩部作品意味著蔣子龍的自我拓展,也使他的工業改革小說顯得更加凝重,更富有眞實性。

從美學風格上來講,蔣子龍所體現的主要是陽剛之美。他的藝術風格粗獷剛健,充滿激情。在謀篇布局上,他善於高屋建瓴,俯覽全局,使作品具有宏大氣勢和遼遠視野;在敘述方法上,他一般少作細描和心理活動刻畫,而是營設波瀾壯闊的劇烈矛盾衝突,將人物置身於漩渦中,著重從人物行為和語言上表現人物;在語言上,他崇尚氣勢的雄渾和雄辯力,與工廠生活語言也較為切近。這使他的作品具有較強的藝術感染力和強烈的生活氣息,但也存在著較為粗疏匆促的缺失,並且議論過多,人物類型化也是他許多作品的弊病。

張潔,1937年生於北京,1960年畢業於中國人民大學,曾長期供職於工業部門。「文革」結束後,張潔以《從森林裡來的孩子》、《愛,是不能忘記的》、《沉重的翅膀》、《祖母綠》等一批作品步入文壇。這批作品注重探索知識分子尤其是知識女性的心靈世界,思想敏銳,視野開闊,既有理想主義的高蹈,又有關注現實的深入思索,更有女性意識的不斷深化與張揚。

　　張潔是位具有古典理想主義精神的作家。在她作品的初期階段，閃耀著對完美的生活狀態和思想境界的追求。1978年發表的短篇小說《從森林裡來的孩子》，是她進入文壇的開篇之作。作者沒有將重點放在揭示音樂家梁啓明慘遭迫害的傷痕描寫上，而是將筆觸伸及普通人的人性、人情之美。梁啓明臨終前將自己的藝術毫無保留地傳授給伐木工人的後代。美好人性的碰撞與傳遞，成爲治療災難歲月所帶來的創傷的最好慰藉。《誰生活得更美好》則通過兩種青年人生觀念的對比，肯定了質樸、自信的公共汽車售票員，鄙棄自命不凡，僞裝「趣味高雅、思想深奧」的浮華少年吳歡，表現出作者對眞正高尚的精神力量的追求。

　　《愛，是不能忘記的》是一曲理想愛情的悲歌。各自陷入無愛的婚姻中的鍾雨和老幹部二十多年來傾心相愛。他們純潔、堅貞的精神之戀與年輕一代珊珊們的浮躁易變的愛情成爲鮮明的對比。作者同時也尖銳地指出婚姻與愛情分離的悲劇在現實生活中還比比皆是，如何清除封建傳統道德的強大束縛，如何形成健康美好的現代情愛觀念成爲生活中不可迴避的問題。這篇作品因其切入角度的敏銳和理想主義的光芒引起很大的反響。但是，小說也因爲過於理想化而顯得虛幻、不眞實。鍾雨與老幹部一生接觸時間不足24小時，「連手也沒有握過一次」，卻能與他二十多年精神相守，「就像一對恩愛的夫妻」。這種過濾了一切欲望的近於宗教意識的愛，太過空泛，削弱了作品的思想光芒。

　　榮獲第二屆茅盾文學獎的《沉重的翅膀》，是新時期文壇上第一部反映體制改革的長篇小說，它也是張潔創作中的一次重大拓展。作品圍繞經濟體制改革問題，描寫了1980年前後發生在國務院一個部委的一場錯綜複雜的鬥爭。副部長鄭子雲是作者著力刻畫的新時期改革者、創業者的形象。他既銳意進取，又深沉

而富於謀略，也不乏靈活性，是一個新的「中國的脊樑」式的藝術典型。作品視野開闊，在強烈的憂患感中又不失振奮的精神面貌，沉重中見力度，是一部新時期初始階段社會的全景式作品。不足之處在於結構鬆散，議論偏多。

此後一個階段，張潔主要致力於愛情婚姻視野下的女性命運思考。《祖母綠》中，善良純潔的曾令兒爲一個所愛的怯懦的男人奉獻了一切：「政治前途，功名事業，平等自由，人的尊嚴」。她獨自撫養著兒子，同時在事業上不斷進取。在愛子早夭之後，她又不計私怨地接受了昔日情敵的安排。她憑藉著一種永恆的愛的信念──「無窮思愛」，超越了塵世的種種艱難與挫折，成爲女性的完美典範。這是張潔的理想主義愛情觀念的又一次體現。《七巧板》則從另一角度探討了婦女解放的問題。女主人公金乃文曾受過現代高等教育，但不幸的婚姻使她最終認同了傳統道路，成爲一個節婦烈女。作者旨在詮釋婚姻悲劇中的深層心理因素與歷史淵源，揭露積澱在人們意識深處的傳統桎梏。《方舟》的出現預示著張潔創作的轉向，這是一篇憤世之作，它通過三位離婚寡居的中年女性知識分子在生活中遭受的各種冷遇、侮辱與打擊，沉痛地揭示了傳統倫理觀念對於離婚女性的或顯或隱的迫害與歧視，有力的呼喚著女性尊嚴的重新樹立與觀念道德的進步。

80年代後期，以《他有什麼病》爲鮮明標誌，張潔的創作發生大幅度轉向。在隨後發表的一系列作品如《魚餌》、《橫過馬路》、《只有一個太陽》中，張潔不再以理想主義的女性角色面目出現，而是不同程度地表現出變形的中性眼光，她以超越現實化的寫作手法和抽象、紛亂的小說秩序，來表現她對社會人生的荒誕內涵的感受。在這些作品中，作者執著的是一種審醜的創作心態，文風也由深沉含蓄而變得辛辣狂放。

　　張潔在90年代初的一系列作品《紅蘑菇》、《日子》、《上火》、《過不去的夏天》等，在風格形式上比80年代後期的創作更爲老辣。但是她消弭了此前作品中對超現實形式的刻意經營，直接切入現實人生。《日子》的主人公是位小有名氣的數學家，但他同樣無法逃脫瑣碎的日子對其生活的糾纏與影響。大到社會意識小到查收水電費，個人微不足道的意志與願望一而再、再而三地被一種不可逆轉的外力任意奴役。作者投入了強烈的主體情感，以調侃與反諷的方式來揭露人類媚俗的生存境況，並由於這一生存境況的無法更改而流露出巨大的悲哀。《紅蘑菇》以悲哀同情和厭惡鄙視的雙重情感態度揭開了家庭生活的帷幕。女主人公夢白與其丈夫吉爾冬的衝突不再是對古老的男女不平等生存權利的傾訴，而是女性在獲得政治、經濟、文化生活各方面的應有權利之後，對男女雙方弱點的審視。而在《上火》、《她吸的是帶薄荷味的煙》中，張潔則把隱匿在男性世界的種種卑劣與醜陋無情地撕破給人看，故意讓其在社會生活的各個層面現出醜惡的本相，以消解男性中心話語的神話。張潔收斂了女性情感的放縱與宣洩，呈現出一種理性審視下的冷峻的嘲諷風格。這些致力於審醜的作品，是張潔站在女性性別立場對文化壓抑感的一種反撥和控訴，也是對女性人格權益的張揚和維護。

　　從長篇紀實小說《世界上最疼我的那個人去了》開始，張潔的創作風格又一次發生了逆轉。這其後的一系列隨筆如《母親的廚房》、《百味》、《太陽的啓示》、《這時候你才長大》、《如果你娶個作家》中，張潔由憤世嫉俗的情感介入轉向超然寡淡的淡出狀態。作品多以回憶與母親相依爲命的人生爲主，滲透著點點滴滴的人生感悟，其情感境界由愛恨交加的奮鬥與掙扎走向超然的生命淡漠意識。

　　張潔作品的藝術風格經過了三個階段的變化，前期深沉含蓄，擅用抒情性敘述與哲理性議論相結合的手法來描繪人物的內心世界；中期以審醜為基準，採用調侃、反諷的手法營造種種超現實的文本景觀，以抒發對世界荒誕性方面的體驗；近期又轉而平淡超脫，從關注現實的激烈走向關注內心的情感感悟，呈現出另一種美學風格。縱觀其創作，張潔始終是一個「痛苦的理想主義」者，她始終以一種社會悲憫和人世俯瞰的精英姿態，傳達對社會人生和女性的體驗，成為80年代文學主流中不可忽視的一道景觀。

　　諶容，原名諶德容，祖籍四川巫山縣，1936年10月3日出生於湖北漢口。　1957年畢業於北京俄語學院，畢業後在中央人民廣播電台先後擔任音樂編輯和俄語翻譯，1962年因多種疾病纏身而被機關精簡。1963年7月，經朋友介紹，諶容自費到山西汾陽縣賈家莊大隊寄居，在那裡她不僅身心得以恢復健康，而且新的生活引發了她沉睡在心靈深處的創作欲。1964年諶容回京，1972年諶容根據在北京郊區通縣馬駒橋公社插隊四年積累的生活素材開始創作了她第一部長篇小說《萬年青》，1980年她因中篇小說《人到中年》的發表蜚聲文壇，從此也開始了她「社會問題」小說創作的歷程。

　　《人到中年》主要描寫的是中年女醫生陸文婷因長年超負荷運轉導致心肌梗塞病發、幾近死亡的悲劇。小說還描寫了陸文婷周圍一些處境相似的知識分子的悲歡離合。陸文婷的丈夫傅家傑不僅要負責家裡的「烹調蒸煮、縫紉洗滌」，還承擔著繁重的科研任務，可他回到家裡連一張可以寫字的桌子也沒有，只好在床鋪上進行科學論文寫作。特別是小說通過劉學堯、姜亞芬這對中年夫妻及其女兒忍痛離開祖國的情節安排，使作者指出的社會矛盾更加尖銳化了：「四化」需要大批的科技人才，而這些科技人

才中的中堅力量，他們的生活條件極差卻在超負荷地工作，其中一些人由於生活圈困難解決無望、專長得不到發揮，抱憾離開了祖國。這裡作者雖不贊同劉學堯夫婦出國，但她對她們的處境給予了理解和同情。「文革」結束後，中國的一個普遍社會問題就是中年問題，諶容在作品中較早地反映了這個問題，對文學創作的主題進行了開拓。這部小說的主要成就在於塑造了陸文婷和「馬列主義老太太」秦波這兩個藝術形象。陸文婷只是一個普通的住院大夫，在二十多年的工作中她把全部精力和心血都傾注到了病人身上，為此她甚至顧不上自己為人妻、為人母的職責和自己的身體，最後累倒在手術台旁。陸文婷是一個毫無怨言地把自己奉獻給社會主義事業的典型形象。小說中作者對秦波的刻畫，著墨不多卻很傳神，勾勒出這個人物的靈魂。這個人物滿口革命詞句，卻是滿腦子特權思想。這個人物是作者的獨創，「馬列主義老太太」成了社會上一部分到處打官腔、拉關係、走後門、破壞社會風氣的高幹夫人的代名詞。

　　諶容是一位有著沉重的社會責任感的作家，也是當代作家中以創作題材取勝的作家之一。《人到中年》發表以後，她繼續聚焦社會現實問題，揭露尖銳的社會矛盾。70年代末、80年代初，剛經「文革」洗劫的中國大陸還殘留著「左」傾的餘毒，對「左」的清算是各行各業卸除思想包袱、輕裝上陣、快速發展的首要條件。中篇小說《真真假假》、《太子村的秘密》都涉及這方面的現實問題。《真真假假》寫某外國文學教研室為批評許明輝一篇文章召開了三次學習會，小說鋪寫了會議的全過程，主要突出了知識界對「左」傾思想干擾文學批評的焦慮；《太子村的秘密》雖然寫的是農村基層幹部李萬舉如何在政治動亂中既「緊跟」了形勢又發展了生產的秘密，但從李萬舉機智地以各種方法來對付

「左」的那一套荒謬做法的過程中，也揭示出了「左」傾工作作風對發展生產的阻礙作用。

諶容的創作題材始終追蹤的是一些社會熱點問題。《散淡的人》涉筆高級知識分子入黨問題；《關於仔豬過多的問題》譴責了形式主義的領導作風和工作方法並提出了在「生產責任制」後應如何引導農民的問題；《減去十歲》是對「文革」浪費人們寶貴生命的控訴。80年代以後，中國在擺脫了「左」的影響後走向了快步發展的道路，社會的快速發展和變革也帶來了人們種種困頓不安的情緒。面對這一問題，諶容創作了中篇小說《懶得離婚》。80年代末90年代初，人口老年化問題、生態環境保護問題成為中國社會引人注目的兩大問題，這時諶容又奉獻出兩部力作：《人到老年》和《死河》（出單行本時書名改為《夢中的河》）。《人到老年》寫的是不同類型的老年知識分子退離休後各自的追求、歡樂和痛苦，描繪出了一幅當代老年知識分子的心理百態圖；《死河》對中國存在的嚴重的環境污染問題作了真實的、不加粉飾的描寫，尖銳地提出了我國現實社會中亟需解決的一個矛盾，即加快經濟建設與減少生態環境污染的矛盾。

諶容的小說也涉及到了愛情、婚姻問題，如短篇小說《褪色的信》，中篇小說《錯！錯！錯！》、《楊月月與薩特之研究》、《懶得離婚》。但她的這一類婚戀小說並不以女性作家的感情細膩豐富見長，相反她盡量摒棄小說中對愛情、婚姻的抒情性、詩意性描寫，而是將愛情徹底推向了現實，在社會現實廣闊的背景下抒寫愛情的現實性。《褪色的信》中女知青章小娟出生於高幹之家，在特殊的年代特殊的環境下她愛上了農民小溫。「四人幫」粉碎後，章小娟返城，返城後的小娟猛然發現她的愛情是建立在空頭政治和空洞理想上的，是虛幻的，她果斷地與小溫分了手。

《錯！錯！錯！》中的浪漫情調在現實生活中被擊得粉碎，惠蓮和汝青從夢幻中的愛情跌入現實的谷底，夢醒之後兩人惟有飲吞不幸婚姻的苦果。《楊月月與薩特之研究》雖只寫了一個常見的家庭破裂的故事，但卻從中透視和批判了左右楊月月、徐明夫和第三者劉玉玲不幸命運的社會現狀。在這些小說中，諶容總是力圖規勸主人公們要正視現實。對愛情中現實性因素的過分強調多少消解了愛情的詩意。愛情在諶容的筆下只是社會問題之一，這使得諶容的小說始終缺少一種讓人淺吟低唱的情調。

　　諶容的小說繼《人到中年》的創作之後，幾乎每一篇都在讀者中引起反響，這不僅得益於她能抓準問題，還歸功於她對小說藝術的把握能力。像《減去十歲》這樣以荒誕手法結構全篇的中篇小說，在新時期文壇是享有一定聲譽的力作。諶容具有很強的領悟生活的藝術感受力，她小說中所描寫的內容往往是人們日常生活中的一些常見場景，但她卻能從中揭示出重大的社會問題。此外諶容小說的結構也是變幻多樣的。《人到中年》的結構形式猶如一張交織的線網，它以主人公突發的病情為經線，以主人公20年來的生活為緯線。《關於仔豬過多的問題》的結構類似「多米諾骨牌的結構」，作品中「仔豬過多」並不是作品的中心事件和問題，小說中也沒有一個中心人物，作品只是以一個電話作為引線，電話打到哪裡，作家便展開那裡的生活畫面。在這些看來若斷若續、並不連貫的畫面中，卻有一根共同的線貫穿著，即作品的主題。《散淡的人》採用了以人物為軸心、輻射式的多角度歷史回敘的結構形式。《錯！錯！錯！》通篇採用人物內心獨白的結構形式……。獨特的藝術結構形式不僅有助於人物性格的刻畫與故事情節的展開，也增強了作品的審美效果。

第五節　汪曾祺、林斤瀾、鄧友梅、馮驥才

　　汪曾祺（1920～1997），江蘇高郵縣人，1943年畢業於昆明西南聯大中文系。先後任中學國文教師、歷史博物館職員。1950年調北京市文聯任《北京文藝》編輯。1955年調中國民間文學研究，先後任《說說唱唱》、《民間文學》編輯。1962年調北京京劇團任編劇，1997年逝世。汪曾祺1940年開始發表小說，主要作品有《邂逅集》、《晚飯花集》、《汪曾祺文集》（五卷本）、《汪曾祺全集》（八卷本）等，短篇小說《大淖紀事》曾獲大陸全國優秀短篇小說獎。

　　在文體上，汪曾祺的小說大多選擇短篇小說的形式，數量也不是很多。真正引起反響的是1980年發表的《受戒》。那時的文學創作尚沒有從「傷痕」中掙脫出來，《受戒》的發表使人耳目一新，人們驚異地發現汪曾祺文化小說的別一種風格和別一樣的情趣。隨著《大淖紀事》、《異秉》、《歲寒三友》、《八千歲》等一系列故鄉懷舊作品的發表，他那種清新雋永、生趣盎然的風俗畫描寫風格，得到了文壇的普遍讚譽。

　　汪曾祺的文化小說，往往在濃郁的鄉土風俗畫的描寫之中滲透著作者傳統的哲學意識和審美態度。他筆下的人物總是暗合傳統的真善美，並在與假惡醜的對立中獲得美的昇華。同時，老莊的那種超凡脫俗、回歸自然的哲學意念又成為他筆下人物無力反抗黑暗現實，在痛苦中尋求精神解脫的思想手段。這成為汪曾祺文化小說創作的基本審美態度和道德尺度。作者既重視小說創作的潛移默化的認識作用，同時又欣賞和玩味順乎自然、超脫功利的人生境界。這種「入世」和「出世」的相反相成的審美態度，

使他的小說蒙上了一層朦朧的霧靄，釋放出一種多義的詩意主題內涵。

值得注意的是，在汪曾祺復出文壇之際，已經輟筆了40年，當他用一個 80年代中國人的眼光來回顧咀嚼四十多年前的那些溫馨的舊夢，這其中分明浸潤著作家對人生和社會的更深刻的認識。《受戒》和《大淖紀事》等作品看似有一種超脫的人生境界，實則正是作者對於健康人性的呼喚與追求，是合乎人們傳統美德的理想規範。

《受戒》用抒情的筆調描寫了一個小和尚與村姑的戀愛故事，作家有意識地將那種晶瑩剔透充滿著純情的愛情領入了詩的境界。作品中的小和尚明海和村姑英子戀愛過程的描寫本身就是一種返璞歸真的象徵，作者把明海當作一個普通人來描寫，讓其按照自然天性發展，表明了對健康人性的禮讚。作者一方面描寫明海和尚每天開山門、掃地、燒香、磕頭、念經等超凡脫俗的苦行僧生活；一面又描寫了「野和尚」們殺豬、吃肉、打牌、搓麻將，甚至逾越「門禁」的偷情世俗生活。可謂打破了人與宗教之間的隔膜，真摯感人，充分地顯現了作家對於充滿著純情的自然之愛的眷戀之情。《王四海的黃昏》中視愛情為最高人生境界的武功藝人的故事，《晚飯花》中秦家三姐妹自覓郎君的愛情故事情節，都寄託著作者對於純真質樸、自然健康的人性美的追求，以及對戕害這種自然健康人性的黑暗勢力的憤懣與控訴之情。無疑，作者是把這種人性美納入傳統美德的道德倫理規範的，一旦這種人性美被壓抑和扼殺，作者就用一種順乎自然超脫功利的人生境界的描繪來宣洩胸中的塊壘。當然，倘若他筆下的人物難以得到「超脫」，就會釀成一曲人性美被壓抑和戕害的悲劇。《徙》中高雪高遠的志向終於被不幸的現實所替代，那看似平淡實則刻骨銘

心的悲劇內涵，正是作者對傳統封建道德的抨擊。

汪曾祺的小說之所以吸引人，其中一個重要因素在於讀者長期在一種傳統單調的情節性的小說模式中進行慣性的閱讀，而乍的將這種淡化情節的小說展現在人們面前，鋪開一幅幅清新淡泊、意蘊高遠、韻味無窮的水鄉澤國風俗畫，況且是運用平和恬靜的散文、隨筆的筆調，向讀者娓娓地敘說著一個個優美動人的小故事，於是人們一下子就被這種優雅的審美情趣與敘述風格所吸引和打動。這種審美情趣的轉移雖然有其深刻的社會文化背景因素，但也與作家深厚的文學修養和特殊的審美態度分不開。

汪曾祺的小說同時兼具散文化與詩化的特徵，他認為「散文詩和小說的分界處只有一道籬笆，並無牆壁（阿左林和廢名的某些小說實際上是散文詩）。我一直以為短篇小說應該有一點散文詩的成分。」⑬他的小說讀起來平和淡泊，但細細地咀嚼卻意味無窮，寓人生哲理於凡人小事的敘述之中，寓真善美於平庸瑣碎的事件描寫之中，化神奇為平淡。他的小說裡每一個人物描寫都可以看作是一首詩，散發出迷人的詩情畫意。他的小說處處均似閒筆，實則處處精心設計。他在「釀造『情調』，雅化人物。讓人物帶上自己的文化心理從而顯出豐美的氛圍氣上卻顯得謹嚴而功力厚重」⑭。與好的散文一樣採用傳統的白描手法，寥寥數語就勾勒出一個活脫脫的人物形象來，然其人物又有詩的神韻——潛藏著真善美與假惡醜對立的底蘊。如《八千歲》中，作者隨心所欲地描寫離題甚遠的販馬人「宋侉子」、旗人娼妓虞小蘭、土匪軍官「八舅太爺」，真是撲朔迷離，峰迴路轉，最後才寫到「八千歲」，然而這些人物並不僅僅是展示他們與「八千歲」故事的因果鏈條關係，而是在真善美與假惡醜的對立中尋覓一種健康心性的詩意美的境界。不僅僅如此，他小說中的語言和氛圍都充

滿著富有畫意的描繪，都造成了一種詩的韻味。它們與人物的詩
意相契合，爲形成整個小說的總體詩境作了恰到好處的渲染和鋪
陳。

　　從總體風格的角度考察，汪曾祺的小說強烈地傳達出了一種
清新雋永、淡泊高雅的風俗畫效果。他對故鄉蘇北水鄉的風土人
情爛熟於心，這些湧入筆底時，作家在游刃有餘的敘述中顯得得
心應手，瀟灑自如。《受戒》和《大淖紀事》之所以吸引了眾多
的讀者，其中重要的因素是它們那種富有別種風情的風俗描寫，
就像《受戒》結尾處那充滿著生活情趣的水蕩景色描繪那樣楚楚
動人，猶如一幅美麗的畫面恆久地定格在讀者的視覺之中。汪曾
祺的每篇小說都幾乎很用心地去描摹風土人情，而且不惜大量筆
墨，但絕非停滯於風物志、風情志的敘述，而是有其深刻的人文
內涵的。在汪曾祺的小說中，濃重的鄉土風俗的氛圍和在這種氛
圍下活動著的人，相互形成了有機的整體，自然天成，別有一番
情趣和意蘊。這一點與他師承沈從文的「邊地」小說有著緊密聯
繫。

　　汪曾祺的小說語言亦是別具一格的，簡潔明快，紆徐平淡，
流暢自然，生動傳神，是一種「詩化的小說語言」⑮。作者善用
口語敘述，但連綴起來閱讀卻韻味十足。他擅長於用短句，往往
兩三字一句，既簡潔又生動。其人物對話的描寫也往往採用短句，
極富有詩的含蘊。如《受戒》中明海燙戒後與小英子隔河相對的
話語，《大淖紀事》中十一子養傷時和巧雲的一段悄悄話，都極
爲簡潔平常，然而仔細回味，其中韻味綿長，不僅精到地刻畫出
人物內心世界的微妙變化，同時使你讀出了敘述中的詩意美來，
讀出小說中語言的節奏、色彩和音樂美來，沒有深厚的文學功底
是難以達到的。汪曾祺的小說注重以人物的語言、動作和細節來

展示人物的心理世界。作者往往採用的是傳統白描技法，如《大
淖紀事》中巧雲親口嘗尿鹹湯的細節描述，雖短短數語，未有抒
情的筆法作鋪陳，卻能達到表現一個至善心靈世界的良好藝術效
果。

　　綜觀汪曾祺的小說創作，它的出現是對1949年以來單一的
審美情趣和單一的小說形式技巧的一次衝擊。可以說，汪曾祺小
說的復現，是人們對新時期小說創作多元化趨勢的第一次認同，
然而，由於時代的侷限，作者所提出的「回到現實主義，回到民
族傳統」的口號，還只是對「瞞和騙」的文學的一種簡單的反撥、
平面的復歸，並不能帶來「百花齊放」。小說多元化的格局有賴
於整個審美觀念的變化和小說形式技巧的多樣化。

　　林斤瀾，生於1923年，浙江溫州人。中學時參加抗日救亡
運動，曾學過電影戲劇。1949年後到北京市文聯創作組工作，
起初寫劇本，後從事小說創作，出過小說集：《春雷》、《飛筐》、
《短篇小說散文合集》、《山裡紅》、《林斤瀾小說選》等。其
中短篇小說《頭像》獲1981年全國優秀短篇小說獎。自 1984年
以來從事系列小說《矮凳橋》和《十年十癮》的創作。

　　50年代的林斤瀾曾用他那支飽蘸熱情的筆歌頌過美好的新生
活，其筆調歡快明朗，熱情抒情。然而經歷了十年浩劫，當作家
重新提起中輟了12年的筆時，他變得異常的深沉冷峻、隱晦犀利。
作為一個老作家，他是唯一能夠保持自己恆定的母題——深刻揭
示十年浩劫對人性的戕害，和恆定的藝術表現形式——將寫實手
法與變形手法有機融合在一起的作家。

　　林斤瀾的小說之所以深刻而耐人咀嚼，就在於作者以冷峻的
筆觸鞭撻了「文革」罪惡橫行的年代，以及將那年代裡美與醜、
善與惡，真與假的靈魂反差進行了無情的曝光。「『瘋狂』主題

在林斤瀾筆下，以冷峻、嚴厲、深沉、尖刻、嘲諷、詭奇的筆調，
得到了反覆多樣、豐富具體的變奏，寫出那個顛三倒四的年代裡，
可悲可怕可笑的瘋狂氣息，塑造出一批『很不正常的生活裡，活
出來很正常的人』。林斤瀾不寫悲歡離合、哀婉感傷，卻專注於
發掘表面凍結了的心靈深處，生命與人性的尊嚴，自由與責任的
分量。他不寫血淋淋的專橫殘暴、陰險毒辣，卻勾勒帶有瘋狂氣
息的思想、理論和舉動，揭示其必然滅亡的歷史特徵」⑯。其實，這
一評述僅僅道出了林斤瀾筆下人物的表層特徵，而未看出，其筆
下一個個看似不正常的人物正有著最正常、最合人性、最美好的
靈魂，而不正常的則正是那個瘋狂的年代，那個被人們習以為常
了的不正常民族文化心理的惰性。因而，他筆下的人物愈是「瘋
狂」，愈是變形，則愈表現出主題內涵的深刻性。《神經病》裡
的幾位正常人只不過做了一些「不合時宜」的事，便都被當做「
神經病」者。作者提出了究竟是他們瘋了還是時代瘋了的詰問。
《一字師》裡的中學教師出於職業的習慣，改正了大字報上的錯
別字，橫遭厄運。表面上看來是這位教師太迂腐，但作者並非是
嘲諷他的「劣根性」，而是鞭笞那個葬送文明的黑暗環境，從而
達到歌頌健康人性，禮讚知識的高尚的目的。《陽台》裡的那位
歷史教授似乎很可悲，他好像始終逃脫不了舊的思維模式，時代
在變，而他的思想一點未變，竟然在「牛棚」裡打入黨報告，真
令人啼笑皆非。然而在一笑之後，便可以從苦澀的笑中品味到一
個真正的人的高貴品質，就會發現一種豐滿的精神是超越一切環
境而永存的人生真諦。《十年十癔》系列專注於對那個瘋狂年代
的控訴，它從各個不同的角度寫出了人生的種種病態，然而這種
病態不屬於他筆下「瘋狂」的主人公，狂人的瘋狂正深刻地揭示
出一個畸形的年代。《哆嗦》中的麻局長和游擊司令都是在戰爭

年代裡敵人大刀砍過來都不知下跪的英雄，然而一見「萬壽無疆」就哆嗦，麻局長最後眞的瘋了（而且是「文革」過去了許多年後）。顯然，作者並不只是在鞭撻民族的劣根性，而是更深刻地揭示了十年劫難給我們民族和人民留下的心理「癮病」。《白兒》中看山老人是一個時代的棄兒，一切生生死死對於他來說已不復存在，惟有他對白兒的一片純眞的感情才顯得有價值有意義；他是帶著一種崇高的純情埋葬了自身的「人」。「狂人不狂」，是那個年代擠壓下的許許多多人們瘋狂了。更可悲的是時代雖已變遷，但他尚未得到精神的解放，看山老人還沉迷在那個病態的氛圍中，患上眞正的「癮病」，這難道不是歷史的陰影籠罩所致嗎？《五分》中的姐姐經歷了「反右」至「文革」的坎坷，眞的變成了瘋子，即使眞瘋了，也逃脫不了被「正法」的下場。其實，你很難看出姐姐是否眞的變成了瘋子，因爲她臨刑時還寫了一首《歷史將宣告我無罪》的詩。正是這個瘋與不瘋的不確定形象，深刻地揭示出那個年代顚倒黑白的本質特徵。《催眠》打破了歷史和現實之間的時空，創造出一個撲朔迷離的怪誕心理世界。本來是戰爭年代一個極平常的玩笑，然而那個畸形年代竟能通過它致使劉鰲、董幼萌這樣的人在人域與鬼域之間徘徊，乃至於落得個終身迷惘。這篇作品深刻地總結了「文化大革命」這場鬧劇的本質——許多人在這場鬧劇中丟失了應有的品格和主體性，只能在「人造的海」裡沉浮。這就深刻揭露了這場災難的產生是以犧牲人的個性爲代價，以宣揚現代迷信爲前提的。

　　揭露畸形社會殘害健康人性、泯滅美好人性的本質，從而尋覓健康美好人性復歸的可能，是林斤瀾小說創作的主旨，並且，應當指出的是，其中有些作品不僅僅限於「文革」十年的時間和空間，像「火葬場的哥們」，像《矮凳橋》系列中的篇什等等，

然而，這些作品仍是在探索人生的母題下對人生世相進行描繪抒寫的。

在50年代走出來的一批作家之中，除王蒙外，林斤瀾對小說形式技巧的探討是最下功夫的。他以傳統的藝術技巧為本，大量吸收和借鑑了西方現代派藝術的技巧，形成自己一套獨特的藝術變形表現形式。奇特誇張的人物形象，平淡而富有變化的情節，客觀、冷靜、非嚴格寫實的手法，濃縮精練的結構，簡潔冷雋的白描語言，以及某些細節的非寫實和非邏輯性，構成了他的小說短小而精深、平淡而詭奇、冷峻而深刻的深層意蘊。此外，林斤瀾的小說是極不講究情節安排的，情節極簡單，往往是採擷生活中的一朵小小浪花，是歷史瞬間裡的一個小鏡頭定格，然而作者能夠在此基礎上精雕細刻，創造出奇異的、包孕萬千的藝術境界來，以小見大，以少總多，顯示出作家深厚的藝術功底。

林斤瀾的小說往往使讀者很難尋覓到一個確切的現成答案。孫犁說過，看過他一些作品，我了解到斤瀾是要求傾向客觀的，他有意排除作品中的作家主觀傾向。他願意如實地、客觀地把生活細節展露在讀者面前，甚至作品中的一些關鍵問題，也要留給讀者去自己理解，自己回答。正如孫犁所言，林斤瀾的作品正是留下了大量的「空白」讓讀者進行再創造。但是作家的主體思維往往正是通過變形、誇張等藝術手法來進行間接表現的，非再三咀嚼是難以體味和再創造的。林斤瀾的小說是高度簡潔凝練的藝術結晶，因此在表現手法上往往採用寫意的白描來誇張表現人物與情節。如果仔細讀他的作品，可以看出其中人物變形描寫與環境變形描寫暗合的邏輯聯繫；同時，在虛寫與實寫的連接點上找到一種象徵的意蘊；而且，你還可以從中發現作者在冷峻的白描中滲透著濃烈的抒情色彩。如「十年十癔之五」的《白兒》中連

續三次反覆出現的看山老人的呼喚，「他喚『白兒！』」／他靜聽
喚聲在太陽裡溶化。」到第四次變成了「他喚：『白兒！』／他
靜聽喚聲在黑洞共鳴。」這不僅寫出了老人心理變化的層次，而
且，強烈的抒情性增大了作品的悲劇藝術效果，正是在這裡，我
們說，林斤瀾的小說具有著強烈的詩性特徵。

　　鄧友梅，1931年生於天津，原籍山東平原縣。1942年參加
八路軍，任交通員，後在文工團當演員，並開始寫唱詞。1948
年寫散文。1949年在新華社分社當見習記者，後調到北京文聯
工作。1952年加入中國共產黨，入中央文學講習所學習，1955
年結業後到某建築公司作基層領導工作。1957年被錯定為右派。
1962年調到鞍山文聯工作。1976年回北京定居。他的創作以短
篇小說為主，主要作品有：《在懸崖上》（1956年）、《我們
的軍長》（獲1978年全國優秀短篇小說獎）、《話說陶然亭》
（獲1979年全國短篇小說獎）。80年代後，鄧友梅寫了一組描
寫民俗的中短篇小說，如《那五》（獲1981～1982年全國優秀
中篇小說獎）、《煙壺》、《「四海居」軼話》、《索七的後人》
等。他的中篇小說《追趕隊伍的女兵》獲1977～1980年中篇小
說二等獎。

　　鄧友梅的小說創作大致可分為三個階段：第一階段是以《在
懸崖上》為代表作，第二階段是以《追趕隊伍的女兵》為代表作，
第三階段是以《那五》、《煙壺》為代表作。

　　《在懸崖上》首次展示了作者的才華。作品以深刻細膩的筆
觸揭示出三位青年男女在愛情婚姻的波瀾中複雜的內心世界。這
在50年代強調抒寫所謂集體主義的大我之情、一味貶斥小我的中
國文壇是難得的好作品。

　　《我們的軍長》是鄧友梅重登文壇後的第一篇作品，但這篇

作品還沒有完全擺脫「三突出」的陰影籠罩，在塑造老一輩革命家時，表現出藝術上的幼稚和粗糙。嚴格地說，中篇小說《追趕隊伍的女兵》才是他復出後的一部較好作品，作者在塑造普通戰士時表現出對個性描寫的瀟灑自如風度。這部小說描寫了國共戰爭時期三個掉隊的女文工團員的故事，作者恢復了對人物內心世界獨特的個性化描寫的才華。《追趕隊伍的女兵》細膩地描寫了三個不同女性的個性特徵與豐富的內心世界，而每一個女性的心理世界又是通過個性化的人物語言、行動來加以渲染和表現的。倘使說俞潔和周憶嚴的形象個性魅力還不夠鮮明的話，那麼，高柿兒則是一個具有獨特個性的豐滿形象。這篇作品標誌著鄧友梅藝術技巧的成熟。

　　從《話說陶然亭》開始，鄧友梅的創作進入了一個高峰期。他連續寫下了一組市井風俗小說，引起文壇關注。如果說《話說陶然亭》、《雙貓圖》、《〈鐵龍山〉一曲謝知音》和《尋訪「畫兒韓」》顯示的還僅僅是作者對民俗風格的初淺探索的話，那麼，從中篇系列的《那五》開始，他的北京民俗市井小說創作進入了一個臻於成熟的階段。《煙壺》、《「四海居」軼話》、《索七的後人》等中篇的發表奠定了作者在新時期開「市井小說」風氣之先的地位。這組中篇系列小說把歷史畫面與人物命運以及搖曳多姿的風俗畫面相融合，構成了一幅幅色彩斑斕、勾人魂魄的「清明上河圖」式的畫卷。

　　《那五》描繪了一個清代落魄貴族弟子的生活遭際。小說從主人公那五的家世衰敗寫到這個人物游手好閒、寡廉鮮恥的浪蕩一生以及這個廢人荒唐的「遺少」生活，使人們看到了黑暗一隅中的骯髒和腐朽，從而感喟封建黑暗勢力對人的戕害。小說在一連串的線型故事情節中展開了人物的命運描寫，情節富有傳奇性

和戲劇性，人物兼有悲喜劇特徵。更重要的是與小說情節和人物命運不可剝離的融合物是極為濃郁的風俗畫描寫。寫八旗子弟的生活氛圍、習俗，寫熱鬧非凡的天橋場景，寫賣古玩的講究，甚至寫人物的經歷和氣質都無不浸透著民俗人情的描繪。加上那純正的北京俚語相佐，更顯出了作品的魅力。可以看出，作者的審美觀念有很大改觀，他不再僅僅注重人物命運的矛盾糾葛設計，而把更多的筆墨用於風俗畫的氛圍渲染，使之造成一種與人物命運相契合的人文環境。這種對於古樸的舊北京的人情習俗的描繪與鈎沉，一方面散溢著中華民族傳統美德的光輝，一方面則給讀者帶來一種「異域情調」或「懷舊情緒」的閱讀快感。當然，作者「寓教於樂」的意圖也滲透其中了，那五近乎阿Q式的惰性伴隨著他一生悲歡離合的故事，不能不說是對一種國民劣根性的抨擊，人們亦可在他的人生旅途中找到種種哲理性的答案。

　　《煙壺》是鄧友梅風俗畫小說中的上乘之作，它圍繞著煙壺從不同的側面展現了舊北京的風俗畫面與人情世態，塑造了沒落的清王朝各階層人物的眾生相。這部小說的主人公烏世保同樣是八旗沒落子弟，然而作者沒有把他描繪成那五式的廢人，而是讓他在壽明的傳藝下，在壽明、聶小軒的民族氣節薰陶下，重新成為一個自食其力的勞動者。小說所傳達的，除了作者一貫所關注的傳統美德之外，還有一股濃烈的愛國主義的情調。這部作品摒棄了他以前慣用的單線結構，而採用了複線交迭式的結構，竟在一個中篇之內刻畫了四十多個栩栩如生的人物，可謂是一幅「清明上河圖」式的小說。這部小說不僅融進了清貴族、八旗子弟、市井小民、三教九流……各色人等，而且滲透著時代的氛圍、歷史的煙雲，更浸潤著舊北京的風俗民情。一個個活脫脫的人物躍動在充滿著時代特色和民俗情趣的歷史場景之中。然而，《煙壺》

與作者其他作品所不同的是，它把一塊沒有生命的「化石」賦予
有機的藝術生命，即作者把那些屬於考古學、歷史學、經濟學範
疇的東西，把風物志、地方志那些「死學問」的東西，統統化為
有藝術生命的文學材料，使其與人物的命運、歷史的畫面複合成
一個有機的藝術整體。僅作者對各種煙壺的考證就使人嘆為觀止。
然而這煙壺的考證是絕非孤立的，它不僅僅展示了民族工藝的精
湛，而且與煙壺畫藝人那剛正不阿的民族氣節緊緊相連。可見作
者絕不是將風俗畫描寫作為一種知識炫耀或一種藝術點綴，而是
用心良苦的。民風民俗與眾生相互為因果是其特色。小說雖然著
力描寫主人公烏世保的遭際和聶小軒等人高尚的民族氣節，而且
故事情節亦緊緊圍繞著人物展開，但作者的視點總是通過風俗畫
這塊濾色板來展開的。

　　鄧友梅的市井小說較多繼承的是中國古典話本小說的藝術傳
統，其寫人狀物多採用白描手法，擅長以人物語言、行動以及細
節描寫來刻畫人物性格，頗為生動傳神。其敘述語言亦具有濃郁
的「京味」，同時又富有個性色彩，流暢細膩而又樸實生動，舒
緩明朗而又幽默諧趣。

　　然而，在這些具有風俗美的市井小說裡亦不難看出作者的現
代審美意識尚薄弱，使得作品時時顯現出一方面對民族氣節傳統
美德的禮讚，一方面又是對傳統的民族文化心理的深刻眷戀。

　　馮驥才，生於1942年，天津人，祖籍浙江慈溪縣。從小酷
愛美術、文學和體育活動，1961年高中畢業後參加過球隊，當
過美術教師，並在地方報刊上發表文學、美術方面的評論文章。
1978年開始發表作品，產量可觀。主要作品有：長篇小說《義
和拳》（與李定興合作）、《神燈》；中篇小說《鋪花的歧路》、
《啊！》、《愛之上》、《走進暴風雨》、《神鞭》、《感謝生

活》、《三寸金蓮》、《陰陽八卦》等；短篇小說集《雕花煙斗》、《意大利小提琴》、《高女人和她的矮丈夫》等。其中《雕花煙斗》獲大陸優秀短篇小說獎，《啊！》、《神鞭》獲大陸優秀中篇小說獎，《三寸金蓮》、《感謝生活》獲《中篇小說選刊》優秀中篇小說獎。

　　馮驥才的小說創作視野相當廣闊，其筆觸深入到歷史的、社會的、人生的、文化的、心理的各個層面。他筆下的各式各樣的人物來自社會的各個階層，然而作者都能十分準確細緻地描繪出不同時空中的人生圖畫來，而且也在不同的時期裡呈現出他作品的可讀性和藝術效果來。像《鋪花的歧路》、《啊！》是較早以中篇形式描寫十年動亂的作品。它們以極細膩的筆觸抒寫了人的靈魂在苦難的精神煉獄中復甦覺醒的過程；像《雕花煙斗》、《高女人和她的矮丈夫》裡對純潔的人性美的描繪；像《義和拳》、《神燈》裡對歷史人物性格的重鑄，雖然在同時期的同類作品中佔有不可忽視的地位，但是這些作品終究不能代表一個時代的水平，同時也不能代表馮驥才創作的最高思想觀念和藝術觀念。更重要的是這些作品尚未全然擺脫那種現成創作理念和模式的框架結構。馮驥才小說創作真正進入自由的藝術王國，是從《神鞭》開始的「文化小說」的創作。儘管這前後還有《愛之上》、《走進暴風雨》和《感謝生活》這樣的記錄人的真實精神歷程的力作，儘管這些作品相當抒情、相當細膩，而且具有悲劇的美感，但作家並沒有在創作中找到真正的自我。隨著《神鞭》的創作，作家逐漸在一個大的人文背景下找到了適合於表達自己思想觀念和藝術觀念的象徵本體。在這組「文化小說」中，我們看到的不僅是作者對民族文化心理的深刻思考，也看到了作者的一種獨特的敘述表現方式。

　　作為文化反思的結果，作者寫這組「怪世奇談」系列小說的目的是想克服中國民族性格中的頑固惰性，從而衝出文化怪圈，再造民族性格。它們帶有明顯的魯迅式的文化批判意識。作者將我們民族文化心理的癥結分為三個層面：「一是文化的劣根。……劣根的主要問題是正統意識和祖宗至上。……如何對待正統和傳統？不打開這一層，下一層面則無法觸及。」「二是文化的自我束縛力。我一直在想，我們的文化中有沒有比劣根更厲害的東西？有，便是文化的魅力。文化愈深，人為性愈強。我們文化有種神奇的力量，能把那些畸形的、變態的，人為強加的統統變為一種審美內容，一切清規戒律都成為金科玉律。當這變種的美成為人們認可的共同遵循的審美規範時，一切努力還要使它完美化、崇高化、神聖化。一旦社會巨變，這種規範遇到外部壓力需要掙脫時，由於一時建立不起新的審美規範，整個民族就會陷入痛苦而茫然。」「三是文化的封閉系統。我想，最深的一層，最大的束縛，便是我們文化的大模式了，即我們認知世界的大方式。……當我陷入痛苦的文化反思中，時時感到一個巨大的模糊的牢固的怪圈，圍繞我們民族緩緩轉動。……文化是有意識的，大文化卻是一種集體無意識，唯一的出路只有期待和推動民族的自我覺醒。」「於是我用了三樣東西揭示文化的這三個層面，象徵也好，寓意也好，它們是神奇的辮子，詭奇難忍的小腳和包容萬象的八卦。」⑰作者的這段自白似乎可以結束許多批評家對他這組小說的種種猜測和臆斷。《神鞭》貌似對傳統的頌揚，《三寸金蓮》酷像對醜惡的玩味（有人以為作者是「以醜為美」），《陰陽八卦》看似對神奇的膜拜，實際上作者將自己的批評意識深深地隱藏在字縫之中，不動聲色。在濃郁的文化氛圍中將自己的思想觀念隱喻在幽默和近於純客觀描敘的調侃之中，用一種寓意，用一

種本體象徵去誘導讀者作更加深邃的思考。這三個中篇不僅有其系列性，同時其思想內涵亦是循序漸進的。《神鞭》抨擊的是傳統永遠不敗的正統意識，它打開的是民族傳統文化心理的第一個層面；《三寸金蓮》是揭示民族文化傳統的兩面性：即文化的魅力和惰力（亦即「文化的自我束縛力」），它打開的是民族文化心理的第二個層面；《陰陽八卦》是揭示我們民族文化的封閉性，這是一個文化怪圈，走出這個陰陽雜糅的怪圈則是非常艱難的，這是作者所要打開的第三個層面。當然，隨著作家思想觀念的提高，是否還有第四、第五個層面出現，尚難以預卜。但就這三個層面的創作實踐來看，這組小說的創作無疑是作者對整個中國文化歷史與文學的深刻勾連作了形象的闡釋。這種闡釋裡又帶著異常清醒的人文批判眼光，這就不能不說馮驥才的創作思想已達到了一個更新的起跳點。

先蒸發掉直覺的感受，然後取出理性的結晶來把握創作，這是馮驥才創作中的一個鮮明追求。「在還原到小說寫作時，我當然可以用最初感受時那種痛楚凝重的基調，但我沒用，有意換之以調侃和嘲弄，伴之以幽默和機警。」[18]作者認為這是魯迅式的藝術筆調。這三部小說寫法各有不同：「我給《神鞭》嚴肅的內涵，以一個喜劇的形式，荒誕離奇的外表，因為我們對祖宗的尊崇已然超過荒誕的程度；《三寸金蓮》是正劇形式和悲劇色彩，內涵卻充滿荒誕。因為用今天眼光看，三寸金蓮所象徵的文化自我束縛無比荒唐；那麼《陰陽八卦》中，從內容到形式全是荒唐的。所有人物的性格和行為都浸透這種荒唐的溶液。一是離奇感，一是悲劇感，一是荒唐感。」[19]這組小說基本上遵循了「形式即內容，內容即形式」的經驗性創作觀念。從審美角度來加以考察，作者是從三個層次來把握這組小說創作的：「第一層，好看，有

趣，可讀性和娛樂性強。」「第二層，直接的象徵和喻意。」「第三層，便是前面所述文化的內涵。」⑳可以明顯地看出，作者試圖將傳統的小說技巧（如情節性、人物性格等因素）與本體象徵、荒誕手法和深刻的文化思想內涵融為一體，創造出一種調侃與反諷、幽默與機警的語言和文體風格來。同時，他的小說充滿著天津的市井風格情調，濃郁的「津味兒」使之取得了更廣泛的閱讀性。也許馮驥才還會變，正如他以為的：藝術家的工作便是區別別人也是區別自己的再創造。

第六節　張賢亮、賈平凹、王安憶

　　張賢亮，1936年生於南京，原籍江蘇盱眙縣。讀初中時開始寫詩，發表在《中國青年報》、《詩刊》、《星星》上。1955年中學畢業後任甘肅省委幹部學校文化教員，1957年因發表長詩《大風歌》，被錯劃為右派分子，下放到銀川市南梁農場當農工。1976年10月調農場學校當教員，開始重新發表作品，1981年4月調入寧夏文聯從事專業創作。主要作品有：短篇小說《邢老漢和狗的故事》、《靈與肉》等；《靈與肉》等中短篇小說集數部，其中《靈與肉》獲1980年全國優秀短篇小說獎，《蕭爾布拉克》獲1983年大陸優秀短篇小說獎；中篇小說《綠化樹》、《男人的一半是女人》（《唯物論者的啓示錄》系列）和《河的子孫》、《無法甦醒》，以及長篇小說《男人的風格》、《習慣死亡》、《我的菩提樹》等。

　　張賢亮是一個勤於思考的作家，他總是喜歡將自己苦苦思索的人生哲理融匯到作品之中。從《靈與肉》開始，作者就試圖用唯物主義的觀點去解釋一個生活中的重大命題——知識分子在與

體力勞動者的接觸中，以及在他自身的體力勞動過程中所引起的一系列心靈變化究竟給人們帶來了什麼樣的啓示。因此，他的作品理性色彩很濃，當然，這個理性色彩是建立在現實主義的感性生活的描寫之上的。

《靈與肉》發表之後，張賢亮開始引起文壇關注。這部作品明顯地帶著一種哲理的反思意味。那時，文學尚未完全從「傷痕文學」中掙脫出來，作者就在思考怎樣有意識地把這種種傷痕中能使人振奮、前進的那一面表現出來的命題。小說描寫一個受到二十多年社會冷遇的右派許靈均在靈與肉的磨難中精神得以昇華的故事。一面是富豪的生身父親的誘勸（它是一種金錢美女的享樂主義外力的象徵），一面是患難與共的妻子與鄉親的善良（它是一種富有傳統規範的眞善美的倫理內驅力的召喚），許靈均終於坐著馬車回到了大西北荒原上的那間用自己靈與肉築成的小土屋裡去了。這是一首歌頌勞動和勞動人民的讚歌，是對中華民族勤勞善良的優秀品質的禮讚；作者要謳歌的正是勞動創造人、在與勞動人民結合的實踐中形成知識分子優秀品格和眞正靈魂的哲理。作者在這一審美原則的統攝下創作出了同一主題內涵的許多作品，同樣獲得了很大的反響。

《綠化樹》是描寫知識分子章永璘在苦難的肉體磨難中所承受的靈魂洗滌的心理歷程。這部作品引起了爭論，爭論的焦點是在知識分子究竟要受什麼樣的改造問題上展開。可以看出，作者是在虔誠地描繪像馬纓花、海喜喜、謝隊長這樣的勞動者重塑了章永璘這個「人」的性格。儘管他們有許多缺點，但他們心地是善良的，精神是崇高的，尤其是馬纓花，她用一個勞動人民的乳汁，也用一個女性的溫情改造了一個心靈卑下的人物，她是章永璘心靈（也是作者心靈）中的維納斯，是傳統美德的對應物和象

徵體。作者極其逼眞地抒寫了「我」心靈歷程中的每一次顫動，
同時輔以哲理性的詮釋。作者以震動人心的筆觸抒寫了一個人揚
棄舊我的轉化過程，並充滿著哲理和詩意，但是作者缺乏一種以
社會文明進化的當代意識觀照人物的態度，使作品在某種程度上
受到了囿於抒發一種原始情感的局限。但是我們不能否認《綠化
樹》所提供的主題是有其社會意義的，對它的爭議就說明了作者
敏銳的觀察力和藝術感覺。

　　《男人的一半是女人》同樣是一部頗有爭議的作品，它之所
以引起如此巨大的反響，除了作品大膽地（也是第一次在中國大
陸當代嚴肅文學中）描寫了健康的性以外，還由於它爲我們提供
了一個新的視角：即人創造環境，環境也創造人，人只有在不斷
創造中獲得新生。同樣，在《男人的一半是女人》中，作者用「
盧梭懺悔錄」式的自白闡述了一個精神和肉體都出現「陽痿」的
章永璘的內心世界，展現了靈與肉的搏鬥，展現了人的潛意識。
從這部作品來看，作者似乎對靈與肉的再造不僅僅是停留在過去
的審美表達上，也就是說這部作品的章永璘逸出了《靈與肉》中
許靈均和《綠化樹》中章永璘的性格軌跡，給人一種難以把握的
不確定性，作者用性障礙作爲作品的本體象徵，以達到表述那種
不滿足於自我被別人（甚至包括眞善美的化身）重塑和再造甚至
設計製作的主題內涵。黃香久終究沒有成爲馬纓花式的美的化身，
這就說明作者哲學意識的變化與發展，章永璘不再是在肉欲和舊
道德之間徘徊的人物，他要尋求自我價值和自由意識。作者不僅
對「左」傾路線給人的殘害進行了深刻大膽的揭露和抨擊，同時
將知識分子的創造欲上升到了一個新的主題內涵中。

　　張賢亮的小說在藝術上存在著兩個明顯的局限：一是襲用了
傳統小說中「才子落難，佳人搭救」的情節模式；一是往往運用

大段哲理性語言來深化主題，造成一種氣勢，使人警醒，然而由
於大段的哲理（甚至大段地引用導師語錄）切割了小說畫面和人
物心理流程的連續性，容易給人一種支離破碎的概念化感覺。儘
管作者後來有所覺察，如在《男人的一半是女人》中作者採用了
局部的象徵主義手法——與大青馬對話，但仍露出斧鑿之痕。

　　其藝術上的可取之處在於，其一，作者在創作中揉進了風俗
畫的描寫，使之與環境、人物心理形成一個詩意化的境界，增強
了作品的感染力與可讀性。如小說中反覆出現的大西北高原風光
與風土人情，充滿著各種情調和詩意。其二，就是人物心理世界
的剖示具有多層次的立體效果，這主要是作者採用了多種藝術手
法所致：如旁白（即抒情、議論）、自白（第一人稱的敘述）、
對白（人物對話），更重要的是作者有深入人的潛意識和性意識
層面進行藝術表現的膽識，這不僅豐富了作品的表現技巧，同時
開掘了人的心理新層面，給以後的小說創作提供了新鮮經驗。

　　賈平凹，生於1952年，陝西省丹鳳縣人。1975年畢業於西
北大學中文系，後在陝西人民出版社文藝編輯室任編輯，1980
年任西安市文聯《長安》文學月刊編輯，1983年從事專業創作，
現為中國作家協會理事，《美文》雜誌主編。1973年開始發表
作品，迄今為止，先後創作詩歌、小說、散文、文學評論計三百
餘萬字。主要作品集有《兵娃》、《姊妹本紀》、《山地筆記》、
《早晨的歌》、《賈平凹小說新作集》、《月跡》、《野火集》、
《愛的蹤跡》、《商州散記》、《晚唱》、《商州》、《賈平凹
文集》多卷及長篇小說《浮躁》、《廢都》、《白夜》、《土門》、
《高老莊》等。其中《滿月兒》獲1978年大陸優秀短篇小說獎，
《臘月·正月》獲第三屆大陸全國優秀中篇小說獎，《浮躁》獲
1988年度「美孚飛馬獎」，《廢都》獲得1997年法國女評委外

國文學大獎。他的多部小說被拍成電影和電視劇。

　　賈平凹是一個多產作家。縱觀他的小說創作，大體可分爲三個階段：當「傷痕文學」崛起之時，在其他作家紛紛揭露黑暗、傾訴苦難的時候，他卻從另一個視角來發掘人性中美好的東西，用美麗的心靈與理想編織出絢麗的生活花環。這一時期的代表作便是《滿月兒》，其風格委婉纏綿、氣韻飄逸。當文壇走過「反思文學」階段，向人性美和心靈美的境界進發時，賈平凹則又低吟出沉鬱灰暗的《晚唱》、《好了歌》、《二月杏》。透過人性的表面復甦，注重於對被扭曲了的性格的發掘與曝光，從而暴露了人的潛意識和病態心理，作品的風格也陰鬱堂奧、低徊迷濛。1983年以後，賈平凹深入商州地區，寫了一組「商州系列」的中長篇小說，主要作品有：《小月前本》、《雞窩窪人家》、《九葉樹》、《臘月‧正月》、《商州》、《冰炭》、《遠山野情》、《古堡》、《天狗》、《浮躁》等，還有短篇《火紙》、《黑氏》、《水意》等。這一時期，作者以全方位的視角剖示了整個人文環境的變遷給人的心理世界帶來的巨大變化，同時把筆觸深入到人物的意識深層結構中去展示思想情感的衝突。而且，在形式技巧上也有新的探求，作者試圖以更新的表現手法來觀照自己筆下的人物，使之更富有現代美感，其風格是纏綿悱惻中透露出陽剛之氣，悲慟抒情中力透著哲理性的思考。

　　《臘月‧正月》和另外幾個中篇創作一樣，描寫了農村商品經濟的發展帶來的傳統文化心理的蛻變，作家從人們的生活方式、道德觀念、價值觀念的改變中，發掘了富有時代意義的思想衝突的焦點。那種恪守土地，「重農輕商」、「重義輕利」的傳統心理在農村商品經濟大潮的衝擊下面臨著解體，人們恆定的傳統文化心理在悄悄地偏移，而作者著力在《臘月‧正月》中塑造了一

個與時代思想相悖逆的人物韓玄子，這就注定了這個形象必然的悲劇性。整個小說是把韓玄子作為一個傳統道德的化身進行描述的，他集傳統道德的優長和惰性於一身，是一個具有立體感的多重性格人物。然而只要仔細品味，他身上的那種所謂優秀的傳統道德也正是阻礙歷史前進的惰性力。無欲大度下隱藏著狹隘自私，光明磊落下潛伏著保守落後的意識，他是整個村鎮傳統的舊秩序的維護者和執行、監督者，他與新經濟力量代表者王才之間的鬥爭，正體現著農村中守舊的衛道者與順應時代的改革者之間的根本衝突。作者以冷峻細膩的筆法解剖了韓玄子的具有時代悲劇特徵的心理世界，並深刻地揭示出，在韓玄子的那傳統道德的外衣下，包裹的依然是一種狹隘、落後的小農意識。

如果說《臘月‧正月》等中篇小說只是從微觀角度來剖示一種文化心態的話，那麼，《浮躁》則是從宏觀的角度，較全面地顯示出城鄉改革（尤其是農村改革）所面臨著的政治上、經濟上，以及文化心理上的重重障礙。《浮躁》看起來是家族勢力與農民改革者之間的衝突，實際上抒寫出了我們這個時代的一種普遍的精神特徵：浮躁。小說中的主人公金狗是一個有知識的新型農民，他與梁生寶式的「社會主義新人」不同，一方面要與強大的家族勢力作鬥爭，另一方面還要在與自身的傳統道德、文化心理的相生相剋的靈魂決鬥中獲得自我精神的解放。這個形象不再是像梁生寶那樣的思想單純的平面人物，而是一個充滿著進取精神，裏挾著諸多優劣因子的複雜形象。金狗在與閉鎖的充滿著理性秩序張力的傳統文化心理作戰時，充分意識到自身（包括整個新一代農民階級）的孱弱，以及在一片舊意識的廢墟上重建新的價值觀念的必要性。「浮躁」是一種概括，它概括出了我們所處的時代騷動不寧而又充滿了生氣的精神特徵。作者正是在這一視角的焦

點下描寫出舊價值觀的毀滅和新價值觀的萌動。因而，小說中金狗、雷大空們與田家、鞏家的鬥爭，以及金狗與小水、英英、石華等人的愛情糾葛統統可以看作一種浮躁的時代情緒的外化。作者將這種浮躁情緒放在一個特定時代的人文環境中加以考察，從而提出了新一代農民在改革大潮中面臨的多重歷史使命——對整個人文環境的改造和自我覺醒、自我拯救的命題是同樣重要的。

　　在藝術上，賈平凹的小說呈現出變化多端的個性：從柔美婉約的抒情風格到散文化的風韻，從充滿著故事情節力度的「復歸」到兼收並蓄現代派小說的技巧（《商州》就是吸收了結構現實主義的表現技巧），作者在不斷地調整著自己的藝術視角。賈平凹的小說，在描寫動盪的心理世界時，往往把人文背景的氛圍作為自己重要的描述對象，他注重描繪鄉土風俗風情的小說，「幾乎是一幅幅力透紙背的醇厚風俗畫面，理與趣的高度統一，含蓄而和諧，達到了相當圓熟的藝術境界。」㉑同時，賈平凹深得中國古典文學描寫的神韻，而且將其有機地融入自己的作品之中。尤其是他的語言，精練而清新、深沉而絢麗、明快而含蓄。他既不泥舊，亦不趨時髦，一切形式的變化均以內容的表達為依據。賈平凹是一個在不斷改變著自己藝術軌跡的過程中時時給人以新的閱讀快感和新的思考的作家。

　　90年代以後，賈平凹先後創作出版了長篇小說《廢都》、《土門》、《高老莊》和中短篇小說《觀我》等，其中尤以《廢都》最具影響，也最有爭議。《廢都》通過對「著名作家」莊之蝶的生存狀態及「廢都」之中社會世相的描寫，意在反映特定時期社會的一種文化精神狀態。

　　莊之蝶是一位因文學創作的成功而獲得一定社會地位的著名作家，但在「廢都」之中，他卻由一位「文化精英」墮落成一個

「文化閒人」，昔日的社會理想與文化雄心已不復存在，代之以難以自拔的沉淪和淫樂。無度的淫樂除了給他短暫的精神慰藉和肉體快樂之外，根本無法使他獲得精神的復甦，等待他的只能是「文化的休克」。作品由此而昭示出，在一個價值失衡、物欲氾濫的文化廢墟中，是不可能用欲望來拯救個體生命的虛空的，同時也無法挽救「廢都」的既倒之勢。從這個意義上來說，《廢都》所提出的文化命題是深刻而嚴肅的。

《廢都》以莊之蝶的命運爲主線，反映了文化、經濟、政治、法律、新聞、宗教以及市井民間等廣闊的社會生活，同時也生動地描寫了西京文人的生存風貌。尤其值得注意的是，作品所塑造的牛月清、唐宛兒、柳月、阿燦等四個富有寓意特徵的女性形象，傾注了作者較多的文化思想內涵和象徵性的寓意。

在精細逼眞的社會世相描摹和現實寫眞的基礎上吸收現代主義的象徵表現手法，來豐富作品複雜的主題內涵（如「廢都」、「老牛」、「女人」等具象的本體象徵），是其顯著的藝術特徵。此外，廣泛吸收我國古代小說的敘事技巧，注意情節和細節的描寫，也是其重要的特點，這在《廢都》的語言風格及志異手法等方面均有相當鮮明的體現。然而，《廢都》在以男女性愛爲象徵「外衣」的描寫時，有所失度，同樣表現出我國古代艷情小說的負面影響，以及現時文學中「商業炒作」的跡象，這也是當時文壇和學界爭議的焦點之所在。

《高老莊》則是賈平凹進一步對世紀末中國文化生存狀態思考的結晶。作品無論在思想上和藝術上都傾注了作者新的探索內容。

王安憶，福建同安人，1954年生於江蘇南京，1969年初中畢業後赴安徽省五河縣插隊，1972年考入江蘇省徐州地區文工

團，1978年調回上海，任《兒童時代》編輯，現爲上海市作協專業作家。自1976年發表第一篇作品起，已先後出版中短篇小說集《雨，沙沙沙》、《黑黑白白》、《王安憶中短篇小說集》、《尾聲》、《流逝》、《小鮑莊》、《神聖祭壇》、《王安憶集》、《烏托邦詩篇》、《荒山之戀》，長篇小說《六九屆初中生》、《黃河故道人》、《流水三十章》、《米尼》、《紀實與虛構》、《長恨歌》和《一個故事的三種講法》，散文集《蒲公英》，長篇遊記《旅德的故事》和文學理論集《故事和講故事》等。有六卷本《王安憶自選集》出版。王安憶的《本次列車終點》曾獲1982年大陸優秀短篇小說獎，《流逝》、《小鮑莊》分別獲1981～1982、1985～1986年大陸優秀中篇小說獎。

王安憶是一位既才華橫溢又創作嚴謹，既勤奮高產又勇於探索，不斷尋求突破與超越的作家，她的每一次創作轉型都自覺或不自覺地順應與體現了新時期不同階段出現的文學思潮，而且在每一潮頭中均佔有重要位置。

王安憶的小說創作可以分爲三個主要階段。

以優美的抒情筆調，細膩地表現年輕人對理想和愛情的眞誠追求，執著地表現生活中的美，這是王安憶小說創作的第一個階段。正如作家所自白的：「生活中有很多陰暗、醜陋，可美好的東西終是存在。我總是這麼相信著，總是懷著這樣的心情看待生活。」㉒這一階段的作品主要有被合稱爲「雯雯系列」的《雨，沙沙沙》、《命運》、《廣闊天地的一角》、《幻影》和《一個少女的煩惱》、《當長笛solo的時候》等其他小說。「雯雯系列」較爲眞切地表現了女知青雯雯在插隊的農村及返城以後的經歷與心理、情感方面的變化，構築了一個純眞、美麗的藝術世界，作品中的雯雯純樸、文靜、好思、內秀，寄託了作家最爲美好的情

感與祝願。由於王安憶這一時期的創作眞切細緻地表現了青春女性的情緒天地，而且在雯雯身上不難發現作家自身的經歷，因此，這一時期亦被稱爲作家的「青春自敘傳」時期。

1981年以後，王安憶的創作走出了雯雯們單純、狹小的藝術天地而進入了較爲廣闊的現實世界，這是其小說創作的第二個階段。這一階段，王安憶先後發表了《本次列車終點》、《牆基》、《庸常之輩》等短篇小說和《尾聲》、《命運交響曲》、《歸去來兮》、《流逝》等中篇小說。與前一階段相比，這些小說的題材更加廣泛，作品所反映的現實人生也更加廣闊，人物形象豐富多樣，作家更多地是從人的價值和人的文化心理的視角來進行思考。因此，作品的主題意蘊也更加深刻、豐厚，在藝術手法上，作家也作了新穎的探索，這些作品爲作家贏得了較高的聲譽，也奠定了作家在文壇上的地位。《本次列車終點》是知青文學中較早地以知青返城作爲反思對象的作品。小說通過描寫知青陳信離開他所插隊的農村返回上海後一系列遭遇，深刻地反映了一代知青回城之後理想失落的痛苦、迷惘與覺醒，從而表現了「人生的目的地，總歸應該是幸福，而不是苦惱……自己追求的目的地，應該再擴大一點……」的人生哲理，《歸去來兮》中郁桑與眞眞的愛情、婚姻以及前者思想性格的變化深刻反映了不同歷史時期、不同階層的市民生活與心態，在讚美善良、正直、無私的同時，批判與鞭撻了追求享受、自私、虛榮的人生態度。《流逝》通過描寫上海一個民族工商業者的家庭在六七十年代的起落浮沉及歐陽端麗的命運遭際和思想性格的變化，表現了人生的價值在於創造性的社會勞動而非腐朽的寄生與享樂的深刻哲理。小說的成就在於塑造了歐陽端麗這樣一個獨特的典型人物形象，作品眞實而富於層次地勾畫了歐陽端麗思想發展的基本脈絡，並以清新素樸

的語言描繪出世態人情，逼眞地展現了上海的社會風俗畫面。《流逝》是作家反映上海生活較早獲得成功的一部作品，其取材趨向及藝術表現方式都昭示了作家其後的創作發展道路。

1984年以後，王安憶的小說創作進入了一個新的境界，她開始以較爲深邃的歷史眼光和更加深刻的文化哲學視角觀照社會歷史、人的命運與情感變遷，往往站在中西文化衝突的高度來思考民族文化的歷史命運及其制約下的民間生存。這些作品主要有《大劉莊》、《小鮑莊》等本土文化小說，《一千零一弄》、《好婆與李同志》、《鳩雀一戰》、《悲慟之地》等都市文化小說，《小城之戀》、《荒山之戀》、《錦繡谷之戀》、《崗上的世紀》等性愛文化小說及《逐鹿中街》、《神聖祭壇》和《弟兄們》等女性主義小說。

《小鮑莊》是「尋根文學」中的優秀作品。它通過對一個小小村落幾個家庭和十多個人物的生存、命運與心理狀態的立體描繪，剖析了我們民族世代相襲的以「仁義」爲核心的文化心理結構，深刻地指出，「仁義」意識已經等同於某種「原罪」意識（作品開頭所寫的那個「祖先贖罪」的故事即是證明），同時，作品也揭示了「仁義」文化走向衰落的歷史命運。作家一方面發掘和表現了民族精神中善良、厚道、團結、抗爭等美好素質，另一方面也批判了愚昧迷信、知天順命的民族劣根性和落後的宗族意識。小說中撈渣這一形象有著巨大的象徵意義，他的身上集中了我們民族全部的美德、傳統，自然也包含著「仁義」這一道德準則，而他的死亡正是我們民族文化中「仁義」觀念走向消亡的象徵，正如王安憶所指出的，《小鮑莊》「恰恰是寫了最後一個仁義之子的死，我的基調是反諷的。……這小孩的死，正是宣布了仁義的徹底崩潰！許多人從撈渣之死獲得了好處，這本身就是非

仁義的。」㉓《小鮑莊》的藝術特色主要在於它所採用的塊狀的神話結構與多頭交叉的敘述視角。

王安憶發表於1986年的被合稱為「三戀」的《荒山之戀》、《小城之戀》和《錦繡谷之戀》，著意淡化人的社會性，將探索的筆觸勇敢地伸入「性」的領域並以此來探討人性的奧秘。在這些作品中，作家一方面以女性特有的細膩而感性的筆觸和敘事風格描繪了女性的性愛心理，更以其女性作家獨有的女性立場表現了女性在兩性關係中的處境、心態和超越，這之中，尤以《小城之戀》所取得的成就最為突出。

《小城之戀》描寫的是小城劇團中一對男女青年演員之間的性愛故事以及各自的內心體驗。小說對人類性欲本能的思考有著濃厚的哲學意味。作家一方面表現了男女性欲的覺醒及其所引發的靈與肉的尖銳衝突，表現了道德文化面對性之誘惑的潰散與無能，另一方面，作品通過女主人公博大無私的深厚母愛，在展示生命與性愛之間的內在關聯之後，揭示了母性這一生命中更加聖潔與莊嚴的層面，這樣，性愛的悲劇便成為青春的洗禮，充分說明了「人曾經在性愛的泥淖中墮落，但人自身、生活自身，又同樣具有自我拯救的力量。」小說的心理刻畫細膩深刻，敘述語言綿密冷靜、沉著超然，有著獨特的藝術風格。

90年代之後，王安憶又發表了《叔叔的故事》、《烏托邦詩篇》、《傷心太平洋》、《我愛比爾》、《文工團》、《天仙配》等中篇小說及《紀實與虛構》、《長恨歌》等產生較大反響的長篇小說，這些作品標誌著作家的創作取得了新的突破。

《紀實與虛構》和《長恨歌》是王安憶在90年代創作和出版的兩部有著較大社會影響的長篇小說，是作家在明確的新海派意識下進行堅持不懈藝術探索所取得的重要成就。

　　《紀實與虛構》的題名及其副題「創造世界方法之一種」實際上已經表明了作家是想通過這部小說來顯示「小說可以創造歷史」、「歷史可以用小說的方法來創造」。作家在小說之中煞有介事地從其母親的姓氏「茹」字裡摳出一個「柔然」族，並在歷史典籍之中尋查、考據借以編撰出純屬虛構的「家族歷史」，從而顯示了歷史的虛構本質及小說虛構的本體論意義，對於作家來說，這無疑是一種新的文學和歷史觀念。

　　《長恨歌》是一部有著豐厚的思想文化蘊含和較高藝術成就的長篇小說。主人公王琦瑤是40年代享盡風光的「上海小姐」，自從委身於當時的軍政要人「李主任」起便開始了其跌宕起伏的悲劇性命運。在「李主任」機毀人亡之後的幾十年中，王琦瑤先後又與阿二、康明遜、程先生、老克臘等男性產生情感糾葛，最後卻在一次竊案中死於非命。王琦瑤是一位典型的上海女性形象。她不僅有著獨特的個性特點，更是體現了當時上海文化的基本精神。她的悲劇命運實際上還是歷史變遷之中上海文化精神的命運寫照。作家通過對王琦瑤的命運書寫，為一種已經遠逝了的文化形態唱了一曲無盡的輓歌。

　　作品對上海文化精神的提示，很多時候是通過對上海的洋場和市井的場景描繪，通過對上海市民的日常生活方式富有文化意味的準確把握和精細描摹得以完成的。而在人物的性格命運之中發掘獨具特色的文化精神，並在歷史變遷之中揭示二者共與存亡的血肉關係，則是《長恨歌》取得成功的一個重要原因。王琦瑤和程先生這兩個人物的形象塑造和命運書寫便鮮明地體現了作品的這一特點。除了王琦瑤及與其相關的幾位男性，作品中的其他幾位女性如吳佩珍、蔣麗莉、嚴家師母等人物形象也都蘊含豐富，具個性特色。「王安憶細寫一位女子與一座城市的糾纏關係，歷

數十年而不悔，竟有一種神秘的悲劇氣息。」㉔作品的敘述語言
精練老到、從容不迫，議論精闢有力、富有智慧，體現出作者對
世事的深透了解與穎悟。

第七節　張承志、韓少功

　　張承志，生於1948年，回族，籍貫山東，1967年畢業於北
京清華附中，1968年到內蒙古草原插隊。1972年入北京大學歷
史系學習，1975年畢業後在中國歷史博物館工作。1978年考入
中國社會科學院研究生院，專攻北方民族史及蒙古史專業。
1981年畢業後在中國社會科學院民族研究所工作。現爲自由作
家。他的主要作品有小說集《老橋》、《北方的河》、《錯開的
花》、《奔馳的美神》、《神示的詩篇》，散文集《綠風土》、
《荒蕪英雄路》、《清潔的精神》、《牧人筆記》《鞍與筆》、
《以筆爲旗》和長篇小說《金牧場》、《心靈史》等。小說《騎
手爲什麼歌唱母親》、《黑駿馬》、《北方的河》分別獲1978
年大陸優秀短篇小說獎和1982年、1984年大陸優秀中篇小說獎。
　　張承志的小說洋溢著濃郁的理想主義的光彩。一方面，他把
對民族和人民命運的關注作爲自己創作的母題與基調；另一方面，
他的作品還滲透著凝重的歷史感和浪漫主義精神，給人以深邃的
思考和熱烈的情思。《北方的河》就是以幾條北方的河作爲抒情
描寫的客體來抒發一代人青春奔放流逝的悲壯過程。整個作品是
一個完整的象徵對應：一邊是無定河、黃河、湟水和追憶中的額
爾齊斯河與黑龍江，一邊是那個充滿著青春活力的「他」的青春
足跡；一個作爲抒情描寫的客體，一個作爲作家的主體和人物的
主體。兩者相互構成一個有機藝術整體，從外在的描寫到人物內

心世界的描寫，構成了整個作品和諧統一的旋律。北方的河流作為作者描寫的客體，它既是具體的又是抽象的：說它是具體的，就是作者把河作為一個個自然景觀來進行具體細緻的描繪，給人以視覺美的感受；說它是抽象的，就是作者把對河的整個描寫作為一種象徵和隱喻，處處將其與人物的經歷和心靈世界的變化軌跡相契合對應，乃至把河的描寫抽象成一種內在的氣質和精神，給人以一種形而上的知覺美的感受，從而達到其浪漫主義的抒情目的和對理想主義的弘揚。他筆下的河最終是一種民族精神和時代精神的匯合，它象徵著民族和人民的文化和人格力量勇往直前、奔騰不息的歷史必然，象徵著充滿理想的人的生命流程的價值和意義。作品的主人公「他」是一個偉岸的充滿著青春活力的人物，在「他」的生命流程中，充滿了對理想的執著追求、對事業的誠摯和熱愛、對愛情的忠貞不渝以及對大自然的征服欲。在「他」高速運轉的生活節奏中，憑著一顆對國家和人民的赤子之心，為了中華民族科學事業的崛起，他拚命地追回被歷史耽誤而流逝的青春，以加倍的努力工作著。從「他」身上可以看到一代知識青年在逆境中成長的事實，同時也可以感受到動盪的生活鑄就了這一代人的勤奮的特質和向上的理想，使「他」們自覺地把個人的命運和國家與人民的命運維繫在一起。相信未來，執著地追求理想，成為這一代青年的生活準則和生命的全部意義。正如作者在小說開頭寫的那樣：「我相信，會有一個公正而深刻的認識來為我們總結的：那時，我們這一代獨有的奮鬥、思索、烙印和選擇才會顯露其意義。」

　　《北方的河》與張承志的許多小說一樣，呈現出一種詩化小說的傾向。除上文提到的象徵、隱喻的結構框架以外，他的小說還內蘊著強烈的節奏感。有人認為張承志的小說非常突出地運用

了詩的表述方式，以詩的精神來結構小說，從而達到了詩的境界。他也講述故事，也描寫和敘述，但他是把廣闊的紛紜萬象的世界吸收到他的自我裡去，以深刻豐富的內心體驗，讓這個世界充滿觀照和感受的活力，把這個世界帶到意識的光輝裡。雖然他也塑造人物、描摹事物、組織情節，但他以哲學家的抽象思辨、歷史學家的宏觀視野賦予它們以深刻的「暗示」內涵，從而使小說達到形而上的層面，具有崇高的、悲劇性的、神聖的審美效果。張承志的詩化小說對新時期小說文體的變革是起了一定促進作用的。從風格上來看，《北方的河》具有雄渾壯觀、激越奔放的陽剛之美，小說正像黃河之水，充滿著壯美的氣勢，文筆酣暢，一瀉千里，給人以激情和美感。

　　進入90年代之後，張承志的小說存在著一定的宗教傾向，對此，文壇上存在著一定的爭議。但是，他的長篇小說《金牧場》和《心靈史》卻是浪漫主義文學的佳作，其深刻的影響是久遠的，文學史將會證明它們非凡的生命力。

　　韓少功，生於1953年，湖南長沙人。初中畢業後到農村插隊，1978年入湖南師範學院中文系讀書，畢業後在省總工會工作，後為中國作協湖南分會專業作家，現在海南省工作。1974年開始發表小說，其中《西望茅草地》、《風吹嗩吶聲》等為代表作品。它們均以悲劇的氛圍與藝術效果抨擊極「左」路線，弘揚道德與倫理力量。後一階段是以《歸去來》、《爸爸爸》、《女女女》、《馬橋詞典》等為代表作品，它們均以強烈的「尋根」意識和撲朔迷離的形式感來發掘人性中的惰性和冥頑不化的國民劣根性。

　　《西望茅草地》以粗獷的筆墨勾畫了一個失敗的「英雄」形象。作為茅草地國王的「酋長」，張種田是一個帶著強烈家長意

識的「農民領袖」，在極「左」思想的薰陶下，他倡導的是絕對平均主義的原則，誤以為共產黨主義精神就是過苦行僧的生活，在他的王國裡採取的是絕對的禁欲主義原則，乃至於造成了悲劇（他甚至以犧牲自己女兒為代價去維護那種荒唐的原則）。尤其可笑的是，他苦思冥想出那套在嚴刑拷打和生死抉擇面前來考驗知識青年的方法，更顯示出動亂年代的荒唐和農民革命者的愚昧簡單。作者並沒有平面地把這個人物描寫成一個反面人物形象，而是深刻地揭示出：一方面張種田不愧為革命戰爭考驗過的老戰士，在他身上，仍可以看見那種身先士卒、吃苦耐勞、患難與共、平易近人的優秀品質，而這一切正是處於彷徨、迷茫與尋找之中的「知青文學」應當珍惜的精神資源；另一方面，作為一個失敗了的「英雄」，這個人物留給人們的思索是深刻的：雖然張種田領導開發這片茅草地的事業是以鬧劇形式收場的，但張種田卻以自己整個生命虔誠地投身於這場他心目中新的革命戰爭，他用一種小農個體生產方式去領導大生產，他用傳統封閉的僵化思想（他還自以為是正統的馬列主義）去壓抑正常健康的人性（他以為是小資產階級的情調），他用呆板的軍閥作風作為維持秩序的靈丹妙藥……。這一切都構成了這個人物豐滿的個性特徵，使之成為一個富有立體感的具有多重性格的人物形象。

　　《爸爸爸》不僅是韓少功突破自身思維模式的一次嬗變，而且對新時期小說觀念的蛻變也起著推動的作用，是80年代中期「尋根文學」思潮中的一篇重要作品。《爸爸爸》塑造了丙崽這個很難概括的藝術形象。我們盡可以把丙崽作為一種意象或人生的象徵，把他所生活的氛圍和環境看成一種凝固了的社會空間。作者把一種具有遠古意識、初民思想的生產方式和生活方式呈現在讀者面前，意在把愚昧、蠻荒、冥頑不化的「集體無意識」加以

抨擊與放大。有人把這種原始意識歸結爲八種表現：一、萬物有靈論（如丙崽娘燒死了一隻綠眼赤身大蜘蛛，冒犯神明，生下體殘心呆的兒子）；二、畏天祭神（如爛了秧就拿丙崽祭谷神，聞驚雷，以爲是上天對這瘦癟癟的祭品表示不滿）；三、千奇百怪的迷信解釋、預兆、禁忌和行爲（如認爲蛇性淫、見婦女就挑逗；吃了魚和雞會生下活魚活雞；貼紅紙可以避邪，灌大糞可以治好瘋病……）；四、咒語拜物教（如咒人「背時鳥」可使人絕後；取所愛女子頭髮一根繫在門前樹上，念「花咒」72遍，就能迷住女子等）；五、巫卜文化（如巫師指點，砍牛頭以後，觀牛進退，可預卜戰事勝負等）；六、盲目的祖先崇拜和長輩權威（立祠堂，修族譜，逢年過節和紅白喜事必唱古歌……雞頭寨大敗後，年老的仲滿熬了毒藥水，讓老弱遵照列祖列宗的先例服毒而死，大家都乖順地照喝不誤）；七、對人的獸性摧殘（如對侏儒丙崽的侮辱成爲大家的樂事）；八、好勇鬥狠、集團仇殺（如雞頭寨和雞尾寨之間的械鬥『打冤』成爲遺風民尙）㉕。小說中揭示出的這八種表現形態成爲我們邊遠地區和落後地區至今還保存著的民族生存形態，同時，它也成爲一種穩態的意識結構滲透於我們民族的「集體無意識」之中，韓少功將它進行變形的誇張與放大，其目的是想引起療救的注意。

　　《爸爸爸》在文體上也有其獨特的貢獻，全文瀰漫著一種飄忽不定的、撲朔迷離的神秘感，作品「打破生與死，人與鬼的界限，打破時空界限，吸收歐美現代派時序顛倒、多角度敘述、幻覺與現實交錯等藝術手法」㉖。這給讀者的閱讀雖然帶來了一定的障礙，但其所留的藝術想像空間則更廣闊深遠。整個作品在神秘的描述之中所透露出來的象徵意蘊，能促發讀者去思考更深層的意蘊。小說對山地的風俗和自然景觀的描寫，以及糅進的神話

描寫則爲小說的內容表達和形式表現增添了賞心悅目的色彩效果。

　　當然，《爸爸爸》還存在著對哥倫比亞魔幻現實主義作家加西亞・馬奎斯的長篇小說《百年孤獨》的模仿痕跡，一定程度上還存在著內容與形式的悖離傾向，但是，它畢竟融入了民族文化心理的特質，而且把新時期的小說創作形式向前推進了一步。

第八節　　徐懷中、莫　言

　　徐懷中，生於1929年，河北邯鄲人，出身貧農，1945年參軍，在第二野戰軍政治部文藝工作團從事美術工作，1950年至1955年先後在西南軍區與昆明軍區文工團和文化部工作。1958年至1963年任《解放軍報》副刊編輯。 1978年任八一電影製片廠編劇。後爲解放軍藝術學院文學系主任。

　　徐懷中創作的小說《西線軼事》是新時期軍事文學創作領域內的第一次突破，第一，它打破了1949年以來戰爭題材小說單一的模式（即注重描寫戰爭的過程），把筆觸深入到人的內心世界進行正面描寫；第二，它打破了聖化、神化了的「英雄」偶像，代之以活生生的有血有肉的普通戰士形象。

　　在《西線軼事》中，嚴酷的戰爭僅僅是作爲一個存在，其筆墨的側重點放在對豐富的心靈世界的各個不同側面進行細緻入微的描摹。小說刻畫了一個男步話兵和六個女電話兵的形象，其中著重描寫了男步話兵劉毛妹和女話務兵陶珂。從這兩個主人公身上發掘出了青年一代的思想特徵以及他們在戰爭中流溢出的高尚情操。

　　作爲戰爭題材中的悲劇主人公，劉毛妹不再是通體光明的英雄塑像，他作爲一個有血有肉的普通人出現在讀者面前，使人感

到親切、眞實、可信，因而整個作品所產生的悲劇美感更能引起廣大讀者的共鳴。那一悲劇時代曾經賦予了劉毛妹這一代青年迷惘、彷徨和頹唐等表徵，但其內心「位卑未敢忘憂國」的信念始終未曾泯滅，因此，當他走進一個特殊的環境時，他內心世界的驟變促使其成爲一個眞正的英雄，作者正是抓住了這一內心世界的驟變作爲描寫的焦點，才使得這個英雄性格更加豐滿動人。儘管劉毛妹身上還有許多不盡如人意的「疵痕」，然而在國家的命運和人民的利益面前，面對殘酷的戰爭，他自豪地「倒在同敵人廝殺的戰場上」。值得注意的是，作者在描寫英雄性格過程中，始終是以主人公的內心世界爲視角，很少像過去的戰爭題材作品那樣，把炮火硝煙的戰爭畫面和英雄的悲壯性格直接顯示在讀者的視覺前沿，而是以內在的心理衝突和戰場之外的生活作爲描寫視角，來多方位地描寫英雄的性格特徵。即便是寫劉毛妹壯烈犧牲的場面，也是通過小戰士的平淡敍述間接反映出來的，然而這種「冷處理」引起的感情反差，卻更能激起讀者對這位英雄的景仰之情。作者把戰爭與歷史相聯繫，構成了整個作品更深層的歷史內容與時代意義。

同樣，在描寫六個女電話兵的過程中，作者亦以樸素的描寫線條勾勒出接近於生活原色的人物。作者抓住每個人的個性特徵，尤其是生動地描寫了女兵們生活小節中充滿著青春活力的癖好、脾氣、性格，乃至不良習氣。這些瑣聞軼事的描寫非但沒有損害形象的美感，反而增加了整個作品生活化、眞實化的審美效果。當六個女兵在關鍵時刻都出色地完成了任務時，人們就覺得人物更加可愛可親。

《西線軼事》是一部充滿了人情味的小說，這在過去的戰爭題材作品中是少見的，而且作者敢於用大量筆墨來描寫男女主人

公細膩的愛情心理（包括男女之愛、母女、母子之愛），這就爲軍事題材小說的生活化描寫開了先河。

從藝術風格上來說，《西線軼事》一反戰爭題材的抑鬱的悲壯格調，代之以清新明朗的筆調，濃郁的生活氣息和細膩的人物心理描寫替代了曲折離奇的情節和驚心動魄的戰爭場面描寫。作者善於從各個生活的橫斷面來描寫人物，用抒情手段將瑣碎的片段加以連綴，具有散文詩的結構特徵與藝術效果。

莫言，原名管謨業，生於1956年，山東高密人。1976年入伍，1984年考入解放軍藝術學院文學系。主要作品有小說集《透明的紅蘿蔔》、《紅高梁家族》和長篇小說《豐乳肥臀》等。其中《紅高梁》獲1985～1986年大陸優秀中篇小說獎。出版有五卷本《莫言文集》。

當1985年中篇小說方興未艾時，莫言以他的中篇處女處《透明的紅蘿蔔》震動了文壇，隨之而至的中篇《球狀閃電》、《爆炸》、《金髮嬰兒》和短篇《枯河》、《老槍》等使人目不暇接。1986年莫言寫了《紅高梁家族》系列，一篇《紅高梁》便使得整個文壇沸沸揚揚，直到電影《紅高梁》獲得多項國際大獎，其「紅高梁」的餘波還在整個文藝界呈現出此起彼伏之狀。莫言成了評論界的熱門話題。考察「莫言現象」，我們不難看出，1985年以後大量西方文學湧入中國文壇，造成了整個文學審美觀念的變化。在這個文學大背景下，許多青年作家借鑑西方文學的形式技巧，摹仿和創作出許多使中國讀者耳目一新的作品來。尤其是對70年代後的拉美文學的借鑑，成爲文壇的時尚。莫言在思想上和藝術上接受了哥倫比亞魔幻現實主義作家加夫列爾·加西亞·馬奎斯和美國意識流小說作家威廉·福克納的影響，其創作改變了中國傳統小說的軌跡，成爲新時期軍事文學的又一個里

程碑。或許我們還可能清晰地看到莫言摹仿加西亞‧馬奎斯的痕跡，但我們更應看到莫言把一種感知方式熔鑄在對自己民族的審視上的氣魄。莫言崇尚馬奎斯，就在於「他之所以能如此瀟灑地敘述，與他哲學上的深思密不可分。我認為他在用一顆悲愴的心靈，去尋找拉美迷失的溫暖的精神家園。他認為世界是一個輪迴，在廣闊無垠的宇宙中，人的位置十分渺小。他無疑受了相對論的影響，他站在一個非常的高峰，充滿同情地鳥瞰著紛紛攘攘的人類世界」㉗。莫言也是「用一顆悲愴的心靈」去揭開我們民族文化心理的世界，去尋覓我們民族「迷失的溫暖的精神家園」的。莫言以一種奇異的然而是新鮮的藝術感覺重新認知我們民族的生命和文化心理。

《紅高粱》寫了一個並非新穎的又是極其簡單的抗日故事：「我」爺爺余占鰲的伏擊日寇以及和「我」奶奶的愛情糾葛。這種被渲染過無數次的故事框架，何以能釋放出如此燦爛動人的藝術光輝呢？

小說以敢生敢死、敢愛敢恨的生命意識作為基調，對整個農民真實的文化心理進行原生狀態的描述，一方面濃墨重彩地渲染了一種火紅的高粱般的民族性格，一方面則通過戰爭這一特殊的環境來開掘真正屬於農民意識的正負兩個層面。作者寫了神秘的「紅高粱」，寫了那些充滿了隱喻和象徵性的人物的內心世界，寫了那些主人公的靈魂面貌及思想行為，乃至情感實踐的精神準則——他們的偉大與渺小，強悍與虛弱，自尊自信與自卑自賤，善良與殘忍，坦率與狡猾，機智與愚昧，以及那種足以使民族強盛的氣概與足以使民族停滯不前的落後的傳統意識，均使讀者感悟到一個以農民為主體的民族所不可避免的精神狀態的偉大與卑微。作品雖然以抗日為背景，以伏擊為線索，但作者著力要揭示

的是一個民族的過去，以及這種過去與現在、與將來的某種有機的精神聯繫。可以說，《紅高粱》所要證明的是民族精神之魂的複雜內核，而在以往的以抗日生活作爲描寫對象的小說中，還沒有出現過這樣既充滿了血腥味，但又富有神秘感的優秀作品。《紅高粱》中的主人公們，無論是「我」爺爺，還是羅漢大爺，在他們的血液中浸潤著那無拘無束的叛逆性格和土匪習氣，同時亦保留著除暴安良、抗禦外侮的堅韌不拔的偉大生命潛能。他們雖然有著不同的外部經歷和性格特徵，但其身上「基本的氣質卻是相通的，那就是體現在整個人格中的風骨，以及由此而帶給生命的厚重感。同時又體現著民族民間精神的兩個方面，一是勇敢抗爭，一是勤勞耐苦。這兩個方面構成中華民族的內聚力」㉘。作者沒有把這些人物戴上「英雄」的光環，而是讓他們停留在眞正的農民心態上，使之呈現出一個未經雕琢的定型民族文化心理的原型。「我」奶奶是一個充滿了生命張力的、非「賢妻良母」式的中國婦女形象，她打破了封建禮教的束縛，是一個充滿著情欲和野性的女人。她「什麼事都敢幹，只要她願意」，她的活法悖逆了傳統的道德，然而，她的生命意識卻給人以新的美感。正是這個形象的塑造，使人們看到民族生存意識和生命力的高揚。「我」奶奶除了具有正義勤勞的中國婦女特質外，更重要的是在她的靈魂中，渴求的是一種樸素的自由和解放的本能需要，是一種歸於自然的人類本性的需求。在她倔強的生命旅程中，我們看到她和余占鰲在高粱地裡火焰般的野合，並沒有那種污穢的感覺。她的縱欲充滿著對封建禮教的褻瀆，而這種褻瀆正是一個在道德規範壓力下生長多年的中國民族生命意識的自覺反抗。正如她在彌留之際的默禱：「天，什麼叫貞節？什麼叫正道？什麼是善良？什麼是邪惡？你一直沒有告訴我，我只有按著我自己的想法去辦，

我愛幸福，我愛力量，我愛美，我的身體是我的，我爲自己做主，我不怕罪，不怕罰，我不怕進你的十八層地獄。我該做的都做了，該幹的都幹了，我什麼都不怕。但我不想死，我要活，我要多看幾眼這個世界，我的天哪……」正是這種反叛精神重新詮釋了我們民族對於生命意識的理解，它滲透了「紅高粱」般熾烈的生命張力。

《紅高粱》中交織著悲劇與反諷的複合美感，即，它寫的是一齣悲劇，但又不同於傳統的悲劇美學原則。它不是在最悲慟之處引起人們的「悲憫」、「同情」和「崇高」的美感，從而達到教化之目的。而是採用「反諷」的技巧，給人以一種新鮮的美學感受。寫到最慘烈之處，作者往往筆峰一轉，以輕鬆甚至幽默調侃的筆調將讀者從本來的悲劇審美軌跡中拉出來，進入一個更爲廣闊的想像世界，使之富有多義的審美意蘊。在孫五剝羅漢大爺人皮時，作者用一種奇異的感覺來寫這一場面：一方面是寫羅漢大爺「一股焦黃的尿水從兩腿間一竄一竄地齜出來」、「肚子裡的腸子蠢蠢欲動，一群群蔥綠的蒼蠅漫天飛舞」；另一方面又寫「父親看到大爺的耳朵蒼白美麗，瓷盤的響聲更加強烈」。前者近乎一種褻瀆意識，而後者又摻雜著一種黑色幽默和調侃的意味。本來這一場面正是塑造這位「抗日英雄」的最好描寫契機，然而這種對傳統悲劇原則的背叛，正是爲了表現那種原生狀態的生命意識。有人以爲：「以樂境寫哀境，以鵲笑鳩舞寫傷心慘目，以輕快寫緊張，以潔淨襯腌臢，以霽顏寫狂想，把小說中的悲慘和悲壯、堅韌和崇高推到令人震駭的極境」[29]。總之，莫言筆下的悲劇已經打破了傳統的戰爭題材悲劇的審美觀念，給人一種新鮮的、廓大的悲劇審美空間，儘管莫言是從福克納那裡借來的「反諷」的藝術技巧，但這有助於軍事文學悲劇觀念的演進和發展。

　　在現實主義精神中容納了大量的現代派表現技巧，造成小說創作的新格局，這是莫言《紅高粱》藝術上的又一成功之處。整個《紅高粱》充滿了象徵和隱喻，森林般的紅高粱本身就是中華民族精神內核的象徵，而每一個人物和畫面均充滿著深刻的寓意。有人認為這是一種「神話模式」，是借鑑了加西亞・馬奎斯的魔幻技巧，不管怎樣，象徵、隱喻、暗示、借代等手法的運用，增強了作品的表現力。正如莫言所言：沒有象徵和寓意的小說是清湯寡水。空靈美、朦朧美都難離象徵而存在。

　　魔幻現實主義的原則是「變現實為幻想而又不失其真」。莫言的作品中充滿著幻象，這種幻象充滿著浪漫色彩和詩的意境，這種美學效果的產生，有賴於作家運用童話、寓言的手法，把幻象與現實糅合在一起，精確地表現出人物內心世界以及作者的主觀世界奇特的心理過程，這也構成了莫言小說「憂鬱的主調」之下「一方面是淒楚、蒼涼、沉滯、壓抑，另一方面則是歡樂、激清、狂喜、抗爭」㉚的獨特的敘事風格。《紅高粱》中奶奶彌留之際的幻象描寫精彩之極，在藍天、白雲、紅高粱的交相輝映下，「一群雪白的野鴿子」飛臨奶奶的身邊，「用寬大的笑容回報著奶奶彌留之際，對生命的留戀和熱愛」。作者用三個大段落的詩一般的語言，從天上到地下，從近景到遠景，從現時到童年……來抒寫這一詩境般的幻象，空間和時間以及描寫視角的不斷轉換，使得作品具有一種朦朧的美感，較為準確地表現出「我奶奶」那種執著頑強的生命意識和對大自然的熱愛之情，同時也充分表現出奶奶和「幾百個衣衫襤褸的鄉親們」紅高粱般的民族氣節與生存意識。倘使把鴿子作為一種象徵物，那麼對自由的渴望便與奶奶一生的追求相契合。這種童話寓言式的象徵描寫模式恰恰又增強了整個作品詩意的感染力。

　　《豐乳肥臀》作爲莫言90年代具有代表性的長篇小說，除了沿襲《紅高粱》的敘述框架外，在思想和藝術上尚沒有一個更新的質的飛躍。

第九節　馬原等人的先鋒小說

　　1985年開始，文壇上出現了一批先鋒小說，這些小說有的具有現代派小說特點，有的具有後現代主義特點，由於當時文學界對於後現代主義還很陌生，所以有的人將其歸入現代派小說之中，但更多的人稱其爲「實驗小說」或「先鋒小先」。先鋒小說具有鮮明的特點：一是在文化上表現爲對舊有意義模式的反叛與消解，作家的創作已不再具有明確的主題指向和社會責任感；二是在文學觀念上顛覆了舊的眞實觀，一方面放棄對歷史眞實和歷史本質的追尋，另一方面放棄對現實的眞實反映，文本只具有自我指涉的功能；三是在文本特徵上體現爲敘述遊戲，更加平面化，結構上更爲散亂、破碎，文本意義的消解也導致了文本深度模式的消失，人物趨於符號化，性格沒有深度，放棄象徵等意義模式，通常使用戲擬、反諷等寫作策略。先鋒小說對小說敘述方式和語言形式的大膽探索爲中國當代小說的創新和發展提供了新的可能，它對後來的小說創作有著一定的影響，但是它將「敘述」和「語言」視爲小說寫作活動的全部意義顯然過於偏頗，它對意義的放逐也使自身喪失了廣泛的交流基礎，從它的歷史發展來看，這都是導致其漸趨衰落的重要原因。

　　先鋒小說以劉索拉的《你別無選擇》、徐星的《無主題變奏》開其端，其代表作家主要是馬原、洪峰、蘇童、余華、格非、葉兆言、孫甘露、潘軍、北村、呂新等。

　　馬原（1953～　　），遼寧省錦州市人，1970年中學畢業後到遼寧錦縣農村插隊。1974年入瀋陽鐵路運輸機械學校機械製造專業學習。1976年到阜新機務段當鉗工。1978年考入遼寧大學中文系，1982年大學畢業後去西藏工作。馬原的小說創作可以1984年發表的小說《拉薩河女神》為界分為前後兩個時期。前一個時期，馬原主要以現實主義或現代主義的創作方法從事小說創作，其中包括其1982年發表的第一篇小說《海邊也是一個世界》。從《拉薩河女神》開始，馬原發表了一系列以西藏為故事背景並且在敘事方式上極具先鋒性的小說，它們主要是《拉薩河女神》、《岡底斯的誘惑》、《疊紙鷂的三種方法》、《遊神》、《大師》、《虛構》等。另外，馬原的其他小說如《錯誤》、《西海的無帆船》、《塗滿古怪圖案的牆壁》、《戰爭故事》、《傾述》、《舊死》、《沒住人的房子總歸要住人》及長篇小說《上下都很平坦》等同樣體現了極強的「先鋒性」，可以說，正是馬原引發了80年代中後期中國小說的敘事革命。

　　馬原先鋒小說的重要特點首先在於他在小說中頻頻出現「馬原」的形象並以此來拆除真實與虛構之間的界線，使得小說呈現出既非虛構亦非寫實的狀態。在《虛構》、《拉薩生活的三種時間》　和《疊紙鷂的三種方法》之中，「馬原」都成為了馬原的敘述對象，馬原在此不僅擔負著第一敘事人的角色與職能，而且成了旁觀者。在《塗滿古怪圖案的牆壁》、《戰爭故事》和《西海的無帆船》等小說中，「馬原」甚至還被其所虛構的小說人物返身敘述，這樣，似乎連「馬原」也成了一個被虛構出來的形象。

　　其次，馬原所敘述的故事往往是缺乏邏輯聯繫的互不相關的片段，這些片段只是靠了馬原的敘述「強制性」地拼合在一個小說之中。《疊紙鷂的三種方法》由敘述者的敘述（馬原的自我敘

述以及關於新建和羅浩的敘述）和敘述中的敘述人（小桑格和劉雨）的敘述（一椿刑事案件和一個收養群狗的老太太的故事）拼合而成，而小說中的眾多的故事其實毫無關聯，它們的唯一聯繫便是通過馬原的手筆強行扭合在一起。另外，《舊死》拼合了海雲和曲晨的故事，《遊神》拼合了契米、神秘的印度莎拉以及圍繞著所謂的乾隆六十一年古錢幣及其鑄幣鋼模的故事。正如有的論者所指出的，馬原的不少小說經常把幾個可以完全獨立的故事排列在一起，在排列中再交叉。各個故事有可能是殘缺的，也可能是完整的，但他們的排列——有序或無序，如果讀者想從中尋找慣常觀念的聯繫機制，怕百分之九十的人要失望，剩下的百分之十的人完全可能作出十種不同的解答。

再次，由於馬原將小說的敘述過程與敘述方法視爲其創作的最高目的，他的故事因此也喪失了傳統小說故事所具備的意義，他更關心他的故事形式，更關心他如何處理這個故事，而不是想通過這個故事讓人們得到故事以外的某種抽象觀念。在馬原的先鋒小說中，敘述不僅是手段，更是目的。馬原筆下的生生死死、是是非非，甚至是西藏這樣一片蘊含豐厚的歷史文化內涵的神秘土地均未獲得某種「意義」。

馬原的先鋒小說以《岡底斯的誘惑》和《虛構》較有代表性。

中篇小說《岡底斯的誘惑》發表於《上海文學》1985年第2期。小說敘述了幾個互不關聯的「西藏故事」：一是老作家的西藏經歷，二是獵人窮布的獵熊故事，三是陸高和姚亮看天葬的過程，四是藏民頓珠、頓月兄弟的故事。這幾個互不關聯的故事各自獨立又被交錯敘述，而且故事既不完整，也無明確的線索，往往是突如其來，又倏忽而去，顯得莫名其妙。小說成功地利用.（或戲耍）了讀者的期待心理，它設置懸念，似有追索，但結果往

往又是突兀出現且與原先的期待形成強烈的反差（如對陸高與姚亮去看天葬的敘述）。《岡底斯的誘惑》的敘述方法也極爲獨特，老作家的故事、窮布的故事分別運用了第一、第二人稱的敘述視角，而關於陸高、姚亮及頓珠、頓月兄弟的故事，採用的卻是正面敘述的方法。

中篇小說《虛構》在開頭部分便煞有介事地聲稱：作家是在根據自己在痲瘋村——瑪曲村七天的經歷和觀察結果「編排一個聾人聽聞的故事」。緊接著，作家便敘述了自己在瑪曲村的怪異「經歷」，這些「經歷」構成了小說《虛構》的故事主體。但是在小說結尾，作家又直接拆穿了上述「經歷」的虛構性。一方面，他自陳自己的瑪曲村經歷是依據其西藏經歷、妻子在痲瘋病院的工作經歷、有關痲瘋病的書籍等虛構而成；另一方面，在其拆穿自己的虛構性經歷之後，他又強行爲上述「虛構」杜撰了一個「結尾」，這便是小說《虛構》所敘述其進入瑪曲村的時間是5月3日，他在瑪曲村度過了七天時間，然而其離開的日期卻是5月4日，這也從時間上取消了他的「經歷」，在先鋒小說的顛覆舊有真實觀、拆除真實與虛構界線，專注敘述遊戲等方面，馬原的《虛構》可謂達到了極致。

洪峰（1957～　）原名趙洪峰。吉來通榆人。1975年高中畢業後任代課教師，1977年進入磚廠當工人。1978年入東北師大中文系，畢業後在白城師專任教，後調入《作家》編輯部，現爲專業作家，洪峰的作品主要有前期的《生命之流》、《勃爾支金荒原牧歌》、《生命之覓》等，這些小說體現了較強的生命意識和尋根意向，基本上屬於尋根文學範疇。從其於1986年9月發表中篇小說《奔喪》開始，他的小說創作進入了第二個階段並陸續發表了中篇小說《瀚海》、《白霧》、《極地之側》、《湮沒》、

《重返家園》、《走出與返回》、《離鄉》及長篇小說《東八時區》、《和平年代》、《苦界》等。洪鋒第二階段的小說創作在敘事方式上較多地具有後現代主義的特點，但其主題意蘊卻又大都是現代主義的。

中篇小說《瀚海》是洪峰最爲引人注目的作品，小說所敘述的是三個家系三代人近半個世紀的悲劇命運，它們分別是「洪峰」自己的家系包括爺爺奶奶一代、父母一代、「洪峰」及其兄妹一代；姥爺的家系包括姥爺姥姥一代、舅舅舅母一代、白雪雪一代；李金斗的家系，包括李金斗一代、李學文一代、白雪雪一代。在主題意蘊上，小說仍然有著一定的「尋根」趨向，這鮮明地表現在作家對於種的退化的憂慮方面（如大哥的痴呆）。但是作家對於家族悲劇性故事的敘述卻是驚人的冷靜，有時甚至是略帶調侃，這無疑是導因於作家對後現代主義小說敘述手段的有效借鑑。

蘇童（1963～　　），江蘇省蘇州市人，1980年考入北京師範大學中文系，畢業後分配至南京，先後任南京藝術學院教師、《鍾山》雜誌社編輯，現爲江蘇省作協專業作家。蘇童在大學讀書期間即開始文學創作並發表作品，迄今爲止，已經發表了大量文學作品，出版有七卷本《蘇童文集》及散文集《尋找燈繩》。其中，較有影響的小說主要有《1934年的逃亡》、《飛越我的楓楊樹故鄉》、《妻妾成群》、《紅粉》、《離婚指南》、《已婚男人楊泊》、《罌粟之家》、《平靜如水》和長篇小說《我的帝王生涯》、《米》等。

中篇小說《1934年的逃亡》是蘇童的成名作，原載於《收穫》1987年第5期。《1934年的逃亡》是一篇家族史小說，它以悽艷哀傷的筆調敘述了陳姓家族史上驚心動魄的悲劇性衰敗，敘述了畸形、瘋狂和充滿肉欲的性愛與不可捉摸的災變、狂暴和死

亡。在小說之中，生命顯得是那樣的蒼白、沉重、脆弱而且無常，而由這一切所組成的家族歷史又是極其晦暗與撩亂。小說講述了陳姓家族的歷史故事，但是作家卻並無理性地審視歷史進而索解歷史之謎的主體意向，而是「力求將其未經選擇和誤讀的原生態呈現出來」，小說的「歷史背景與氛圍以及所呈現的主題意蘊也更爲多義和不確定」，㉜這樣，歷史仍然是渾茫和雜亂的。

　　余華（1960～　），浙江省人，出生於醫生家庭，中學畢業後進入浙江省海鹽的一家鎮衛生院做牙科醫生，其間開始從事文學創作，五年以後調入海鹽縣文化館工作，現爲專業作家。余華自1987年發表短篇小說《十八歲出門遠行》初登文壇以來，作品的數量並非很多，但大多有影響並受到好評。其中，尤以短篇小說《死亡敘述》、《愛情故事》、《往事與刑罰》《鮮血梅花》、《我沒有自己的名字》，中篇小說《四月三日事件》、《現實一種》、《世事如煙》、《難逃劫數》、《古典愛情》和長篇小說《在細雨中呼喊》、《活著》、《許三觀賣血記》所取得的成就較爲突出。余華出版有《余華作品集》三卷，收錄有1993年以前發表的大部分作品。

　　余華小說最爲明顯的先鋒性在於他的「冷漠敘述」。在他的大量作品中，余華總是近乎偏執地迷戀於對暴力、災難尤其是死亡的敘述，無論是《一九八六年》中的瘋子對自己的慢條斯理的自戕，還是《古典愛情》中對於「人肉市場」的描寫以及《往事與刑罰》、《死亡敘述》、《現實一種》中的「死亡敘述」，抑或是《活著》、《許三觀賣血記》、《在細雨中呼喚》中對愛情與親情的描述，敘述語言都表現出近乎殘酷的冷漠，敘述者的主體意向已降至感情的冰點。作爲一種極端的後現代主義敘述方法，余華的冷漠敘述極好地實現了對於歷史（《一九八六年》）、時

間（《往事與刑罰》）、理性（《河邊的錯誤》）、愛情（《愛情故事》）和倫理（《現實一種》、《世事如煙》）的徹底顛覆。

其次，除了上述的主題性顛覆之外，余華小說的先鋒性與顛覆性還明顯地表現於他所慣常使用的文類性顛覆，即對舊有的文類實行顛覆性戲仿。余華的《鮮血梅花》可以視爲對武俠小說的顛覆，《河邊的錯誤》是對公案——偵探小說的顛覆，《一個地主的死》是對抗戰小說的顛覆，而其《古典愛情》所顛覆的，顯然是古老的才子佳人小說。由於已經程式化的舊有文類更多接納和保留的是封建社會及其他歷史時期僵化的價值觀念與正確意識形態，因此余華小說「文類顛覆的目的依然是價值觀的顛覆」㉝。

中篇小說《現實一種》原載於《北京文學》1988年第1期，較爲典型地體現了余華小說的基本特點。小說所講述的是兄弟仇殺的故事。山崗四歲的兒子皮皮無意間摔死了自己的堂弟即山峰的兒子，由此便引發了一場家庭內部的互相仇殺。先是弟弟山峰出於復仇踢死了侄子皮皮，接著哥哥山崗又殺死了弟弟山峰，最後山崗因殺人罪而被槍決。余華在敘述這一家族令人驚心動魄的災變與毀滅時所用的敘述語調卻是驚人的冷漠與安祥。在講述這一悲劇時，敘述主體既無激憤，亦無悲憫，相反，卻是用一種極其精細且略顯調侃的語調來敘述一系列的死亡與殺戮，包括一群醫生對山崗屍體的支解。《現實一種》以一種極端的敘述對倫理文化及人性本質實行了極端的顛覆，其先鋒性是極爲突出的。

此外，80年代較有影響的先鋒小說還有葉兆言的《棗樹的故事》、《五月的黃昏》、《桃花源記》，孫甘露的《信使之函》、《訪問夢境》等。

【注　釋】

① 丁帆、何言宏：《論二十年來小說潮流的演進》，《文學評論》1998年第5期。

② 韓少功：《文學的根》，《作家》1985年第4期。

③ 王蒙：《我在尋找什麼》，《〈王蒙小說報告文學選〉自序》，北京出版社1981年版。

④ 王蒙：《我在尋找什麼》，《〈王蒙小說報告文學選〉自序》，北京出版社1981年版。

⑤ 陳思和：《關於烏托邦語言的一點隨想》，《文藝爭鳴》1994年第2期。

⑥ 陳思和：《關於烏托邦語言的一點隨想》，《文藝爭鳴》1994年第2期。

⑦ 陳思和：《關於烏托邦語言的一點隨想》，《文藝爭鳴》1994年第2期。

⑧ 郜元寶：《閱讀與想像——再談王蒙小說的語言與抒情》，《小說評論》1995年第3期。

⑨ 劉心武：《小說創作中的幾個內部規律問題——在昆明一次座談會上的發言》，《滇池》1983年第1期。

⑩ 劉再復：《他把愛推向每一片綠葉》，《讀書》1985年第9期。

⑪ 劉心武：《如意·後記》，北京出版社1982年版。

⑫ 陸文夫：《過去、現在和未來》，《星火》1980年11期。

⑬ 汪曾祺：《晚飯花集·自序》，人民文學出版社1985年版。

⑭ 鄧嗣明：《瀰漫著氛圍氣的抒情美文》，《文學評論》1992年第3期。

⑮ 李國濤：《汪曾祺小說文體描述》，《文學評論》1987年第4期。

⑯ 黃子平：《「沉思的老樹的精靈」》，《文學評論》1983年第2期。

⑰ 馮驥才：《關於〈陰陽八卦〉的附件》，《中篇小說選刊》1988年第5期。

⑱ 馮驥才：《關於〈陰陽八卦〉的附件》，《中篇小說選刊》1988年第5期。

⑲　馮驥才：《關於〈陰陽八卦〉的附件》，《中篇小說選刊》1988年第5期。

⑳　馮驥才：《關於〈陰陽八卦〉的附件》，《中篇小說選刊》1988年第5期。

㉑　丁帆、徐兆淮：《新時期風俗畫小說縱橫談》，《文學評論》1984年第6期。

㉒　王安憶：《雨，沙沙沙·後記》，百花文藝出版社1981年版。

㉓　王安憶、斯特凡亞、秦立德：《從現實人生的體驗到敘述策略的轉型》，《當代作家評論》1991年第6期。

㉔　王德威：《海派作家又見傳人：論王安憶》，《女性與文學》，香港嶺南學院現代中文文學研究中心1997年版。

㉕　吳慧穎：《反思之鑽向遠古愚昧的沉積層掘進》，《當代作家評論》1986年第3期。

㉖　丁帆、徐兆淮：《新時期鄉土小說的遞嬗演進》，《文學評論》1986年第5期。

㉗　莫言：《兩座灼熱的高爐》，《世界文學》1986年第3期。

㉘　季紅眞：《憂鬱的土地，不屈的精魂》，《文學評論》1987年第6期。

㉙　雷達：《遊魂的復活——評〈紅高粱〉》，《蛻變與新潮》第427頁，中國文聯出版公司1987年版。

㉚　季紅眞：《憂鬱的土地，不屈的精魂》，《文學評論》1987年第6期。

㉛　邵燕君：《從交流經驗到經驗敘述》，《文學評論》1994年第1期。

㉜　張清華：《中國當代先鋒文學思潮論》，江蘇文藝出版社1997年版。

㉝　趙毅衡：《非語義化的凱旋》，《當代作家評論》1991年第2期。

第十四章　九十年代小説

第一節　「新寫實」小説

　　在80年代末至90年代初的中國大陸文壇上，王朔的小説一度成爲人們關注的熱點，形成一股「王朔熱」，華藝出版社於1992年出版了《王朔文集》，首開爲青年作家出文集之風，對「王朔熱」起到了推波助瀾的作用。王朔發表於 80年代的早期作品如《空中小姐》、《永失我愛》、《一半是海水，一半是火焰》等，多爲比較模式化的言情小説，但其取材的市民化、語言的口語化等傾向已十分明顯。王朔小説眞正產生較大影響的是他的「頑主」系列，其中有代表性的如《千萬別把我當人》、《玩的就是心跳》、《一點正經沒有》、《我是你爸爸》等等。這些作品以顛覆性的小説敘事反叛了占主流地位的知識分子話語，一切美好、莊嚴、神聖的情感和價值，在小説中受到無情的調侃，化爲輕鬆的一笑。而這樣的小説之所以在當時產生較大的反響，客觀上首先是因爲它表現了社會轉型期價值觀念的變化。另一方面，隨著社會的世俗化加劇，市民文化價值觀念開始從向來受壓抑的狀態浮出歷史地表，王朔小説在很大程度上正是爲市民文化爭得了顯示自身、言説自身的話語表達權利。在王朔的小説中，生活在社會和思想文化的邊緣的人物成了主人公和英雄。與此相聯繫的是，王朔小説從一開始就具有了鮮明的文化快餐性質。這使王朔小説的上述意蘊凸顯出的方式是所謂「反智」的寫作策略。

王朔小說敘事的矛頭直指知識分子文化或者說精英文化的存在，其對知識分子的一些劣根性如迂腐清高、自我膨脹等給予了痛快淋漓的挖苦與嘲弄，這當有助於知識分子的自我警策與自我批判；而其充滿幽默生動的市井口語以及粗鄙而輕鬆的文風，對知識分子敘事所特有的凝重、優雅等等，也形成了美學意義上的衝擊，並以此構成文學多元格局中的「一元」。但是，王朔小說對知識分子的憂患意識、批判精神、啓發精神的嘲弄和抨擊中，其嬉戲與輕佻的姿態裡亦存在著蠻橫霸道的危險，潛藏著對包括知識分子文化在內的文化精神資源的破壞性力量。這是在面對王朔小說時不能繞過的一個險灘。當然我們也不能以此來代替對王朔小說的全面把握。像《我是你爸爸》和《動物凶猛》（後來改編爲電影《陽光燦爛的日子》）這樣的小說，對人們的基本困境所投以的純粹的注視與眞誠的表達，都足以令人深思。王朔小說一般被看作「新寫實主義」小說的先聲。

　　「新寫實主義」是開端於80年代後期的一種小說思潮，它對應於80年代後期以後中國大陸社會大寫的「人」解體、文學中的終極理想消失、政治熱情降溫、個體生存艱難等複雜的現實，以及1987年之後先鋒小說遭遇冷落的藝術現狀，是對於現實和小說的雙重反應。正如《鍾山》1989年第2期「新寫實小說大聯展·卷首語」中所說：新寫實「不同於歷史上已有的現實主義，也不同於現代主義『先鋒派』文學，而是近幾年小說創作低谷中出現的一種新的文學傾向」。它們「仍以寫實爲主要特徵，特別注重現實生活原生態的還原，眞誠直面現實，直面人生。雖然從總體的文學精神來看新寫實小說仍可歸爲現實主義的大範疇，但無疑具有了一種新的開放性和包容性，善於吸收、借鑑現代主義各流派在藝術上的長處」。在這個大旗的號召下，80年代池莉、方

方、劉震雲、劉恆、葉兆言等作家推出了一大批新寫實小說，並形成了80年代中國文學的最後一個高潮與熱點。從作家隊伍的構成上看，新寫實小說是先鋒作家和現實主義作家的「合謀」，從藝術態度上看，新寫實主義小說則是新潮技術與寫實手法的互相妥協。新寫實小說的文本特徵，有人曾經概括爲五個方面：1.粗糙素樸的不明顯包含文化蘊涵的生存狀態，不含異質性的和特別富有想像力的生活之流。2.簡明扼要的沒有多餘描寫成分的敘事，純粹的語言狀態與純粹的生活狀態的統一。3.壓制到「零度狀態」的敘述情感，隱匿式的缺席式的敘述。4.不具有理想化的轉變力量，完全淡化價值立場。5.尤其注重寫出那些艱難困苦的，或無所適從而尷尬的生活情境。前者刻畫出生活的某種絕對化狀態；後者揭示生存的多樣性特徵，被客體力量支配的失重的生活。①

　　進入90年代以後，新寫實小說形成不同於前貌的新的發展軌跡。池莉的《太陽出世》（1990）、《你是一條河》（1991），方方的《落日》（1990）、《祖父在父親心中》（1990）、《桃花燦爛》（1991）、《紙婚年》（1991），劉震雲的《一地雞毛》（1990），劉恆的《教育詩》（1991）、《蒼河白日夢》（1993），葉兆言的《輓歌》（三篇，1991、1992）、《關於廁所》（1992）等小說就是新寫實小說在90年代的成果。可以看出，在90年代的文學格局中，新寫實小說在其初期佔有著舉足輕重的地位。這些小說不僅進一步完善了新寫實小說的藝術原則，而且在小說的文化探索和形而上精神上也比80年代小說有了新的超越。藝術上，新寫實小說已由80年代較典型的悲劇形態向著諧劇甚至喜劇的形態轉化，某些小說已具有了後現代主義小說的「解構」、「消解」和「反諷」特徵。這表明新寫實小說已具有了更爲開放的藝術視野和更多元的藝術手法，正在一步步走向成熟。

當然，新寫實小說也有致命的局限，比如他們在反對對生活進行整體把握的同時，又因過分零亂、瑣碎化的描寫而顯得缺乏想像力和藝術上的高遠境界；在追求生活表現的「原生態」和「零度情感」的同時，敘述的過於沉悶、單調也導致了小說靈動藝術魅力的喪失。這些也許正是新寫實小說進入 90年代中期之後日趨式微的一個主要原因。

　　90年代現實主義小說創作，在90年代中期之後由於河北的「三駕馬車」──談歌、何申、關仁山──的崛起而進入了一個新階段，被人稱為「現實主義衝擊波」。談歌的《大廠》、關仁山的《大雪無鄉》、何申的《信訪蘇主任》、劉醒龍的《分享艱難》、張繼的《黃坡秋景》等中短篇小說及近期張宏森的《車間主任》和范小青的《百日陽光》等現實主義長篇小說都以其特殊的當下品格而迅速引起了文學界的關注，評論界稱他們的創作是對新寫實小說的全面超越，是「現實主義的大潮再起」，是「主旋律」文學創作的重要成果。與新寫實小說相比，他們的創作仍有著對於人的生存本質的勘探、對於個體生存困境的表現的特色，但他們小說的當下性特徵和情感性特徵顯然得到了強化，藝術表現上也形成了獨特的風格，並為90年代文學的發展提供了某種新的可能性。應該說，這些現實主義作品雖然有著顯而易見的「主旋律」特徵，但他們與從前的意識形態性強烈的文學還是有很大差別的，其對於90年代中國文學的貢獻主要表現在三個方面：

　　濃郁的時代感和強烈的當下生活氣息的敏銳捕捉與成功表現。這些作家大多有著多年的底層生活體驗，一方面，他們小說文本的巨大現實涵量幾乎包容了世紀末中國大地上的全部生活現象，另一方面他們文本中所呈現的我們時代的生活史又有著很強的當下典型性。關仁山的《大雪無鄉》、《九月還鄉》對鄉村經濟在

轉型期艱難掙扎的現實困境的展示，談歌的《大廠》對國有大中型企業在改革陣痛中尷尬處境的素描，張繼的《黃坡秋景》對基層幹部在金錢、權力、責任、良心之間掙扎浮沉的矛盾心態的揭示，劉醒龍的《分享艱難》對於當下現實中的健康人性與正義力量的挖掘……，可以說都是五四問題小說精神傳統的延續。

塑造了一系列具有當下感和典型性的人物形象，尤其對於世紀末中國社會基層官員的刻畫富有深度和新意。《大雪無鄉》中的鎮長陳鳳珍、《九月還鄉》中的兆田村長、《大廠》中的呂建國廠長、《黃坡秋景》中的黃大發、《分享艱難》中的孔太平都算得上是有時代性和立體感的典型形象。作家一方面把改革的陣痛、時代的陣痛、社會的陣痛和人的命運結合在一起，多層面地刻畫主人公在轉型期的心理、性格和行為的矛盾與變化；另一方面，又更深層地揭示了主人公在官場和時尚的改造下心靈畸變的痛苦。作家不作情感和道德的評判，取消了所謂正面人物和反面人物的界限，使主人公們呈現為一種心理內涵和人性內涵極其豐富的「中性狀態」。

這些現實主義小說為人稱道的原因，還在於作家們總是試圖把小說的本色和生活的本色呼應起來，努力在小說中消除主觀敘述的技術痕跡，這就使小說文本呈現為一個個生動的生活畫面和生活細節，文本的時代感與現實感也都在這種當下的畫面和細節中凸現。小說對於我們時代現實表象的捕捉不露痕跡，而且對於整個時代心理和人物心態的刻畫也都彷彿源自生活的本來面目。

第二節　女性小說

對於整個新時期的中國文學來說，女性寫作的價值和貢獻是

有目共睹的。女性作家以其特有的才情和敏感賦予了中國文學以獨特的內涵，並作爲一種重要的革命力量推動著本世紀中國文學的現代化進程。如果說在80年代，女性作家的成就不僅取決於她們寫作姿態的獨特性，更取決於她們與整體的文學潮汐的暗合——比如殘雪之於先鋒小說、王安憶之於尋根小說、劉索拉之於僞現代派、池莉之於新寫實——的話，那麼到了90年代，女性作家已經開始以自覺的寫作來彰顯女性寫作的獨立意義。她們正以其極端性、尖銳性和革命性來強調那種也許在80年代恰恰被忽略了的「角色差異」和「性別意識」，並使得女作家在90年代文學格局中的地位變得更爲重要。某種意義上，中國的女性作家在90年代正在走向一種集體性的成熟。這種成熟不僅沒有把中國的女性寫作引入一種狹窄和封閉的境地，而且恰恰相反，它正以一種開放的、生長性的方式開創著中國女性寫作的一個自由、多元境界。

在90年代女性作家的多元構成中，首先值得提到的是那些穿越80年代的女作家。她們在90年代的風采依舊和初顯大家風範，也可謂是90年代女性寫作漸入佳境的一個重要標誌。在這些作家中，王安憶是當然代表。她是一個能不斷突破、超越自己的作家。從《荒山之戀》、《小城之戀》、《錦繡谷之戀》到《小鮑莊》，再到《崗上的世紀》，王安憶不僅極少庸作，而且幾乎每一部作品都能獲得較大的反響。她從來也沒有在理論上張揚過某種新潮旗幟，然而她不斷的文體探索、風格轉型和自我重塑卻總是天然地吻合著新時期小說的潮汐，並在每一個小說潮頭中佔據一個不容替代的位置。到了90年代，她的創作更是在對世界感受的深度上、在對小說敘事現代性的探索上進入了一個新的境界。《叔叔的故事》、《紀實與虛構》、《長恨歌》……部部都可算是大氣之作。東北作家遲子建在90年代也一度呈現出勁健之勢，《樹下》、

《日落碗窯》、《白銀那》等小說以很快的頻率接二連三地衝擊
著中國文壇，敘事老練、流暢，對世界和世道人心的把握舉重若
輕。只可惜，她的這種勢頭沒有能很好地保持下去。此外，池莉、
鐵凝是另兩位保持著80年代小說創作的良好勢頭的作家。池莉以
《煩惱人生》、《太陽出世》等作品成為「新寫實」的代表作家，
對於生活本源狀態的細緻捕捉和對於平凡人生瑣碎本質的真實體
悟是其特長，但藝術感覺的相對遲鈍和作品形態的略顯粗糙也限
制了其作品的藝術成就。90年代以來，作家一方面保持著難能可
貴的高產狀態，另一面在對生活的整體觀照能力和藝術提煉能力
上也有了進步。《霍亂之亂》等小說儘管仍存在著許許多多的藝
術局限，但作家在藝術構思和謀篇布局上所下的功夫還是很有成
效的，至少它代表了一個勤奮而高產的作家在藝術上向上攀升的
一種姿態。鐵凝則似乎正好構成了對於池莉的互補，她沒有池莉
高產，但卻有著池莉所缺乏的那種可貴的藝術的感覺。在90年代
的寫作中，鐵凝一直堅持著其《哦，香雪》等早期小說中所表現
出來的那種對於藝術完美性的高度敏感，並在《孕婦和牛》這樣
的小說中昇華到了一種比較純淨的境界。而與此同時，鐵凝也沒
有放棄對自己藝術創作多維性的探索和嘗試，發表於80年代末的
長篇小說《玫瑰門》可謂是其文學生涯的巔峰之作。作品從主題
上看似乎有張愛玲《金鎖記》的明顯烙印，而小說對於中國婦女
畸形的人格生存和變態的命運邏輯的揭示，確實有著相當的藝術
深度和思想力量，藝術格調明快、高潔。這是一部思想性和藝術
性結合得較好的小說，也是90年代初中國文壇上屈指可數的幾部
優秀長篇小說之一。

　　構成90年代女性寫作另一特色的，是90年代崛起成名的女
作家群。她們是陳染、林白、徐小斌、斯妤、徐坤、海男、張欣、

畢淑敏、張梅等。這些作家體現爲兩種不同的創作傾向。

　　一是以陳染、林白爲代表的具有典型女性主義特徵的私語化傾向。這也是 90年代中國女性文學最引人注目、遭非議最多的一脈。在這些作家的作品中，女性意識不僅得到了明確的體認，而且開始從性別的自覺過渡到了話語的自覺，這也使得中國文學中反傳統敘事、反男性經驗寫作的眞正的「女性敘事」初見端倪。對於陳染來說，她的筆所指向的完全是女性個體獨特的經驗世界。她用女性個人的體驗方式來命名自我和存在。從《嘴唇裡的陽光》、《在禁中守望》等中、短篇小說到長篇小說《私人生活》，她都以一種近乎囈語式的內心獨白體對女性的私人隱秘體驗進行了大膽的挖掘和表現。陳染不僅以她哲學化的生存之思向讀者敞開了女性世界的神秘，而且還以她特殊的語言方式、感受，塑造了一種全新的文體。這種文體到長篇小說《私人生活》中可以說發揮到了極致，空靈、幽閉、詩意、懸浮、隱晦……女性感知的奇特和詭異撲面而來，你可以領會到女性以她們的語言和感覺改變世界的力量是如此的巨大和不可抗拒。而林白的小說更是全方位地、感性地敞開了女性的經驗世界，她對女性的軀體和意識有著特殊的敏感與熱情。林白在她的《守望空心歲月》、《子彈穿過蘋果》、《迴廊之椅》等小說中對於女性同性戀、自戀、戀父等尖銳而邊緣性女性經驗的言說，可謂率直而大膽，她的長篇小說《一個人的戰爭》則更是在一種自傳式的氛圍中前所未有地凸顯了一個女人成長歷程中個別的、個人的銘心刻骨的記憶，並由此把女性的奇特經驗渲染到了極至。有人甚至認爲它就是依照法國女性主義學者埃萊娜·西克蘇的「身體寫作」原則來寫作的，「幾乎一切關於女性的東西還有待於婦女來寫：關於她們的性特徵，即它無盡的和變動著的錯綜複雜性，關於她們的性愛，她們身體中某一

微小而又巨大區域的突然騷動。不是關於命運，而是關於某種內驅力的奇遇，關於旅行、跨越、跋涉，關於突然的和逐漸的覺醒，關於對一個曾經是畏怯的繼而將是率直的坦白的領域的發現。婦女的身體帶著一千零一個通向激情的門檻，一旦她通過粉碎枷鎖、擺脫監視而讓它明確表達出四通八達貫穿全身的豐富含義時，就將讓陳舊的、一成不變的母語以多種語言發出回響。」②在這部小說中，林白對於多米成長歷程的描繪有著顯而易見的自傳色彩，而小說對多米女性意識和欲望的立體解剖也是中國女性主義寫作的範例。海男、張梅的創作也基本上是同一路子。這類創作的文學意義，是突現了文學的個人性。

　　二是以徐坤、斯妤為代表的解構性女性寫作傾向。這類作品也有著鮮明的女性主義寫作立場，但作家的表現方式卻不同於陳染、林白式對於女性經驗的敞開、珍視和渲染，而是暫時忽略和放棄對於女性軀體的熱情，直接以對於男性世界和男權文化秩序的懷疑、解構為藝術目標，以曲線方式張揚女性主義。徐坤在90年代曾被戲稱為「女王朔」。她的《白話》、《斯人》、《狗日的足球》、《廚房》都以一種特有的調侃、反諷的方式對男性世界實施著無情的解構。她的機智和才情總是為她的小說帶來某種出人意料的藝術效果。她的小說有著一種熱鬧的喜劇效果，但同時也不乏沉重的思考。難能可貴的是她在無情地批判和諷刺男性的同時對於女性也還保持著一份清醒，在《女媧》等小說中我們甚至也看到了作家解剖女性的那份嚴厲。斯妤雖然在80年代是以寫散文出名的，然而她從90年代致力寫小說以來也是出手不凡，《紅粉》、《故事》、《梗概》、《風景》等小說都受到了廣泛的好評。與徐坤對於男性社會直接的挑戰姿態不同，斯妤的小說重在對於荒誕人生境遇的體驗與書寫，其對於男性世界的解構是

幻想性的、虛化的。有人稱斯妤的小說爲「幻想現實主義」，這是比較切合其實際的。

　　而與斯妤、徐坤切入現實的方式不同，張欣、畢淑敏、張梅、喬雪竹等女作家的創作又呈現出另外一種風貌。這些作家對於當下社會轉型期的女性遭遇進行迅急的捕捉，通過對於女性淪落、扭曲的心路歷程和情感與理智、欲望與靈魂困惑矛盾的透視，達到對於現實、歷史和女性命運的多重反思與批判。畢淑敏的《紅處方》、喬雪竹的《女人之城》等小說是這方面的代表作。

　　90年代的女性寫作也有許多不盡如人意之處，比如作家如何突破與不重複自己的問題，作家如何保持自己旺盛的藝術創造力的問題等等。

第三節　新生代小說

　　畢飛宇、魯羊、韓東、朱文、陳染、林白、徐坤、邱華棟、刁斗、劉繼明、何頓、海男、述平、東西、張旻，被評論界稱爲「新狀態作家」、「晚生代作家」或「60年代出生作家」③等。這些作家在文學風格上的差別是顯而易見的，至少存在三種不同的寫作類型：其一是哲學型（或技術型）。這類作家繼承了80年代先鋒小說的文本探索風格，仍以對深度主題的哲學化表述爲主，因而文本的晦澀與技術上的實驗色彩可以說與80年代先鋒作家一脈相承。這類作家的代表人物有畢飛宇、魯羊、劉劍波、東西等。其二是私語型。這類作家的小說重在表達純粹私人化的生活體驗，個體的邊緣性的經驗在文本中被強化到了一個突出甚至極端的地位。這些小說儘管在形式上仍堅持著先鋒小說的實驗性，但對於讀者來說，形式也只是他們私人經驗的附庸或陪襯，它幾乎被那

種夢幻般的個體心理體驗的宣洩所淹沒了。這類作家的代表人物主要是上一節已談到的幾位女性作家，如陳染、林白、海男等，男作家中張旻的寫作也有此傾向。其三是寫實型。這類作家以對於當下現實的書寫爲主，文本透發出濃郁的時代心理寫實氣息，對90年代的商業語境下的種種生存現實進行了全方位的透視與描寫。這些作家基本上已經放棄了先鋒小說的技術實驗色彩，而是追求一種樸素的與生活同構的敘事方式，作品具有強烈的生活感和現實感。這類作家的代表人物是何頓、朱文、韓東、邱華棟、述平、徐坤等。但要指出的是，強調他們的差別並不意味著就不具有相似性。首先，新生代作家是90年代邊緣化文學語境的產物。在邊緣處寫作、在邊緣處敘述對於作家最大限度地釋放自己的想像力，以及隨心所欲地營構眞正屬於自己的個人話語，無疑是十分有益的。他們能夠以一種寬容、平和、同情、淡泊、超越的心情來觀照、理解和表現生活。邊緣化是文學的個人化得以眞正實現的現實前提。在90年代新生代作家這裡，個人的聲音開始得到了前所未有的強調，文學的面貌也正由此經歷著從集體性風格向個體性風格的轉型。有評論指出，在這些作家中「統一的」小說發生了根本的裂痕。他們不想爲了某種非此即彼的小說觀念寫作；更不願爲某種非此即彼的生活規範所牽制，而是力圖在裂變所產生的縫隙中爭取寫作和生存的空間。小說由此變成了或此或彼的精神行爲④。其次，新生代文學又是對80年代以降當代先鋒文學的一個自然接續。先鋒小說對於新生代作家的意義和價值就在於，一方面他們以對於文學觀念的全面背叛和對於各種文學形式的成功演練，作爲一種文學成果被新生代作家完整繼承了下來，墊高了他們的藝術起點，也使他們的個人化的文學風格眞正能以一種輕鬆上陣的方式展開；另一方面，先鋒小說的困境、失誤和矛盾

也成為一面鏡子，使新生代作家避免和減少了重蹈覆轍、再走彎路的可能。

新生代小說的全部獨特性和個人性，首先表現在他們對於存在的態度以及對於「存在版圖」的體認、言說和「繪製」上。他們對於小說與存在關係的個人化的理解以及與這種理解相伴的他們的獨特的寫作姿態，使他們與流行的寫作區別了開來。唯一標誌新生代作家個性的寫作姿態，就是一種「在邊緣處敘述」的姿態。對這個漢語詞組有兩種閱讀方法，一是「在邊緣處敘述」，一是「在邊緣處敘述」，它們分別代表了新生代作家人生和小說的不同方面。一方面，在新生代作家這裡，「寫作」已經被等同於生活本身，他們中的不少人都辭去公職而以寫作為生。所謂「在邊緣處」，既是對他們文本狀態的描述，更是對他們生命狀態的描述。這是小說家的人生方式和小說方式的同構與重迭。對於存在無限可能性的開掘和對於小說無限可能性的尋找，是作為兩個相互依存的環節統一在他們的「寫作姿態」裡的。這種小說方式和人生方式重合的寫作姿態，不僅直接導致了新生代作家對於自我經驗的偏執與堅守，而且也使得他們「在邊緣處敘述」的小說理想得以真正成為可能。在這個意義上，「在邊緣處敘述」，可以說是新生代小說區別於以往的任何小說，也區別於同時代的其他形式的小說的一個最為顯著的特徵。「在邊緣處敘述」意味著對於自我個人經驗的強調和對於公眾經驗的遠離，意味著對於小說敘事傳統的拒絕，意味著個人化經驗對於小說技術和觀念的全面超越，意味著自由的蒞臨和自我的重新發現。另一方面，「在邊緣處敘述」表現在新生代小說的藝術形態上又體現為一種返璞歸真的藝術境界的實現。這種藝術上的「返璞歸真」當然也主要是針對先鋒小說的參照系而言的。它包括三個方面：一是敘述

人的返璞歸眞。前期先鋒小說的敘述基本上是一種貴族化的高調敘述，它維繫著作家自我的烏托邦情結。而新生代小說中的敘述者則大都被還原爲以主人公形態出現的與作者具有生命同構性的世俗性、欲望化的生存個體，更眞實也更具有生命意味。二是敘述方式的返璞歸眞。新生代作家在敘述中已經放棄了文本遊戲和技術表演的傾向，而試圖返回小說敘述的初始狀態，生活的流程和故事的流程緊緊聯繫在一起。三是語言的返璞歸眞。新生代小說中的語言已經背離了歐化風格和華麗色澤，方言、口語和本色生活語言構成了新生代文本的主體。新生代作家以樸實無華的文字講述著一個個當下的生活故事，這些故事具有著原初、眞實的生命氣息和粗糙、質樸的形態，沒有藝術上的雕琢和安排，甚至比現實主義的敘述還要本分。從新生代作家的文本來看，經驗化立場對新生代小說的影響則又更爲直接和具體。

其一，經驗表現域的拓展與存在可能性的挖掘。在新生代小說中，經驗主要呈現爲兩種形態：一是欲望化形態，一是私人化形態。就前言者而言，何頓、朱文、張旻、劉繼明、邱華棟等人的小說，對於世紀末中國社會的欲望化生存表象所進行的多方位的表現和描述是新鮮的。他們從一個特定的角度，切入了當下社會和當下個體的生命眞實和存在眞實。何頓對於小中產者積累財富過程中無限膨脹的人生欲望的紀實，邱華棟對於都市「頑主」追逐金錢、遊戲愛情的欲望化生命的放大……都是對於我們當今時代的一部分人的生存景觀和心理氛圍的成功素描。就後者而言，新生代作家文本中的經驗又完全是一種個性化、私人化的經驗。可以說，新生代小說的個人化風格首先就直接來自於他們個人化的經驗。這種「經驗」一方面對於公衆體驗來說是全新的、陌生的，另一方面也是對於我們的既有文學傳統的封閉格局的一種打

破和拓展。他們使人類的一切經驗都得到了敞開並從容地進入了文學的領地。實際上，無論是「欲望化經驗」，還是「私人化經驗」，在新生代作家這裡都只是尋找和發現生活與存在可能性的藝術手段。對於經驗的強調表面上似乎是一種內縮和封閉的姿態，但實質上卻是一種私人化的方式延展了小說的藝術空間。

其二，哲學化主題的生命性。新生代作家顯然並不滿足於對生活和現實表象的書寫，相反他們倒是時常在他們的文本中表現出了穿越生存表象而直抵生存本眞的願望，這也使得他們的小說對人類生存的關懷總是透發出一種濃重的哲學意味。某種意義上說，陳染等新生代作家的價值正體現在他們對於「存在」進行哲學思索的巨大深度上。不過，不同於80年代先鋒作家的地方在於，陳染等人的哲學性主題不是觀念性而是體驗性的。他們的小說總是充滿一種眞實的生存痛感。他們以個體生命經驗的方式切入對於存在的哲學追問，根本上超越了前期先鋒作家對於西方現代派理念的觀念性認同、趨附與模仿，從而賦予了其哲學主題以強烈的生命性和眞實性。陳染是當今作家中對於個人化的風格追求比較絕對的一個。在她充滿女性自我經驗的小說中，對於人類生存之痛的撫摸與言說是尖銳而觸目驚心的。她勇敢地暴露和敞開了她所體驗和感受的全部生命之痛，在《時光與牢籠》、《無處告別》、《潛性逸事》、《巫女與她的夢中之門》、《飢餓的口袋》等小說中我們都發現作家對於「存在」哲學思索的鮮明生命性和體驗性。現實世界中的陳染和小說世界中那些陳染的創造物是有著互文性、同構性和互爲闡釋的生命關係的。而張旻的《校園情結》等小說對於知識分子意淫心理經驗虛擬化的表現，邱華棟的《環境戲劇人》、何頓的《無所謂》等小說對於城市多餘人、空心人、流浪者放蕩飄泊的欲望化生存表象的白描，也都在具有強

烈現實感和經驗性的人生畫面中觸摸到現代人的生存困境和心靈的痛楚。

在肯定新生代小說在寫作方式上的意義的同時，也應看到新生代小說仍然有著其局限性。意義和美感的缺失、敘述的瑣碎與粗鄙化、理性力量的不足、作品氣度和格局的狹窄、自我重複與模式化傾向都是阻礙新生代小說向更高境界邁進的攔路虎。

在90年代的文學格局中，如果說有誰是作為「局外人」而參與寫作的話，那麼他就是王小波了。王小波1952年5月出生於北京，1968年去雲南插隊， 1978年考入中國人民大學學習工商管理，1984年至1988年在美國匹茲堡大學學習，獲碩士學位後回國，曾任教於北京大學和中國人民大學，後辭職，專事寫作，1997年4月病故於北京。

王小波在小說上的貢獻，主要是他的「時代三部曲」，包括《黃金時代》、《白銀時代》和《青銅時代》。他的這些小說的主人公都叫王二，但並非一個人的故事，也就是說許多敘事者共有了「王二」這個符號性質的名字。雖然，「王二」不斷變化，但他總是一個非英雄的小人物。這些小說始終以「文革」時期這一動亂年代作為基本的敘事母題，不動聲色地還原了那個時代的荒謬，但不是西方現代派作品中的無理性荒謬，而是有理性的，所有的荒謬背後都有一整套革命時期的邏輯推理。⑤由此，王小波的小說超越了此前以「文革」經驗構成的敘事，譬如傷痕文學、反思文學、知青小說等，觸及到烏托邦社會的某種本質。值得注意的是，王小波的小說敘事總是呈現出自由不羈、充滿即興意味的格調，機智而不做作，感性但不沉溺。王小波專注於性與政治、社會、革命的關係的剖露（他的一部小說的題目《革命時期的愛情》，幾乎稱得上他所有小說的總題），以此透示出特定年代下

生命的頑強存在但卻總是陷進怪誕的情境之中，顯得虛幻不真、荒誕殘酷。

　　王小波還留下了數十萬字的雜文隨筆文字。在這些文字裡，作家的睿智與才情、思辨和幽默、敏感又坦蕩的精神魅力更為直接地呈現出來，對理性原則的堅持和對社會問題的強烈的責任感，賦予這些文字以深厚的思想力度。

第四節　長篇小說

　　在新時期之初，特別是八十年代早期長篇小說並不發達。其原因，一是由於表達的急切和社會的需求，使作家們無暇去顧及長篇小說的營構，短篇小說和中篇小說因其快捷和短小而成了一種首選的文體；另一方面，中國作家經歷了漫長時間的創作斷層之後，他們的藝術修養和能力普遍不足以承擔長篇小說的創作。即使先鋒作家在80年代中期崛起之後，其藝術能力也不足以把在中、短篇小說領域進行的技術革命推進到長篇小說領域。而到了80年代末和90年代初這種局面得到了很大改觀。現在看來，九十年代毫無疑問是本世紀中國長篇小說繼六十年代之後的第二個繁榮期。長篇小說無論數量和質量都超過了以往的任何一個時代。據統計，近幾年長篇小說已達到了年產800部甚至1000部的水平，這數量恐怕是世界上任何一個地區都無法相比的。我們的作家大都進入了長篇小說創作的高潮期，有些作家一年出兩、三部長篇已不稀奇了。這種狀況當然是作家藝術水平的提高和藝術表達的需要促成的，但不可否認這其中也有著某種利益驅動的成份，同時中央「抓長篇」的指示和「五個——精品工程」獎等等的刺激，也不無關係。據說，現在的各類文藝出版社都已不願出中短篇小

說了，而只有長篇小說才能進入他們的選題計劃。

　　儘管單純的統計學數字並不能證明我們時代文學的實際成就，但也不必如有的論者把「數量」和「質量」對立起來。「數量多，質量不高」這或許是一個不爭的事實，但「數量多」與「質量不高」之間並無邏輯聯繫和因果關係，「數量多」並不是導致「質量不高」的必然原因。

　　其中朱蘇進的《醉太平》、劉恆的《蒼河白日夢》、陸文夫的《人之窩》、劉心武的《風過耳》、陳世旭的《裸體問題》、張宇的《疼痛與撫摸》、王蒙的《戀愛季節》、李佩甫的《羊的門》、周大新的《第二十幕》、劉震雲的《故鄉面和花朵》、張抗抗的《赤朱》、賈平凹的《高老莊》等長篇小說在一個時代紛紛面世，終究是一件令人高興的事情。可以說，九十年代的這些長篇小說已經把本世紀中國長篇小說推進到了一個新的藝術階段，藝術的可能性和藝術表現的空間也得到了前所未有的拓展。一方面，對於史詩性的追求使許多作品的思想性和哲學品格大為加強。另一方面，先鋒長篇小說的崛起也使得九十年代長篇小說的藝術含量大為增強。

　　進入九十年代以後，許多作家有感於市場經濟對人的精神的蠶食，有感於中國文學的精神貧血現象，致力於以長篇巨製來弘揚人文精神和對於思想性的追求，創作了一批具有鮮明的史詩性追求的作品。張承志的《心靈史》、陳忠實的《白鹿原》、張煒的《九月寓言》、莫言的《豐乳肥臀》、王蒙的《戀愛季節》、趙德發的《繾綣與決絕》、陳占敏的《沉醉》、史鐵生的《務虛筆記》、韓少功的《馬橋詞典》等可為代表。另一方面，在對史詩品格的追求上，九十年代的歷史小說也取得了巨大的成就。從八十年代到九十年代，長篇歷史小說一直保持著強勁的創作勢頭，

並維持著較高的藝術水平。從《曾國藩》、《楊度》到《少年天子》，再到劉斯奮的《白門柳》和二月河的《雍正皇帝》系列，歷史小說以其對歷史觀照的獨特性和深厚的人文內涵而受到了讀者的廣泛歡迎，其在文學史上的份量也顯得比以往更爲重要。在九十年代具有史詩風格的長篇小說中，用力最勤、反響最大的，當推《心靈史》、《白鹿原》、《九月寓言》三部小說。

張承志的《心靈史》寫成於1990年，1991年由花城出版社出版。小說一出版就因爲其強烈而具有震撼力的宗教力量與人文情懷，在知識分子讀者中引起了熱烈的共鳴。張承志從1984年開始接觸哲合忍耶教，並爲其歷史與信仰所打動，並最終成了一個虔誠的哲合忍耶教教徒。《心靈史》就是一部哲合忍耶教的歷史，是一部探索哲合忍耶教義和信仰的經典。但這又不是一部單純的宗教史，張承志在追溯哲合忍耶歷史的同時，也在追求著對文學品格的重新建構。

《心靈史》敘述了哲合忍耶教從清代乾隆年間開始至今200多年的苦難史、血淚史。全書按哲合忍耶秘密抄本的體例分爲七門（章），每一門敘述一位哲合忍耶領袖（聖徒）的故事。書中穿插了大量的歷史史料、民間秘藏和典籍文獻，涉及眾多眞實的宗教人物和宗教事件，讀來波瀾壯闊，驚心動魄具有濃郁的史詩品格。敘述方式上作家採取現實訪問（現實敘述）與歷史敘事相交叉的視點，讓歷史的人物與現實的人生緊密勾連，文體的抒情性和思想性特徵非常突出。小說的史詩力量首先來源於作家對哲合忍耶那長期被歪曲、被醜化歷史的眞實還原，以及作家對哲合忍耶教悲劇命運和災難根源的嚴厲叩問。其次，這部小說的藝術力量還主要來源於作家對於歷代聖徒精神人格的塑造。由於作家在書寫哲合忍耶苦難史時既突出了歷史的巨大容量和清晰的歷史

線索，同時又更把筆墨重心落實在對於聖徒事跡和聖徒人格的解
剖上，因此小說就以對於靈魂的遙視和拷問傳達出了深刻的精神
內涵和人性內涵。作家筆下的聖徒，無論是一代聖徒馬明心，還
是五代聖徒馬化龍，亦或七代聖徒馬元章，他們無不以其博大的
人格、堅定的信仰、不屈的意志和敢於爲信念獻身的精神給人一
種強烈的心靈震撼。因此，與其說張承志敘述的是一種宗教的歷
史，還不如說他是挖掘這種宗教的信仰者們的靈魂史、心靈史、
人格史。這也是這部小說不稱「宗教史」而題爲「心靈史」的原
因。正如小說中所說：「我將告訴你們的哲合忍耶的故事，其實
正是你們追求理想、追求人道主義和心靈自由的一種啓示。」再
次，這部小說的藝術力量還來自於敘述者強烈的主體抒情色彩，
敘述者強烈的現實憂憤、深切的人文情懷和對醜惡與暴行的憤怒
控訴作爲一種籠罩性精神情緒構成了小說的貫穿的主體旋律。在
小說中作家有意識地把自己的個人體驗與對現實的批判結合在對
歷史的敘述中，這使得小說的意義空間和精神空間得到了極大的
延伸，對現代人精神沉淪和人格失落的警示價值也就尤爲突出，
而與這種高揚的主體意識相對應，小說的文體也因融宗教、歷史、
文學於一爐，而呈現出開放自由的風格，那些歷史的敘述背後，
那些宗教、歷史、考證、傳說的周圍，總是伴隨著由優美的散文
和詩歌筆調所構成的詩性表達。這也應該是這部小說史詩品格的
一個重要表徵。

　　《白鹿原》是陳忠實的第一部長篇小說，最初發表在《當代》
92年6期和93年1期。陳忠實以其深厚的生活和藝術功力建構了
一個蘊涵豐富、容量巨大、藝術震撼力強勁的獨特世界，出版之
後就廣受好評，並於1997年獲得了第四屆茅盾文學獎⑥。在小說
的扉頁上，陳忠實引用了巴爾扎克的一句話作爲小說的題記，這

句話就是：「小說被認為是一個民族的秘史」。而實際上《白鹿原》之所以被評論界公認為一部具有史詩性品格的偉大作品，很大程度上也正因為它導源於作家在小說中對「民族靈魂的秘史」的描繪。

　　《白鹿原》的史詩品格，首先源自其混沌而感性的歷史意識與歷史敘述。小說的架構非常宏大，作家把半個世紀以來中國社會的歷史變遷全部納入自己的藝術視野，以「白鹿村」這個舞台為藝術的支點，通過對白、鹿兩族人物命運的刻劃，真實凸現了「歷史」的豐富、神秘甚至荒誕的一面。一方面，小說充分顯示了歷史的宏闊性、複雜性，另一方面，作家又表達了對「本質」的歷史的懷疑，但是，《白鹿原》對歷史的「本質」的懷疑，又與我們通常說到的新歷史主義對「歷史」的消解不同。《白鹿原》有效地避免了新歷史主義的抽象化和觀念化的弊端，而是在把歷史融注到老百姓具體、感性的生存狀態和生命方式中去的過程中實現對經典歷史觀的消解。這樣的結果，就是使小說中的歷史既有感性飽滿的血肉，又有解構和顛覆的力量。其次，小說的深度還在於作家對特定歷史狀態下的人生命運與人性內涵進行了深刻的探索，並成功地揭示了歷史演變的偶然性以及歷史與人性的特殊關係。小說所展示的「仁義白鹿村」的毀滅既是一種不可避免的歷史命運，同時也是一種人性的悲劇。某種意義上，小說對於鹿子霖、白崇文、田小娥等形象複雜豐富人性的解剖，正構成了小說最為驚心動魄的一幕。再次，《白鹿原》還是一部具有濃郁文化意識和文化品格的巨著。小說無論從人物設置，還是意象描寫上都具有鮮明的文化象徵意義。小說所呈現的家族史的架構，以及大量的文化風俗史的描繪都是小說文化感的根源，而作家以現代意識對儒家文化命運的觀照與剖析也正是小說主題內涵的一

個重要方面。如果說「仁義白鹿村」象徵一種整體性的儒家文化的話，那麼白嘉軒和朱先生正是儒家文化正面價值的象徵。小說對於白嘉軒維護「仁義」和道德理想的艱辛歷程的刻劃，以及對於朱先生「聖賢人格」的塑造，都散發出強烈的文化氣息。而鹿子霖作為一種負面文化價值的象徵，它表達的是作家對儒家文化的矛盾心態。他們共同構成了貫穿小說始終的文化憂慮和文化思索。

除了內涵上的史詩性之外，《白鹿原》在藝術探索方面的氣魄和力度也與史詩性相符。從整體上說，這部小說在藝術方式上顯得較為傳統樸實，作家很少採用現代化的敘述技術，正是在這種傳統和樸實中，我們看到了作家深厚的藝術功力和嚴肅的藝術態度。《白鹿原》顯示了陳忠實駕馭宏大敘事的非凡能力，繁雜的事件、眾多的人物、多重的主題在小說中渾然一體，結構完整而又對稱，內涵豐厚而又不滯重，確實是九十年代中國文學中一部難得的長篇佳構。

而同樣追求史詩風格，張煒在《九月寓言》中所營構的史詩，又與陳忠實的「鄉村史詩」呈現出迥然不同的形態。張煒無疑是一個使命感很強的作家，但這種使命感既成全了他同時也限制了他。《九月寓言》最初發表於《收穫》1992年第2期，作品一面世就受到了文學界的廣泛關注。這是一部具有先鋒小說意味的作品，作家對生存詩性和大地精神的探求構成了小說主要的審美內涵。小說沒有統一的故事情節，也沒有貫穿的人物形象，而是由一個個片段性的故事組接而成，「九月」是所有故事發生的共同時空，而苦難、生命、人性、歷史則是這些故事中基本的主題詞。一方面，《九月寓言》對歷史和現實的頹敗命運進行了寓言性的觀照。荒誕的歷史場景與破碎的現實畫面互相映襯，作家由此表

達了對於現代文明和人類命運的深深憂慮。小說最後，主人公的
逃亡、村莊的淪陷及衝天的大火，可謂對於現代文明毀滅性的一
個巨大寓言。另一方面，《九月寓言》又以對自然、野性生命的
關注表達了嚮往自然、「融入野地」生命理想。小說中的主人公
大多是「夜之子」，他們對大地、黑夜和流浪充滿嚮往，因爲只
有那樣的時刻他們才充滿生命的活力與激情。而與此相對應的，
就是作家對現實境遇中這種浪漫、美好人性被扭曲的哀輓以及對
歷史之惡和人性之惡的雙重批判。再一個方面，《九月寓言》那
種詩意的敘述方式，那種抒情的感傷敘述基調，以及形而上的哲
學化的文本品格也構成了小說藝術力量的源泉。在這裡，詩化的
語言、象徵性的意象、哲學化的沉思、現代化的敘述、靈動的人
物、飄忽的結構共同鑄就了小說奇特而充滿魅力的文體效果。《
九月寓言》作爲代表了他個人的審美理想和藝術追求的長篇佳作，
也是九十年代中國長篇小說領域重要的作品之一。只是這種境界
在張煒這裡並沒有能保持很久，《九月寓言》之後張煒創作的長
篇《柏慧》、《家族》等小說均顯出思想大於藝術的弊病。

　　90年代長篇小說的另一重鎮——先鋒長篇小說。進入90年
代，商業文化語境雖然爲純文學的生存與發展帶來了巨大困難，
但純文學並沒有消亡，先鋒長篇小說的復興和崛起就是一個明證。
格非的《敵人》、《邊緣》，蘇童的《米》、《我的帝王生涯》，
余華的《呼喊與細雨》，呂新的《黑手高懸》、《撫摸》、洪峰
的《東八時區》、《和平年代》，北村的《施洗的河》，遲子建
的《樹下》，潘軍的《風》，孫甘露的《呼吸》等先鋒長篇小說，
不僅深化了先鋒小說固有的藝術實驗，而且在對長篇小說詩學規
範和操作模式的全面顛覆中，把先鋒小說對小說觀念的反叛現實
化了。

　　先鋒長篇小說的主題，深深地打上了先鋒作家精神探索的印記。對於人類生存的追尋是這些小說的一個主題。先鋒長篇小說致力於對人類性主題的思索，抽象性和寓言性成爲這些小說的首要特色。從主體形態上看，對人生存狀態和生存圖景的描繪以及對人終極命運的關懷，正構成了先鋒長篇小說主題所指的兩個互爲因果的方面。而對歷史的偏嗜，也成了先鋒長篇小說的一大特色和一種文學策略。即使是寫「現實」的先鋒長篇小說，如孫甘露的《呼吸》、洪峰的《和平年代》、潘軍的《風》等，也總是設立一種現實和歷史的對比結構，「現實」的意義只不過是對「過去」的冥想和回憶。雖然，先鋒長篇小說充滿了眾多歷史情境，但是這些「歷史」，都是無法指認、沒有具體時間背景的「歷史」，是一種主觀想像中的虛擬「歷史」，它在小說中更多地是被精神化、情緒化和象徵化了的，而當它作爲人類生存處境的象徵時，其甚至具備了濃厚的現實意義。在這方面，蘇童的《我的帝王生涯》、《米》，北村的《施洗的河》，呂新的《撫摸》等小說提供了例證。在那些歷史具有某種程度可確認性的長篇小說，如余華的《呼喊與細雨》、洪峰的《東八時區》和格非的《邊緣》等小說中，「歷史」也是根本上脫離了那個具有意識形態性的本眞「歷史」，它不是以事件和事變的意義凸現，而是作爲一種籠罩性的精神氛圍和心理力量自在自爲地出現在人類命運之中的。「文革」、「戰亂」等歷史情境就是以這樣的方式被再現的。而當我們對這些歷史情境進行審視時，我們發現先鋒長篇小說所描繪的其實正是「歷史」的一種崩潰和頹敗狀態，它純粹是一種負面的「歷史」、一種失去了眞實辯證性的「歷史」。與歷史的頹敗因果相連的則是主體（人）的頹敗和淪落。先鋒作家已經放棄了大陸新時期中國文學對於「大寫的人」的樂觀和理想。他們專心

書寫的是人的沉淪和墮落。所有的先鋒長篇小說的主體幾乎都是人生的失敗者，無論是《米》中的五龍，《我的帝王生涯》中的端白，還是《撫摸》中的「我」、廣春，《施洗的河》中的劉浪、馬大，或是《呼吸》中的羅克，《和平年代》中的段援朝，或是《敵人》中的趙少忠，《呼喊與細雨》中的孫光林，他們人生的掙扎和奮鬥無不以悲劇性而告終。生命的扭曲、變態、孤獨、恐懼和沉入深淵的絕望，構成了新潮長篇小說最深刻的精神主題。與此同時，在先鋒長篇小說的沉淪景象背後，始終有一束穿透生存黑暗的精神火光，這束火光就是對人類精神家園的追尋，就是對超越和救贖的追求。

　　先鋒長篇小說所掀起的文學革命，還表現在長篇小說的文體形態上。先鋒作家試用短篇或中篇小說的敘述與結構方式來創作長篇小說，從而使經典長篇小說的規範和形象遭到了全面顛覆。先鋒長篇小說形式風格的確立，首先仍然根源於先鋒作家反動於經典美學原則和主潮文學話語的嶄新小說態度和小說觀念。這些觀念包括：1.重敘述，輕描寫，把小說敘述最終本體化、終極化了；2.重想像、輕經驗，不認同於「文學根源於生活」，也不承認「中短篇靠技巧，長篇靠生活」的文學經驗，他們認為文學與生活之間只存在一種想像和虛構關係而不存在實際的經驗性關係；3.反對長篇小說全景化與包容性的史詩追求，張揚長篇小說的藝術純度。新潮長篇小說普遍不追求篇幅和容量（表層的生活容量而非精神容量），顯得體制短小；4.反對割裂內容和形式的關係，主張內容形式化，形式本體化等等。在對這些藝術觀念的實踐中，敘述的遊戲性可謂是先鋒長篇小說的首要特徵。敘述上的撲朔迷離和遊戲成分曾給他們自身帶來了許多尷尬，也證明了先鋒作家在敘述方面的自信和才能。一經先鋒作家將中短篇小說的技術性

操作融合於長篇小說的文體，長篇小說的文體就面貌一新了。其次，語言的狂歡色彩是先鋒長篇小說文本的第二個特徵。通過語言的強化，先鋒作家試圖證明，小說不是故事，不是人物，不是情節，也不是結構，它是語言。語言的本體化可以說正是先鋒小說的首要特點。走進先鋒長篇小說，你首先遭遇的只能是它的語言，它的獨特不俗的話語方式。《呼吸》等長篇小說甚至給人一種語言淹沒故事、淹沒人物的感覺。先鋒作家一方面在他們的小說中創造寓言和象徵的風格，另一方面又棄傳統的簡潔含蓄的語言規範於不顧，大肆地用充滿修飾語的長句揮灑著自己對語言的強制佔領。我們既可以讀到《施洗的河》式的一浪高過一浪的「天問」句式，也可以讀到《撫摸》等小說中對於客觀物體以及抽象範疇山重水複的語詞演示。

　　通過對上述90年代長篇小說尋找史詩和走向技術主義這兩極的簡單考察，不難發現影響90年代長篇小說發展的許多問題並沒有得到根本性的解決，長篇小說的困境和尷尬依然存在。首先，思想大於形象的問題。如果說從前的長篇小說往往以其單一的意識形態性而圖解生活，人們從作品中總是感到時代的、社會的、政治的、文化的「共同思想」或「集體思想」，而屬於作家個人的思想則要麼根本就沒有，要麼就是處於從屬的、被遮掩的地位的話，那麼近年的長篇小說可以說已經有了明確的「思想」追求。許多作家已經主動而自覺地完成了思想主體從集體性的、階級性的「大我」向個體性的「自我」的轉化。作家們不僅用他們的作品表達著種種關於社會、人生、歷史……的深刻思想，而且總是力求把自我塑造成一種純粹「思想者」角色。從張承志的《心靈史》、陳忠實的《白鹿原》到史鐵生的《務虛筆記》，再到張煒的《柏慧》、北村的《施洗的河》……這樣的傾向可謂一脈相承。

思想性追求帶給這些長篇小說的巨大進步，使得長篇以其特有的沉重、深厚內涵而當之無愧地成了一種「重文體」和「大文體」。但作家們在致力於「思想的營構」的同時，往往操之過急，常常迫不及待地以口號的方式宣講各種思想，這就使得思想大於形象、理性壓倒感性的矛盾一覽無餘。在張承志艱澀的「思想」叫喊裡面有著真實的宗教體驗與宗教情懷的浸染，在北村的以《施洗的河》為代表的一系列宣揚宗教救贖思想的小說中，那種千篇一律的「模式化」情節已和其大段抄錄的宗教教義一樣令人生疑；《務虛筆記》這樣的長篇小說中作家對文化的反思和「生存」的追問確實有著某種沉重的思想性的內涵，而《柏慧》等作品中，作家以「思想隨筆」的方式來闡揚愛、善良、仁慈等具有公理和倫理意味的價值觀與人生信念，不僅使其「思想性」大打折扣，而且對長篇小說藝術性的傷害也是顯而易見的。所幸的是，在世紀末的長篇小說格局中思想和藝術同步深化發展的作品也仍可讀到，這方面有代表性的就是一批以土地和農民命運為抒寫對象的小說，比如莫言的《豐乳肥臀》、趙德發的《繾綣與決絕》、陳占敏的《沉鐘》等，雖然這些作品都以對於土地和農民命運的重新思考與「闡釋」為其文本中心，但由於這些作家有著多年農村生活的感性積累，因而在寫作過程中他們常常能輕鬆自如地賦予其「思想」以感性的形態，這就總體上保證了小說思想和藝術的統一與和諧。其次，技術和經驗失衡問題。在90年代以來的長篇小說高潮中，一個特別引人注目的現象就是先鋒長篇小說的登場。無論是80年代崛起成名的先鋒作家，還是90年代成長起來的新生代作家，都在90年代貢獻出了他們的一部或多部長篇小說作品。這些作家的作品以其藝術上的先鋒性和特殊的敘述方式，革命性地改變了我們習以為常的長篇小說文本形態和長篇小說的創作觀念。

尤其在小說語言的遊戲化傾向和文本結構的精緻化追求上，先鋒長篇小說的技術含量大大提高並遠遠超過了其生活含量。應該說，先鋒作家正在以《城北地帶》、《風》、《呼喊與細雨》、《撫摸》、《做人》、《呼吸》、《私人生活》、《一個人的戰爭》等奇特文本把中國長篇小說引入一個文本技術化的時代。中國傳統的長篇小說由於過分追求所謂史詩性和反映現實生活的深廣度，作家往往認爲生活本身的力量就能決定一部小說的成敗得失，而技術、技巧等都是次要的。這就造成了中國長篇小說長期以來敘述滯後、形態粗糙、藝術性不足的通病。先鋒作家在文本中對於西方現代小說先進敘述技術的模仿和引進，確實大大改進了中國小說的形態，促進了中國小說現代化的進程，但不能不看到他們的「技術」是脫離現實而只在想像和虛構的世界裡馳騁的「技術」，他們的偏執在於強調「技術」的同時，又有意識地把「技術」與「生活」和「現實」對立了起來。在這個意義上，王安憶的《長恨歌》、《紀實與虛構》、陳染的《私人生活》、林白的《一個人的戰爭》、余華的《許三觀賣血記》以及蘇童的長篇新作《菩薩蠻》（單行本改名爲《碎瓦》）能廣受好評，可以說與他們成功地處理了技術與經驗的關係不無關聯。此外，有些長篇小說過分強調「身體寫作」，呈現出了一些濫俗的感官刺激描寫。

【注　釋】

① 　陳曉明：《反抗危機：論「新寫實」》，《文學評論》1993年第2期。

② 　轉引自香港《讀書人》，第61頁，1996年6期。

③ 　「60年代出生」這個說法顯然無法涵蓋新生代作家全體。因爲即使同是「60年代出生」作家，80年代成名的作家與90年代成名的作家在創作傾向也是迥然有異。故在文本範圍內，把所論述的作家統稱之爲「

90年代新生代」。

④　郜元寶：《匱乏時代的精神憑弔者》，《文學評論》，1995年第3期。

⑤　艾曉明：《革命時期的心理分析──讀王小波的長篇小說〈革命時期的愛情〉》，《文化評論──中國當代小說戰略》，第375頁，中華工商聯合出版社1995年版。

⑥　另三部獲茅盾文學獎的長篇小說是王火的《戰爭與人》、劉斯奮的《白門柳》、劉玉民的《驛動之秋》。